✔ 수학 잘하는 학생들이 보는 중등 수학 심화서

유형 ✚ 심화
고쟁이

본교재

핵심 문항부터
변별력 있는
킬러 문항까지
모두 수록

대표문항 풀이의
흐름을 보여주는
'**스키마(schema)**'
수록

중학
3-1

수학적 사고력이
필요한 **창의적이고
융합적인 문제** 수록

**상위권 학생들이
어려워 하는 문제**를
다양하게 제시

김 진	발상의전환수학전문학원
나효명	둔산 한림학원
박연실	빅마수학
박진수	양영학원
배용제	L&K한울학원
배지후	와이즈만cni
서동원	수학의중심학원
손일형	둔산 손일형수학
양상규	생각의힘수학학원
유정윤	일프로영수전문학원
윤석주	윤석주수학전문학원
이수정	일품인재학원
조충현	로하스학원
차영진	연세언더우드수학
홍진국	와이즈만영재교육 대덕테크노센터

울산

김경문	크레뱅크수학전문학원
김민정	김민정수학
김봉조	퍼스트클래스수학전문학원
나순현	PASS입시단과학원
문준호	파워영수학원
박국진	강한수학전문학원
박원기	에듀프레소종합학원
안재희	안쌤수학학원
최규종	뉴토모수학전문학원

세종

안종훈	보람고등학교
오설향	해밀수학과학학원
윤여민	프리랜서
이현아	다정 현수학

경기

강예슬	수학의품격
고정욱	고수학
권용진	지트(JEET) 광교
권정현	LMPS
김남진	산본 파스칼수학학원
김미리	산본 하이츠학원
김미미	수학놀이터
김민정	어울림수학
김석현	G1 MATH
김선정	수공감학원
김성은	블랙박스수학과학전문학원
김세영	에스프라임학원
김수민	더클레버수학학원
김순중	지엔탑학원
김순태	대치명인학원 동탄캠퍼스
김영식	수학대가
김영옥	서원고등학교
김영준	청솔수학
김윤경	국빈학원
김정철	김정철수학교실
김정환	필립스아카데미-Math센터
김정훈	죽전 파인만학원
김종남	제너스학원
김종화	퍼스널개별지도학원
김지윤	광교 오드수학
김진우	시흥배곧 페르마
김창영	에듀포스학원
김태학	평택드림에듀학원
김현경	스카이보습학원
김현욱	Y2M수학학원
김호숙	호수학원
나혜원	청북고등학교

남덕우	Fun수학클리닉
남재일	JI EDU
노기성	한양학원
노형근	SS학원
문기수	하늘아이수학전문학원
문혜연	분당 입실론수학전문학원
민동건	민동건수학교실
박미희	파주문산 비상탑플러스
박민주	카라Math
박상준	몬스터교육_대입몬스터
박선영	알고경진수학학원
바연지	(주)위너스에듀
박영주	일산후곡 쉬운수학
박원용	동탄 트리즈솔빛나루수학학원
박종필	정석수학학원
박종현	하이탑수학
박주이	김포 켄즈
박준석	오산 교일학원
박한솔	박한솔수학학원
박희동	미르수학학원
배형진	에임하이수학학원
봉우리	하이클래스수학
서용준	일산화정 와이즈만영재교육
서지은	JMI수학학원
서충현	호매실 이룸학원
성기주	토라모리아학원
손석운	TN학원
손승태	와부고등학교
송지수	대치 김태호
송진우	도진우수학연구소
송치호	대치명인학원 미금캠퍼스
송태원	더나은수학
신경성	한수학전문학원
신기훈	나이스에듀학원
신동휘	김덕환수리연구소
안명근	의정부 맨투맨학원
어재성	수학의아침
오승빈	뿌리깊은나무학원
용다혜	에듀플렉스 동백점
유진성	마테마티카수학학원
유현진	HR수학
윤여태	103 수학학원
윤인선	상현고등학교
이명환	다산 더원수학학원
이보라	몬스터교육_수학몬스터
이봉주	분당 성지수학전문학원
이 산	분당 입실론수학학원
이서윤	개인지도
이선진	지니수학
이수동	부천 E&T수학전문학원
이아라	Cni수학원 부천중동센터
이장훈	북부세일학원
이정호	타이거에듀영수학원
이진주	분당 원수학학원
이철호	파스칼수학
이태희	펜타수학학원
이현욱	TeamBasis 덕소
임우빈	2WAY영어수학학원
임은정	마테마티카수학학원
임재호	대뇌혁명학원
전 훈	싹수학학원
정광현	하늘교육
정연순	탑클래스영수학원

정영진	공부의자신감학원
정장선	생각하는황소수학 동탄점
정진욱	수원 메가스터디학원
정해도	목동 혜윰수학
정황우	운정 정석수학학원
조기민	연천고등학교
조성민	삼송 유클리드수학학원
조성화	SH수학
조 욱	청산유수수학
조의상	서초 메가스터디기숙
조재욱	부천 지니학원
조현경	광명 하이스트
조현웅	추담교육컨설팅
주설호	에듀코치개별지도중앙학원
지슬기	평택 지수학
최귀종	위례 판다교육학원
최다혜	싹수학학원
최성필	서진수학
최수지	싹수학학원
최영성	에이블수학
최원숙	녹양 이레학원중등부
최유미	분당 파인만
최현기	심원고등학교
하정훈	하쌤학원
한경태	한경태수학전문학원
한규욱	김포 윤생학원
한은선	고읍 종로엠스쿨
한지희	이음수학
함영호	함영호이과전문수학클럽
홍규성	용인 필탑학원
홍의찬	원수학
황삼철	멘토수학학원
황석진	낙생고등학교
황은지	멘토수학

경남

강경희	T.O.P 에듀학원
강장헌	T.O.P 에듀학원
강철영	T.O.P 에듀학원
고병옥	옥쌤수학과학
김미양	오렌지클래스학원
김민석	한수위수학학원
김양식	진주 이투스247학원
김양준	이룸학원
김옥경	김해 반디수학과학학원
민동록	수앤수학원
박수재	창원 성민여자고등학교
박정길	아쿰수학학원
박주연	마산 무학여자고등학교
배미나	이루다
유숙진	차수학 사천캠퍼스
임지현	파스칼에듀학원
전창근	엠베스트SE 창원북면감계
하윤석	거제 정금학원

경북

김기업	솔로몬지혜수학전문
김성용	영천 이리풀수학학원
김재인	우석여자고등학교
민청식	김천 종로엠스쿨신음분원
박진성	포항제철고등학교
손나래	이든샘영수학원
손주희	이루다수학과학
염성군	근화여자고등학교
이상현	인투학원
이찬우	문명고등학교

전남

김은경	목포 덕인고등학교
박미옥	목포 폴리아학원
박진성	해남 한가람학원
성준우	광양제철고등학교
윤진근	씨엠클래스
이강화	강승학원

전북

김성혁	S수학전문학원
나호진	전주한일고등학교
박지은	오성식유일학원
박정조	호남고등학교
안형진	혁신청람수학전문학원
양재호	양재호카이스트학원
양형준	대들보수학원
유현수	수학당
유혜정	수학당
윤병오	이투스247학원 익산점
이혜상	S수학전문학원
정용재	수학걱정없는세상만들기

충남

권오운	천안 페르마학원
김은배	천안 올림피아드유투엠
김종현	고등관3%수학학원
박정현	서해삼육고등학교
박희	글로벌리더학원
윤보희	충남삼성고등학교
이승훈	탑씨크리트학원
장정수	천안 페르마학원
정세진	쌘뽈여자고등학교
채영미	미-매쓰
최재성	청담학원
한호선	두드림영어수학학원
홍복희	홍선생수학학원

충북

구태우	이천 비상에듀기숙학원
권영택	충북과학고등학교
김규환	탑플러영수전문학원
김대호	온수 학전문학원
김병용	수학하는사람들학원
김재광	노블가온수학학원
김혜중	강남학원
염명호	유클리드수학
오현진	마블수학
윤성길	몬스터매쓰
한상호	한매쓰수학전문학원
허행재	연세수학원

강원

김성영	빨리강해지는수학과학
노명훈	노명훈쌤의알수학학원
이지예	에듀플렉스
전대윤	춘천 KwonClass학원
최수남	강릉 영,수 배움교실
최재현	고대수학과학학원

제주

이승환	서귀포 예일분석수학학원
허은지	허은지수학교실

STAFF

발행인 정선욱

퍼블리싱 총괄 남형주

기획·개발 김태원 이유미 김윤희 박문서 남은희 권오은

디자인 김정인

유통·마케팅 서준성 김지희

제작 김한길 김경수

유형+심화 고쟁이 중학 수학 3-1 ㅣ 202009 초판 1쇄   202507 초판 11쇄

펴낸곳 ㅣ 이투스에듀(주) 서울시 서초구 남부순환로 2547

고객센터 ㅣ 1599-3225   **등록번호** ㅣ 제 2007-000035호   **ISBN** ㅣ 979-11-6598-119-8(53410)

✔ 수학 잘하는 학생들이 보는 중등 수학 심화서

유형 ✚ 심화

고쟁이

고 득점
쟁 취를
이 루자

중학

3-1

Structure 구성과 특징

- 반드시 풀어야 하는 필수 문항부터 다양한 형태의 최고난도 문항까지 단계별로 담았습니다.
- 개념의 흐름을 보여주는 개념 정리와 풀이의 흐름을 보여주는 '**대표문항 스키마(schema)**'를 수록하였습니다.
- 최신 기출 문제를 철저하게 분석하여 2015개정 교육과정에 맞게 반영하였습니다.
- 서술형 문제, 창의력 문제, 융합형 문제들을 수록하여 **창의사고력과 문제해결력**을 키울 수 있도록 하였습니다.
- 본교재 학습 후 틀린 문제를 복습할 수 있도록 워크북에 본교재와 동일 문항으로 구성된 **오답노트**를 제공합니다.

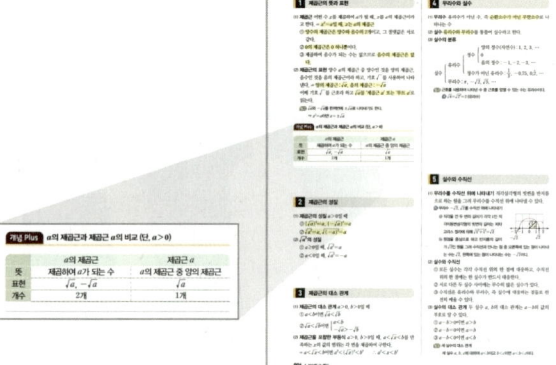

개념 정리

●중단원 핵심 개념
❶ 중단원에서 알아야 할 **핵심 개념, 공식, 정의** 등을 정리
❷ 예, 참고, 주의 등의 부가 설명을 통해 쉽게 개념 이해

● 개념 Plus
해당 개념과 연계되는 심화 개념 또는 상위 개념

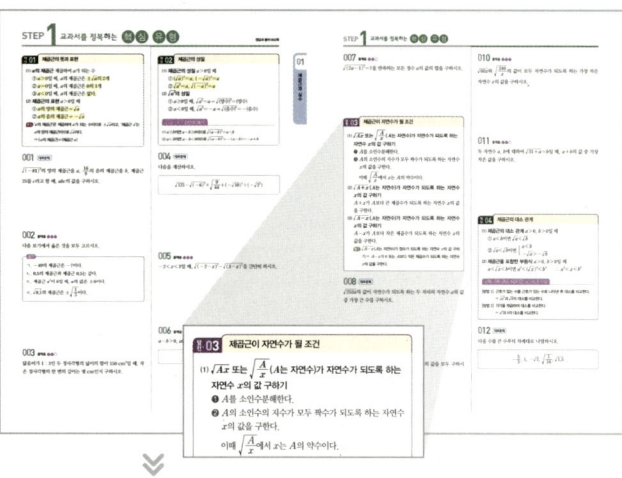

STEP 1 교과서를 정복하는 핵심 유형

●핵심 개념
❶ 유형 학습에 필요한 개념 및 대표문제를 제시
❷ 중단원별로 기출 필수문항들을 **유형별, 난이도별로 분류**
❸ 기출 문제, 예상 문제 중 적중도가 높은 문항들로 구성

●발전 유형
핵심 개념과 연계되는 심화 또는 상위 문항을 제시

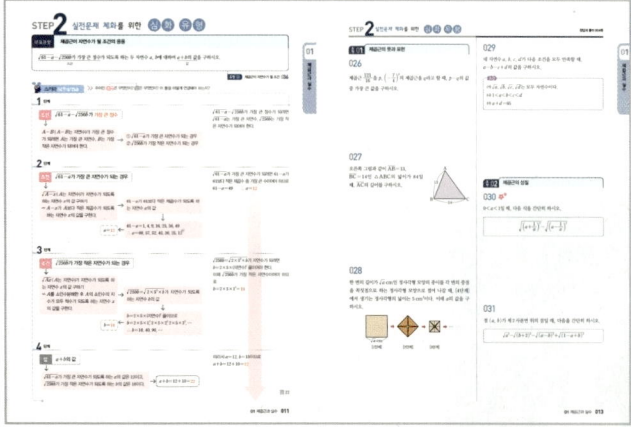

STEP 2 실전문제 체화를 위한 심화 유형

● 스키마 schema
STEP 2 문항 중에서 출제 빈도가 높은 까다로운 문항에 대하여 제시된 조건과 답을 연결할 수 있도록 풀이의 흐름을 도식화하여 보여줌

●실전 유형
❶ 내신 만점을 발목 잡는 심화 문제를 유형별로 구성!
❷ 배점이 높게 출제되는 **단답형 및 서술형 문항**에 대한 대비 가능

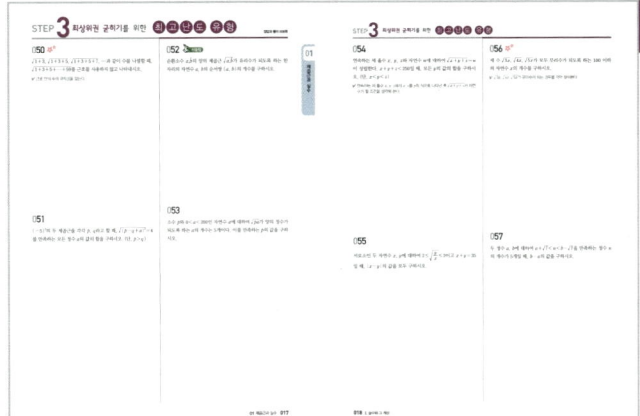

STEP 3 최상위권 굳히기를 위한 최고난도 유형

●최고난도 유형
❶ 종합적 사고력이 요구되는 최고난도 문항을 제공
❷ 내신에서 변별력을 좌우하는 정답률 50% 미만의 단답형 및 서술형 문항에 대한 대비 가능
❸ 난이도 높은 문항에 대한 문제 해결에 필요한 팁 제공

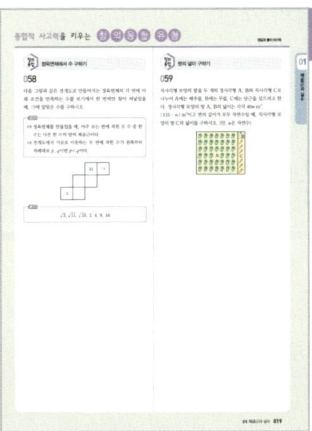

종합적 사고력을 기르는 창의융합 유형

●창의융합 유형
❶ 새 교육과정에 따른 수학적 창의력, 문제해결력, 의사소통능력 등을 길러 주는 수학 문항 제시
❷ 새로운 유형의 문제 제공

워크북 WORKBOOK

정답과 풀이

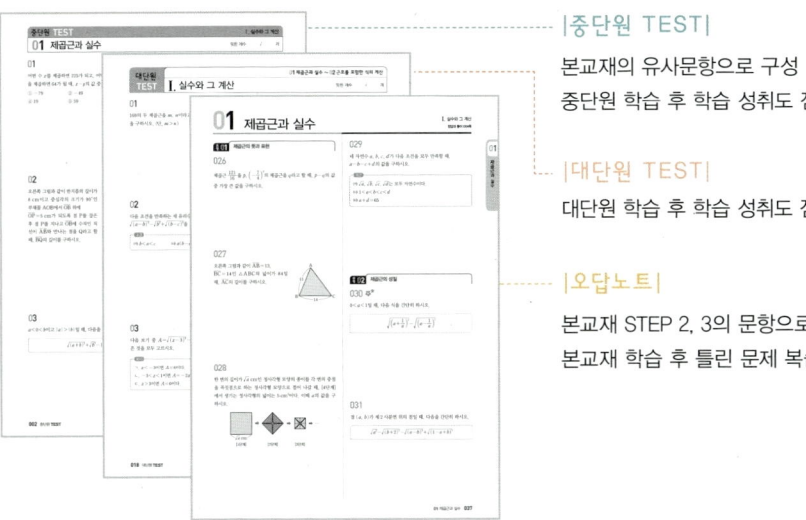

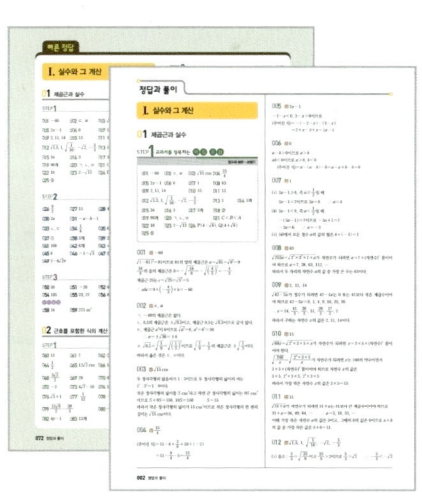

|중단원 TEST|
본교재의 유사문항으로 구성
중단원 학습 후 학습 성취도 점검

|대단원 TEST|
대단원 학습 후 학습 성취도 점검

|오답노트|
본교재 STEP 2, 3의 문항으로 구성
본교재 학습 후 틀린 문제 복습

고쟁이와 함께하는 수학 만점 공부법

본교재로	⟫	**오답노트**로	⟫	**워크북**으로
중단원별 학습		틀린 문제 복습		학습 성취도 점검

Contents 이책의 차례

I

실수와 그 계산

01 제곱근과 실수

1 제곱근의 뜻과 표현

(1) 제곱근 어떤 수 x를 제곱하여 a가 될 때, x를 a의 제곱근이라고 한다. ➡ $x^2=a$일 때, x는 a의 제곱근

① 양수의 제곱근은 양수와 음수의 2개이고, 그 절댓값은 서로 같다.

② 0의 제곱근은 0 하나뿐이다.

③ 제곱하여 음수가 되는 수는 없으므로 음수의 제곱근은 없다.

(2) 제곱근의 표현 양수 a의 제곱근 중 양수인 것을 양의 제곱근, 음수인 것을 음의 제곱근이라 하고, 기호 $\sqrt{}$ 를 사용하여 나타낸다. ➡ 양의 제곱근 : $\sqrt{a}$, 음의 제곱근 : $-\sqrt{a}$

이때 기호 $\sqrt{}$ 를 근호라 하고 $\sqrt{a}$를 '제곱근 a' 또는 '루트 a'로 읽는다.

참고 $\sqrt{a}$와 $-\sqrt{a}$를 한꺼번에 $\pm\sqrt{a}$로 나타내기도 한다.
➡ $x^2=a$이면 $x=\pm\sqrt{a}$

개념 Plus a의 제곱근과 제곱근 a의 비교 (단, $a>0$)

	a의 제곱근	제곱근 a
뜻	제곱하여 a가 되는 수	a의 제곱근 중 양의 제곱근
표현	$\sqrt{a}$, $-\sqrt{a}$	$\sqrt{a}$
개수	2개	1개

2 제곱근의 성질

(1) 제곱근의 성질 $a>0$일 때

① $(\sqrt{a})^2=a$, $(-\sqrt{a})^2=a$

② $\sqrt{a^2}=a$, $\sqrt{(-a)^2}=a$

(2) $\sqrt{a^2}$의 성질

① $a\geq0$일 때, $\sqrt{a^2}=a$

② $a<0$일 때, $\sqrt{a^2}=-a$

3 제곱근의 대소 관계

(1) 제곱근의 대소 관계 $a>0$, $b>0$일 때

① $a<b$이면 $\sqrt{a}<\sqrt{b}$

② $\sqrt{a}<\sqrt{b}$이면 $\begin{cases} a<b \\ -\sqrt{a}>-\sqrt{b} \end{cases}$

(2) 제곱근을 포함한 부등식 $a>0$, $b>0$일 때, $a<\sqrt{x}<b$를 만족하는 x의 값의 범위는 각 변을 제곱하여 구한다.

➡ $a<\sqrt{x}<b$이면 $a^2<(\sqrt{x})^2<b^2$ ∴ $a^2<x<b^2$

4 무리수와 실수

(1) 무리수 유리수가 아닌 수, 즉 순환소수가 아닌 무한소수로 나타나는 수

(2) 실수 유리수와 무리수를 통틀어 실수라고 한다.

(3) 실수의 분류

$$\text{실수}\begin{cases} \text{유리수}\begin{cases} \text{정수}\begin{cases} \text{양의 정수(자연수)} : 1, 2, 3, \cdots \\ 0 \\ \text{음의 정수} : -1, -2, -3, \cdots \end{cases} \\ \text{정수가 아닌 유리수} : \dfrac{1}{3}, -0.75, 0.\dot{2}, \cdots \end{cases} \\ \text{무리수} : \pi, -\sqrt{2}, \sqrt{5}, \cdots \end{cases}$$

참고 근호를 사용하여 나타낸 수 중 근호를 없앨 수 있는 수는 유리수이다.
예 $\sqrt{4}=\sqrt{2^2}=2$ (유리수)

5 실수와 수직선

(1) 무리수를 수직선 위에 나타내기 직각삼각형의 빗변을 반지름으로 하는 원을 그려 무리수를 수직선 위에 나타낼 수 있다.

예 무리수 $-\sqrt{2}$, $\sqrt{2}$를 수직선 위에 나타내기

❶ 직각을 낀 두 변의 길이가 각각 1인 직각이등변삼각형의 빗변의 길이는 피타고라스 정리에 의해 $\sqrt{1^2+1^2}=\sqrt{2}$

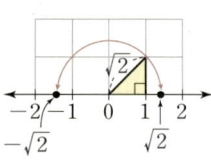

❷ 원점을 중심으로 하고 반지름의 길이가 $\sqrt{2}$인 원을 그려 수직선과 만나는 점 중 오른쪽에 있는 점이 나타내는 수는 $\sqrt{2}$, 왼쪽에 있는 점이 나타내는 수는 $-\sqrt{2}$이다.

(2) 실수와 수직선

① 모든 실수는 각각 수직선 위의 한 점에 대응하고, 수직선 위의 한 점에는 한 실수가 반드시 대응한다.

② 서로 다른 두 실수 사이에는 무수히 많은 실수가 있다.

③ 수직선은 유리수와 무리수, 즉 실수에 대응하는 점들로 완전히 메울 수 있다.

(3) 실수의 대소 관계 두 실수 a, b의 대소 관계는 $a-b$의 값의 부호로 알 수 있다.

① $a-b>0$이면 $a>b$

② $a-b=0$이면 $a=b$

③ $a-b<0$이면 $a<b$

참고 세 실수의 대소 관계
세 실수 a, b, c에 대하여 $a<b$이고 $b<c$이면 $a<b<c$이다.

01 제곱근과 실수

핵심 01 제곱근의 뜻과 표현

(1) a의 제곱근 제곱하여 a가 되는 수
　① $a>0$일 때, a의 제곱근은 $\pm\sqrt{a}$의 2개
　② $a=0$일 때, a의 제곱근은 0의 1개
　③ $a<0$일 때, a의 제곱근은 없다.

(2) 제곱근의 표현 $a>0$일 때
　① a의 양의 제곱근 ➡ $\sqrt{a}$
　② a의 음의 제곱근 ➡ $-\sqrt{a}$

　주의 'a의 제곱근'은 제곱하여 a가 되는 수이므로 $\pm\sqrt{a}$이고, '제곱근 a'는 a의 양의 제곱근이므로 $\sqrt{a}$이다.
　➡ (a의 제곱근)$\neq$(제곱근 a)

001 [대표문제]

$\sqrt{(-81)^2}$의 양의 제곱근을 a, $\dfrac{16}{9}$의 음의 제곱근을 b, 제곱근 25를 c라고 할 때, abc의 값을 구하시오.

002 출제율 ●●●

다음 보기에서 옳은 것을 모두 고르시오.

보기

ㄱ. -49의 제곱근은 -7이다.

ㄴ. 0.5의 제곱근과 제곱근 0.5는 같다.

ㄷ. 제곱근 a^2이 6일 때, a의 값은 ±6이다.

ㄹ. $\sqrt{0.\dot{1}}$의 제곱근은 $\pm\sqrt{\dfrac{1}{3}}$이다.

003 출제율 ●●○

닮음비가 $1:3$인 두 정사각형의 넓이의 합이 $150\ \text{cm}^2$일 때, 작은 정사각형의 한 변의 길이는 몇 cm인지 구하시오.

핵심 02 제곱근의 성질

(1) 제곱근의 성질 $a>0$일 때
　① $(\sqrt{a})^2=a$, $(-\sqrt{a})^2=a$
　② $\sqrt{a^2}=a$, $\sqrt{(-a)^2}=a$

(2) $\sqrt{a^2}$의 성질
　① $a\geq0$일 때, $\sqrt{a^2}=a$ ➡ $\sqrt{(양수)^2}=(양수)$
　② $a<0$일 때, $\sqrt{a^2}=-a$ ➡ $\sqrt{(음수)^2}=-(음수)$

$\sqrt{(a-b)^2}$ 간단히 하기

(1) $a\geq b$이면 $a-b\geq0$이므로 $\sqrt{(a-b)^2}=a-b$
(2) $a<b$이면 $a-b<0$이므로 $\sqrt{(a-b)^2}=-(a-b)=-a+b$

004 [대표문제]

다음을 계산하시오.

$$\sqrt{121}-\sqrt{(-6)^2}\times\sqrt{\dfrac{9}{64}}+(-\sqrt{10})^2\div(-\sqrt{2^2})$$

005 출제율 ●●●

$-2<x<3$일 때, $\sqrt{(-2-x)^2}-\sqrt{(3-x)^2}$을 간단히 하시오.

006 출제율 ●●●

$a-b>0$, $ab<0$일 때, 다음을 간단히 하시오.

$$\sqrt{a^2}-\sqrt{(a-b)^2}+\sqrt{b^2}$$

007 출제율 ●●○

$\sqrt{(2a-1)^2}=7$을 만족하는 모든 정수 a의 값의 합을 구하시오.

발전 03 제곱근이 자연수가 될 조건

(1) $\sqrt{Ax}$ 또는 $\sqrt{\dfrac{A}{x}}$ (A는 자연수)가 자연수가 되도록 하는 자연수 x의 값 구하기

❶ A를 소인수분해한다.

❷ A의 소인수의 지수가 모두 짝수가 되도록 하는 자연수 x의 값을 구한다.

이때 $\sqrt{\dfrac{A}{x}}$에서 x는 A의 약수이다.

(2) $\sqrt{A+x}$ (A는 자연수)가 자연수가 되도록 하는 자연수 x의 값 구하기

$A+x$가 A보다 큰 제곱수가 되도록 하는 자연수 x의 값을 구한다.

(3) $\sqrt{A-x}$ (A는 자연수)가 자연수가 되도록 하는 자연수 x의 값 구하기

$A-x$가 A보다 작은 제곱수가 되도록 하는 자연수 x의 값을 구한다.

참고 $\sqrt{A-x}$ (A는 자연수)가 정수가 되도록 하는 자연수 x의 값 구하기 ➡ $A-x$가 0 또는 A보다 작은 제곱수가 되도록 하는 자연수 x의 값을 구한다.

008 대표문제

$\sqrt{252a}$의 값이 자연수가 되도록 하는 두 자리의 자연수 a의 값 중 가장 큰 수를 구하시오.

009 출제율 ●●●

$\sqrt{42-3x}$가 정수가 되도록 하는 자연수 x의 값을 모두 구하시오.

010 출제율 ●●●

$\sqrt{60x}$와 $\sqrt{\dfrac{240}{x}}$의 값이 모두 자연수가 되도록 하는 가장 작은 자연수 x의 값을 구하시오.

011 출제율 ●●○

두 자연수 a, b에 대하여 $\sqrt{31+a}=b$일 때, $a+b$의 값 중 가장 작은 값을 구하시오.

핵심 04 제곱근의 대소 관계

(1) 제곱근의 대소 관계 $a>0$, $b>0$일 때

① $a<b$이면 $\sqrt{a}<\sqrt{b}$

② $\sqrt{a}<\sqrt{b}$이면 $\begin{cases} a<b \\ -\sqrt{a}>-\sqrt{b} \end{cases}$

(2) 제곱근을 포함한 부등식 $a>0$, $b>0$일 때

$a<\sqrt{x}<b$이면 $a^2<(\sqrt{x})^2<b^2$ $\therefore a^2<x<b^2$

a와 $\sqrt{b}$의 대소 비교(단, $a>0$, $b>0$)

[방법 1] 근호가 없는 수를 근호가 있는 수로 나타낸 후 대소를 비교한다.

➡ $\sqrt{a^2}$과 $\sqrt{b}$의 대소를 비교한다.

[방법 2] 각각을 제곱하여 대소를 비교한다.

➡ a^2과 b의 대소를 비교한다.

012 대표문제

다음 수를 큰 수부터 차례대로 나열하시오.

$$-\frac{5}{3},\ 1,\ -\sqrt{2},\ \sqrt{\frac{1}{16}},\ \sqrt{1.5}$$

013 출제율 ●●●

$\sqrt{(5-\sqrt{29})^2}+\sqrt{(6-\sqrt{29})^2}$을 간단히 하시오.

014 출제율 ●●●

부등식 $3<\sqrt{2x+1}<4$를 만족하는 자연수 x의 개수를 구하시오.

015 출제율 ●●◯

자연수 x에 대하여 $\sqrt{x}$보다 작은 자연수의 개수를 $f(x)$라고 할 때, $f(11)+f(12)+f(13)+\cdots+f(20)$의 값을 구하시오.

016 출제율 ●●◯

$1.2<\sqrt{x}<2.5$를 만족하는 x의 값 중에서 가장 작은 자연수를 a, 가장 큰 자연수를 b라고 할 때, $\sqrt{\dfrac{b}{a}\times n}$이 자연수가 되도록 하는 가장 작은 자연수 n의 값을 구하시오.

핵심 05 무리수와 실수

(1) **무리수** 유리수가 아닌 수, 즉 <mark>순환소수가 아닌 무한소수</mark>로 나타나는 수

(2) **실수** 유리수와 무리수를 통틀어 실수라고 한다.

$$
\text{실수}\begin{cases} \text{유리수}\begin{cases} \text{정수}\begin{cases} \text{양의 정수 (자연수)} \\ 0 \\ \text{음의 정수} \end{cases} \\ \text{정수가 아닌 유리수} \end{cases} \\ \text{무리수 (순환소수가 아닌 무한소수)} \end{cases}
$$

유리수와 무리수

(1) 유리수 ➡ $\dfrac{(정수)}{(0이\ 아닌\ 정수)}$ 꼴로 나타낼 수 있는 수

➡ 정수, 유한소수, 순환소수

(2) 무리수 ➡ 유리수가 아닌 수

➡ 순환소수가 아닌 무한소수

017 [대표문제]

다음 중 무리수는 모두 몇 개인지 구하시오.

$$\sqrt{0.04},\ 0.1234\cdots,\ \sqrt{0.\dot{1}},\ \sqrt{6}-2,\ \pi,\ 3.\dot{5}\dot{9}$$

018 출제율 ●●●

다음 설명 중 옳은 것은?

① 유한소수는 무리수이다.

② 유리수이면서 무리수인 수는 없다.

③ 서로 다른 두 무리수 사이에는 무수히 많은 정수가 있다.

④ 수직선은 무리수에 대응하는 점들로 완전히 메울 수 있다.

⑤ 두 무리수의 합은 항상 무리수이다.

019 출제율 ●●◯

100 이하의 자연수 x에 대하여 $\sqrt{x}$가 무리수가 되도록 하는 x의 개수를 구하시오.

020 출제율 ●●●○

a가 유리수, b가 무리수일 때, 다음 보기에서 항상 무리수인 것을 모두 고르시오.

보기
ㄱ. $a+b$ ㄴ. $a-b$ ㄷ. ab
ㄹ. $\dfrac{a}{b}$ ㅁ. $\dfrac{a+b}{2}$ ㅂ. a^2-b^2

핵심 06 실수와 수직선

(1) **실수와 수직선**
① 모든 실수는 각각 수직선 위의 한 점에 대응하고, 수직선 위의 한 점에는 한 실수가 반드시 대응한다.
② 서로 다른 두 실수 사이에는 무수히 많은 실수가 있다.
③ 수직선은 실수에 대응하는 점들로 완전히 메울 수 있다.

(2) **실수의 대소 관계** 두 실수 a, b의 대소 관계는 $a-b$의 값의 부호로 알 수 있다.
① $a-b>0$이면 $a>b$
② $a-b=0$이면 $a=b$
③ $a-b<0$이면 $a<b$

참고 세 실수 a, b, c에 대하여 $a<b$이고 $b<c$이면 $a<b<c$이다.

021 대표문제

다음 세 수 A, B, C의 대소 관계를 부등호를 사용하여 나타내시오.

$$A=1-\sqrt{8},\ B=-2,\ C=\sqrt{7}-5$$

022 출제율 ●●●

두 수 $3-\sqrt{14}$와 $\sqrt{10}+1$ 사이에 있는 모든 정수의 합을 구하시오.

023 출제율 ●●●

오른쪽 그림과 같이 한 눈금의 길이가 1인 모눈종이 위에 수직선과 직각삼각형 ABC를 그리고, 점 A를 중심으로 하고 $\overline{AC}$를 반지름으로 하는 원을 그렸다. 원과 수직선이 만나는 두 점을 각각 P, Q라고 할 때, 점 P에 대응하는 수는 $2+\sqrt{13}$이다. 이때 점 Q에 대응하는 수를 구하시오.

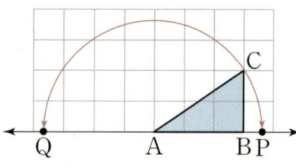

024 출제율 ●●○

오른쪽 그림과 같이 직사각형 ABCD가 반원 O와 두 점 C, D에서 접한다. $\overline{AD}=2$일 때, 두 점 P, Q의 좌표를 각각 구하시오.

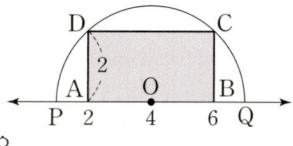

025 출제율 ●●○

오른쪽 그림에서 모눈 한 칸은 한 변의 길이가 1인 정사각형이고 $\overline{AB}=\overline{PB}$이다. $\overline{PQ}$의 길이를 a라고 할 때, 다음 중 a와 5 사이에 있는 수는?

(단, $\sqrt{5}=2.236$, $\sqrt{10}=3.162$로 계산한다.)

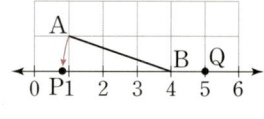

① $\sqrt{15}$ ② $\dfrac{9}{5}+\sqrt{5}$ ③ 4.1

④ $\dfrac{a}{2}+2$ ⑤ $a+\dfrac{1}{2}$

STEP 2 실전문제 체화를 위한

대표문항 제곱근이 자연수가 될 조건의 응용

$\sqrt{61-a}-\sqrt{250b}$가 가장 큰 정수가 되도록 하는 두 자연수 a, b에 대하여 $\underline{a+b}$의 값을 구하시오.
　　 조건 　　　　　　　　　　　　　　　　　　　　　　　　　　　 답

유형 03 제곱근이 자연수가 될 조건 **036**

 스키마 schema ❯❯ 주어진 **조건**은 무엇인지? **답**은 무엇인지? 이 둘을 어떻게 연결해야 하는지?

1 단계

조건 $\sqrt{61-a}-\sqrt{250b}$가 **가장 큰 정수**

↓

$A-B$ ($A-B$는 자연수)가 가장 큰 정수가 되려면 A는 가장 큰 자연수, B는 가장 작은 자연수가 되어야 한다.

→ ① $\sqrt{61-a}$가 가장 큰 자연수가 되는 경우
② $\sqrt{250b}$가 가장 작은 자연수가 되는 경우

$\sqrt{61-a}-\sqrt{250b}$가 가장 큰 정수가 되려면 $\sqrt{61-a}$는 가장 큰 자연수, $\sqrt{250b}$는 가장 작은 자연수가 되어야 한다.

2 단계

조건 $\sqrt{61-a}$가 가장 큰 자연수가 되는 경우

↓

$\sqrt{A-x}$ (A는 자연수)가 자연수가 되도록 하는 자연수 x의 값 구하기
➡ $A-x$가 A보다 작은 제곱수가 되도록 하는 자연수 x의 값을 구한다.

→ $61-a$가 61보다 작은 제곱수가 되도록 하는 자연수 a의 값
↓
$\boxed{a=12}$ ← $61-a=1, 4, 9, 16, 25, 36, 49$
∴ $a=60, 57, 52, 45, 36, 25, 12$

$\sqrt{61-a}$가 가장 큰 자연수가 되려면 $61-a$가 61보다 작은 제곱수 중 가장 큰 수이어야 하므로
$61-a=49$ ∴ $a=12$

3 단계

조건 $\sqrt{250b}$가 가장 작은 자연수가 되는 경우

↓

$\sqrt{Ax}$ (A는 자연수)가 자연수가 되도록 하는 자연수 x의 값 구하기
➡ A를 소인수분해한 후 A의 소인수의 지수가 모두 짝수가 되도록 하는 자연수 x의 값을 구한다.

→ $\sqrt{250b}=\sqrt{2\times 5^3 \times b}$가 자연수가 되도록 하는 자연수 b의 값
↓
$\boxed{b=10}$ ← $b=2\times 5\times$(자연수)^2 꼴이므로
$b=2\times 5\times 1^2, 2\times 5\times 2^2, 2\times 5\times 3^2, \cdots$
∴ $b=10, 40, 90, \cdots$

$\sqrt{250b}=\sqrt{2\times 5^3 \times b}$가 자연수가 되려면 $b=2\times 5\times$(자연수)^2 꼴이어야 한다.
이때 $\sqrt{250b}$가 가장 작은 자연수이어야 하므로
$b=2\times 5\times 1^2=10$

4 단계

답 $a+b$의 값

↓

$\sqrt{61-a}$가 가장 큰 자연수가 되도록 하는 a의 값은 12이고, $\sqrt{250b}$가 가장 작은 자연수가 되도록 하는 b의 값은 10이다.

→ $\boxed{a+b=12+10=22}$

따라서 $a=12$, $b=10$이므로
$a+b=12+10=22$

답 22

제곱근의 성질을 이용하여 자연수의 개수 구하기

자연수 n에 대하여 $\sqrt{n}$ 이하의 자연수의 개수를 $N(n)$이라고 하자. $\underline{N(1)+N(2)+N(3)+\cdots+N(x)=85}$가 성립하도록 하
<u>조건 ①</u>　　　　　　　　　　　　　　　　　　　<u>조건 ②</u>
는 자연수 x의 값을 구하시오.
<u>답</u>

 스키마 schema ⟫ 주어진 **조건** 은 무엇인지? **답** 은 무엇인지? 이 둘을 어떻게 연결해야 하는지?

1 단계

조건 ① $N(n)$은 $\sqrt{n}$ 이하의 자연수의 개수

↓

$a>0$일 때, $\sqrt{a^2}=a$ → $\sqrt{1}=1$, $\sqrt{4}=2$, $\sqrt{9}=3$, $\sqrt{16}=4$, $\sqrt{25}=5$, $\cdots$

↓

$\sqrt{1}$ 이하의 자연수의 개수는 1의 1개　∴ $N(1)=1$
$\sqrt{2}$ 이하의 자연수의 개수는 1의 1개　∴ $N(2)=1$
$\sqrt{3}$ 이하의 자연수의 개수는 1의 1개　∴ $N(3)=1$
$\sqrt{4}$ 이하의 자연수의 개수는 1, 2의 2개　∴ $N(4)=2$
$\sqrt{5}$ 이하의 자연수의 개수는 1, 2의 2개　∴ $N(5)=2$
⋮

↓

$N(1)=N(2)=N(3)=1$
$N(4)=N(5)=N(6)=N(7)=N(8)=2$
$N(9)=N(10)=N(11)=\cdots=N(15)=3$
⋮

$\sqrt{1}=1$, $\sqrt{4}=2$, $\sqrt{9}=3$, $\sqrt{16}=4$, $\sqrt{25}=5$,
$\sqrt{36}=6$, $\cdots$이므로
$N(1)=N(2)=N(3)=1$
$N(4)=N(5)=N(6)=N(7)=N(8)=2$
$N(9)=N(10)=\cdots=N(15)=3$
$N(16)=N(17)=\cdots=N(24)=4$
$N(25)=N(26)=\cdots=N(35)=5$
⋮

2 단계

조건 ② $N(1)+N(2)+N(3)+\cdots+N(x)=85$

↓

$N(x)=1$인 x의 값은 3개
$N(x)=2$인 x의 값은 5개
$N(x)=3$인 x의 값은 7개
$N(x)=4$인 x의 값은 9개
$N(x)=5$인 x의 값은 11개

→ $1\times3+2\times5+3\times7+4\times9=70$이고 $70+5\times3=85$이므로 주어진 식을 만족하는 x의 값은 $N(x)=5$를 만족하는 3번째 값이다.

$N(1)+N(2)+N(3)+\cdots+N(x)=85$
에서
$1\times3+2\times5+3\times7+4\times9+5\times3=85$이
므로 주어진 식을 만족하는 자연수 x의 값은
$N(x)=5$를 만족하는 3번째 값이다.

3 단계

답 자연수 x의 값

↓

$N(x)=5$를 만족하는 x의 값은
$x=25, 26, 27, \cdots, 35$

→ 3번째 값은 **27**이다.

$N(x)=5$를 만족하는 x의 값은
$x=25, 26, 27, \cdots, 35$이므로 3번째 값은 27
이다.
∴ $x=27$

 27

유형 01 제곱근의 뜻과 표현

026

제곱근 $\dfrac{121}{16}$ 을 p, $\left(-\dfrac{7}{4}\right)^2$ 의 제곱근을 q라고 할 때, $p-q$의 값 중 가장 큰 값을 구하시오.

027

오른쪽 그림과 같이 $\overline{\text{AB}}=13$, $\overline{\text{BC}}=14$인 $\triangle \text{ABC}$의 넓이가 84일 때, $\overline{\text{AC}}$의 길이를 구하시오.

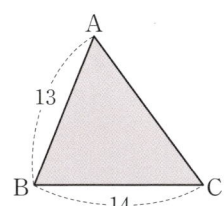

028

한 변의 길이가 $\sqrt{a}$ cm인 정사각형 모양의 종이를 각 변의 중점을 꼭짓점으로 하는 정사각형 모양으로 접어 나갈 때, [4단계] 에서 생기는 정사각형의 넓이는 5 cm²이다. 이때 a의 값을 구하시오.

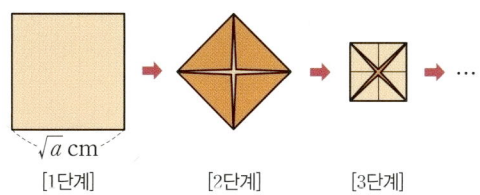

[1단계]   [2단계]   [3단계]

029

네 자연수 a, b, c, d가 다음 조건을 모두 만족할 때, $a-b-c+d$의 값을 구하시오.

> **조건**
>
> (가) $\sqrt{a}$, $\sqrt{b}$, $\sqrt{c}$, $\sqrt{d}$는 모두 자연수이다.
> (나) $1 < a < b < c < d$
> (다) $a+d=65$

유형 02 제곱근의 성질

030 ✿✫

$0 < a < 1$일 때, 다음 식을 간단히 하시오.

$$\sqrt{\left(a+\dfrac{1}{a}\right)^2} - \sqrt{\left(a-\dfrac{1}{a}\right)^2}$$

031

점 (a, b)가 제2 사분면 위의 점일 때, 다음을 간단히 하시오.

$$\sqrt{a^2} - \sqrt{(b+2)^2} - \sqrt{(a-b)^2} + \sqrt{(1-a+b)^2}$$

032

$ab>0$, $ac<0$일 때, $\sqrt{(-bc)^2}-\sqrt{(bc-1)^2}+\sqrt{(1-bc)^2}$을 간단히 하시오.

033

다음 보기에서 $A=\sqrt{(x-1)^2}-\sqrt{(x+1)^2}$에 대한 설명으로 옳은 것을 모두 고르시오.

> **보기**
>
> ㄱ. $x\geq1$이면 $A=0$이다.
> ㄴ. $-1\leq x<1$이면 $A=-2x$이다.
> ㄷ. $x<-1$이면 $A=2$이다.
> ㄹ. $A=1$이면 $x=-2$이다.

유형 03 제곱근이 자연수가 될 조건

034 ✿✿

서로 다른 두 개의 주사위를 동시에 던져서 나온 눈의 수를 각각 x, y라고 할 때, $\sqrt{50xy}$가 자연수가 될 확률을 구하시오.

035

$\sqrt{\dfrac{5600}{x}}$이 자연수가 되도록 하는 자연수 x의 개수를 구하시오.

036 서술형

$\sqrt{54-x}-\sqrt{y+13}$이 가장 큰 정수가 되도록 하는 두 자연수 x, y에 대하여 $x+y$의 값을 구하시오.

유형 04 제곱근의 대소 관계

037

$0<a<1$일 때, 다음 중 그 값이 가장 큰 것은?

① $\dfrac{1}{a}$ ② a ③ a^2

④ $\sqrt{a}$ ⑤ $\sqrt{\dfrac{1}{a}}$

038 서술형

두 실수 $\dfrac{\sqrt{7}}{7}$과 $\dfrac{\sqrt{3}}{3}$ 사이에 있는 분수 중 분모가 21인 기약분수의 개수를 구하시오.

039 ✿✿

자연수 x에 대하여 $\sqrt{x}$ 이하의 자연수의 개수를 $f(x)$라고 할 때, $f(1)+f(2)+f(3)+\cdots+f(n)=62$가 성립하도록 하는 자연수 n의 값을 구하시오.

040

다음 조건을 모두 만족하는 모든 x의 값의 합이 12일 때, 자연수 n의 값을 구하시오.

> 조건
> ㈎ $4 \le \sqrt{nx} < 5$
> ㈏ nx는 자연수이다.

041

$a^2 < \sqrt{209} < (a+1)^2$을 만족하는 자연수 a에 대하여 $\sqrt{\dfrac{n}{a}}$이 자연수가 되도록 하는 자연수 n의 값 중 100에 가장 가까운 수를 구하시오.

유형 05 무리수와 실수

042

한 자리의 자연수 n에 대하여 $f(n)=\sqrt{0.\dot{n}}$이라고 할 때, $f(n)$의 값 중 무리수는 모두 몇 개인지 구하시오.

043

오른쪽 그림과 같이 수직선 위에 한 변의 길이가 1인 정사각형 ABCD를 그렸다. $\overline{BD}=\overline{BE}$이고 세 점 B, C, E에 대응하는 수를 각각 p, q, r라고 할 때, 다음 보기에서 옳은 것을 고르시오.

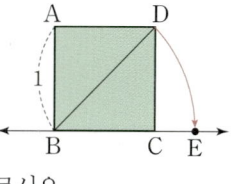

> 보기
> ㄱ. p가 유리수이면 q, r는 모두 무리수이다.
> ㄴ. p가 무리수이면 q는 무리수이고 r는 유리수이다.
> ㄷ. q가 유리수이면 r는 무리수이다.

044

자연수의 양의 제곱근 1, $\sqrt{2}$, $\sqrt{3}$, 2, $\sqrt{5}$, $\sqrt{6}$, $\sqrt{7}$, $\sqrt{8}$, 3, $\cdots$에 대응하는 점을 수직선 위에 나타내면 다음 그림과 같다. 그림에서 무리수에 대응하는 점의 개수는 1과 2 사이에는 2개, 2와 3 사이에는 4개가 있다. 같은 방법으로 계속 점을 나타낼 때, 40과 42 사이에 있는 무리수에 대응하는 점의 개수를 구하시오.

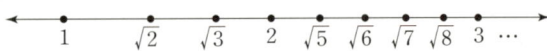

유형 **06** 실수와 수직선

045

$a=4$, $b=\sqrt{26}-1$일 때, $\sqrt{(a+b)^2}-\sqrt{(a-b)^2}$의 값을 구하시오.

046

다음 그림에서 $\square ABCD$, $\square DCFE$는 모두 한 변의 길이가 1인 정사각형이고 $\overline{FA}=\overline{FP}$, $\overline{CE}=\overline{CQ}$이다. 점 Q에 대응하는 수가 $\sqrt{2}-2$일 때, 점 P에 대응하는 수를 구하시오.

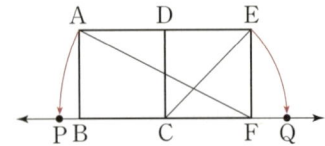

047

$-1<b<a<0$일 때, 다음 중 그 값이 가장 큰 것은?

① $\sqrt{(a-1)^2}$　　② $\sqrt{(a+1)^2}$　　③ $-\sqrt{(-b)^2}$

④ $\sqrt{(b+1)^2}$　　⑤ $\sqrt{(1-b)^2}$

048

다음 그림과 같이 $\overline{AB}=1$, $\overline{BC}=3$인 직각삼각형 ABC를 수직선 위에서 오른쪽으로 한 바퀴를 굴렸더니 세 점 A, B, C가 각각 A′, B′, C′의 위치로 이동하였다. 점 C에 대응하는 수가 1일 때, 점 C′에 대응하는 수를 구하시오.

049

다음 그림과 같이 넓이가 2π인 원이 수직선 위의 점 P에 접하고 있다. 이 원을 수직선을 따라 시계 반대 방향으로 세 바퀴 굴려 점 P가 다시 수직선과 접하는 점을 Q라고 하자. 점 P에 대응하는 수가 2일 때, 점 Q에 대응하는 수를 구하시오.

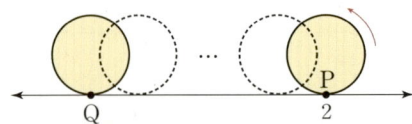

050

$\sqrt{1+3}$, $\sqrt{1+3+5}$, $\sqrt{1+3+5+7}$, …과 같이 수를 나열할 때, $\sqrt{1+3+5+\cdots+59}$를 근호를 사용하지 않고 나타내시오.

∨ 근호 안의 수의 규칙성을 찾는다.

051

$(-5)^2$의 두 제곱근을 각각 p, q라고 할 때, $\sqrt{(p-q+a)^2}=4$ 를 만족하는 모든 정수 a의 값의 합을 구하시오. (단, $p>q$)

052 📝 서술형

순환소수 $a.\dot{b}$의 양의 제곱근 $\sqrt{a.\dot{b}}$가 유리수가 되도록 하는 한 자리의 자연수 a, b의 순서쌍 (a, b)의 개수를 구하시오.

053

소수 p와 $0<a<200$인 자연수 a에 대하여 $\sqrt{pa}$가 양의 정수가 되도록 하는 a의 개수는 5개이다. 이를 만족하는 p의 값을 구하시오.

054

연속하는 세 홀수 x, y, z와 자연수 n에 대하여 $\sqrt{x+y+z}=n$
이 성립한다. $x+y+z<250$일 때, 모든 y의 값의 합을 구하시
오. (단, $x<y<z$)

∨ 연속하는 세 홀수 x, y, z에서 x, z를 y의 식으로 나타낸 후 $\sqrt{x+y+z}$가 자연
수가 될 조건을 생각해 본다.

055

서로소인 두 자연수 x, y에 대하여 $2 \leq \sqrt{\dfrac{y}{x}} \leq 3$이고 $x+y=35$
일 때, $|x-y|$의 값을 모두 구하시오.

056 ✿✰

세 수 $\sqrt{3x}$, $\sqrt{4x}$, $\sqrt{5x}$가 모두 무리수가 되도록 하는 100 이하
의 자연수 x의 개수를 구하시오.

∨ $\sqrt{3x}$, $\sqrt{4x}$, $\sqrt{5x}$가 유리수가 되는 경우를 각각 찾아본다.

057

두 정수 a, b에 대하여 $a+\sqrt{7}<n<b-\sqrt{7}$을 만족하는 정수 n
의 개수가 5개일 때, $b-a$의 값을 구하시오.

창의융합 정육면체에서 수 구하기

058

다음 그림과 같은 전개도로 만들어지는 정육면체의 각 면에 아래 조건을 만족하는 수를 보기에서 한 번씩만 찾아 써넣었을 때, ㉠에 알맞은 수를 구하시오.

> 조건
>
> ㈎ 정육면체를 만들었을 때, 마주 보는 면에 적힌 두 수 중 한 수는 다른 한 수의 양의 제곱근이다.
> ㈏ 전개도에서 가로로 이웃하는 두 면에 적힌 수가 왼쪽부터 차례대로 p, q이면 $p < q$이다.

	11	㉠
3		

> 보기
>
> $\sqrt{3}$, $\sqrt{11}$, $\sqrt{15}$, 2, 4, 9, 16

 창의융합 땅의 넓이 구하기

059

직사각형 모양의 밭을 두 개의 정사각형 A, B와 직사각형 C로 나누어 A에는 배추를, B에는 무를, C에는 당근을 심으려고 한다. 정사각형 모양의 땅 A, B의 넓이는 각각 $40n$ m², $(115-n)$ m²이고 변의 길이가 모두 자연수일 때, 직사각형 모양의 땅 C의 넓이를 구하시오. (단, n은 자연수)

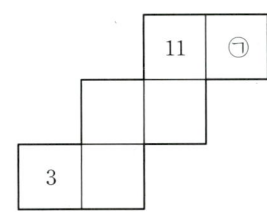

02 근호를 포함한 식의 계산

1 제곱근의 곱셈과 나눗셈

$a>0$, $b>0$이고 m, n이 유리수일 때
(1) **제곱근의 곱셈**
  ① $\sqrt{a}\times\sqrt{b}=\sqrt{a}\sqrt{b}=\sqrt{ab}$
  ② $m\sqrt{a}\times n\sqrt{b}=mn\sqrt{ab}$
(2) **제곱근의 나눗셈**
  ① $\sqrt{a}\div\sqrt{b}=\dfrac{\sqrt{a}}{\sqrt{b}}=\sqrt{\dfrac{a}{b}}$

  ② $m\sqrt{a}\div n\sqrt{b}=\dfrac{m}{n}\sqrt{\dfrac{a}{b}}$ (단, $n\neq0$)
(3) **근호가 있는 식의 변형**
  ① $\sqrt{a^2 b}=a\sqrt{b}$ ② $\sqrt{\dfrac{a}{b^2}}=\dfrac{\sqrt{a}}{b}$

  참고 $a\sqrt{b}$ 꼴로 나타낼 때에는 일반적으로 b가 가장 작은 자연수가 되도록 한다.

2 분모의 유리화

(1) **분모의 유리화** 분수의 분모가 근호를 포함한 무리수일 때, 분자와 분모에 0이 아닌 같은 수를 곱하여 분모를 유리수로 고치는 것
(2) **분모를 유리화하는 방법** $a>0$이고 a, b가 유리수일 때
  ① $\dfrac{b}{\sqrt{a}}=\dfrac{b\times\sqrt{a}}{\sqrt{a}\times\sqrt{a}}=\dfrac{b\sqrt{a}}{a}$
  ② $\dfrac{\sqrt{b}}{\sqrt{a}}=\dfrac{\sqrt{b}\times\sqrt{a}}{\sqrt{a}\times\sqrt{a}}=\dfrac{\sqrt{ab}}{a}$ (단, $b>0$)

  참고 분모가 $\sqrt{a^2 b}$ ($a>0$, $b>0$) 꼴이면 $a\sqrt{b}$ 꼴로 바꾼 후 분모를 유리화하는 것이 간단하다.

3 제곱근의 값

(1) **제곱근표** 1.00부터 99.9까지의 수에 대한 양의 제곱근의 값을 반올림하여 소수점 아래 셋째 자리까지 나타낸 표
(2) **제곱근표에 없는 수의 제곱근의 값 구하기**
  ① 근호 안의 수가 100 이상의 수인 경우
    근호 안의 수를 10^2, 10^4, 10^6, $\cdots$과의 곱으로 나타낸 후 $\sqrt{a^2 b}=a\sqrt{b}$임을 이용한다.
  ② 근호 안의 수가 0과 1 사이의 수인 경우
    근호 안의 수를 $\dfrac{1}{10^2}$, $\dfrac{1}{10^4}$, $\dfrac{1}{10^6}$, $\cdots$과의 곱으로 나타낸 후 $\sqrt{\dfrac{a}{b^2}}=\dfrac{\sqrt{a}}{b}$임을 이용한다.

4 제곱근의 덧셈과 뺄셈

$a>0$이고 l, m, n이 유리수일 때
(1) $m\sqrt{a}+n\sqrt{a}=(m+n)\sqrt{a}$
(2) $m\sqrt{a}-n\sqrt{a}=(m-n)\sqrt{a}$
(3) $m\sqrt{a}+n\sqrt{a}-l\sqrt{a}=(m+n-l)\sqrt{a}$

참고 근호를 포함한 식의 덧셈과 뺄셈은 다항식의 덧셈과 뺄셈에서 동류항끼리 모아서 계산하는 것과 같이 근호 안의 수가 같은 것끼리 모아서 계산한다.

5 근호를 포함한 복잡한 식의 계산

(1) **분배법칙을 이용한 식의 계산**
  $a>0$, $b>0$, $c>0$일 때
  ① $\sqrt{a}(\sqrt{b}+\sqrt{c})=\sqrt{a}\sqrt{b}+\sqrt{a}\sqrt{c}=\sqrt{ab}+\sqrt{ac}$
  ② $(\sqrt{a}+\sqrt{b})\sqrt{c}=\sqrt{a}\sqrt{c}+\sqrt{b}\sqrt{c}=\sqrt{ac}+\sqrt{bc}$
(2) **분배법칙을 이용한 분모의 유리화**
  $a>0$, $b>0$, $c>0$일 때
  $\dfrac{\sqrt{a}+\sqrt{b}}{\sqrt{c}}=\dfrac{(\sqrt{a}+\sqrt{b})\times\sqrt{c}}{\sqrt{c}\times\sqrt{c}}=\dfrac{\sqrt{ac}+\sqrt{bc}}{c}$
(3) **근호를 포함한 복잡한 식의 계산**
  ❶ 괄호가 있으면 분배법칙을 이용하여 괄호를 푼다.
  ❷ 근호 안의 수가 제곱수를 인수로 가지면 근호 밖으로 꺼낸다.
  ❸ 분모에 근호를 포함한 무리수가 있으면 분모를 유리화한다.
  ❹ 곱셈, 나눗셈을 계산한 후 덧셈, 뺄셈을 계산한다.

개념 Plus 유리수가 될 조건과 무리수가 서로 같을 조건

a, b, c, d가 유리수이고 $\sqrt{m}$이 무리수일 때
(1) $a+b\sqrt{m}$이 유리수 $\Rightarrow b=0$
(2) $a+b\sqrt{m}=0 \Rightarrow a=0$, $b=0$
(3) $a+b\sqrt{m}=c+d\sqrt{m} \Rightarrow a=c$, $b=d$

6 무리수의 정수 부분과 소수 부분

(1) 무리수는 순환소수가 아닌 무한소수이므로
  (무리수)=(정수 부분)+(소수 부분)으로 나타낼 수 있다.
  즉 (소수 부분)=(무리수)−(정수 부분)이다.
(2) n이 음이 아닌 정수일 때, $n<\sqrt{a}<n+1$이면 $\sqrt{a}$의 정수 부분은 n이다.
  예 $1<\sqrt{2}<2$이므로 $\sqrt{2}$의 정수 부분은 1, 소수 부분은 $\sqrt{2}-1$이다.

핵심 01 제곱근의 곱셈과 나눗셈

(1) **제곱근의 곱셈과 나눗셈**

$a>0$, $b>0$일 때, $\sqrt{a}\sqrt{b}=\sqrt{ab}$, $\dfrac{\sqrt{a}}{\sqrt{b}}=\sqrt{\dfrac{a}{b}}$

참고 $a>0$, $b>0$, $c>0$일 때, $\sqrt{a}\sqrt{b}\sqrt{c}=\sqrt{abc}$

(2) **근호가 있는 식의 변형**

$a>0$, $b>0$일 때, $\sqrt{a^2 b}=a\sqrt{b}$, $\sqrt{\dfrac{a}{b^2}}=\dfrac{\sqrt{a}}{b}$

주의 근호 밖의 음수는 근호 안으로 넣을 수 없다.

예 $-2\sqrt{5}\neq\sqrt{(-2)^2\times 5}$, $-2\sqrt{5}=-\sqrt{2^2\times 5}$

060 [대표문제]

$\sqrt{108}=a\sqrt{3}$, $\sqrt{\dfrac{15}{147}}=\dfrac{\sqrt{5}}{b}$일 때, 두 유리수 a, b에 대하여 $a+b$의 값을 구하시오.

061 출제율 ●●●

$\sqrt{a}\times\sqrt{2}\times\sqrt{3}\times\sqrt{3a}\times\sqrt{50}=210$일 때, 자연수 a의 값을 구하시오.

062 출제율 ●●●

$\sqrt{2}=a$, $\sqrt{7}=b$라고 할 때, $\sqrt{252}$를 a, b를 사용하여 나타내면?

① $4ab$ ② $2ab^2$ ③ $3a^2 b$
④ $5a^2 b$ ⑤ $2a^2 b^2$

063 출제율 ●●○

$a<0$, $b>0$일 때, 다음 중 옳지 <u>않은</u> 것을 모두 고르면?

(정답 2개)

① $\sqrt{a^2 b^2}=-ab$ ② $\sqrt{(-a)^2 b}=-a\sqrt{b}$
③ $-\sqrt{\dfrac{b}{a^2}}=\dfrac{\sqrt{b}}{a}$ ④ $\sqrt{\dfrac{b^2}{a^2}}=\dfrac{b}{a}$
⑤ $\sqrt{(-ab)^2}=ab$

064 출제율 ●●○

$a>0$, $b>0$이고 $\sqrt{ab}=10$일 때, $\dfrac{2}{b}\sqrt{\dfrac{b}{a}}+\dfrac{3}{a}\sqrt{\dfrac{a}{b}}$의 값을 구하시오.

065 출제율 ●●●

넓이가 $8\sqrt{3}\ \text{cm}^2$인 정삼각형의 둘레의 길이는 몇 cm인지 구하시오.

02 근호를 포함한 식의 계산

핵심 **02** 분모의 유리화

$a>0$이고 a, b, c가 유리수일 때

(1) $\dfrac{b}{\sqrt{a}}=\dfrac{b\times\sqrt{a}}{\sqrt{a}\times\sqrt{a}}=\dfrac{b\sqrt{a}}{a}$

(2) $\dfrac{\sqrt{b}}{\sqrt{a}}=\dfrac{\sqrt{b}\times\sqrt{a}}{\sqrt{a}\times\sqrt{a}}=\dfrac{\sqrt{ab}}{a}$ (단, $b>0$)

(3) $\dfrac{c}{b\sqrt{a}}=\dfrac{c\times\sqrt{a}}{b\sqrt{a}\times\sqrt{a}}=\dfrac{c\sqrt{a}}{ab}$ (단, $b\neq0$)

참고 분모를 유리화할 때, 분모와 분자가 약분이 되면 약분하여 간단히 한다.

066 대표문제

$\dfrac{8}{3\sqrt{32}}=a\sqrt{2}$, $\dfrac{21\sqrt{2}}{\sqrt{14}}=b\sqrt{7}$일 때, $\sqrt{ab}$의 값을 구하시오.

(단, a, b는 유리수)

067 출제율 ●●●

$\dfrac{\sqrt{500}}{5\sqrt{a}}=\dfrac{2\sqrt{35}}{7}$를 만족하는 자연수 a의 값을 구하시오.

068 출제율 ●●○

오른쪽 그림과 같은 삼각형 ABC에서 $\overline{BC}\,/\!/\,\overline{EF}$이고 $\triangle AEF=\square BCFE$이다. $\overline{BC}=5$일 때, $\overline{EF}$의 길이를 구하시오.

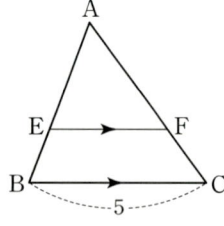

핵심 **03** 제곱근표에 없는 수의 제곱근의 값

제곱근표에 없는 수의 제곱근의 값은 근호 안의 수를 제곱근표에 있는 수로 바꾸어 그 값을 구한다.

(1) 근호 안의 수가 100 이상의 수인 경우

소수점을 끝자리부터 왼쪽으로 두 자리씩 이동한 후 $\sqrt{100a}=10\sqrt{a}$, $\sqrt{10000a}=100\sqrt{a}$, $\cdots$임을 이용한다.

(2) 근호 안의 수가 0과 1 사이의 수인 경우

소수점을 끝자리부터 오른쪽으로 두 자리씩 이동한 후 $\sqrt{\dfrac{a}{100}}=\dfrac{\sqrt{a}}{10}$, $\sqrt{\dfrac{a}{10000}}=\dfrac{\sqrt{a}}{100}$, $\cdots$임을 이용한다.

예 제곱근표에서 $\sqrt{2.8}=1.673$이므로

$\sqrt{280}=\sqrt{100\times2.8}=10\sqrt{2.8}=10\times1.673=16.73$

$\sqrt{0.028}=\sqrt{\dfrac{2.8}{100}}=\dfrac{\sqrt{2.8}}{10}=\dfrac{1.673}{10}=0.1673$

069 대표문제

$\sqrt{1.9}=1.378$, $\sqrt{19}=4.359$일 때, $\sqrt{760}$에 가장 가까운 정수를 구하시오.

070 출제율 ●●○

$\sqrt{8.61}=2.934$일 때, $(0.2934)^2$의 값을 구하시오.

071 출제율 ●●●

다음 제곱근표를 이용하여 그 값을 구할 수 <u>없는</u> 것은?

수	0	1	2	3
3.0	1.732	1.735	1.738	1.741
3.1	1.761	1.764	1.766	1.769
3.2	1.789	1.792	1.794	1.797
3.3	1.817	1.819	1.822	1.825

① $\sqrt{3.22}$ ② $\sqrt{301}$ ③ $\sqrt{0.033}$

④ $\sqrt{1240}$ ⑤ $\sqrt{28800}$

핵심 04 제곱근의 덧셈과 뺄셈

제곱근의 덧셈과 뺄셈은 다항식의 덧셈과 뺄셈에서 동류항끼리 모아서 계산하는 것과 같이 근호 안의 수가 같은 것끼리 모아서 계산한다.

$a > 0$이고 l, m, n이 유리수일 때

(1) $m\sqrt{a} + n\sqrt{a} = (m+n)\sqrt{a}$

(2) $m\sqrt{a} - n\sqrt{a} = (m-n)\sqrt{a}$

(3) $m\sqrt{a} + n\sqrt{a} - l\sqrt{a} = (m+n-l)\sqrt{a}$

참고 근호 안의 수가 같지 않으면 더 이상 간단히 할 수 없다.

즉 $a \neq b$일 때, $\sqrt{a} + \sqrt{b} \neq \sqrt{a+b}$, $\sqrt{a} - \sqrt{b} \neq \sqrt{a-b}$

072 [대표문제]

$\sqrt{27} + 3\sqrt{50} - \sqrt{6}(\sqrt{2} + \sqrt{108}) = a\sqrt{2} + b\sqrt{3}$일 때, $a+b$의 값을 구하시오. (단, a, b는 유리수)

073 출제율 ●●●

$\sqrt{(2-\sqrt{7})^2} - \sqrt{(3\sqrt{7}-8)^2}$을 간단히 하시오.

074 출제율 ●●●

다음 그림과 같이 넓이가 각각 $6\ \text{cm}^2$, $24\ \text{cm}^2$, $54\ \text{cm}^2$인 정사각형 모양의 색종이를 이어 붙여서 만든 도형의 둘레의 길이는 몇 cm인지 구하시오.

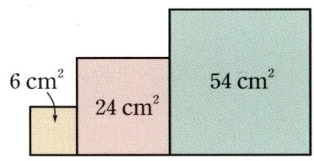

075 출제율 ●●○

$(2-4\sqrt{2})a - (-3+\sqrt{2})b = -1+7\sqrt{2}$일 때, $b-a$의 값을 구하시오. (단, a, b는 유리수)

076 출제율 ●●○

다음 수를 수직선 위에 나타낼 때, 왼쪽에서 두 번째에 오는 수와 오른쪽에서 두 번째에 오는 수의 합을 구하시오.

$$\sqrt{3}-5,\ 2+\sqrt{3},\ -\sqrt{3}+1,\ 2\sqrt{3},\ 3$$

077 출제율 ●●○

$f(x) = \dfrac{1}{\sqrt{x}} - \dfrac{1}{\sqrt{x+1}}$일 때,

$f(12) + f(13) + f(14) + \cdots + f(47) = a\sqrt{3}$을 만족하는 유리수 a의 값을 구하시오.

핵심 05 근호를 포함한 복잡한 식의 계산

❶ 괄호가 있으면 분배법칙을 이용하여 괄호를 푼다.
❷ 근호 안의 수가 제곱수를 인수로 가지면 근호 밖으로 꺼낸다.
❸ 분모에 근호를 포함한 무리수가 있으면 분모를 유리화한다.
❹ 곱셈, 나눗셈을 계산한 후 덧셈, 뺄셈을 계산한다.

078 대표문제

$\sqrt{7}\left(\sqrt{(-3)^2}-\sqrt{70}\right)-\left(\dfrac{5\sqrt{28}}{2}+\dfrac{25}{\sqrt{10}}\right)\div 5 = m\sqrt{7}+n\sqrt{10}$ 일 때, mn의 값을 구하시오. (단, m, n은 유리수)

079 출제율 ●●●

$A=\sqrt{27}+\dfrac{3}{\sqrt{2}}$, $B=2\sqrt{2}-\dfrac{\sqrt{3}}{5}$ 일 때, $\dfrac{1}{\sqrt{2}}(2A-5B)+\sqrt{3}B$ 의 값을 구하시오.

080 출제율 ●●●

$3\sqrt{2}\left(x-\dfrac{4}{\sqrt{2}}\right)-\sqrt{5}\left(2\sqrt{10}-\dfrac{x}{3}\sqrt{5}\right)$ 의 계산 결과가 유리수가 되도록 하는 유리수 x의 값을 구하시오.

발전 06 무리수의 정수 부분과 소수 부분

무리수는 순환소수가 아닌 무한소수이므로
(무리수)=(정수 부분)+(소수 부분)으로 나타낼 수 있다.
➡ (소수 부분)=(무리수)-(정수 부분)

> **$\sqrt{a}$의 정수 부분과 소수 부분**
>
> 무리수의 정수 부분과 소수 부분을 구할 때에는 근호 안의 수와 가장 가까운 제곱수를 찾는다.
> 무리수 $\sqrt{a}$에 대하여 $\sqrt{n^2}<\sqrt{a}<\sqrt{(n+1)^2}$, 즉 $n<\sqrt{a}<n+1$을 만족하는 자연수 n을 찾는다.
> ① $\sqrt{a}$의 정수 부분 ➡ n
> ② $\sqrt{a}$의 소수 부분 ➡ $\sqrt{a}-n$
> **참고** $0\le$(소수 부분)<1

081 대표문제

자연수 n에 대하여 $\sqrt{n}$의 소수 부분을 $f(n)$이라고 할 때, $f(75)-f(48)$의 값을 구하시오.

082 출제율 ●●●

$\sqrt{11}$의 소수 부분을 p라고 할 때, $\sqrt{176}$의 소수 부분을 p를 사용하여 나타내시오.

083 출제율 ●●○

$\sqrt{x}$의 정수 부분이 6일 때, 이를 만족하는 자연수 x의 개수를 구하시오.

STEP 2 실전문제 체화를 위한

대표문항 무리수의 정수 부분과 소수 부분의 응용

실수 a의 정수 부분을 $f(a)$, 소수 부분을 $g(a)$라고 하자. $x=2+\sqrt{75}$, $y=6\sqrt{3}-4$일 때, $\dfrac{f(y)-g(x)}{f(x)+g(y)}$ 의 값을 구하시오.

_{조건 ①}   _{조건 ②}   _답

유형 06 무리수의 정수 부분과 소수 부분 **105**

 스키마 schema ➔ 주어진 **조건**은 무엇인지? **답**은 무엇인지? 이 둘을 어떻게 연결해야 하는지?

1 단계

조건 ① 실수 x의 정수 부분을 $f(x)$, 소수 부분을 $g(x)$
② $x=2+\sqrt{75}$

↓

무리수 $\sqrt{a}$에 대하여 $\sqrt{n^2}<\sqrt{a}<\sqrt{(n+1)^2}$, 즉 $n<\sqrt{a}<n+1$일 때

↓

① $\sqrt{a}$의 정수 부분 ➡ n
② $\sqrt{a}$의 소수 부분 ➡ $\sqrt{a}-n$ (단, $n\geq0$인 정수)

↓

$\sqrt{64}<\sqrt{75}<\sqrt{81}$이므로 $8<\sqrt{75}<9$ 　∴ $10<2+\sqrt{75}<11$ → $2+\sqrt{75}$의 정수 부분은 10, 소수 부분은 $(2+\sqrt{75})-10=\sqrt{75}-8$이다.

↓

$f(x)=10$, $g(x)=\sqrt{75}-8$

$x=2+\sqrt{75}$에서
$\sqrt{64}<\sqrt{75}<\sqrt{81}$이므로
$\sqrt{8^2}<\sqrt{75}<\sqrt{9^2}$, $8<\sqrt{75}<9$
∴ $10<2+\sqrt{75}<11$
따라서 x의 정수 부분은 10, 소수 부분은
$(2+\sqrt{75})-10=\sqrt{75}-8$이므로
$f(x)=10$, $g(x)=\sqrt{75}-8$

2 단계

조건 ① 실수 y의 정수 부분을 $f(y)$, 소수 부분을 $g(y)$
② $y=6\sqrt{3}-4$

↓

$6\sqrt{3}=\sqrt{108}$이고 $\sqrt{100}<\sqrt{108}<\sqrt{121}$이므로 $10<6\sqrt{3}<11$ 　∴ $6<6\sqrt{3}-4<7$ → $6\sqrt{3}-4$의 정수 부분은 6, 소수 부분은 $(6\sqrt{3}-4)-6=6\sqrt{3}-10$이다.

↓

$f(y)=6$, $g(y)=6\sqrt{3}-10$

$y=6\sqrt{3}-4$에서 $6\sqrt{3}=\sqrt{108}$이고
$\sqrt{100}<\sqrt{108}<\sqrt{121}$이므로
$\sqrt{10^2}<6\sqrt{3}<\sqrt{11^2}$, $10<6\sqrt{3}<11$
∴ $6<6\sqrt{3}-4<7$
따라서 y의 정수 부분은 6, 소수 부분은
$(6\sqrt{3}-4)-6=6\sqrt{3}-10$이므로
$f(y)=6$, $g(y)=6\sqrt{3}-10$

3 단계

답 $\dfrac{f(y)-g(x)}{f(x)+g(y)}$ 의 값

↓

$f(x)$, $f(y)$, $g(x)$, $g(y)$의 값을 각각 대입하여 계산한다. → $\dfrac{f(y)-g(x)}{f(x)+g(y)}=\dfrac{14\sqrt{3}-15}{18}$

$\dfrac{f(y)-g(x)}{f(x)+g(y)}=\dfrac{6-(\sqrt{75}-8)}{10+(6\sqrt{3}-10)}$

$=\dfrac{14-5\sqrt{3}}{6\sqrt{3}}$

$=\dfrac{(14-5\sqrt{3})\times\sqrt{3}}{6\sqrt{3}\times\sqrt{3}}$

$=\dfrac{14\sqrt{3}-15}{18}$

답 $\dfrac{14\sqrt{3}-15}{18}$

02 근호를 포함한 식의 계산

유형 **01** 제곱근의 곱셈과 나눗셈

084 ✿✿

$2\sqrt{25+a}=6\sqrt{3}$, $\sqrt{57-b}=7\sqrt{2}$를 만족하는 두 유리수 a, b에 대하여 $a-b$의 값을 구하시오.

085 🖍️ 서술형

$\sqrt{2.16}$은 $\sqrt{6}$의 x배이고, $\sqrt{2}$는 $\sqrt{0.005}$의 y배일 때, $y-5x$의 값을 구하시오.

086

세 자연수 a, b, c에 대하여 $a\sqrt{b}\sqrt{c}=\sqrt{700}$이고 b, c의 최대공약수는 5일 때, $ab+c$의 값을 구하시오.

(단, $a\neq1$이고 $a<b<c$)

087

$\sqrt{3}=a$, $\sqrt{5}=b$, $\sqrt{30}=c$, $\sqrt{50}=d$라고 할 때, 다음 중 $\sqrt{0.5}-\sqrt{0.3}$을 a, b, c, d를 사용하여 나타내면?

① $\dfrac{a}{d}-\dfrac{b}{c}$ ② $\dfrac{b}{d}-\dfrac{a}{c}$ ③ $\dfrac{a^2}{c}-\dfrac{b^2}{d}$

④ $\dfrac{b^2}{d}-\dfrac{a^2}{c}$ ⑤ $\dfrac{d^2}{b}-\dfrac{c^2}{a}$

088

오른쪽 그림과 같이 넓이가 3π인 원에 내접하는 정사각형과 외접하는 정사각형의 넓이의 차를 구하시오.

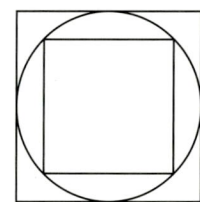

089

오른쪽 그림과 같이 한 모서리의 길이가 $4\sqrt{3}$ cm인 정사면체에서 $\overline{AB}$, $\overline{AD}$의 중점을 각각 P, Q라고 할 때, $\triangle PCQ$의 넓이를 구하시오.

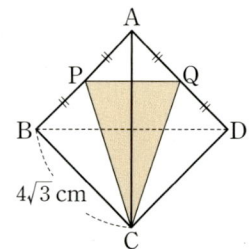

유형 02 분모의 유리화

090 ✿✯

10 이하의 두 자연수 a, b에 대하여 $\dfrac{2a}{\sqrt{3b+8}}$의 분모를 유리화한 결과가 $\dfrac{4\sqrt{26}}{13}$일 때, $a+b$의 값을 구하시오.

091 ✎ 서술형

$\dfrac{5x+2y}{3x-2y}=3$일 때, $\sqrt{\dfrac{2x^2-5y^2}{4x^2-y^2}}$의 값을 구하시오.

092

가로와 세로의 길이의 비가 3 : 2인 직사각형의 세로의 길이를 한 변으로 하는 정사각형의 넓이가 30일 때, 직사각형의 둘레의 길이를 구하시오.

유형 03 제곱근표에 없는 수의 제곱근의 값

093

다음 제곱근표를 이용하여 $\sqrt{0.24}+\sqrt{2.94}-\dfrac{6}{\sqrt{6}}$의 값을 구하시오.

수	0	1	2	3
6.0	2.449	2.452	2.454	2.456
7.0	2.646	2.648	2.650	2.651
8.0	2.828	2.830	2.832	2.834
9.0	3.000	3.002	3.003	3.005

094

$\sqrt{265-x^2}=13.81$일 때, 다음 제곱근표를 이용하여 양수 x의 값을 구하시오.

수	5	6	7	8
2.4	1.565	1.568	1.572	1.575
2.5	1.597	1.600	1.603	1.606
2.6	1.628	1.631	1.634	1.637
2.7	1.658	1.661	1.664	1.667

095

$\sqrt{8(a+b)}=10.2$, $\sqrt{ab}=3.464$일 때, 다음 제곱근표를 이용하여 $a-b$의 값을 구하시오. (단, $a>b$)

수	0	1	2	3	4	5
1.0	1.000	1.005	1.010	1.015	1.020	1.025
1.1	1.049	1.054	1.058	1.063	1.068	1.072
1.2	1.095	1.100	1.105	1.109	1.114	1.118
⋮	⋮	⋮	⋮	⋮	⋮	⋮
10	3.162	3.178	3.194	3.209	3.225	3.240
11	3.317	3.332	3.347	3.362	3.376	3.391
12	3.464	3.479	3.493	3.507	3.521	3.536

02 근호를 포함한 식의 계산

유형 **04** 제곱근의 덧셈과 뺄셈

096

$\dfrac{1}{\sqrt{6}-\dfrac{1}{\sqrt{6}-\dfrac{1}{\sqrt{6}}}}$ 을 간단히 하시오.

097 서술형

다음 그림과 같은 수직선에서 점 A와 점 B에 대응하는 수는 각각 $-1-\sqrt{2}$, $3+\sqrt{2}$이고 점 M은 $\overline{AB}$의 중점이다. 점 N이 $\overline{MN}:\overline{NB}=2:1$을 만족할 때, 점 N에 대응하는 수를 구하시오.

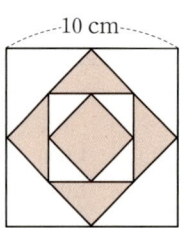

098

오른쪽 그림은 한 변의 길이가 10 cm인 정사각형 안에 정사각형의 각 변의 중점을 꼭짓점으로 하는 정사각형을 연속하여 세 번 그린 것이다. 이때 색칠한 부분의 둘레의 길이의 합을 구하시오.

099

$\sqrt{504a}$가 자연수가 되도록 하는 가장 작은 자연수 a에 대하여 $\sqrt{(-4+\sqrt{a})^2}-2b\sqrt{a}$가 유리수가 되도록 하는 유리수 b의 값을 구하시오.

100 ✿✿

오른쪽 그림은 가로, 세로의 길이가 각각 $5+\sqrt{2}$, 4인 직사각형을 정사각형으로 차례대로 나눈 다음 정사각형의 한 꼭짓점을 중심으로 하고 그 한 변의 길이를 반지름으로 하는 사분원 A, B, C, D를 그린 것이다. 이때 사분원 A, B, C, D의 호의 길이의 합을 구하시오.

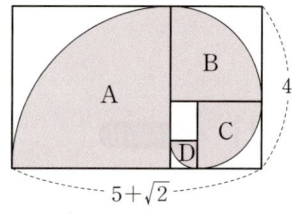

유형 **05** 근호를 포함한 복잡한 식의 계산

101

$\sqrt{2}(2\sqrt{3}-5)-\dfrac{\square}{\sqrt{2}}=\dfrac{\sqrt{3}+4}{\sqrt{2}}$ 에서 $\square$ 안에 알맞은 수를 구하시오.

102

두 실수 a, b에 대하여 $a \circledcirc b = a - \sqrt{3}b + ab$라고 할 때, $(2\sqrt{3}-1) \circledcirc \dfrac{4}{\sqrt{3}}$의 값을 구하시오.

103

부등식 $\sqrt{12}(\sqrt{6}-\sqrt{3})x + 3\sqrt{2} < 2(\sqrt{2}-3)x - 1$을 만족하는 x의 값 중 가장 큰 정수를 구하시오.

104

세 실수 a, b, c에 대하여 $a+b+c = \sqrt{10}$이고 $a : b : c = (\sqrt{6}-\sqrt{2}) : (\sqrt{2}+\sqrt{5}) : (\sqrt{6}-\sqrt{5})$일 때, $a-b-c$의 값을 구하시오.

유형 06 무리수의 정수 부분과 소수 부분

105 ✿✿

실수 a의 정수 부분을 $f(a)$, 소수 부분을 $g(a)$라고 하자. $x = \sqrt{12}-1$, $y = 3\sqrt{2}+2$일 때, $\dfrac{f(x)-g(y)+3}{2g(x)+f(y)}$의 값을 구하시오.

106

$[a]$는 a보다 크지 않은 최대 정수를 나타낸다. $a = 2\sqrt{5}-2$일 때, $\dfrac{a}{a+[a]} - \dfrac{[a]-a}{[a]}$의 값을 구하시오.

107

2 이상의 네 자연수 a, b, c, d가 다음 조건을 모두 만족할 때, $5\sqrt{c-a}$의 소수 부분을 x, $\sqrt{\dfrac{7(d-b)}{6}}$의 소수 부분을 y라고 하자. 이때 $x+y$의 값을 구하시오.

> **조건**
>
> ㈎ $\sqrt{a}$, $\sqrt{b}$, $\sqrt{c}$, $\sqrt{d}$는 모두 10 이하의 자연수이다.
>
> ㈏ $2a+b = 43$, $d-3c = 1$

108

$\dfrac{\sqrt{20^6+4^8}}{\sqrt{10^6+4^5}}$을 계산하시오.

✔ $a>0$, $b>0$일 때, $\dfrac{\sqrt{a}}{\sqrt{b}}=\sqrt{\dfrac{a}{b}}$임을 이용한다.

109

다음 그림과 같이 수직선 위에 정사각형 ABCD가 있다.
□ABCD를 수직선을 따라 오른쪽으로 1회전 시키면
□A′B′C′D′에 위치한다. 점 B에 대응하는 수는 -3, 점 C에 대응하는 수는 -1일 때, 점 A가 움직인 거리를 구하시오.

110

다음 표는 자연수 x와 x^2의 값을 나타낸 것이다. 이 표를 이용하여 $\sqrt{110}$을 소수로 나타내었을 때, 소수점 아래 첫째 자리의 숫자를 구하시오.

x	x^2	x	x^2
103	10609	329	108241
104	10816	330	108900
105	11025	331	109561
106	11236	332	110224
107	11449	333	110889
108	11664	334	111556

111 ✿

두 자연수 x, y에 대하여 $\sqrt{x}+\sqrt{y}=\sqrt{175}$를 만족하는 순서쌍 (x, y)의 개수를 구하시오.

112 ✿✿

다음 그림과 같이 넓이가 각각 2, 3, 8, 12인 네 정사각형을 한 정사각형의 대각선의 교점에 다른 정사각형의 한 꼭짓점을 맞추고 겹치는 부분이 정사각형이 되도록 차례대로 이어 붙여 새로운 도형을 만들었다. 이때 새로 만든 도형의 둘레의 길이를 구하시오.

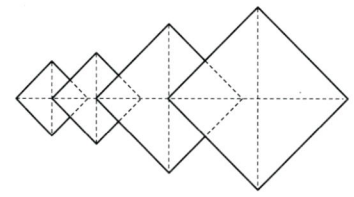

✔ 겹치는 부분인 정사각형의 한 변의 길이는 겹치기 전의 작은 정사각형의 한 변의 길이의 $\frac{1}{2}$이다.

113 ✎ 서술형

연립방정식 $\begin{cases} \sqrt{2}x+\sqrt{3}y=1 \\ \sqrt{3}x-\sqrt{2}y=-1 \end{cases}$ 의 해가 $x=p$, $y=q$일 때, $\dfrac{1}{p+q}$의 값을 구하시오.

114

일곱 자리의 자연수 a에 대하여 $\sqrt{a}$의 정수 부분은 m자리의 자연수이고, $x \geq y$인 두 자연수 x, y에 대하여 $\sqrt{x^2+y^2}$의 정수 부분이 6이 되도록 하는 순서쌍 (x, y)의 개수가 n개라고 할 때, mn의 값을 구하시오.

✔ q자리의 자연수 p는 $10^{q-1} \leq p < 10^q$이다.

115

자연수 n에 대하여 $\sqrt{n^2+1}$의 소수 부분을 a_n이라고 할 때, $(a_{2222}+2222)^2$의 일의 자리의 숫자를 구하시오.

116

원점의 위치에 있는 눈금을 0, 원점으로부 터 거리가 $\sqrt{a}\,(a>0)$인 점의 위치에 있는 눈금을 a로 나타내는 자가 있다. 예를 들어 이 자의 눈금 2는 원 점으로부터 거리가 $\sqrt{2}$인 점이다. 다음 그림과 같이 2개의 자를 눈금 12와 눈금 3, 눈금 48과 눈금 x가 일치하도록 붙여 놓았 을 때, 양수 x의 값을 구하시오.

117

오른쪽 그림과 같이 한 칸의 가로와 세로 의 길이가 각각 1인 모눈종이를 이용하여 직각이등변삼각형 5개, 정사각형 1개, 평 행사변형 1개로 이루어진 칠교판을 만들 었다. 칠교 조각을 모두 사용하여 만든 [그림 1]과 [그림 2] 중 둘레의 길이가 더 긴 것을 말하시오.

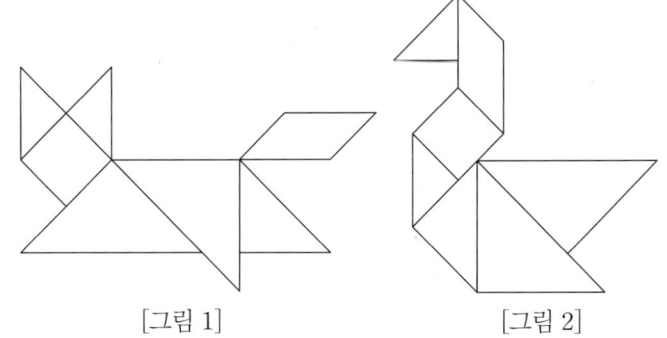

[그림 1]   [그림 2]

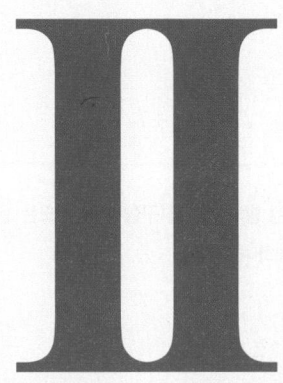

Ⅱ

다항식의 곱셈과 인수분해

03 다항식의 곱셈

1 다항식의 곱셈

(1) **다항식과 다항식의 곱셈** 분배법칙을 이용하여 전개한 후 동류항끼리 모아서 간단히 한다.

$$(a+b)(c+d)=ac+ad+bc+bd$$

> **참고** (다항식)×(다항식)에서 특정한 항의 계수를 구할 때에는 모든 항을 전개하지 않고 필요한 항만 전개하여 구한다.

(2) **곱셈 공식**

① $(a+b)^2=a^2+2ab+b^2$
   $(a-b)^2=a^2-2ab+b^2$
② $(a+b)(a-b)=a^2-b^2$
③ $(x+a)(x+b)=x^2+(a+b)x+ab$
④ $(ax+b)(cx+d)=acx^2+(ad+bc)x+bd$

> **참고** 전개식이 같은 다항식
> (1) $(-a-b)^2=(a+b)^2$
> (2) $(-a+b)^2=(a-b)^2$
> (3) $(-a-b)(-a+b)=(a+b)(a-b)$
> (4) $(-a+b)(a+b)=-(a+b)(a-b)$

2 곱셈 공식을 이용한 수의 계산

(1) **수의 제곱의 계산** 곱셈 공식 $(a+b)^2=a^2+2ab+b^2$ 또는 $(a-b)^2=a^2-2ab+b^2$을 이용한다.
> **예** $101^2=(100+1)^2=100^2+2\times100\times1+1^2$
> $=10000+200+1=10201$

(2) **두 수의 곱의 계산** 곱셈 공식 $(a+b)(a-b)=a^2-b^2$ 또는 $(x+a)(x+b)=x^2+(a+b)x+ab$를 이용한다.
> **예** $99\times101=(100-1)(100+1)=100^2-1^2$
> $=10000-1=9999$

(3) **제곱근의 계산** 제곱근을 문자로 생각하고 곱셈 공식을 이용한다.
> **예** $(\sqrt{3}+\sqrt{2})(\sqrt{3}-\sqrt{2})=(\sqrt{3})^2-(\sqrt{2})^2=3-2=1$

> **개념 Plus** 제곱근의 계산
>
> $a>0$, $b>0$일 때
> (1) $(\sqrt{a}+\sqrt{b})^2=a+2\sqrt{ab}+b$
> (2) $(\sqrt{a}-\sqrt{b})^2=a-2\sqrt{ab}+b$
> (3) $(\sqrt{a}+\sqrt{b})(\sqrt{a}-\sqrt{b})=a-b$

3 곱셈 공식을 이용한 분모의 유리화

분모가 두 수의 합 또는 차로 되어 있는 무리수일 때에는 곱셈 공식 $(a+b)(a-b)=a^2-b^2$을 이용하여 분모를 유리화한다. $a>0$, $b>0$, $a\neq b$일 때,

$$\frac{c}{\sqrt{a}+\sqrt{b}}=\frac{c(\sqrt{a}-\sqrt{b})}{(\sqrt{a}+\sqrt{b})(\sqrt{a}-\sqrt{b})}=\frac{c\sqrt{a}-c\sqrt{b}}{a-b}$$

> **예** $\dfrac{3}{\sqrt{5}+\sqrt{2}}=\dfrac{3(\sqrt{5}-\sqrt{2})}{(\sqrt{5}+\sqrt{2})(\sqrt{5}-\sqrt{2})}=\dfrac{3(\sqrt{5}-\sqrt{2})}{5-2}=\sqrt{5}-\sqrt{2}$

> **개념 Plus** 곱셈 공식을 이용한 분모의 유리화
>
> 곱셈 공식 $(a+b)(a-b)=a^2-b^2$을 이용하여 분모를 유리화할 때, 분모에 따라 분모, 분자에 곱히는 수는 다음과 같다.
>
> | 분모 | 분모, 분자에 곱하는 수 |
> |---|---|
> | $a+\sqrt{b}$ | $a-\sqrt{b}$ |
> | $a-\sqrt{b}$ | $a+\sqrt{b}$ |
> | $\sqrt{a}+\sqrt{b}$ | $\sqrt{a}-\sqrt{b}$ |
> | $\sqrt{a}-\sqrt{b}$ | $\sqrt{a}+\sqrt{b}$ |

4 복잡한 식의 전개

(1) **공통부분이 있는 식의 전개** 공통부분을 한 문자로 놓고 전개한 후 공통부분을 다시 대입하여 전개한다.
(2) **( )( )( )( ) 꼴의 전개** 상수항의 합이 같아지도록 두 일차식끼리 짝을 지어 전개한 후 공통부분을 한 문자로 놓고 전개한다.

5 곱셈 공식의 변형

(1) **곱셈 공식의 변형**
① $a^2+b^2=(a+b)^2-2ab$
② $a^2+b^2=(a-b)^2+2ab$
③ $(a+b)^2=(a-b)^2+4ab$
④ $(a-b)^2=(a+b)^2-4ab$

(2) **두 수의 곱이 1인 식의 변형**

① $x^2+\dfrac{1}{x^2}=\left(x+\dfrac{1}{x}\right)^2-2$

② $x^2+\dfrac{1}{x^2}=\left(x-\dfrac{1}{x}\right)^2+2$

③ $\left(x+\dfrac{1}{x}\right)^2=\left(x-\dfrac{1}{x}\right)^2+4$

④ $\left(x-\dfrac{1}{x}\right)^2=\left(x+\dfrac{1}{x}\right)^2-4$

핵심 01 다항식의 곱셈

(1) **다항식과 다항식의 곱셈** 분배법칙을 이용하여 전개한 후 동류항끼리 모아서 간단히 한다.

> **참고** 전개가 복잡할 때에는 모든 항을 전개하지 않고 필요한 문자가 들어 있는 항만 부분적으로 곱하여 계수를 구한다.
>
> **예** 다항식 $(ax+by)(cx+dy)$에서 xy의 계수 구하기
>
> ➡ $ax \times dy + by \times cx = (ad+bc)xy$

(2) **곱셈 공식**

① $(a+b)^2 = a^2 + 2ab + b^2$
 $(a-b)^2 = a^2 - 2ab + b^2$

② $(a+b)(a-b) = a^2 - b^2$

③ $(x+a)(x+b) = x^2 + (a+b)x + ab$

④ $(ax+b)(cx+d) = acx^2 + (ad+bc)x + bd$

연속한 합과 차의 곱

$(a-b)(a+b)(a^2+b^2) = (a^2-b^2)(a^2+b^2) = a^4 - b^4$

118 대표문제

$(3x-ay)(bx-2y+5)$의 전개식에서 xy의 계수가 4이고 y의 계수가 10일 때, $a+b$의 값을 구하시오. (단, a, b는 상수)

119 출제율 ●●●

$3x-k$에 $4x+5$를 곱해야 할 것을 잘못하여 $5x+4$를 곱하였더니 $15x^2+2x-8$이 되었다. 이때 바르게 계산한 답을 구하시오. (단, k는 상수)

120 출제율 ●●●

두 다항식의 곱 $\left(x-\dfrac{1}{6}\right)(x+a)$를 전개하였더니 x의 계수가 상수항의 2배이었다. 이때 상수 a의 값을 구하시오.

121 출제율 ●●●

$(x-1)(x+1)(x^2+1)(x^4+1)(x^8+1) = x^a + b$일 때, $a-2b$의 값을 구하시오. (단, a, b는 상수)

122 출제율 ●●●

수영이는 $(x-2)(x+8)$을 전개하는데 -2를 a로 잘못 보고 x^2+5x+b로 전개하였고, 미현이는 $(2x-1)(3x+1)$을 전개하는데 x의 계수 2를 c로 잘못 보고 dx^2-1로 전개하였다. 이때 $a+b+c+d$의 값을 구하시오. (단, a, b, c, d는 상수)

123 출제율 ●●○

가로의 길이가 $4a$, 세로의 길이가 $3b$인 직사각형 모양의 종이 ABCD를 다음 그림과 같이 점 A가 점 E에, 점 D가 점 F에 오도록 접었다. 이때 □FECG의 넓이를 a, b를 사용한 식으로 나타내시오. (단, $4a > 3b$)

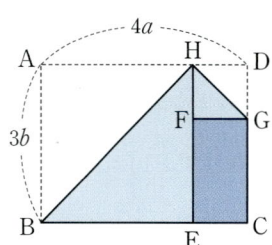

핵심 02 곱셈 공식을 이용한 수의 계산

(1) **수의 제곱의 계산** 곱셈 공식 $(a+b)^2=a^2+2ab+b^2$ 또는 $(a-b)^2=a^2-2ab+b^2$을 이용한다.

(2) **두 수의 곱의 계산** 곱셈 공식 $(a+b)(a-b)=a^2-b^2$ 또는 $(x+a)(x+b)=x^2+(a+b)x+ab$를 이용한다.

(3) **제곱근의 계산** 제곱근을 문자로 생각하고 곱셈 공식을 이용한다.

124 [대표문제]

$\dfrac{2046\times2054+2066}{2050}$의 값을 구하시오.

125 출제율 ●●●

$(4-\sqrt{7})^2-m(10-3\sqrt{7})$이 유리수가 되도록 하는 유리수 m의 값을 구하시오.

126 출제율 ●●●

$(2+1)(2^2+1)(2^4+1)(2^8+1)=2^a-1$일 때, a의 값을 구하시오. (단, a는 정수)

127 출제율 ●●○

$(\sqrt{5}+2)^6(\sqrt{5}-2)^7=a+b\sqrt{5}$일 때, $a-b$의 값을 구하시오.

(단, a, b는 유리수)

128 출제율 ●●○

$1003\times997+998^2=a\times10^6-b\times10^3-c$일 때, $a+b-c$의 값을 구하시오. (단, a, b, c는 자연수)

핵심 03 곱셈 공식을 이용한 분모의 유리화

분모가 두 수의 합 또는 차로 되어 있는 무리수일 때에는 곱셈 공식 $(a+b)(a-b)=a^2-b^2$을 이용하여 분모를 유리화한다.

$a>0$, $b>0$, $c>0$, $a\neq b$일 때,

$$\frac{\sqrt{c}}{\sqrt{a}+\sqrt{b}}=\frac{\sqrt{c}(\sqrt{a}-\sqrt{b})}{(\sqrt{a}+\sqrt{b})(\sqrt{a}-\sqrt{b})}=\frac{\sqrt{ac}-\sqrt{bc}}{a-b}$$

부호 반대

129 [대표문제]

$\dfrac{3}{7+4\sqrt{3}}-\dfrac{4}{7-4\sqrt{3}}=a+b\sqrt{3}$일 때, $a-b$의 값을 구하시오.

(단, a, b는 유리수)

130 출제율 ●●●

$5-\sqrt{6}$의 정수 부분을 a, 소수 부분을 b라고 할 때, $\dfrac{a}{b}$의 값을 구하시오.

131 출제율 ●●●

$f(x)=\sqrt{x}+\sqrt{x+1}$일 때, $\dfrac{1}{f(1)}+\dfrac{1}{f(2)}+\dfrac{1}{f(3)}+\cdots+\dfrac{1}{f(49)}$ 의 값을 구하시오.

132 출제율 ●●○

오른쪽 그림에서 □ABCD는 직사각형이고 □ABFE, □EGHD는 모두 정사각형이다. 직사각형 ABCD의 둘레의 길이가 78이고 □ABFE와 □EGHD의 넓이의 비가 4 : 3일 때, $\overline{\text{GF}}$의 길이를 구하시오.

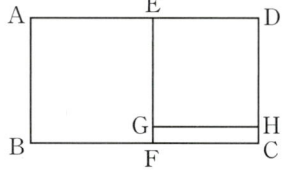

발전 04 복잡한 식의 계산

(1) **공통부분이 있는 식의 전개**
  ① 공통부분을 한 문자로 놓는다.
  ② ①의 식을 곱셈 공식을 이용하여 전개한다.
  ③ ②의 식에 원래의 식을 대입하여 전개한다.
(2) ( )( )( )( ) 꼴의 전개
  ① 상수항의 합이 같아지도록 두 일차식끼리 짝을 지어 전개한다.
  ② 공통부분을 한 문자로 놓고 전개한다.

133 대표문제

다음 식을 전개하시오.

$$(x+2y+z)(x-2y-z)$$

134 출제율 ●●○

$(2x+3-\sqrt{3})(2x-1-\sqrt{3})$의 전개식에서 x의 계수와 상수항의 곱을 구하시오.

135 출제율 ●●●

$(x+1)(x+2)(x-3)(x-4)$의 전개식에서 x^3의 계수와 x의 계수의 합을 구하시오.

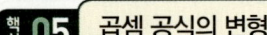

핵심 **05** 곱셈 공식의 변형

(1) $a^2+b^2=(a+b)^2-2ab$ ← $(a^2+2ab+b^2)-2ab$
(2) $a^2+b^2=(a-b)^2+2ab$ ← $(a^2-2ab+b^2)+2ab$
(3) $(a+b)^2=(a-b)^2+4ab$ ← $(a^2-2ab+b^2)+4ab$
(4) $(a-b)^2=(a+b)^2-4ab$ ← $(a^2+2ab+b^2)-4ab$

두 수의 곱이 1인 식의 변형

$x+\dfrac{1}{x}$ 또는 $x-\dfrac{1}{x}$의 값이 주어졌을 때

(1) $x^2+\dfrac{1}{x^2}=\left(x+\dfrac{1}{x}\right)^2-2$ (2) $x^2+\dfrac{1}{x^2}=\left(x-\dfrac{1}{x}\right)^2+2$

(3) $\left(x+\dfrac{1}{x}\right)^2=\left(x-\dfrac{1}{x}\right)^2+4$ (4) $\left(x-\dfrac{1}{x}\right)^2=\left(x+\dfrac{1}{x}\right)^2-4$

136 대표문제

$a-b=4$, $a^2+b^2=6$일 때, $\dfrac{1}{a}-\dfrac{1}{b}$의 값을 구하시오.

137 출제율 ●●○

$(x-3)(y-3)=4$, $xy=-11$일 때, $\dfrac{y}{x}+\dfrac{x}{y}$의 값을 구하시오.

138 출제율 ●●○

$x-\dfrac{1}{x}=\sqrt{5}$일 때, $x^4+\dfrac{1}{x^4}$의 값을 구하시오.

핵심 **06** 식의 값 구하기

(1) $x=a\pm\sqrt{b}$ 꼴인 경우
  방법❶ $x-a=\pm\sqrt{b}$
    ➡ $(x-a)^2=b$로 변형하여 식의 값을 구한다.
  방법❷ x의 값을 직접 대입하여 식의 값을 구한다.

(2) $x=a+\sqrt{b}$, $y=a-\sqrt{b}$ 꼴인 경우
  $x+y$ 또는 xy의 값을 구한 후 곱셈 공식의 변형을 이용하여 식의 값을 구한다.

(3) $x^2+ax+1=0$ $(a\neq0)$ 꼴인 경우
  $x\neq0$이므로 양변을 x로 나눈다.
  ➡ $x+a+\dfrac{1}{x}=0$ ∴ $x+\dfrac{1}{x}=-a$

139 대표문제

$x=\dfrac{1}{5-2\sqrt{6}}$일 때, $x^2-10x+14$의 값을 구하시오.

140 출제율 ●●○

$x=\sqrt{3}$일 때, $\dfrac{\sqrt{x+1}-\sqrt{x-1}}{\sqrt{x+1}+\sqrt{x-1}}$의 값을 구하시오.

141 출제율 ●●●

$x^2-6x+1=0$일 때, $x^2+x+\dfrac{1}{x}+\dfrac{1}{x^2}$의 값을 구하시오.

대표문항 곱셈 공식을 이용하여 조건을 만족하는 x, y의 값 구하기

$\dfrac{x+\sqrt{3}}{3\sqrt{3}+5}+\dfrac{y-\sqrt{3}}{3\sqrt{3}-5}$ 을 계산한 값이 유리수가 되도록 하는 두 유리수 x, y에 대하여 $\underline{4x-3y=4}$가 성립할 때, $\underline{xy}$의 값을 구하시오.
<u>조건 ①</u>　　　　　　　　　　　　　　　　　　　　　　　　조건 ②　　　　　　답

유형 03 곱셈 공식을 이용한 분모의 유리화 **149**

 스키마 schema ≫ 주어진 **조건**은 무엇인지? **답**은 무엇인지? 이 둘을 어떻게 연결해야 하는지?

1 단계

조건 ① $\dfrac{x+\sqrt{3}}{3\sqrt{3}+5}+\dfrac{y-\sqrt{3}}{3\sqrt{3}-5}$ 을 계산한 값이 유리수

a, b가 유리수이고 $\sqrt{m}$이 무리수일 때,
$a+b\sqrt{m}$이 유리수일 조건
➡ $b=0$

분모가 두 수의 합 또는 차로 되어 있는
무리수일 때에는 분모를 유리화한다.
$a>0$, $b>0$, $a\neq b$일 때,
$\dfrac{c}{\sqrt{a}+\sqrt{b}}=\dfrac{c(\sqrt{a}-\sqrt{b})}{(\sqrt{a}+\sqrt{b})(\sqrt{a}-\sqrt{b})}$
$\qquad\qquad =\dfrac{c\sqrt{a}-c\sqrt{b}}{a-b}$

주어진 식의 분모를 유리화하여
$a+b\sqrt{m}$ 꼴로 간단히 한 후
$b=0$임을 이용한다.
↓
$3x+3y=10$

$\dfrac{x+\sqrt{3}}{3\sqrt{3}+5}+\dfrac{y-\sqrt{3}}{3\sqrt{3}-5}$
$=\dfrac{(x+\sqrt{3})(3\sqrt{3}-5)}{(3\sqrt{3}+5)(3\sqrt{3}-5)}$
$\qquad\qquad +\dfrac{(y-\sqrt{3})(3\sqrt{3}+5)}{(3\sqrt{3}-5)(3\sqrt{3}+5)}$
$=\dfrac{3\sqrt{3}x-5x+9-5\sqrt{3}}{2}$
$\qquad +\dfrac{3\sqrt{3}y+5y-9-5\sqrt{3}}{2}$
$=\dfrac{(-5x+5y)+(3x+3y-10)\sqrt{3}}{2}$

이때 이 수가 유리수가 되려면
$3x+3y-10=0$, 즉 $3x+3y=10$이어야 한
다.

2 단계

조건 ② $4x-3y=4$가 성립
↓
두 방정식 $3x+3y=10$, $4x-3y=4$를
모두 만족하는 x, y의 값을 구한다.
→
두 방정식 $3x+3y=10$,
$4x-3y=4$를 연립하여 푼다.
↓
$x=2$, $y=\dfrac{4}{3}$

$3x+3y=10$, $4x-3y=4$를 연립하여 풀면
$x=2$, $y=\dfrac{4}{3}$

3 단계

답 xy의 값
↓
x, y의 값을 각각 대입하여 xy의 값을 구한다. → $xy=\dfrac{8}{3}$

xy에 $x=2$, $y=\dfrac{4}{3}$를 대입하면
$xy=2\times\dfrac{4}{3}=\dfrac{8}{3}$

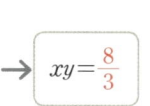

답 $\dfrac{8}{3}$

03
다항식의 곱셈

유형 **01** 다항식의 곱셈

142

자연수 a를 8로 나누면 나머지가 3이고, 자연수 b를 8로 나누면 나머지가 5일 때, ab를 8로 나눈 나머지를 구하시오.

143

한 변의 길이가 각각 a, b인 두 정사각형을 다음 그림과 같이 붙여 놓았다. $\overline{AC}$의 중점을 D라고 할 때, $\overline{BD}$, $\overline{DC}$를 한 변으로 하는 정사각형의 넓이를 각각 S_1, S_2라고 하자. $\overline{AC}=12$, $S_2-S_1=15$일 때, ab의 값을 구하시오. (단, $0<a<b$)

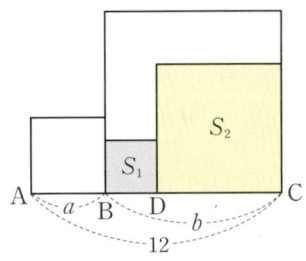

144 ✿✿

$(x+A)(x+B)$를 전개하였더니 $x^2+Cx-40$이 되었다. 다음 중 C의 값이 될 수 없는 것은? (단, A, B, C는 정수)

① -18 ② -3 ③ 6

④ 12 ⑤ 39

유형 **02** 곱셈 공식을 이용한 수의 계산

145

다음을 계산하시오.

$$\frac{3005^2-2999\times3011}{3010^2-3005\times3015}$$

146

다음을 계산하시오.

$$(3+\sqrt{7})^5(3-\sqrt{7})^4-(3+\sqrt{7})^4(3-\sqrt{7})^6$$

147

$2(4+2)(4^2+2^2)(4^4+2^4)(4^8+2^8)+2^{16}=2^x$일 때, 자연수 x의 값을 구하시오.

148

$\sqrt{2^{20}}(\sqrt{7}+\sqrt{8})^8\left(\dfrac{\sqrt{7}}{2}-\sqrt{2}\right)^{10}=a+b\sqrt{14}$일 때, $a+b$의 값을 구하시오. (단, a, b는 유리수)

유형 03 곱셈 공식을 이용한 분모의 유리화

149

$\dfrac{x-\sqrt{6}}{\sqrt{6}+2}+\dfrac{y-\sqrt{6}}{\sqrt{6}-2}$ 을 계산한 값이 유리수가 되도록 하는 두 유리수 x, y에 대하여 $2x-3y=-10$이 성립할 때, $y-x$의 값을 구하시오.

150

$\dfrac{1}{1+\sqrt{2}+\sqrt{3}}=\dfrac{2+a\sqrt{2}+b\sqrt{c}}{4}$일 때, $a+b+c$의 값을 구하시오. (단, a, b, c는 정수)

151

밑면이 정사각형인 직육면체 A와 정육면체 B가 있다. 정육면체 B의 밑넓이는 직육면체 A의 밑넓이의 3배이고, 정육면체 B의 부피 역시 직육면체 A의 부피의 3배일 때, 정육면체 B의 모든 모서리의 길이의 합은 직육면체 A의 모든 모서리의 길이의 합의 몇 배인지 구하시오.

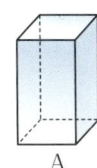
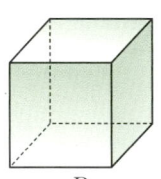

A   B

유형 04 복잡한 식의 계산

152 ✍ 서술형

$x^2+3x-40=0$일 때, 다음 식의 값을 구하시오.

$$(x-4)(x-2)(x+5)(x+7)$$

153 ✿✩

$(1+x-x^2-x^3)(1-x+x^2-x^3)$을 전개하시오.

유형 05 곱셈 공식의 변형

154

$x+y=2$, $xy+4=0$일 때, $\dfrac{y}{x-3}+\dfrac{x}{y-3}$의 값을 구하시오.

155 ✏️ 서술형

길이가 84 cm인 끈을 적당히 두 개로 잘라 한 변의 길이가 각각 x cm, y cm인 두 정사각형을 만들었다. 두 정사각형의 넓이의 합이 345 cm²일 때, $(x-y)^2$의 값을 구하시오.

156

$x+y=3$, $x^2+y^2=5$일 때, $\dfrac{y^4}{x^4}+\dfrac{x^4}{y^4}$의 값을 구하시오.

157

$a-b=-4$, $ab=-2$, $x+y=3$, $xy=-1$일 때, $(ax+by)^2+(bx+ay)^2$의 값을 구하시오.

유형 06 식의 값 구하기

158 💠

$x=\dfrac{\sqrt{3}+\sqrt{2}}{2}$, $y=\dfrac{\sqrt{3}-\sqrt{2}}{2}$일 때, $\dfrac{\sqrt{x}+\sqrt{y}}{\sqrt{x}-\sqrt{y}}$의 값을 구하시오.

159

$x=\dfrac{\sqrt{6}-2}{\sqrt{6}+2}$, $y=\dfrac{3\sqrt{2}+4}{3\sqrt{2}-4}$일 때, $(x^2+5x+1)(y^2-34y+2)$의 값을 구하시오.

160 ✿✿

직육면체 A의 가로의 길이, 세로의 길이, 높이를 각각 3 cm씩 늘여서 새로운 직육면체 B를 만들었다. 직육면체 A의 모든 모서리의 길이의 합이 72 cm이고 겉넓이가 184 cm²일 때, 두 직육면체 A, B의 부피의 차를 구하시오.

161

$\left(1+\dfrac{1}{x}\right)\left(1+\dfrac{1}{x^2}\right)\left(1+\dfrac{1}{x^4}\right)\left(1+\dfrac{1}{x^8}\right)\left(1+\dfrac{1}{x^{16}}\right)=\dfrac{x^{32}-a}{x^b-x^{31}}$일 때, 두 상수 a, b에 대하여 $b-a$의 값을 구하시오.

(단, $x\neq0$, $x\neq1$)

162

$9\times11\times101\times10001\times100000001$이 n자리의 자연수일 때, 자연수 n의 값을 구하시오.

∨ 큰 수의 계산이나 복잡한 수의 계산을 할 때에는 곱셈 공식을 이용하여 풀 수 있다.

163

x_n의 소수 부분을 y_n이라고 하면 $x_{n+1}=\dfrac{1}{y_n}$이다. $x_1=3\sqrt{2}$일 때, y_{3000}의 값을 구하시오. (단, n은 자연수)

∨ x_1의 값을 이용하여 y_1, y_2, y_3, …의 값을 차례대로 구하여 규칙을 찾는다.

03

다항식의 곱셈

164 ✿✿

오른쪽 그림과 같이 한 변의 길이가 4인 정사각형의 네 모퉁이에서 직각이등변삼각형을 잘라 만든 정팔각형의 넓이를 구하시오.

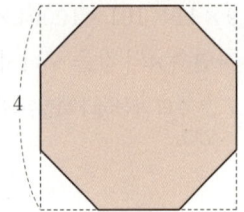

4

165

$x^2-y^2+1=0$일 때, $\{(x+y)^m+(x-y)^m\}^2-\{(x+y)^m-(x-y)^m\}^2$의 값을 모두 구하시오. (단, $m\geq2$인 자연수)

V $(x+y)^m=A$, $(x-y)^m=B$로 놓고 식을 간단히 정리한다.

166

둘레의 길이가 서로 같은 정사각형과 직사각형의 넓이의 차가 36일 때, 직사각형의 이웃하는 두 변의 길이의 차를 구하시오.

167 ✍ 서술형

$x^2-2x-1=0$일 때, $x^8+\dfrac{1}{x^8}$의 값의 일의 자리의 숫자를 구하시오.

곱셈 공식을 이용한 수의 계산

168

두 자리 자연수 39와 62의 곱은 2418이다. 또, 십의 자리의 숫자와 일의 자리의 숫자를 바꾼 93과 26의 곱도 2418이다.

$$3\ 9 \times 6\ 2$$
$$9\ 3 \times 2\ 6 = 2418$$

이것을 만족하는 두 자리 자연수의 순서쌍을 $(39, 62)$와 같이 나타내기로 하자. 이때 $(39, 62)$와 $(93, 26)$은 같은 것으로 본다. 이와 같은 방법으로 1에서 9까지의 숫자 카드 9장 중에서 서로 다른 4장을 뽑아 만든 2개의 두 자리 수의 십의 자리의 숫자와 일의 자리의 숫자를 바꾸어 곱한 결과가 처음 두 자리 수의 곱과 같아지는 자연수의 순서쌍은 모두 몇 개인지 구하시오.

 입체도형의 부피

169

세영이는 가로의 길이가 $4a+2$, 세로의 길이가 $4a-2$, 높이가 3인 직육면체 모양의 블록을 쌓아 입체도형을 만들었다. 다음 그림은 세영이가 입체도형을 앞, 오른쪽 옆, 위에서 본 모양을 각각 나타낸 것이다. 세영이가 만든 입체도형의 부피를 구하시오.

[앞]   [오른쪽 옆]   [위]

03
다항식의 곱셈

04 다항식의 인수분해

1 인수분해

(1) **인수** 하나의 다항식을 두 개 이상의 다항식의 곱으로 나타낼 때, 각각의 식을 처음 식의 인수라고 한다.

> **참고** 모든 다항식에서 1과 자기 자신은 그 다항식의 인수이다.

(2) **인수분해** 하나의 다항식을 두 개 이상의 다항식의 곱으로 나타내는 것을 그 다항식을 인수분해한다고 한다.

$$x^2+3x+2 \underset{\text{전개}}{\overset{\text{인수분해}}{\rightleftarrows}} \underbrace{(x+1)(x+2)}_{\text{인수}}$$

(3) **공통인수를 이용한 인수분해**
   ① **공통인수** 다항식의 각 항에 공통으로 들어 있는 인수
   ② **공통인수를 이용한 인수분해** 다항식의 각 항에 공통인수가 있을 때에는 분배법칙을 이용하여 공통인수를 묶어 내어 인수분해한다.
   ➡ $ma+mb-mc=m(a+b-c)$
   > **예** $2x^2y+6xy^2=2xy \times x+2xy \times 3y=2xy(x+3y)$

2 인수분해 공식

(1) **인수분해 공식**
   ① $a^2+2ab+b^2=(a+b)^2$
      $a^2-2ab+b^2=(a-b)^2$
   ② $a^2-b^2=(a+b)(a-b)$
   ③ $x^2+(a+b)x+ab=(x+a)(x+b)$
   ④ $acx^2+(ad+bc)x+bd=(ax+b)(cx+d)$
   > **참고** 곱셈 공식에서 좌변과 우변을 바꾸면 인수분해 공식을 얻을 수 있다.

> **개념 Plus** $acx^2+(ad+bc)x+bd=(ax+b)(cx+d)$와 같이 인수분해하는 방법

❶ 곱하여 x^2의 계수가 되는 두 정수 a, c를 세로로 나열한다.
❷ 곱하여 상수항이 되는 두 정수 b, d를 세로로 나열한다.
❸ ❶, ❷의 정수를 대각선의 방향으로 곱하여 합한 것이 x의 계수가 되는 것을 찾는다.
❹ $(ax+b)(cx+d)$ 꼴로 나타낸다.

$$acx^2+(ad+bc)x+bd=(ax+b)(cx+d)$$

$$
\begin{array}{ccc}
a & \searrow & bc \\
c & \nearrow b \to & ad \quad (+ \\
& & \overline{ad+bc}
\end{array}
$$

(2) **완전제곱식** 다항식의 제곱으로 된 식 또는 이 식에 상수를 곱한 식
   > **예** $(a+b)^2$, $2(x+3)^2$, $-\dfrac{1}{2}(15a-b)^2$

(3) **완전제곱식이 될 조건**
   ① x^2+ax+b가 완전제곱식이 되기 위한 b의 조건
      ➡ $b=\left(\dfrac{a}{2}\right)^2$
   ② $x^2+ax+b\ (b>0)$가 완전제곱식이 되기 위한 a의 조건
      ➡ $a=\pm 2\sqrt{b}$

> **개념 Plus** 근호 안의 식이 완전제곱식으로 인수분해되는 경우
>
> 근호 안의 식을 완전제곱식으로 인수분해하여 $\sqrt{A^2}$ 꼴로 만든 후 부호에 주의하여 근호를 없앤다.
>
> ➡ $\sqrt{A^2}=\begin{cases} A\ (A \geq 0) \\ -A\ (A < 0) \end{cases}$

3 복잡한 식의 인수분해

(1) **공통부분이 있는 식의 인수분해** 공통부분을 한 문자로 놓고 인수분해한다.

(2) **( )( )( )( )+k 꼴의 인수분해** 공통부분이 생기도록 ( )( )( )( )를 2개씩 묶어 전개한 후 공통부분을 한 문자로 놓고 인수분해한다.

(3) **항이 4개인 식의 인수분해**
   ① 공통인수가 생기도록 항을 2개씩 짝 지은 후 인수분해한다.
      > **예** $xy-x-y+1=x(y-1)-(y-1)=(x-1)(y-1)$
   ② 완전제곱식으로 인수분해되는 3개의 항과 나머지 1개의 항으로 나누어 A^2-B^2 꼴로 만든 후 인수분해한다.
      > **예** $x^2+2xy+y^2-9=(x+y)^2-3^2=(x+y+3)(x+y-3)$

(4) **항이 5개 이상인 식의 인수분해** 차수가 가장 낮은 문자에 대하여 내림차순으로 정리한 후 인수분해한다.
   > **참고** 다항식을 한 문자에 대하여 차수가 높은 항부터 낮은 항의 순서로 나열하는 것을 내림차순으로 정리한다고 한다.
   > **예** $x^2+xy-2x-3y-3=xy-3y+x^2-2x-3$
   > $\qquad\qquad\qquad\qquad = (x-3)y+(x-3)(x+1)$
   > $\qquad\qquad\qquad\qquad = (x-3)(x+y+1)$

4 인수분해 공식의 활용

(1) **인수분해 공식을 이용한 수의 계산** 인수분해 공식을 이용할 수 있도록 수의 모양을 변형하여 계산한다.

(2) **인수분해 공식을 이용한 식의 값** 주어진 식을 인수분해한 후 문자에 수를 대입하여 값을 구한다.
   > **참고** 활용에 많이 이용되는 인수분해 공식
   > (1) $a^2+2ab+b^2=(a+b)^2$
   > (2) $a^2-2ab+b^2=(a-b)^2$
   > (3) $a^2-b^2=(a+b)(a-b)$

핵심 01 인수와 인수분해

(1) **인수** 하나의 다항식을 두 개 이상의 다항식의 곱으로 나타낼 때, 각각의 식을 처음 식의 인수라고 한다.

예 $x^2+6x+5=(x+1)(x+5)$

➡ 1, $x+1$, $x+5$, $(x+1)(x+5)$는 x^2+6x+5의 인수이다.

(2) **인수분해** 하나의 다항식을 두 개 이상의 다항식의 곱으로 나타내는 것을 그 다항식을 인수분해한다고 한다.

(3) **공통인수를 이용한 인수분해** 다항식의 각 항에 공통인수가 있을 때에는 분배법칙을 이용하여 공통인수를 묶어내어 인수분해한다.

➡ $ma+mb-mc=m(a+b-c)$

주의 인수분해할 때에는 공통인수가 남지 않도록 모두 묶어 낸다.

170 대표문제

다음 중 $4xy+12x-8y-24$의 인수가 <u>아닌</u> 것을 모두 고르면? (정답 2개)

① $2x$ ② $x-2$ ③ $y-3$

④ $2(x-2)$ ⑤ $(x-2)(y+3)$

171 출제율 ●●●

$7x(4x+1)-(4x+1)(3x-5)$는 x의 계수가 4인 두 일차식의 곱으로 인수분해될 때, 이 두 일차식의 합은?

① $8x-6$ ② $8x-4$ ③ $8x$

④ $8x+4$ ⑤ $8x+6$

172 출제율 ●●○

다음 보기 중 $(a-b)^2(b-c)-(a-c)(b-a)^2$의 인수인 것을 모두 고르시오.

보기

ㄱ. $a-b$ ㄴ. $b-a$ ㄷ. $a-c$

ㄹ. $(a-b)^2$ ㅁ. $(a+b)^3$

핵심 02 인수분해 공식

(1) **인수분해 공식**

① $a^2+2ab+b^2=(a+b)^2$

    $a^2-2ab+b^2=(a-b)^2$

② $a^2-b^2=(a+b)(a-b)$

③ $x^2+(a+b)x+ab=(x+a)(x+b)$

④ $acx^2+(ad+bc)x+bd=(ax+b)(cx+d)$

(2) x^2+ax+b가 완전제곱식이 될 조건

➡ $b=\left(\dfrac{a}{2}\right)^2$

➡ $a=\pm2\sqrt{b}$ (단, $b>0$)

참고 $ax^2+bx+c=(\sqrt{a}x\pm\sqrt{c})^2$이어야 하므로

    $b=\pm2\sqrt{ac}$ (단, $ac>0$)

173 대표문제

$x+3$이 두 다항식 $3x^2+ax-6$, $4x^2+17x+b$의 공통인수일 때, $a+b$의 값을 구하시오. (단, a, b는 상수)

174 출제율 ●●●

어떤 이차식을 인수분해하는데 수진이는 x^2의 계수만 잘못 보고 $(2x-1)(7x+12)$로 인수분해하였고, 영은이는 x의 계수만 잘못 보고 $(x+3)(5x-4)$로 인수분해하였다. 처음 이차식을 바르게 인수분해하시오.

175 출제율 ●●●

두 다항식 $x^2-ax+49$와 $4x^2+(b-3)x+9$가 모두 완전제곱식으로 인수분해될 때, $a+b$의 값 중 가장 큰 값을 구하시오. (단, a, b는 상수)

04 다항식의 인수분해

176 출제율 ●●●

$x^2+ax-18$을 인수분해하면 $(x+b)(x+c)$일 때, 다음 중 a의 값이 될 수 <u>없는</u> 것은? (단, a, b, c는 정수)

① -17　　　② -3　　　③ 3
④ 5　　　⑤ 7

177 출제율 ●●●

$0<x<\dfrac{1}{3}$일 때, 다음 식을 간단히 하시오.

$$\sqrt{\left(x-\dfrac{1}{3}\right)^2+\dfrac{4}{3}x}-\sqrt{\left(x+\dfrac{1}{3}\right)^2-\dfrac{4}{3}x}$$

178 출제율 ●●○

$n^2-19n+48$이 17의 배수일 때, 자연수 n이 최소일 때의 $n^2-19n+48$의 값을 구하시오.

179 출제율 ●●●

다음 그림에서 두 도형 ㈎, ㈏의 넓이가 서로 같을 때, 도형 ㈏의 가로의 길이를 x의 식으로 나타내시오.

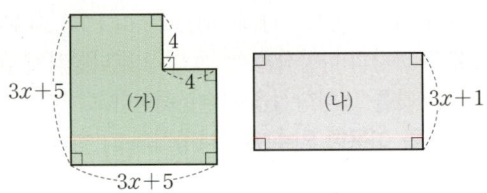

180 출제율 ●●○

오른쪽 그림과 같은 사다리꼴 ABCD의 높이는 $x-5$이고 윗변과 아랫변의 길이의 차는 8이다. 사다리꼴 ABCD의 넓이가 $3x^2-7x-40$일 때, 윗변의 길이를 x의 식으로 나타내시오.

(단, 아랫변의 길이가 윗변의 길이보다 길다.)

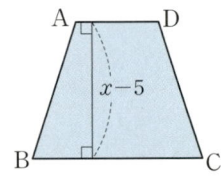

181 출제율 ●●○

오른쪽 그림과 같이 한 변의 길이가 x인 정사각형 1개, 가로의 길이가 1이고 세로의 길이가 x인 직사각형 10개, 한 변의 길이가 1인 정사각형이 있다. 모든 직사각형을 겹치지 않게 이어 붙여 새로운 직사각형을 만들려고 할 때 만들 수 있는 직사각형의 개수를 구하시오. (단, 한 변의 길이가 1인 정사각형은 한 개 이상이고, 합동인 직사각형은 한 개의 직사각형으로 생각한다.)

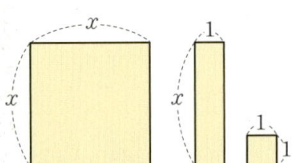

발전 03 복잡한 식의 인수분해

(1) **공통부분이 있는 식의 인수분해** 공통부분을 한 문자로 놓고 인수분해한다.

(2) **(　)(　)(　)(　)+k 꼴의 인수분해** 공통부분 이 생기도록 (　)(　)(　)(　)를 2개씩 묶어 전개 한 후 공통부분을 한 문자로 놓고 인수분해한다.

(3) **항이 4개인 식의 인수분해**
　① 공통인수가 생기도록 항을 2개씩 짝 지은 후 인수분해 한다.
　② 완전제곱식으로 인수분해되는 3개의 항과 나머지 1개 의 항으로 나누어 A^2-B^2 꼴로 만든 후 인수분해한 다.

(4) **항이 5개 이상인 식의 인수분해** 차수가 가장 낮은 문자 에 대하여 내림차순으로 정리한 후 인수분해한다.

> **x^4+ax^2+b 꼴의 인수분해**
>
> (1) $x^2=X$로 놓고 인수분해 공식을 이용한다.
> (2) (1)의 방법으로 인수분해되지 않으면 A^2-B^2 꼴로 나타낸 후 인수분해한 다.

182 [대표문제]

$16x^2-25+8xy+y^2$을 인수분해하면
$(ax+y+b)(ax+cy-5)$일 때, $a+b+c$의 값을 구하시오.
(단, a, b, c는 정수)

183 출제율 ●●○

다음 세 다항식의 공통인수는?

$$a(b-c)+bc-c^2$$
$$a^2b-a^2c-bc^2+c^3$$
$$-ab^2+b^2c+ac^2-c^3$$

① $a+b$　　　② $a+c$　　　③ $a-c$
④ $b+c$　　　⑤ $b-c$

184 출제율 ●●○

다음 다항식이 $(x+ay+3)(x+by+c)$로 인수분해될 때, $a+b+c$의 값을 구하시오. (단, a, b, c는 상수)

$$x^2+4xy+4y^2-2x-4y-15$$

185 출제율 ●●○

다항식 $4x^4-17x^2+4$는 x의 계수가 1인 두 일차식과 x의 계수 가 2인 두 일차식의 곱으로 인수분해된다. 이 네 일차식의 합을 구하시오. (단, 네 일차식의 상수항은 모두 정수이다.)

186 출제율 ●●●

$(x+2)(x+3)(x+4)(x+5)-k$가 완전제곱식이 되도록 하 는 상수 k의 값을 구하시오.

핵심 04 인수분해 공식을 이용한 수의 계산

복잡한 수를 계산할 때, 다음과 같이 인수분해 공식을 이용하면 편리하다.

(1) **공통인수로 묶어 내기**
$\Rightarrow ma+mb=m(a+b)$

(2) **완전제곱식 이용하기**
$\Rightarrow a^2+2ab+b^2=(a+b)^2$, $a^2-2ab+b^2=(a-b)^2$

(3) **제곱의 차 이용하기**
$\Rightarrow a^2-b^2=(a+b)(a-b)$

187 [대표문제]

인수분해 공식을 이용하여 $19^2-16^2+13^2-10^2+7^2-4^2+1$을 계산하시오.

188 출제율 ●●●

$981 \times 989+16$이 어떤 자연수의 제곱일 때, 어떤 자연수를 구하시오.

189 출제율 ●●○

4^6-1의 약수의 개수는?

① 8개   ② 12개   ③ 18개
④ 24개   ⑤ 36개

핵심 05 인수분해 공식을 이용한 식의 값

❶ 주어진 식을 인수분해한다.

❷ 문자에 수를 대입하여 식의 값을 구한다. 이때 대입해야 하는 수의 분모에 무리수가 있으면 분모를 유리화한 후 대입한다.

190 [대표문제]

$a+b=4$, $ab=2$일 때, $(a+3b)^2-(3a+b)^2$의 값을 구하시오. (단, $a<b$)

191 출제율 ●●●

$x=\dfrac{2}{\sqrt{3}-1}$, $y=\dfrac{2}{\sqrt{3}+1}$일 때, $x^2-y^2+10y-25$의 값을 구하시오.

192 출제율 ●●○

$2\sqrt{2}$의 소수 부분을 x라고 할 때, $\dfrac{x^3+3x^2-4x-12}{x^2+x-6}$의 값을 구하시오.

대표문항 복잡한 식의 인수분해를 이용하여 조건에 맞는 순서쌍의 개수 구하기

$(x+y)^2-6(x+y)-16$의 값이 소수가 되도록 하는 두 자연수 x, y의 순서쌍 (x, y)의 개수를 구하시오.
　　　　　조건　　　　　　　　　　　　　　　　　　　　　　　답

 스키마 schema　　　▷▷ 주어진 조건은 무엇인지? 답은 무엇인지? 이 둘을 어떻게 연결해야 하는지?

1 단계

조건　$(x+y)^2-6(x+y)-16$

↓

$(x+y)^2-6(x+y)-16$을 인수분해한다.

→ 공통부분이 $x+y$이므로 $x+y=A$로 놓으면 $(x+y)^2-6(x+y)-16$ $=A^2-6A-16$

→ $A^2-6A-16$을 인수분해한 후 A에 $x+y$를 대입한다.

↓

$(x+y+2)(x+y-8)$

$x+y=A$로 놓으면
$(x+y)^2-6(x+y)-16$
$=A^2-6A-16$
$=(A+2)(A-8)$
$=(x+y+2)(x+y-8)$

2 단계

조건　$(x+y)^2-6(x+y)-16$의 값이 소수

↓

$(x+y)^2-6(x+y)-16$은 $x+y+2$와 $x+y-8$의 곱이다.

→ 소수는 1과 자기 자신만을 약수로 가지는 수이다.

↓

$(x+y)^2-6(x+y)-16$이 소수가 되려면 $x+y+2=1$ 또는 $x+y-8=1$이어야 한다.

↓

$x+y+2=1$일 때와 $x+y-8=1$일 때 $(x+y)^2-6(x+y)-16$의 값이 소수가 되는지를 확인하여 이를 만족하는 $x+y$의 값을 구한다.

$x+y=9$

$(x+y)^2-6(x+y)-16$
$=(x+y+2)(x+y-8)$의 값이 소수가 되려면 $x+y+2=1$ 또는 $x+y-8=1$이어야 한다.
(ⅰ) $x+y+2=1$일 때, $x+y=-1$이므로 이를 만족하는 두 자연수 x, y는 존재하지 않는다.
(ⅱ) $x+y-8=1$일 때, $x+y=9$이므로
$(x+y+2)(x+y-8)$
$=(9+2)\times(9-8)$
$=11$
즉 주어진 식의 값이 소수가 된다.

3 단계

답　두 자연수 x, y의 순서쌍 (x, y)의 개수

↓

$x+y=9$를 만족하는 두 자연수 x, y의 순서쌍 (x, y)의 개수를 구한다.

→ $(1, 8), (2, 7), (3, 6),$ $(4, 5), (5, 4), (6, 3),$ $(7, 2), (8, 1)$

8개
↑

$x+y=9$를 만족하는 두 자연수 x, y의 순서쌍 (x, y)의 개수는 $(1, 8), (2, 7), (3, 6),$ $(4, 5), (5, 4), (6, 3), (7, 2), (8, 1)$의 8개이다.

답 8개

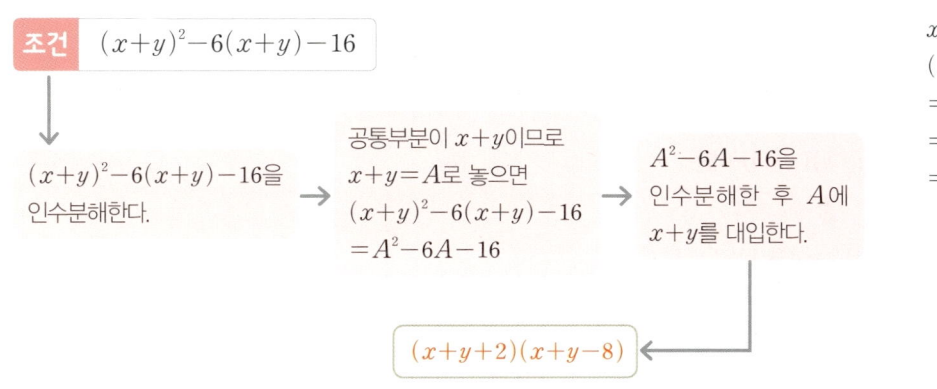

04 다항식의 인수분해

대표문항	인수분해 공식을 이용하여 복잡한 수 계산하기

자연수 $\underline{3^8-1}$은 $\underline{75}$보다 크고 95보다 작은 자연수 n으로 나누어떨어진다. 이때 $\underline{\text{서로 다른 자연수 } n \text{의 값의 합}}$을 구하시오.
조건 ①　　　　　　　　　　　조건 ②　　　　　　　　　　　답

   스키마 schema　　⫸ 주어진 조건은 무엇인지? 답은 무엇인지? 이 둘을 어떻게 연결해야 하는지?

1 단계

조건	① 3^8-1

↓

인수분해 공식을 이용하여 3^8-1의 모양을 바꾼다. → 인수분해 공식 $a^2-b^2=(a+b)(a-b)$ 이용

↓

$3^8-1=(3^4)^2-1^2=(3^4+1)(3^4-1)$
$3^4-1=(3^2)^2-1^2=(3^2+1)(3^2-1)$
$3^2-1=(3+1)(3-1)$

↓

$3^8-1=(3^4+1)(3^2+1)(3+1)(3-1)$

3^8-1
$=(3^4+1)(3^4-1)$
$=(3^4+1)(3^2+1)(3^2-1)$
$=(3^4+1)(3^2+1)(3+1)(3-1)$

2 단계

조건	② 75보다 크고 95보다 작은 자연수 n으로 나누어떨어진다.

↓

어떤 수 A가 자연수 a로 나누어떨어진다. → 자연수 n은 3^8-1의 약수이다.
➡ 자연수 a는 어떤 수 A의 약수이다.

↓

3^8-1의 약수 중 75보다 크고 95보다 작은 자연수를 찾는다.

↓

$80, 82$

$(3^4+1)(3^2+1)(3+1)(3-1)$
$=82\times10\times4\times2$
$=2^5\times5\times41$
이때 $2^4\times5=80$, $2\times41=82$이므로 3^8-1의 약수 중 75보다 크고 95보다 작은 자연수 n은 $80, 82$의 2개뿐이다.

3 단계

답	서로 다른 자연수 n의 값의 합

↓

$80+82=162$

따라서 구하는 자연수 n은 $80, 82$이므로
$80+82=162$

답 162

유형 01 인수와 인수분해

193

$<a, b, c>=(a-c)(b-c)$일 때, 다음 식을 인수분해하시오.

$$<x, y, z>-2<x, z, y>$$

유형 02 인수분해 공식

194

다항식 $x^2-4ax+5b$에서 다항식 $-6ax+b$를 빼면 완전제곱식으로 인수분해된다고 한다. a, b가 모두 100 이하의 자연수일 때, 이를 만족하는 순서쌍 (a, b)의 개수를 구하시오.

195 서술형

$-3<a<6$이고 $\sqrt{x}=a+4$일 때, $\sqrt{x-2a-7}+\sqrt{x-20a+20}$을 간단히 하시오.

196

100개의 다항식 x^2-6x-1, x^2-6x-2, x^2-6x-3, $\cdots$, $x^2-6x-100$ 중에서 x의 계수가 1이고 상수항이 정수인 두 일차식의 곱으로 인수분해되는 다항식의 개수를 구하시오.

197

다항식 $ax^2+44x+12$가 x의 계수와 상수항이 모두 자연수인 두 일차식의 곱으로 인수분해된다. a가 소수일 때, 모든 a의 값의 합을 구하시오.

198

오른쪽 그림에서 점 I는 △ABC의 내심이다. △ABC의 둘레의 길이가 $2(6x+5)$이고 넓이가 $12x^2+16x+5$일 때, 내접원의 반지름의 길이를 구하시오.

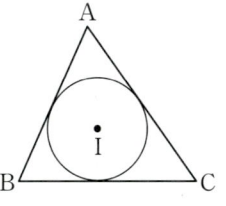

199

오른쪽 그림에서 세 원의 중심은 $\overline{AD}$ 위에 있고, 점 C는 $\overline{BD}$의 중점이다. $\overline{AC}$를 지름으로 하는 원의 둘레의 길이는 12π cm, 색칠한 부분의 넓이는 48π cm²일 때, $\overline{BC}$의 길이를 구하시오.

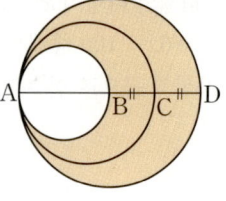

유형 **03** 복잡한 식의 인수분해

200

서로 다른 두 개의 주사위 A, B를 동시에 던져서 나온 눈의 수를 각각 x, y라고 할 때, $\sqrt{xy-2x-y+2}$가 자연수가 될 확률을 구하시오.

201 ✿✿

$(x+y)^2+2(x+y)-35$의 값이 소수가 되도록 하는 두 자연수 x, y의 순서쌍 (x, y)의 개수를 구하시오.

202

밑면의 가로의 길이와 세로의 길이, 높이가 각각 a, b, c인 직육면체가 있다. a, b, c가
$6+2a+3b+6c+ab+3bc+2ca+abc=385$를 만족할 때, 이 직육면체의 부피를 구하시오.

(단, $a<b<c$이고 a, b, c는 자연수이다.)

203

다음 식을 간단히 하시오. (단, $a \neq -b$, $a \neq -c$)

$$\frac{a^2}{(a+b)(c+a)}+\frac{b^2}{(a+b)(b-c)}-\frac{c^2}{(b-c)(c+a)}$$

유형 **04** 인수분해 공식을 이용한 수의 계산

204

인수분해 공식을 이용하여 다음 식을 계산하시오.

$$\left(\frac{3^2-1}{3^2}\right)\times\left(\frac{4^2-1}{4^2}\right)\times\left(\frac{5^2-1}{5^2}\right)\times\cdots\times\left(\frac{20^2-1}{20^2}\right)$$

205

자연수 $2^{16}-1$이 50 이상 90 미만의 두 자연수로 나누어떨어질 때, 두 자연수의 합을 구하시오.

206 ✿❀

$40 \times 41 \times 42 \times 43 + 1 = N^2$을 만족하는 자연수 N의 값을 구하시오.

207

인수분해 공식을 이용하여 $\sqrt{\dfrac{3^{14}+3^{10}-3^4-1}{3^{10}-1}+\dfrac{102^2-225}{117}}$ 를 계산하시오.

유형 05 **인수분해 공식을 이용한 식의 값**

208

$x-y=12$이고 $x^2y-xy^2+5x-5y=96$일 때, $\dfrac{x^2-y^2}{x^2y+xy^2}$의 값을 구하시오.

209

$\sqrt{a}+\dfrac{1}{\sqrt{a}}=\sqrt{5}$일 때, 다음 식의 값을 구하시오.

$$(a-5)(a-4)(a+1)(a+2)$$

210 ✎ 서술형

$x=\dfrac{1}{1+\sqrt{2}}+\dfrac{1}{\sqrt{2}+\sqrt{3}}+\dfrac{1}{\sqrt{3}+\sqrt{4}}+\cdots+\dfrac{1}{\sqrt{49}+\sqrt{50}}$일 때, $(x-3)^2+8(x-3)+16$의 값을 구하시오.

04

다항식의 인수분해

211

다음 두 이차식이 모두 같은 일차식으로 나누어떨어질 때, 상수 a의 값을 구하시오. (단, $a \neq 0$)

$$x^2 - (a+2)x + 2a, \quad x^2 - (a+4)x + a + 4$$

212 서술형

$a + b = 11$일 때, 다음 식을 만족하는 두 자연수 a, b의 값을 각각 구하시오.

$$a^{32} - b^{32} = (a+b)(a^2+b^2)(a^4+b^4)(a^8+b^8)(a^{16}+b^{16})$$

213

$x^2 y^2 - 9x^2 - 4y^2 - 24xy + 36$을 인수분해하시오.

214

네 자연수 a, b, c, d가 다음 조건을 모두 만족할 때, $a+b+c+d$의 값을 구하시오.

조건
㈎ $a+b+ab = 134$
㈏ $b+c+bc = 107$
㈐ $c+d+cd = 139$

215

2, 3, 4, 5가 각각 적힌 네 장의 카드가 숫자가 보이지 않게 뒤집어져 있다. 네 장의 카드를 한 번에 한 장씩 뒤집어서 나오는 숫자를 순서대로 a, b, c, d라고 할 때,
$c^2+d^2+ab+ac+ad+bc+2cd+bd$의 최댓값을 구하시오.

(단, 한 번 뒤집은 카드는 다시 뒤집지 않는다.)

∨ 주어진 식을 a에 대한 내림차순으로 정리하여 인수분해한다.

216 ✿

49^2+72^2의 가장 큰 소인수를 구하시오.

217

$x-y=2-\sqrt{3}$, $y-z=2+\sqrt{3}$일 때,
$x^2+y^2+z^2-xy-yz-zx$의 값을 구하시오.

∨ $x-y$, $y-z$의 값을 이용하여 $z-x$의 값을 구해 본다.

218

두 실수 x, y에 대하여 $x^2+xy+y^2=7$일 때, $x^4+y^4+(x+y)^4$의 값을 구하시오.

∨ $x^2+xy+y^2=(x+y)^2-xy$임을 이용한다.

 완전제곱식이 될 확률 구하기

219

다음 그림과 같이 A, B 두 주머니 속에 모양과 크기가 같은 구슬이 각각 6개씩 들어 있다. 각 주머니에서 구슬을 한 개씩 꺼낼 때, A 주머니에서 꺼낸 공에 적힌 수를 a, B 주머니에서 꺼낸 공에 적힌 수를 b라고 하자. 이때 다항식 $x^2 - ax + b$가 완전제곱식이 될 확률을 구하시오.

A   B

 거북이의 위치 구하기

220

오른쪽 그림과 같이 거북이 한 마리가 현재 위치에서 출발하여 첫째 날은 동쪽으로 4, 북쪽으로 9만큼, 둘째 날은 서쪽으로 9, 남쪽으로 16만큼, 셋째 날은 동쪽으로 16, 북쪽으로 25만큼 이동한다. 이와 같은 방법으로 거북이가 계속 이동하고, 거북이의 출발 지점을 좌표평면 위의 원점이라고 할 때, 출발한 지 1일 후 거북이의 위치를 좌표로 나타내면 $(4, 9)$, 2일 후 거북이의 위치를 좌표로 나타내면 $(-5, -7)$이다. 이때 12일 후 거북이의 위치를 좌표로 나타내시오.

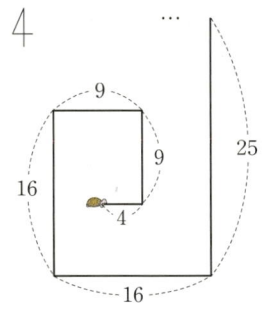

III

이차방정식

05 이차방정식의 풀이

1 이차방정식과 그 해

(1) **이차방정식** 등식의 우변에 있는 모든 항을 좌변으로 이항하여 정리한 식이 $(x$에 대한 이차식$)=0$ 꼴로 나타나는 방정식을 x에 대한 이차방정식이라고 한다.

$$ax^2+bx+c=0 \ (단, a, b, c는 상수, a \neq 0)$$

(2) **이차방정식의 해(근)** 이차방정식 $ax^2+bx+c=0$을 참이 되게 하는 x의 값

> **참고** $x=a$가 이차방정식 $ax^2+bx+c=0$의 해(근)이다.
> ➡ $x=a$를 $ax^2+bx+c=0$에 대입하면 등식이 성립한다.
> ➡ $aa^2+ba+c=0$

(3) **이차방정식을 푼다.** 이차방정식의 해를 모두 구하는 것

> **개념 Plus** 이차방정식이 되기 위한 조건
>
> 등식 $ax^2+bx+c=0$ $(a, b, c$는 상수$)$에 대하여
> (1) $a \neq 0$ ➡ x에 대한 이차방정식
> (2) $a=0, b \neq 0$ ➡ x에 대한 일차방정식
> (3) $a=0, b=0$ ➡ 방정식이 아닌 등식
> 따라서 등식 $ax^2+bx+c=0$이 x에 대한 이차방정식이 되려면 $a \neq 0$이어야 한다. 이때 $b=0$ 또는 $c=0$이어도 된다.

2 인수분해를 이용한 이차방정식의 풀이

(1) **$AB=0$의 성질** 두 수 또는 두 식 A, B에 대하여 다음이 성립한다.

$$AB=0이면 A=0 또는 B=0$$

> **개념 Plus** $A=0$ 또는 $B=0$의 의미
>
> '$A=0$ 또는 $B=0$'은 다음 세 가지 중 어느 하나가 성립함을 의미한다.
> (ⅰ) $A=0$이고 $B=0$
> (ⅱ) $A=0$이고 $B \neq 0$
> (ⅲ) $A \neq 0$이고 $B=0$

(2) **인수분해를 이용한 이차방정식의 풀이**
   ❶ 주어진 이차방정식을 $(x$에 대한 이차식$)=0$ 꼴로 정리한다. ➡ $ax^2+bx+c=0$
   ❷ 좌변을 인수분해한다. ➡ $(px-q)(rx-s)=0$
   ❸ $AB=0$의 성질을 이용한다. ➡ $px-q=0$ 또는 $rx-s=0$
   ❹ 해를 구한다. ➡ $x=\dfrac{q}{p}$ 또는 $x=\dfrac{s}{r}$

3 이차방정식의 중근

(1) **이차방정식의 중근** 이차방정식의 두 해가 중복되어 서로 같을 때, 이 해를 주어진 이차방정식의 중근이라고 한다.
(2) **이차방정식이 중근을 가질 조건** 이차방정식이 $(완전제곱식)=0$ 꼴로 나타내어지면 이 이차방정식은 중근을 갖는다.

> **참고** 이차방정식 $x^2+ax+b=0$에서 $b=\left(\dfrac{a}{2}\right)^2$이면 이 이차방정식은 중근을 갖는다. 이때 x^2의 계수가 1이 아닌 경우에는 x^2의 계수로 양변을 나눈 후 위의 조건을 이용한다.

4 제곱근을 이용한 이차방정식의 풀이

(1) **이차방정식 $x^2=q(q \geq 0)$의 해**
   ➡ $x=\pm\sqrt{q}$
(2) **이차방정식 $(x+p)^2=q(q \geq 0)$의 해**
   ➡ $x=-p\pm\sqrt{q}$

> **개념 Plus** q의 부호에 따른 이차방정식 $x^2=q$, $(x+p)^2=q$의 해
>
> | | $q>0$ | $q=0$ | $q<0$ |
> |---|---|---|---|
> | $x^2=q$의 해 | $x=\pm\sqrt{q}$ | $x=0$ | 해는 없다. |
> | $(x+p)^2=q$의 해 | $x=-p\pm\sqrt{q}$ | $x=-p$ | 해는 없다. |
>
> 따라서 이차방정식 $x^2=q$, $(x+p)^2=q$가 해를 가지려면 $q \geq 0$이어야 한다.

5 완전제곱식을 이용한 이차방정식의 풀이

이차방정식 $ax^2+bx+c=0$에서
❶ x^2의 계수 a로 양변을 나누어 x^2의 계수를 1로 만든다.
   ➡ $x^2+\dfrac{b}{a}x+\dfrac{c}{a}=0$

❷ 상수항을 우변으로 이항한다. ➡ $x^2+\dfrac{b}{a}x=-\dfrac{c}{a}$

❸ 양변에 $\left(\dfrac{x의 계수}{2}\right)^2$을 더한다.
   ➡ $x^2+\dfrac{b}{a}x+\left(\dfrac{b}{2a}\right)^2=-\dfrac{c}{a}+\left(\dfrac{b}{2a}\right)^2$

❹ 좌변을 완전제곱식으로 바꾼다.
   ➡ $\left(x+\dfrac{b}{2a}\right)^2=\dfrac{b^2-4ac}{4a^2}$

❺ 제곱근을 이용하여 해를 구한다.
   ➡ $x=\dfrac{-b\pm\sqrt{b^2-4ac}}{2a}$

> **참고** 이차방정식 $ax^2+bx+c=0$의 좌변이 인수분해가 되지 않을 때는 완전제곱식의 꼴로 바꾸어 제곱근을 이용하여 푼다.

핵심 01 이차방정식과 그 해

(1) **이차방정식** 등식의 우변에 있는 모든 항을 좌변으로 이항하여 정리한 식이 (x에 대한 이차식)=0 꼴로 나타나는 방정식을 x에 대한 이차방정식이라고 한다.
➡ $ax^2+bx+c=0$ (단, a, b, c는 상수, $a \neq 0$)

(2) **이차방정식의 해(근)** 이차방정식 $ax^2+bx+c=0$을 참이 되게 하는 x의 값

221 대표문제

다음 보기에서 x에 대한 이차방정식인 것을 모두 고르시오.

보기
ㄱ. $\dfrac{1}{4}x^2-\dfrac{1}{3}x+\dfrac{1}{2}=0$ ㄴ. $\dfrac{1}{x^2}+\dfrac{1}{x}-1=0$

ㄷ. $x(x+2)=x^2-2x-1$ ㄹ. $(x+1)^2=x(x+4)+6$

ㅁ. $3x^2-x=(3x-1)(3x+1)$

222 출제율 ●●●

이차방정식 $2x^2-ax+(a+1)=0$의 한 근이 $x=-2$일 때, 상수 a의 값을 구하시오.

223 출제율 ●●○

등식 $ax^2-2x+1=(2-a)x^2+2$가 x에 대한 이차방정식일 때, 다음 중 a의 값이 될 수 <u>없는</u> 것은? (단, a는 상수)

① -2 ② -1 ③ 0
④ 1   ⑤ 2

발전 02 이차방정식의 한 근이 문자로 주어질 때, 식의 값 구하기

이차방정식 $x^2+kx+1=0$(k는 상수)의 한 근이 $x=\alpha$일 때, $\alpha^2+k\alpha+1=0$ ······ ㉠

(1) ㉠에서 상수항을 우변으로 이항하면 $\alpha^2+k\alpha=-1$
(2) $\alpha \neq 0$이므로 ㉠의 양변을 α로 나누면

$\alpha+k+\dfrac{1}{\alpha}=0$ ∴ $\alpha+\dfrac{1}{\alpha}=-k$

224 대표문제

이차방정식 $x^2+x-6=0$의 한 근을 $x=\alpha$라고 할 때, $\alpha^2+2\alpha-\dfrac{6}{\alpha}$의 값을 구하시오.

225 출제율 ●●●

이차방정식 $x^2-2x-1=0$의 한 근을 $x=\alpha$라고 할 때, $\alpha-\dfrac{1}{\alpha}$의 값은?

① -2 ② $-\dfrac{1}{2}$ ③ 0

④ $\dfrac{1}{2}$ ⑤ 2

226 출제율 ●●○

이차방정식 $x^2-3x-5=0$의 한 근을 $x=\alpha$, 이차방정식 $2x^2+5x-6=0$의 한 근을 $x=\beta$라고 할 때, $3\alpha^2+4\beta^2-9\alpha+10\beta$의 값을 구하시오.

핵심 03 인수분해를 이용한 이차방정식의 풀이

❶ 주어진 이차방정식을 (x에 대한 이차식)=0의 꼴로 정리한다. ➡ $ax^2+bx+c=0$

❷ 좌변을 인수분해한다. ➡ $(px-q)(rx-s)=0$

❸ $AB=0$의 성질을 이용한다.
   ➡ $px-q=0$ 또는 $rx-s=0$

❹ 해를 구한다. ➡ $x=\dfrac{q}{p}$ 또는 $x=\dfrac{s}{r}$

227 [대표문제]

이차방정식 $x^2-2ax+a-4=0$ 두 근이 $x=3$, $x=b$일 때, $a-b$의 값을 구하시오. (단, a는 상수)

228 출제율 ●●○

이차방정식 $(x-5)(x-6)=2$의 두 근을 $x=\alpha$, $x=\beta$라고 할 때, $\alpha^2+\beta^2$의 값은?

① 4   ② 7   ③ 11
④ 28   ⑤ 65

229 출제율 ●●○

x에 대한 이차방정식 $x^2-(a+4)x+4a=0$의 두 근 사이에 있는 정수가 3개가 되도록 하는 정수 a의 값을 구하시오.

(단, $a>4$)

230 출제율 ●●●

이차방정식 $x^2-px+16=0$의 한 근이 $x=2$이고 다른 한 근은 이차방정식 $x^2+(q+4)x-32q=0$의 근일 때, $p-q$의 값을 구하시오. (단, p, q는 상수)

핵심 04 이차방정식의 중근

(1) **이차방정식의 중근** 이차방정식의 두 해가 중복되어 서로 같을 때, 이 해를 주어진 이차방정식의 중근이라고 한다.

(2) **이차방정식이 중근을 가질 조건** 이차방정식 $x^2+ax+b=0$에서 $b=\left(\dfrac{a}{2}\right)^2$이면 이 이차방정식은 중근을 갖는다.

231 [대표문제]

이차방정식 $x^2-2(k-2)x-2(k-6)=0$이 중근을 갖도록 하는 모든 상수 k의 값의 합을 구하시오.

232 출제율 ●●●

이차방정식 $x^2-a=6(x+2)$가 중근 $x=m$을 가질 때, $m-a$의 값은? (단, a는 상수)

① -25 ② -24 ③ 18
④ 24   ⑤ 25

| 대표문항 | 이차방정식이 중근을 가질 조건의 응용 |

두 자연수 m, n의 최대공약수가 4이고 이차방정식 $x^2-mx+n=0$이 중근을 가질 때, 다음 두 이차방정식의 공통의 근을 구하시오.
　　　　　조건 ①　　　　　　　　　　　조건 ②　　　　　　　　　　　　　　　　답

$$2x^2-3(m-1)x+m-2n-1=0,\ \frac{m}{4}x^2-2nx+5\left(m-\frac{1}{4}n\right)=0$$
조건 ③

  스키마 schema ⟫ 주어진 **조건**은 무엇인지? **답**은 무엇인지? 이 둘을 어떻게 연결해야 하는지?

---

1 단계

| 조건 | ② 이차방정식 $x^2-mx+n=0$이 중근을 갖는다. |

↓

이차방정식 $x^2+ax+b=0$이
중근을 갖는다. ⇒ $b=\left(\dfrac{a}{2}\right)^2$ → $n=\left(\dfrac{-m}{2}\right)^2$

↓

m을 n의 식으로 나타내기 → $m=2\sqrt{n}\,(\because m>0)$

$x^2-mx+n=0$이 중근을 가지므로
$$n=\left(\frac{-m}{2}\right)^2,\ n=\frac{m^2}{4}$$
$$m^2=4n \qquad \therefore m=2\sqrt{n}\,(\because m>0)$$

---

2 단계

| 조건 | ① 두 자연수 m, n의 최대공약수가 4 |

↓

$m=2\sqrt{n}$ → m, n이 자연수이므로 n은 제곱수 →

$m=2,\ n=1$
$m=4,\ n=4$
$m=6,\ n=9$
$m=8,\ n=16$
⋮

이때 m, n이 자연수이므로 n은 제곱수이어야
하고 m, n의 최대공약수가 4이므로
$$m=4,\ n=4$$

---

3 단계

| 조건 | ③ $2x^2-3(m-1)x+m-2n-1=0,\ \dfrac{m}{4}x^2-2nx+5\left(m-\dfrac{1}{4}n\right)=0$ |

↓

주어진 식에 $m=4$, $n=4$를 대입

↓

인수분해를 이용하여
이차방정식 풀기

→ $2x^2-9x-5=0$ → $(2x+1)(x-5)=0$

→ $x^2-8x+15=0$ → $(x-3)(x-5)=0$

$2x^2-3(m-1)x+m-2n-1=0$
즉 $2x^2-9x-5=0$에서
$(2x+1)(x-5)=0$
$\therefore x=-\dfrac{1}{2}$ 또는 $x=5$

$\dfrac{m}{4}x^2-2nx+5\left(m-\dfrac{1}{4}n\right)=0$
즉 $x^2-8x+15=0$에서
$(x-3)(x-5)=0$
$\therefore x=3$ 또는 $x=5$

---

4 단계

| 답 | 공통의 근 | → $x=-\dfrac{1}{2}$ 또는 $x=5$ → $\boxed{5}$
→ $x=3$ 또는 $x=5$ ↑

따라서 공통의 근은
$x=5$

답 $x=5$

유형 01 이차방정식과 그 해

239

등식 $(ax-1)(ax+3)=4(a-1)(x^2-1)$이 x에 대한 이차방정식이 되도록 하는 a의 조건을 구하시오. (단, a는 상수)

240

이차방정식 $kx^2+(a+1)x+3bk=0$이 k의 값에 관계없이 항상 $x=1$을 근으로 가질 때, $a+6b$의 값은? (단, a, b, k는 상수)

① -3 ② $-\dfrac{4}{3}$ ③ $-\dfrac{2}{3}$

④ $\dfrac{4}{3}$ ⑤ 3

241

이차방정식 $(a+1)x^2-(a-b+2)x-3b+1=0$의 두 근이 $x=2$, $x=-4$일 때, $a-b$의 값은? (단, a, b는 상수)

① -8 ② -5 ③ 2

④ 5 ⑤ 8

유형 02 이차방정식의 한 근이 문자로 주어질 때, 식의 값 구하기

242

이차방정식 $x^2+4x+1=0$의 한 근을 $x=\alpha$라고 할 때,
$\alpha^2+\alpha+\dfrac{1}{\alpha}+\dfrac{1}{\alpha^2}$의 값을 구하시오.

243

이차방정식 $3x^2-(5k-2)x-3=0$의 한 근을 $x=\alpha$라고 할 때,
$\alpha-\dfrac{1}{\alpha}=k$이다. 이때 상수 k의 값을 구하시오.

244 ✏️ 서술형

이차방정식 $4(x+1)^2-1=(x+2)(7x-3)$의 두 근을 $x=\alpha$,
$x=\beta$라고 할 때, $\dfrac{2\alpha}{3-\alpha^2}-\dfrac{2\beta^2}{\beta-3}$의 값을 구하시오.

245

이차방정식 $(x-2)(x-3)-5=0$의 한 근을 $x=\alpha$라고 할 때, $\alpha^5-8\alpha^4+16\alpha^3-2\alpha^2-5\alpha+4$의 값을 구하시오.

유형 03 인수분해를 이용한 이차방정식의 풀이

246

두 이차방정식 $3x^2+2x-8=0$, $x^2-3x+2k=0$이 공통의 해를 가질 때, 상수 k의 값을 구하시오. (단, $k>0$)

247 ✵

일차함수 $y=ax+3$의 그래프가 점 $(1-a, a^2)$을 지나고 제3사분면을 지나지 않을 때, 상수 a의 값을 구하시오.

248

자연수 x의 약수의 개수를 $<x>$로 나타낼 때, 등식 $<x>^2+2<x>-15=0$을 만족하는 50 이하의 자연수 x는 모두 몇 개인지 구하시오.

249 🖊️서술형

두 실수 a, b에 대하여 $a \odot b = ab+2a-3b$라고 할 때, 방정식 $(x+4) \odot (x-6)=0$의 두 근 $x=\alpha$, $x=\beta$에 대하여 다음 식의 값을 구하시오. (단, $\alpha<\beta$)

$$\alpha-\beta+(\alpha-\beta)^2+(\alpha-\beta)^3+ \cdots +(\alpha-\beta)^{123}$$

유형 04 이차방정식의 중근

250

100보다 작은 자연수 a, b에 대하여 이차방정식 $x^2-12ax+4b=0$이 중근을 가질 때, 이를 만족하는 순서쌍 (a, b)의 개수는? (단, a, b는 상수)

① 1개 　　　　② 2개 　　　　③ 3개

④ 4개 　　　　⑤ 5개

251

이차방정식 $(4a-x)(x-1)=bx-b$가 중근 $x=1$을 갖고, 이차방정식 $x^2-(a+2)x+b=0$의 한 근이 $x=a$일 때, $2a+b$의 값은? (단, a, b는 상수)

① $\dfrac{1}{2}$ ② 1 ③ $\dfrac{3}{2}$

④ 2 ⑤ $\dfrac{5}{2}$

252 🖊 서술형

두 이차방정식 $x^2+ax+a=0$, $abx^2+2bx+1=0$이 모두 중근을 가질 때, $\dfrac{a}{b}$의 값을 구하시오. (단, a, b는 상수)

253 ✿✿

두 자연수 a, b의 최대공약수가 3이고 이차방정식 $x^2-ax+4b=0$이 중근을 가질 때, 다음 두 이차방정식의 공통의 근을 구하시오. (단, a, b는 상수)

$$ax^2+(b-2)x-(b+1)=0$$
$$(a+b)x^2-(a-4)x-\dfrac{a}{3}=0$$

유형 05 제곱근을 이용한 이차방정식의 풀이

254

다음 보기에서 이차방정식 $-5(x+a)^2=b$에 대한 설명으로 옳은 것을 모두 고르시오. (단, a, b는 상수)

보기

ㄱ. $a\geq0$이면 서로 다른 두 근을 갖는다.
ㄴ. $a<0$이면 근이 없다.
ㄷ. $b\geq0$이면 근을 갖는다.
ㄹ. $b=0$이면 중근을 갖는다.
ㅁ. $b<0$이면 서로 다른 두 근을 갖는다.

255 ✿✿

이차방정식 $\left(\dfrac{1}{2}x-1\right)^2=24a$의 해가 유리수가 되도록 하는 두 자리 자연수 a의 값은 모두 몇 개인지 구하시오. (단, a는 상수)

유형 06 완전제곱식을 이용한 이차방정식의 풀이

256

이차방정식 $x^2-ax+b=0$을 완전제곱식을 이용하여 풀었더니 해 $x=-1\pm2\sqrt{3}$을 얻었다. 이때 $a-b$의 값을 구하시오.
(단, a, b는 상수)

257

100 이하의 자연수 a, b에 대하여 이차방정식 $x^2-ax+b=0$의 한 근이 $x=a-\sqrt{b}$일 때, 이를 만족하는 순서쌍 (a, b)의 개수는?

① 6개   ② 7개   ③ 8개

④ 9개   ⑤ 10개

258 ✿

이차방정식 $(3026x)^2+(3025\times3027)x-1=0$의 두 근 중 더 작은 근을 $x=\alpha$라 하고, 이차방정식 $x^2-3027x+3026=0$의 두 근 중 더 큰 근을 $x=\beta$라고 할 때, $\alpha+\beta$의 값을 구하시오.

259

다음 세 이차방정식이 반드시 각각 서로 다른 두 근을 갖고, 음수인 공통의 근을 오직 한 개 갖는다고 할 때, ab의 값을 구하시오. (단, a, b는 상수)

$$x^2-ax-x+a=0$$
$$3x^2-(3b-6)x-6b=0$$
$$x^2-3ax-5bx+15ab=0$$

260

이차방정식 $(a+2)x^2-(a^2+4a+2)x-18=0$의 두 근을 $x=\alpha$, $x=\beta$라고 할 때,

$$\alpha=\frac{1}{1+\sqrt{2}}+\frac{1}{\sqrt{2}+\sqrt{3}}+\frac{1}{\sqrt{3}+2}+\cdots+\frac{1}{\sqrt{99}+10}$$

이다. 이때 $a+9\beta$의 값을 구하시오. (단, a는 상수)

261

이차방정식 $x^2+3x+2=0$의 두 근 $x=\alpha$, $x=\beta$에 대하여 $f(n)=\alpha^n+\beta^n$이라고 할 때, $f(n+1)+f(n+2)+f(n+3)$의 값을 α, β를 사용한 식으로 나타내면? (단, $\alpha > \beta$, n은 자연수)

① $\alpha^n+\beta^n$ ② $\alpha^n+3\beta^n$ ③ $\alpha^{n+1}+\beta^{n+1}$

④ $\alpha^{n+1}+3\beta^{n+1}$ ⑤ $\alpha^{n+2}+\beta^{n+2}$

262 서술형

x에 대한 이차방정식 $x^2-2kx+13p+1=0$이 중근을 가질 때, 소수 p의 값을 구하시오. (단, $k \neq 2$인 자연수)

263

이차방정식 $(x-6)^2=11k$의 두 근의 차가 두 자리 자연수가 되도록 하는 자연수 k의 값은 모두 몇 개인가?

① 4개   ② 5개   ③ 6개

④ 7개   ⑤ 8개

✔ N이 두 자리 자연수이면 $10 \leq N < 100$이다.

264

x에 대한 이차방정식 $x^2-(3a-1)x+2a^2-a=0$의 두 근이 이차방정식 $\frac{1}{2}(x+1)^2=3$의 두 근 사이에 있도록 하는 모든 정수 a의 값의 합을 구하시오.

창의 융합 **수를 맞혀 상품 타기**

265

유민이네 수학 동호회에서는 학교 축제에서 다음과 같은 게임을 하려고 한다.

게임 방법

오른쪽 그림과 같이 16등분된 원판에 화살을 한 번 쏘아 맞힌 숫자를 a라고 할 때, 이차방정식 $x^2-x-a=0$의 자연수인 해에 해당하는 수만큼 상품을 받는다. 자연수인 해가 나오지 않는 경우에는 상품을 받지 못한다.

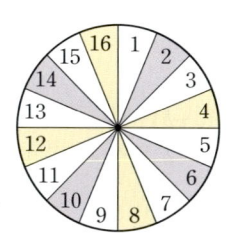

유민이가 이 원판에 화살을 한 번 쏠 때, 원판의 어떤 수를 맞히면 가장 많은 상품을 받을 수 있는지 구하시오.

 창의 융합 **알콰리즈미의 이차방정식 풀기**

266

다음은 페르시아의 수학자 알콰리즈미(Al−Khwarizmi)가 정사각형의 넓이를 이용하여 이차방정식의 양수인 근을 구한 방법이다.

이차방정식 $x^2+6x-40=0$에서 $x^2+6x=40$
❶ $x^2+6x=40$의 좌변 x^2+6x를 [그림 1]과 같이 정사각형과 직사각형의 넓이를 이용하여 나타낸다.
❷ [그림 1]에서 넓이가 $6x$인 직사각형을 합동인 두 개의 직사각형으로 나누어 [그림 2]와 같이 옮겨 붙인다.
❸ [그림 3]과 같이 큰 정사각형이 만들어지도록 넓이가 9인 정사각형을 그린다.
❹ 큰 정사각형의 넓이는 $40+9=49$이고 $49=7^2$이므로 한 변의 길이는 7이다.
❺ $x+3=7$에서 $x=4$

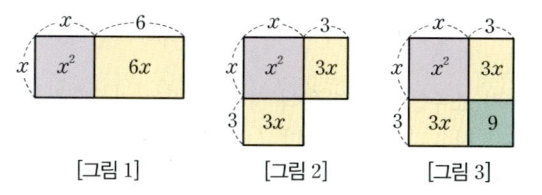

[그림 1]   [그림 2]   [그림 3]

위와 같은 방법으로 이차방정식 $x^2+10x-119=0$의 양수인 근을 구하시오.

06 이차방정식의 활용

1 이차방정식의 근의 공식

(1) **이차방정식의 근의 공식** 이차방정식 $ax^2+bx+c=0$의 해는 다음과 같다.

$$x=\frac{-b\pm\sqrt{b^2-4ac}}{2a} \ (단, \ b^2-4ac\geq0)$$

(2) x의 계수가 짝수일 때, 이차방정식 $ax^2+2b'x+c=0$의 해는 다음과 같다.

$$x=\frac{-b'\pm\sqrt{b'^2-ac}}{a} \ (단, \ b'^2-ac\geq0)$$

2 여러 가지 이차방정식의 풀이

(1) **괄호가 있는 이차방정식** 괄호를 풀어 $ax^2+bx+c=0$의 꼴로 정리한 후 푼다.
(2) **계수가 소수인 이차방정식** 양변에 10의 거듭제곱을 곱하여 계수를 정수로 바꾼 후 푼다.
(3) **계수가 분수인 이차방정식** 양변에 분모의 최소공배수를 곱하여 계수를 정수로 바꾼 후 푼다.
(4) **공통부분이 있는 이차방정식**
   ❶ 공통부분을 문자 A로 놓는다.
   ❷ A에 대한 이차방정식을 인수분해 또는 근의 공식을 이용하여 푼다.
   ❸ A의 값을 대입하여 x의 값을 구한다.

3 이차방정식의 근의 개수

이차방정식 $ax^2+bx+c=0$의 서로 다른 근의 개수는 b^2-4ac의 값의 부호에 따라 결정된다.
(1) $b^2-4ac>0$ ➡ 서로 다른 두 근을 갖는다.
(2) $b^2-4ac=0$ ➡ 중근을 갖는다.
(3) $b^2-4ac<0$ ➡ 근이 없다.

개념 Plus 이차방정식의 판별식

이차방정식 $ax^2+bx+c=0$의 근의 공식 $x=\frac{-b\pm\sqrt{b^2-4ac}}{2a}$에서 근호 안의 수 b^2-4ac를 이차방정식의 '판별식'이라 하고 보통 D로 나타낸다. 이때 x의 계수가 짝수인 이차방정식 $ax^2+2b'x+c=0$에서는 D 대신 $\frac{D}{4}=b'^2-ac$를 이용하면 편리하다.

4 이차방정식의 근과 계수의 관계

이차방정식 $ax^2+bx+c=0$의 두 근을 α, β라고 할 때
(1) **두 근의 합** $\alpha+\beta=-\dfrac{b}{a}$
(2) **두 근의 곱** $\alpha\beta=\dfrac{c}{a}$

개념 Plus 곱셈 공식의 변형

(1) $a^2+b^2=(a+b)^2-2ab$
      $=(a-b)^2+2ab$
(2) $(a+b)^2=(a-b)^2+4ab$
(3) $(a-b)^2=(a+b)^2-4ab$

5 이차방정식 구하기

(1) 두 근이 α, β이고 x^2의 계수가 a인 이차방정식
   ➡ $a(x-\alpha)(x-\beta)=0$, 즉 $a\{x^2-(\alpha+\beta)x+\alpha\beta\}=0$
(2) 중근이 α이고 x^2의 계수가 a인 이차방정식
   ➡ $a(x-\alpha)^2=0$
(3) 두 근의 합이 m, 두 근의 곱이 n이고 x^2의 계수가 a인 이차방정식
   ➡ $a(x^2-mx+n)=0$

개념 Plus 계수가 유리수인 이차방정식의 근

a, b, c가 유리수일 때, 이차방정식 $ax^2+bx+c=0$의 한 근이 $p+q\sqrt{m}$이면 다른 한 근은 $p-q\sqrt{m}$이다. (단, p, q는 유리수, $q\neq0$, $\sqrt{m}$은 무리수)

6 이차방정식의 활용

이차방정식의 활용 문제는 다음 순서로 푼다.
❶ **미지수 정하기** 문제의 뜻을 이해하고, 구하고자 하는 값을 미지수 x로 놓는다.
❷ **방정식 세우기** x에 대한 이차방정식을 세운다.
❸ **방정식 풀기** 이차방정식을 풀어 해를 구한다.
❹ **답 정하기** 구한 해 중에서 문제의 뜻에 맞는 것을 답으로 한다.
주의 이차방정식을 풀어 답을 정할 때, 개수, 나이 등은 자연수이어야 하고, 길이, 넓이, 부피, 시간, 속력, 거리 등은 양수이어야 함에 주의한다.

핵심 01 이차방정식의 근의 공식

(1) **이차방정식의 근의 공식** 이차방정식 $ax^2+bx+c=0$의 해는

$$x=\dfrac{-b\pm\sqrt{b^2-4ac}}{2a} \ (단, \ b^2-4ac\geq0)$$

(2) x의 계수가 짝수일 때, 이차방정식 $ax^2+2b'x+c=0$의 해는

$$x=\dfrac{-b'\pm\sqrt{b'^2-ac}}{a} \ (단, \ b'^2-ac\geq0)$$

267 대표문제

이차방정식 $x^2+6x-2=0$의 두 근 사이에 있는 정수는 모두 몇 개인가?

① 5개　　　　② 6개　　　　③ 7개

④ 8개　　　　⑤ 9개

268 출제율 ●●●

x에 대한 이차방정식 $2x^2+Ax+1=0$의 근이 $x=\dfrac{5\pm\sqrt{B}}{C}$일 때, $A+B+C$의 값을 구하시오. (단, A, B, C는 유리수)

269 출제율 ●●●

이차방정식 $x^2+2x-4=0$의 두 근 중 큰 근을 $x=M$, 이차방정식 $x^2-10x+20=0$의 두 근 중 작은 근을 $x=m$이라고 할 때, $M+m$의 값을 구하시오.

핵심 02 여러 가지 이차방정식의 풀이

(1) **괄호가 있는 이차방정식** 괄호를 풀어 $ax^2+bx+c=0$의 꼴로 정리한 후 푼다.

(2) **계수가 소수인 이차방정식** 양변에 10의 거듭제곱을 곱하여 계수를 정수로 바꾼 후 푼다.

(3) **계수가 분수인 이차방정식** 양변에 분모의 최소공배수를 곱하여 계수를 정수로 바꾼 후 푼다.

(4) **공통부분이 있는 이차방정식** (공통부분)$=A$로 놓고 푼다.

270 대표문제

이차방정식 $0.4(x+2)(2x-1)=\dfrac{3x(x-2)}{5}$의 해가 $x=p\pm2\sqrt{q}$일 때, $p+q$의 값을 구하시오. (단, p, q는 유리수)

271 출제율 ●●●

다음 이차방정식을 푸시오.

(1) $0.06x^2-0.1=0.01x+0.02$

(2) $\dfrac{(x-1)^2}{3}-\dfrac{x(x-2)}{4}=\dfrac{5}{6}$

272 출제율 ●●○

$x>y$일 때, 방정식 $(x-y)(5+y-x)=-2$를 만족하는 $x-y$의 값은?

① $\dfrac{-5+\sqrt{33}}{4}$　　② $\dfrac{-5+\sqrt{33}}{2}$　　③ $\dfrac{5+\sqrt{33}}{4}$

④ $\dfrac{5+\sqrt{33}}{2}$　　⑤ $5+\sqrt{33}$

핵심 **03** 이차방정식의 근의 개수

이차방정식 $ax^2+bx+c=0$의 서로 다른 근의 개수는
b^2-4ac의 값의 부호에 따라 결정된다.
(1) $b^2-4ac>0$ ➡ 근이 2개 ⎤ 근이 있다.
(2) $b^2-4ac=0$ ➡ 근이 1개 ⎦
(3) $b^2-4ac<0$ ➡ 근이 0개 – 근이 없다.

x의 계수가 짝수일 때, 이차방정식의 근의 개수

이차방정식 $ax^2+2b'x+c=0$과 같이 x의 계수가 짝수인 경우에는
b'^2-ac의 부호를 조사하여 서로 다른 근의 개수를 구한다.

273 대표문제

이차방정식 $x^2-2x+k-3=0$이 서로 다른 두 근을 갖도록 하는 자연수 k의 값은 모두 몇 개인지 구하시오.

274 출제율 ●●●

이차방정식 $(k+3)x^2-(2k+1)x+k=0$의 해가 없을 때, 상수 k의 값 중 가장 작은 정수를 구하시오.

275 출제율 ●●●○

자연수 a, b에 대하여 이차방정식 $5x^2-ax+2b=0$이 중근을 가질 때, a의 값이 최소가 되게 하는 b의 값은?

① 10   ② 12   ③ 14
④ 16   ⑤ 18

발전 **04** 이차방정식의 근과 계수의 관계

이차방정식 $ax^2+bx+c=0$의 두 근을 α, β라고 할 때
(1) **두 근의 합** $\alpha+\beta=-\dfrac{b}{a}$
(2) **두 근의 곱** $\alpha\beta=\dfrac{c}{a}$

자주 이용되는 곱셈 공식의 변형

(1) $a^2+b^2=(a+b)^2-2ab=(a-b)^2+2ab$
(2) $(a+b)^2=(a-b)^2+4ab$
(3) $(a-b)^2=(a+b)^2-4ab$

276 대표문제

이차방정식 $x^2-3x+k=0$이 중근을 가질 때, 이차방정식 $(2-k)x^2-kx+8=0$의 두 근의 합을 구하시오.

(단, k는 상수)

277 출제율 ●●○

이차방정식 $\dfrac{(x+1)^2}{2}=\dfrac{2x-1}{3}$의 두 근의 합을 a, 두 근의 곱을 b라고 할 때, $a+b$의 값을 구하시오.

278 출제율 ●●●

이차방정식 $x^2-4x+1=0$의 두 근을 $x=\alpha$, $x=\beta$라고 할 때, 다음 보기에서 옳은 것을 모두 고르시오.

보기
ㄱ. $a^2+\beta^2=15$ ㄴ. $(\alpha-\beta)^2=12$
ㄷ. $\dfrac{1}{\alpha}+\dfrac{1}{\beta}=4$ ㄹ. $\dfrac{\beta}{\alpha}+\dfrac{\alpha}{\beta}=10$

핵심 05 이차방정식 구하기

(1) 두 근이 α, β이고 x^2의 계수가 a인 이차방정식
  $\Rightarrow a(x-\alpha)(x-\beta)=0$, 즉 $a\{x^2-(\alpha+\beta)x+\alpha\beta\}=0$

(2) 중근이 α이고 x^2의 계수가 a인 이차방정식
  $\Rightarrow a(x-\alpha)^2=0$

(3) 두 근의 합이 m, 두 근의 곱이 n이고 x^2의 계수가 a인 이차방정식 $\Rightarrow a(x^2-mx+n)=0$

279 대표문제

이차방정식 $x^2-kx+18=0$의 두 근이 모두 양수이고 한 근이 다른 근의 2배일 때, 상수 k의 값은?

① 3 ② 6 ③ 9

④ 12 ⑤ 15

280 출제율 ●●●

이차방정식 $3x^2+2ax-b=0$이 중근 $x=-1$을 가질 때, $a-b$의 값을 구하시오. (단, a, b는 상수)

281 출제율 ●●●

유리수 a, b에 대하여 이차방정식 $\frac{1}{2}x^2+ax+b=0$의 한 근이 $1+\sqrt{3}$일 때, $\frac{b}{a}$의 값을 구하시오.

핵심 06 이차방정식의 활용

이차방정식의 활용 문제는 다음 순서로 푼다.

❶ 미지수 정하기 문제의 뜻을 이해하고, 구하고자 하는 값을 미지수 x로 놓는다.

❷ 방정식 세우기 x에 대한 이차방정식을 세운다.

❸ 방정식 풀기 이차방정식을 풀어 해를 구한다.

❹ 답 정하기 구한 해 중에서 문제의 뜻에 맞는 것을 답으로 한다.

282 대표문제

연속하는 세 홀수가 있다. 가장 큰 홀수의 제곱은 나머지 두 홀수의 제곱의 합보다 33만큼 작다고 할 때, 세 홀수 중 가장 큰 홀수를 구하시오.

283 출제율 ●●●

지면에서 초속 30 m로 똑바로 위로 던져 올린 물체의 t초 후의 지면으로부터의 높이가 $(30t-5t^2)$ m일 때, 이 물체가 지면으로부터 40 m 이상의 높이에 머무는 것은 몇 초 동안인지 구하시오.

284 출제율 ●●●

오른쪽 그림과 같이 가로의 길이가 세로의 길이보다 4 cm 더 긴 직사각형 모양의 종이가 있다. 이 종이의 네 귀퉁이에서 한 변의 길이가 2 cm인 정사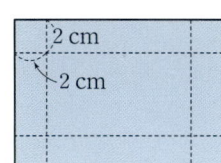
각형을 잘라 낸 나머지로 윗면이 없는 직육면체 모양의 상자를 만들었더니 부피가 90 cm³가 되었다. 이때 처음 직사각형의 세로의 길이는 몇 cm인지 구하시오.

대표문항	잘못 본 이차방정식 바르게 풀기

윤아와 성재가 x에 대한 이차방정식을 푸는데 윤아는 x^2의 계수를 잘못 보고 풀어 두 근 $5\pm\sqrt{13}$을 얻었고, 성재는 상수항을 잘못
<u>조건 ①</u>

보고 풀어 두 근 1, 4를 얻었다. 이때 <u>처음 이차방정식을 바르게 푸시오.</u>
<u>조건 ②</u>   <u>답</u>

유형 05 이차방정식 구하기 **302**

 스키마 schema   ≫ 주어진 **조건**은 무엇인지? **답**은 무엇인지? 이 둘을 어떻게 연결해야 하는지?

1 단계

조건 ① x^2의 계수를 잘못 보고 풀었을 때의 두 근 $5\pm\sqrt{13}$
② 상수항을 잘못 보고 풀었을 때의 두 근 1, 4

두 근이 α, β이고 x^2의 계수가 a인 이차방정식은
$a(x-\alpha)(x-\beta)=0$
→ 두 근이 $5\pm\sqrt{13}$ → $ax^2-10ax+12a=0$
→ 두 근이 1, 4 → $bx^2-5bx+4b=0$

윤아가 x^2의 계수를 a로 잘못 보았다고 하면
$a\{x-(5+\sqrt{13})\}\{x-(5-\sqrt{13})\}=0$
$a(x^2-10x+12)=0$
$\therefore ax^2-10ax+12a=0$
성재가 바르게 본 x^2의 계수를 b라고 하면
$b(x-1)(x-4)=0$
$b(x^2-5x+4)=0$
$\therefore bx^2-5bx+4b=0$

2 단계

조건 ① 윤아가 바르게 본 것은 x의 계수와 상수항
② 성재가 바르게 본 것은 x^2의 계수와 x의 계수

윤아와 성재가 모두 바르게 본 것은 x의 계수
→ (윤아가 본 x의 계수)$=-10a$
(성재가 본 x의 계수)$=-5b$
→ $b=2a$

이때 윤아와 성재가 모두 x의 계수를 바르게 보았으므로
$-10a=-5b$
$\therefore b=2a$ ······ ㉠

3 단계

조건 ① 윤아가 바르게 본 것은 x의 계수와 상수항
② 성재가 바르게 본 것은 x^2의 계수와 x의 계수

바르게 본 항을 이용하여 처음 이차방정식을 a, b의 식으로 나타내기
$ax^2-10ax+12a=0$
$bx^2-5bx+4b=0$
→ $bx^2-10ax+12a=0$

윤아는 상수항을 바르게 보았으므로
(상수항)$=12a$
성재는 x^2의 계수를 바르게 보았으므로
(x^2의 계수)$=b$
따라서 처음 이차방정식은
$bx^2-10ax+12a=0$

4 단계

답 처음 이차방정식의 해

$b=2a$를 대입하여 a의 식으로 나타내기 → $2ax^2-10ax+12a=0$

$2a$는 이차방정식의 x^2의 계수이므로 $2a\neq0$ → $x^2-5x+6=0$

$x=2$ 또는 $x=3$

㉠을 $bx^2-10ax+12a=0$에 대입하면
$2ax^2-10ax+12a=0$
그런데 $a\neq0$이므로 양변을 $2a$로 나누면
$x^2-5x+6=0$, $(x-2)(x-3)=0$
$\therefore x=2$ 또는 $x=3$

답 $x=2$ 또는 $x=3$

| 대표문항 | 제품의 가격 인상률 구하기 |

어느 제품의 가격을 $x\,\%$ 인상할 때마다 판매량은 $\dfrac{1}{4}x\,\%$씩 감소한다고 한다. 제품의 가격을 인상하여 총 판매 금액이 14 % 증가

<u>조건 ①</u>　　　　　　　　　　　　　　　　　　　　　　　　　　　　　　　　　<u>조건 ②</u>

하도록 하려면 제품의 가격을 몇 % 인상해야 하는지 구하시오. (단, 인상 후의 가격은 처음 가격의 두 배보다 적다.)

<u>답</u>　　　　　　　　　　　　　　　　　　　　　　<u>조건 ③</u>

 스키마 schema　　▷▷ 주어진 **조건**은 무엇인지? **답**은 무엇인지? 이 둘을 어떻게 연결해야 하는지?

1 단계

조건 ① 가격을 $x\,\%$ 인상할 때마다 판매량은 $\dfrac{1}{4}x\,\%$씩 감소

↓

a원인 제품의 가격을 $x\,\%$ 인상했을 때의 가격　→　$a\left(1+\dfrac{x}{100}\right)$원

판매량 b개가 $y\,\%$ 감소했을 때의 판매량　→　$b\left(1-\dfrac{y}{100}\right)$개

제품의 처음 가격을 a원, 판매량을 b개라고 하면 가격을 $x\,\%$ 인상한 후의 가격은 $a\left(1+\dfrac{x}{100}\right)$원, 판매량은 $b\left(1-\dfrac{x}{400}\right)$개이다.

2 단계

조건 ② 제품의 가격을 인상하여 총 판매 금액이 14 % 증가

↓

총 판매 금액 ab원이 14 % 증가했을 때의 총 판매 금액　→　$ab\left(1+\dfrac{14}{100}\right)$원

↓

(제품 가격)×(판매량)=(총 판매 금액)　→　$a\left(1+\dfrac{x}{100}\right)\times b\left(1-\dfrac{x}{400}\right)$ $=ab\left(1+\dfrac{14}{100}\right)$

(제품 가격)×(판매량)=(총 판매 금액)이므로
$$a\left(1+\dfrac{x}{100}\right)\times b\left(1-\dfrac{x}{400}\right)=ab\left(1+\dfrac{14}{100}\right)$$
⋯⋯ 조건 ④

3 단계

조건 ④ $a\left(1+\dfrac{x}{100}\right)\times b\left(1-\dfrac{x}{400}\right)=ab\left(1+\dfrac{14}{100}\right)$

↓

$a\neq0,\ b\neq0$ → 양변을 ab로 나눈다.

이차방정식을 푼다. → 인수분해 또는 근의 공식을 이용

$x=20$ 또는 $x=280$

$a\neq0,\ b\neq0$이므로 양변을 ab로 나누면
$$\left(1+\dfrac{x}{100}\right)\left(1-\dfrac{x}{400}\right)=\dfrac{114}{100}$$
$$1-\dfrac{x}{400}+\dfrac{x}{100}-\dfrac{x^2}{40000}=\dfrac{114}{100}$$
$$\dfrac{x^2}{40000}-\dfrac{3}{400}x+\dfrac{14}{100}=0$$
$$x^2-300x+5600=0$$
$$(x-20)(x-280)=0$$
$$\therefore x=20 \text{ 또는 } x=280$$

4 단계

답 제품의 가격 인상률 → 20 % 인상

↑

조건 ③ 인상 후의 가격은 처음 가격의 두 배보다 적다.

그런데 인상 후의 가격이 처음 가격의 두 배보다 적으므로
$0<x<100$　　$\therefore x=20$
따라서 제품의 가격을 20 % 인상해야 한다.

답 20 %

유형 **01** 이차방정식의 근의 공식

285

이차방정식 $x^2-8x+k=0$의 한 근을 $x=\alpha$라고 할 때, $2<\alpha<3$이 되게 하는 모든 자연수 k의 값의 합은?

① 23   ② 25   ③ 27

④ 29   ⑤ 31

286 ✿✦

이차방정식 $2x^2+12x+k-1=0$의 해가 모두 정수가 되도록 하는 자연수 k의 값은 모두 몇 개인지 구하시오.

287

이차방정식 $(x-1)^2+|x-1|+1=6$의 두 근의 합을 구하시오.

288 ✎ 서술형

지환이가 이차방정식 $ax^2+bx+c=0$의 근의 공식을

$x=\dfrac{b\pm\sqrt{b^2-4ac}}{a}$로 잘못 적용하여 어떤 이차방정식을 풀었더니 두 근 $-\dfrac{4}{5}$, $\dfrac{2}{3}$를 얻었다. 이 이차방정식의 옳은 근을 α, β라고 할 때, $5\alpha-3\beta$의 값을 구하시오.

(단, a, b, c는 상수, $\alpha>\beta$)

유형 **02** 여러 가지 이차방정식의 풀이

289 ✿✦

이차방정식 $x^2-0.\dot{3}x+a=0$의 한 근이 $x=-0.\dot{6}$일 때, 다른 한 근을 $x=b$라고 하자. 이때 $a+b$의 값을 구하시오.

(단, a는 상수)

290

이차방정식 $\dfrac{x(x+2)}{6}-\dfrac{(x-1)^2}{8}=-\dfrac{1}{2}$의 해가 $x=a\pm2\sqrt{b}$ 일 때, x에 대한 이차방정식 $x^2+ax+b=0$을 푸시오.

(단, a, b는 유리수)

291

등식 $x^2+2xy+y^2-4x-4y-5=0$을 만족하는 자연수 x, y 의 순서쌍 (x, y)는 모두 몇 개인지 구하시오.

294

이차방정식 $\dfrac{3}{5}(4x+1)^2-0.8(4x+1)+a=0$이 중근을 갖도록 하는 상수 a의 값을 구하시오.

유형 03 이차방정식의 근의 개수

292

다음 중 이차방정식 $ax^2+2(a+6)x+a+8=0$에 대한 설명으로 옳은 것은? (단, a는 상수)

① 항상 서로 다른 두 근을 갖는다.

② $a=-9$일 때, 서로 다른 두 근을 갖는다.

③ $a<-9$일 때, 근을 갖지 않는다.

④ $a>-9$일 때, 중근을 갖는다.

⑤ $a>-10$일 때, 서로 다른 두 근을 갖는다.

295 🖊 서술형

이차방정식 $x^2-ax+3b=0$이 서로 다른 두 근을 가질 때, 이차방정식 $x^2+(a-4c)x+3b-2ac=0$의 근의 개수를 구하시오. (단, a, b, c는 상수)

유형 04 이차방정식의 근과 계수의 관계

296 ✿✿

이차방정식 $ax^2+bx+c=0$의 두 근의 차가 3이고 두 근의 비가 $1:2$일 때, $\dfrac{b+c}{a}$의 값 중 가장 큰 값은?

(단, a, b, c는 상수)

① -27 ② -18 ③ -9

④ 18 ⑤ 27

293 ✿✿

이차방정식 $x^2-(2k-5)x+k^2=0$은 근을 갖고, 이차방정식 $4x^2+2\sqrt{3}x+k=0$은 근을 갖지 않을 때, 다음 중 상수 k의 값이 될 수 없는 것은?

① $\dfrac{3}{4}$ ② $\dfrac{7}{8}$ ③ 1

④ $\dfrac{9}{8}$ ⑤ $\dfrac{5}{4}$

297

이차방정식 $x^2+5x+2=0$의 두 근을 $x=\alpha$, $x=\beta$라고 할 때, $\dfrac{\alpha}{\beta^2+6\beta+1}+\dfrac{\beta}{\alpha^2+6\alpha+1}$의 값을 구하시오.

유형 05 이차방정식 구하기

298

x^2의 계수가 1인 이차방정식 $f(x)=0$의 두 근의 합은 5이고 곱은 3일 때, 방정식 $f(2x-1)=0$의 두 근의 합은?

① $-\dfrac{9}{2}$ ② $-\dfrac{7}{2}$ ③ $-\dfrac{5}{2}$

④ $\dfrac{7}{2}$ ⑤ $\dfrac{9}{2}$

299

서로 다른 두 이차방정식 A, B가 다음 두 조건을 만족할 때, 두 이차방정식 A, B의 모든 근의 곱을 구하시오.

> **조건**
> (가) 두 이차방정식 A, B는 각각 서로 다른 두 근을 갖고, 각 이 차방정식의 두 근은 절댓값이 각각 서로 같다.
> (나) 각 이차방정식의 x^2의 계수와 상수항의 절댓값은 서로 같다.

300

두 수 x, y에 대하여 $(x+y)^2-12(x+y)+27=0$이고 $xy=-4$일 때, 이를 만족하는 모든 x의 값의 합은?

① 11   ② 12   ③ 13

④ 14   ⑤ 15

301

이차방정식 $x^2-x-3=0$의 두 근을 α, β라고 할 때, $\alpha^2+3\alpha-3$, $\beta^2+3\beta-3$을 두 근으로 하고 x^2의 계수가 1인 이차방정식을 $x^2+px+q=0$이라고 하자. 이때 $p-q$의 값을 구하시오. (단, p, q는 상수)

302 ✍ 서술형

대수와 기하가 x에 대한 이차방정식을 푸는데 대수는 x^2의 계수를 잘못 보고 풀어 근 $2\pm2\sqrt{5}$를 얻었고, 기하는 상수항을 잘못 보고 풀어 근 -1, 3을 얻었다. 이때 처음 이차방정식을 바르게 푸시오.

유형 06 이차방정식의 활용

303

다음 그림과 같이 바둑돌을 정삼각형 모양으로 놓을 때, 120개의 바둑돌이 놓이는 것은 몇 단계인가?

[1단계] [2단계] [3단계] [4단계] ...

① 13단계   ② 14단계   ③ 15단계
④ 16단계   ⑤ 17단계

304 ✿✪

오른쪽 그림과 같이 넓이가 480 cm^2인 직사각형 모양의 벽에 모양과 크기가 같은 직사각형 모양의 타일 10장을 꼭 맞게 붙였다. 이때 타일 1장의 둘레의 길이는 몇 cm인지 구하시오.

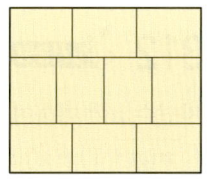

305 ✿✪

오른쪽 그림과 같이 일차함수 $y = -3x + 15$의 그래프가 x축, y축과 만나는 점을 각각 A, B라 하고 그래프 위의 점 P에서 x축에 내린 수선의 발을 Q라고 하자. $\square \text{BOQP}$의 넓이가 24일 때, 점 P의 좌표를 구하시오.
(단, 점 P는 제1사분면 위에 있다.)

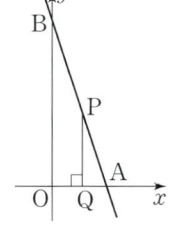

306

오른쪽 그림과 같이 높이가 8 cm인 원뿔대에서 $\overline{O'A} : \overline{OB} = 1 : 3$이고, 원뿔대의 부피가 $312\pi \text{ cm}^3$일 때, $\overline{O'A}$의 길이는 몇 cm인지 구하시오. (단, $\overline{O'A}$, $\overline{OB}$는 각각 두 밑면의 반지름이다.)

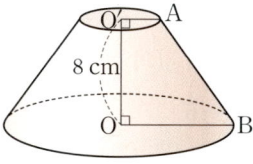

307

버스 요금을 $x \%$ 인상하면 승객 수는 $\dfrac{2}{3}x \%$ 감소한다고 한다. 수입이 변함이 없도록 하려면 요금을 몇 % 인상해야 하는지 구하시오.

308 ✎ 서술형

오른쪽 그림과 같이 한 변의 길이가 8인 정사각형의 네 모퉁이에서 각각 합동인 직각이등변삼각형을 잘라 정팔각형을 만들었다. 이 정팔각형의 한 변의 길이를 구하시오.

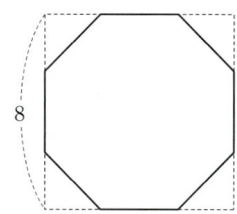

309 ✿✿

이차식 $x^2-6x+14$가 어떤 정수의 제곱이 되게 하는 모든 정수 x의 값의 합은?

① -6 ② -5 ③ -4

④ 5 ⑤ 6

311

방정식 $1+x(x-1)(x+1)(x+2)=89^2$의 자연수인 해를 구하시오.

312 ✎ 서술형

자연수 n에 대하여 이차방정식
$(\sqrt{n(n+1)}+n)x^2-\sqrt{n}x-1=0$의 두 근을 α_n, β_n이라고 할 때, 다음 식의 값을 구하시오. (단, n은 상수)

$$(\alpha_1+\alpha_2+\alpha_3+\cdots+\alpha_{399})+(\beta_1+\beta_2+\beta_3+\cdots+\beta_{399})$$

∨ 이차방정식의 근과 계수의 관계를 이용하여 $\alpha_n+\beta_n$을 n에 대한 식으로 나타내어 본다.

310

무리수 x의 소수 부분을 α라고 할 때, $x^2+\alpha^2=27$이 성립한다. 이때 $x\alpha$의 값을 구하시오. (단, $x>0$)

313

한 자리 자연수 a, b, c에 대하여 이차방정식 $ax^2-bx+3c=0$의 두 근을 α, β라고 할 때, $1<\alpha<2$, $4<\beta<5$이다. 이때 abc의 값을 구하시오.

314 ✍️ 서술형

이차방정식 $x^2+ax-b=0$의 양수인 두 근의 차는 3이고 두 근의 제곱의 차는 15이다. 두 근이

$A=(a-b)+(a-b)^2+\cdots+(a-b)^{777}$,

$B=(b-a)+(b-a)^2+\cdots+(b-a)^{777}$이고 x^2의 계수가 1인 이차방정식을 구하시오. (단, a, b는 상수)

315 ✺✫

버스가 달린 거리는 달린 시간에 정비례하고 열차가 달린 거리는 달린 시간의 제곱에 정비례한다. 열차가 출발할 때, 열차의 5 km 뒤에서 동시에 출발한 버스가 10분 후에 열차를 추월하고, 그로부터 10분 후에 다시 열차가 추월한다. 이때 출발한 지 몇 분 후에 열차가 버스보다 30 km 앞에서 달리게 되는지 구하시오. (단, 버스가 달린 도로와 철도는 모두 직선이고 서로 평행하다.)

316

농도가 10 %인 소금물 100 g에 대하여 다음 시행을 연속으로 두 번 하였더니 소금물의 농도가 6.4 %가 되었다. 이때 x의 값을 구하시오.

[시행] 소금물을 x g 덜어내고 같은 양의 물을 넣어 섞는다.

정답과 풀이 037쪽

 황금비 구하기

317

오른쪽 그림은 레오나르도 다빈치의 비트루비안 인간에 황금비를 보여 주는 정오각형별을 그린 것이다. 황금비는 고대 그리스 시대부터 내려온 것으로 조화로움과 아름다움을 직관적으로 느낄 수 있게 해 주는 두 선분의 길이의 비로 알려져 있다. 다음 황금비에 대한 설명을 읽고 오른쪽 그림에서 $\overline{AC}:\overline{BC}$가 황금비이고 $\overline{AB}=1$일 때, $\overline{AC}$의 길이를 구하시오.

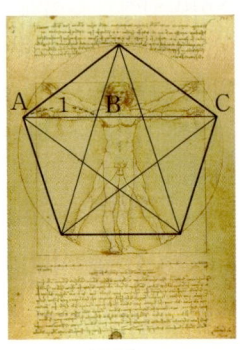

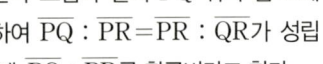

> 오른쪽 그림과 같이 $\overline{PQ}$ 위의 점 R에 대하여 $\overline{PQ}:\overline{PR}=\overline{PR}:\overline{QR}$가 성립할 때, $\overline{PQ}:\overline{PR}$를 황금비라고 한다.

 경기에 참가한 팀의 수 구하기

318

리그전은 대회에 참가한 모든 팀이 서로 한 번씩 경기를 치르는 진행 방법이다. 대회에 참가한 14개의 팀을 A, B 두 그룹으로 나누어 각각 리그전을 치르게 한 후 각 그룹의 1위 팀끼리 결승전을 한 번 치르게 하였더니 총 44번의 경기가 치러졌다. A 그룹에 속한 팀은 모두 몇 팀인지 구하시오. (단, A 그룹에 속한 팀의 수는 B 그룹에 속한 팀의 수보다 적다.)

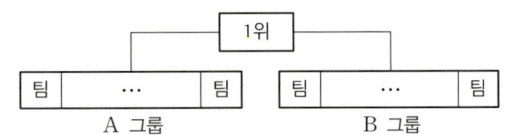

A 그룹   B 그룹

IV

이차함수

07 이차함수와 그래프 (1)

1 이차함수

함수 $y=f(x)$에서 y가 x에 대한 이차식 $y=ax^2+bx+c$ (단, a, b, c는 상수, $a \neq 0$)로 나타내어질 때, 이 함수를 x에 대한 이차함수라고 한다.

2 이차함수 $y=ax^2$의 그래프

이차함수 $y=ax^2$의 그래프에서
(1) **꼭짓점의 좌표** $(0, 0)$
(2) **축의 방정식** $x=0$ (y축)
(3) $a>0$이면 아래로 볼록한 포물선이고, $a<0$이면 위로 볼록한 포물선이다.
(4) a의 절댓값이 클수록 그래프의 폭은 좁아진다.
(5) 이차함수 $y=-ax^2$의 그래프와 x축에 대칭이다.

참고 이차함수 $y=ax^2$의 그래프에서
(1) a의 부호는 그래프의 모양을 결정한다.
　① $a>0$이면 아래로 볼록($\vee$)
　② $a<0$이면 위로 볼록($\wedge$)
(2) a의 절댓값은 그래프의 폭을 결정한다.
　➡ a의 절댓값이 클수록 그래프의 폭은 좁아진다.

개념 Plus 이차함수 $y=x^2$, $y=-x^2$의 그래프

(1) 두 그래프는 각각 y축에 대칭

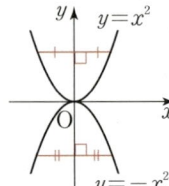

(2) 두 그래프는 서로 x축에 대칭

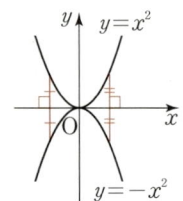

3 이차함수 $y=ax^2+q$의 그래프

이차함수 $y=ax^2+q$의 그래프는 이차함수 $y=ax^2$의 그래프를 y축의 방향으로 q만큼 평행이동한 그래프이다.
(1) **꼭짓점의 좌표** $(0, q)$
(2) **축의 방정식** $x=0$ (y축)

참고 이차함수의 그래프를 평행이동하면 그래프의 모양과 폭은 변하지 않고, 위치만 바뀐다.

4 이차함수 $y=a(x-p)^2$의 그래프

이차함수 $y=a(x-p)^2$의 그래프는 이차함수 $y=ax^2$의 그래프를 x축의 방향으로 p만큼 평행이동한 그래프이다.
(1) **꼭짓점의 좌표** $(p, 0)$
(2) **축의 방정식** $x=p$

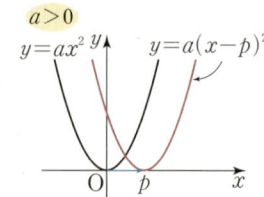

개념 Plus 이차함수 $y=a(x-p)^2$의 그래프의 증가와 감소

(1) $a>0$일 때
　① $x<p$이면 x의 값이 증가할 때, y의 값은 감소한다.
　② $x>p$이면 x의 값이 증가할 때, y의 값도 증가한다.
(2) $a<0$일 때
　① $x<p$이면 x의 값이 증가할 때, y의 값도 증가한다.
　② $x>p$이면 x의 값이 증가할 때, y의 값은 감소한다.

5 이차함수 $y=a(x-p)^2+q$의 그래프

이차함수 $y=a(x-p)^2+q$의 그래프는 이차함수 $y=ax^2$의 그래프를 x축의 방향으로 p만큼, y축의 방향으로 q만큼 평행이동한 그래프이다.
(1) **꼭짓점의 좌표** (p, q)
(2) **축의 방정식** $x=p$

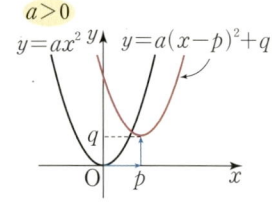

개념 Plus 평행이동과 대칭이동

(1) x축의 방향으로 p만큼, y축의 방향으로 q만큼 평행이동
　➡ x 대신 $x-p$를, y 대신 $y-q$를 대입
(2) x축에 대칭이동 ➡ y 대신 $-y$를 대입
(3) y축에 대칭이동 ➡ x 대신 $-x$를 대입

6 이차함수 $y=a(x-p)^2+q$의 그래프에서 a, p, q의 부호

이차함수 $y=a(x-p)^2+q$의 그래프에서
(1) **a의 부호** 그래프의 모양으로 결정
　① 아래로 볼록($\vee$) ➡ $a>0$
　② 위로 볼록($\wedge$) ➡ $a<0$
(2) **p, q의 부호** 꼭짓점 (p, q)의 위치로 결정
　① 제 1 사분면 ➡ $p>0$, $q>0$
　② 제 2 사분면 ➡ $p<0$, $q>0$
　③ 제 3 사분면 ➡ $p<0$, $q<0$
　④ 제 4 사분면 ➡ $p>0$, $q<0$

제 2 사분면 $(-, +)$	제 1 사분면 $(+, +)$
제 3 사분면 $(-, -)$	제 4 사분면 $(+, -)$

핵심 **01** 이차함수

함수 $y=f(x)$에서 y가 x에 대한 이차식

$$y=ax^2+bx+c \text{ (단, } a, b, c\text{는 상수, } a\neq0)$$

로 나타내어질 때, 이 함수를 x에 대한 이차함수라고 한다.

함숫값

이차함수 $f(x)=ax^2+bx+c$에서 $x=k$일 때의 함숫값

➡ $f(x)$에 $x=k$를 대입하여 얻은 값

➡ $f(k)=ak^2+bk+c$
  └ x 대신 k를 대입

319 대표문제

다음 보기에서 이차함수인 것을 모두 고른 것은?

보기

ㄱ. $y=2x$ 　　　　　ㄴ. $y=\dfrac{1}{4}x^2-6$

ㄷ. $y=\dfrac{1}{x^2}+\dfrac{1}{x}+2$ 　　ㄹ. $y=x^2-x(5+x)$

ㅁ. $y=(x-2)(x+3)$ 　　ㅂ. $y=x(x-1)^2$

① ㄱ, ㄷ 　　　② ㄴ, ㅁ 　　　③ ㄴ, ㅂ
④ ㄱ, ㄷ, ㄹ 　　⑤ ㄴ, ㄹ, ㅁ

320 출제율 ●●●

다음 중 y가 x에 대한 이차함수인 것은?

① 한 모서리의 길이가 x인 정육면체의 부피 y
② 한 변의 길이가 x인 정삼각형의 둘레의 길이 y
③ 밑면의 반지름의 길이가 x, 높이가 3인 원기둥의 부피 y
④ 현재 15세인 재영이의 x년 후의 나이 y세
⑤ 자동차가 시속 60 km로 x시간 동안 달린 거리 y km

321 출제율 ●●●

이차함수 $f(x)=2x^2-3x-4$에 대하여 $f(a)=-2$일 때, 정수 a의 값을 구하시오.

핵심 **02** 이차함수 $y=ax^2$의 그래프

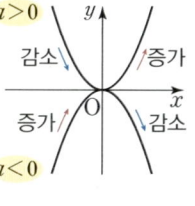

이차함수 $y=ax^2$의 그래프에서

(1) **꼭짓점의 좌표** $(0, 0)$
(2) **축의 방정식** $x=0$ $(y$축$)$
(3) $a>0$이면 아래로 볼록한 포물선이고, $a<0$이면 위로 볼록한 포물선이다.
(4) a의 절댓값이 클수록 그래프의 폭은 좁아진다.
(5) 이차함수 $y=-ax^2$의 그래프와 x축에 대칭이다.

322 대표문제

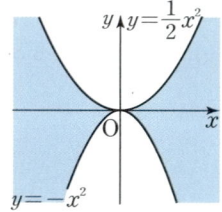

두 이차함수 $y=\dfrac{1}{2}x^2$, $y=-x^2$의 그래프가 오른쪽 그림과 같을 때, 다음 중 이차함수 $y=ax^2$의 그래프가 색칠한 부분에만 나타나도록 하는 상수 a의 값이 될 수 있는 것은?

① -2 　　　② $-\dfrac{1}{2}$ 　　　③ 1

④ $\dfrac{3}{2}$ 　　　⑤ 2

323 출제율 ●●●

이차함수 $y=3x^2$의 그래프와 x축에 대칭인 그래프가 점 $(k, -48)$을 지날 때, 양수 k의 값을 구하시오.

324 출제율 ●●○

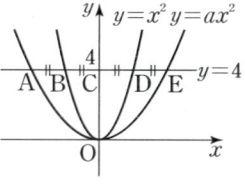

오른쪽 그림과 같이 직선 $y=4$가 두 이차함수 $y=x^2$, $y=ax^2$의 그래프, y축과 만나는 점을 각각 A, B, C, D, E라고 할 때, $\overline{AB}=\overline{BC}=\overline{CD}=\overline{DE}$가 되도록 하는 상수 a의 값을 구하시오.

핵심 03 이차함수 $y=ax^2+q$의 그래프

$y=ax^2 \xrightarrow[q만큼\ 평행이동]{y축의\ 방향으로} y=ax^2+q$

(1) 꼭짓점의 좌표 $(0,\ q)$

(2) 축의 방정식 $x=0$ (y축)

이차함수 $y=ax^2+q$에서 q의 부호

이차함수 $y=ax^2+q$의 그래프에서

(1) $q>0$이면 ➡ 꼭짓점이 x축의 위쪽에 위치

(2) $q<0$이면 ➡ 꼭짓점이 x축의 아래쪽에 위치

325 대표문제

이차함수 $y=ax^2+q$의 그래프가 두 점 $(1,\ -2)$, $(-2,\ 7)$을 지날 때, 이 그래프의 꼭짓점의 좌표는? (단, a, q는 상수)

① $(-5,\ 0)$ ② $(-5,\ 5)$ ③ $(0,\ -5)$

④ $(0,\ 5)$ ⑤ $(5,\ 0)$

326 출제율 ●●●

이차함수 $y=ax^2+6$의 그래프를 y축의 방향으로 q만큼 평행이 동하면 이차함수 $y=4x^2-1$의 그래프와 포개질 때, $a-q$의 값을 구하시오. (단, a는 상수)

327 출제율 ●●●

오른쪽 그림과 같이 두 이차함수 $y=x^2$, $y=x^2-9$의 그래프와 두 직선 $x=-2$, $x=2$로 둘러싸인 부분의 넓이를 구하시오.

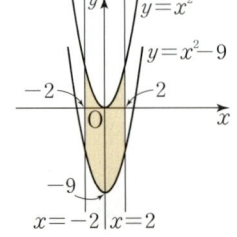

핵심 04 이차함수 $y=a(x-p)^2$의 그래프

$y=ax^2 \xrightarrow[p만큼\ 평행이동]{x축의\ 방향으로} y=a(x-p)^2$

(1) 꼭짓점의 좌표 $(p,\ 0)$

(2) 축의 방정식 $x=p$

이차함수 $y=a(x-p)^2$에서 p의 부호

이차함수 $y=a(x-p)^2$의 그래프에서

(1) $p>0$이면 ➡ 꼭짓점이 y축의 오른쪽에 위치

(2) $p<0$이면 ➡ 꼭짓점이 y축의 왼쪽에 위치

328 대표문제

오른쪽 그림과 같이 이차함수 $y=-2x^2+18$의 그래프가 x축과 만나는 두 점의 x좌표를 각각 a, b라고 할 때, 이차함수 $y=a(x-b)^2$의 그래프가 y축과 만나는 점의 좌표를 구하시오. (단, $a<b$)

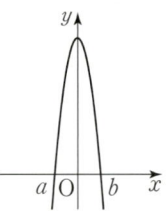

329 출제율 ●●○

오른쪽 그림과 같이 두 이차함수 $y=\dfrac{1}{3}(x+3)^2$, $y=\dfrac{1}{3}(x-4)^2$의 그래프와 x축에 평행한 직선 l과의 한 교점을 각각 A, B라고 할 때, $\overline{AB}$의 길이를 구하시오.

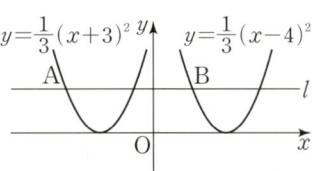

330 출제율 ●●●

다음 중 두 이차함수 $y=5x^2+1$, $y=-5(x+1)^2$의 그래프에 대한 설명으로 옳은 것은?

① 꼭짓점의 좌표가 서로 같다.

② 축의 방정식이 서로 같다.

③ 폭이 서로 같다.

④ 제1, 2 사분면을 지난다.

⑤ 이차함수 $y=5x^2$의 그래프를 평행이동한 것이다.

핵심 05 이차함수 $y=a(x-p)^2+q$의 그래프

$$y=ax^2 \xrightarrow[\substack{x\text{축의 방향으로 }p\text{만큼,}\\y\text{축의 방향으로 }q\text{만큼 평행이동}}]{} y=a(x-p)^2+q$$

(1) 꼭짓점의 좌표 (p, q)
(2) 축의 방정식 $x=p$

이차함수 $y=ax^2$의 그래프의 평행이동

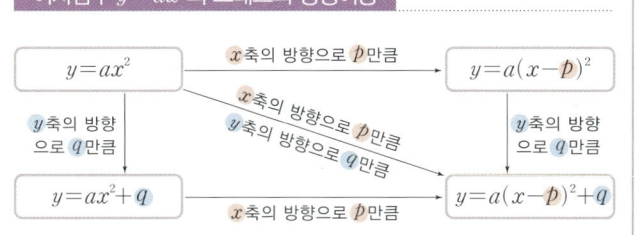

331 [대표문제]

이차함수 $y=-(x-1)^2+4$의 그래프를 x축의 방향으로 -3만큼, y축의 방향으로 -1만큼 평행이동한 그래프의 축의 방정식을 $x=m$, y축과 만나는 점의 y좌표를 n이라고 할 때, $m+n$의 값을 구하시오.

332 출제율 ●●○

다음 이차함수 중 그래프가 x축과 만나지 <u>않는</u> 것은?

① $y=-x^2$ ② $y=\dfrac{1}{2}x^2$ ③ $y=4x^2-1$

④ $y=(x-3)^2$ ⑤ $y=-(x+2)^2-5$

333 출제율 ●●●

이차함수 $y=3(x-p)^2+2p^2$의 그래프의 꼭짓점이 직선 $y=-x+6$ 위에 있을 때, 상수 p의 값을 구하시오. (단, $p<0$)

334 출제율 ●●○

오른쪽 그림과 같이 이차함수 $y=-2(x+p)^2+p+5$의 그래프의 꼭짓점 A는 제2 사분면 위에 있다. 점 A에서 x축에 내린 수선의 발을 H라고 하면 $\triangle$AHO의 넓이가 12일 때, 상수 p의 값을 구하시오. (단, 점 O는 원점이다.)

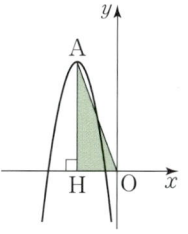

발전 06 이차함수 $y=a(x-p)^2+q$의 그래프에서 a, p, q의 부호

이차함수 $y=a(x-p)^2+q$의 그래프에서

(1) a의 부호 그래프의 모양으로 결정
 ① 아래로 볼록($\cup$) $\Rightarrow a>0$
 ② 위로 볼록($\cap$) $\Rightarrow a<0$

(2) p, q의 부호 꼭짓점 (p, q)의 위치로 결정
 ① 제1 사분면 $\Rightarrow p>0, q>0$
 ② 제2 사분면 $\Rightarrow p<0, q>0$
 ③ 제3 사분면 $\Rightarrow p<0, q<0$
 ④ 제4 사분면 $\Rightarrow p>0, q<0$

335 [대표문제]

이차함수 $y=a(x+p)^2+q$의 그래프가 오른쪽 그림과 같을 때, 일차함수 $y=ax-pq$의 그래프가 지나지 <u>않는</u> 사분면을 구하시오. (단, a, p, q는 상수)

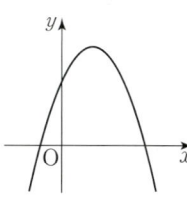

336 출제율 ●●●

이차함수 $y=a(x-p)^2-q$의 그래프가 오른쪽 그림과 같을 때, 다음 중 옳지 <u>않은</u> 것은? (단, a, p, q는 상수)

① $a+q>0$ ② $a-p>0$
③ $p-q<0$ ④ $apq<0$
⑤ $a+p+q<0$

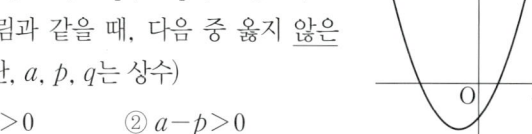

07 이차함수와 그래프 (1)

대표문항 폭이 같은 두 이차함수의 그래프로 둘러싸인 부분의 넓이

오른쪽 그림과 같이 이차함수 $y=\dfrac{1}{3}x^2-3$의 그래프가 직선 $x=k$와 x축 위에서 만날 때, 두 이차함수

<u>조건 ①</u>

$y=\dfrac{1}{3}x^2+3$, $y=\dfrac{1}{3}x^2-3$의 그래프와 두 직선 $x=-1$, $x=k$로 둘러싸인 부분의 넓이를 구하시오.

조건 ②   답

(단, $k>0$)

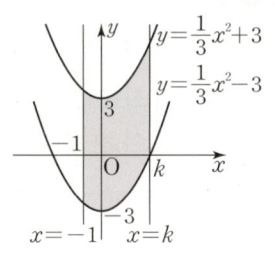

유형 03 이차함수 $y=ax^2+q$의 그래프 **346**

스키마 schema >> 주어진 **조건**은 무엇인지? **답**은 무엇인지? 이 둘을 어떻게 연결해야 하는지?

1 단계

조건 ① 이차함수 $y=\dfrac{1}{3}x^2-3$의 그래프가 직선 $x=k$와 **x축 위**에서 만난다.

↓

(1) x축 위의 점의 좌표 ➡ $(a,0)$
(2) y축 위의 점의 좌표 ➡ $(0,b)$

→ 이차함수 $y=\dfrac{1}{3}x^2-3$의 그래프가 점 $(k,0)$을 지난다.

↓

$k=3$ ← $y=\dfrac{1}{3}x^2-3$에 $x=k$, $y=0$을 대입하면 등식이 성립한다.

$y=\dfrac{1}{3}x^2-3$에 $x=k$, $y=0$을 대입하면

$0=\dfrac{1}{3}k^2-3$, $\dfrac{1}{3}k^2=3$

$k^2=9$ ∴ $k=\pm3$

그런데 $k>0$이므로 $k=3$

2 단계

조건 ② 두 이차함수 $y=\dfrac{1}{3}x^2+3$, $y=\dfrac{1}{3}x^2-3$의 그래프

↓

이차함수 $y=ax^2+q$의 그래프는 이차함수 $y=ax^2$의 그래프를 y축의 방향으로 q만큼 평행이동한 것이다.

→ 두 이차함수 $y=ax^2$, $y=ax^2+q$의 그래프는 모양과 폭이 모두 같다.

↓

두 포물선의 폭이 같음을 이용하여 넓이를 구해야 하는 부분의 일부를 이동시켜 구하는 넓이와 넓이가 같은 도형으로 변형한다.

(구하는 넓이) = (평행사변형 ABCD의 넓이) ←

다음 그림에서 빗금 친 두 부분의 넓이는 서로 같으므로 구하는 넓이는 평행사변형 ABCD의 넓이와 같다.

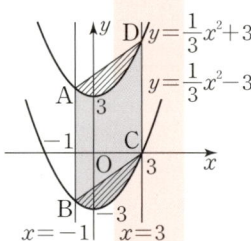

3 단계

답 둘러싸인 부분의 넓이

↓

평행사변형의 넓이 S는 $S=ah$이다.

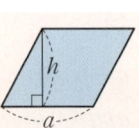

→ 평행사변형 ABCD의 밑변을 $\overline{AB}$라고 하면 높이는 점 C와 $\overline{AB}$ 사이의 거리이다.

(구하는 넓이) $=6\times4=24$ ↑

평행사변형 ABCD의 밑변을 $\overline{AB}$라고 하면 높이는 점 C와 $\overline{AB}$ 사이의 거리이다.

$\overline{AB}$의 길이는 두 이차함수 $y=\dfrac{1}{3}x^2+3$,

$y=\dfrac{1}{3}x^2-3$의 꼭짓점 사이의 거리와 같으므로

$\overline{AB}=3-(-3)=6$

이때 높이는 $3-(-1)=4$

따라서 구하는 넓이는 $6\times4=24$

🔲 24

이차함수 $y=-(x-2)^2+k-1$의 그래프가 제 1, 3, 4 사분면만을 지날 때, 상수 k의 값의 범위를 구하시오.
<u>조건</u>   <u>답</u>

  스키마 schema   >> 주어진 조건은 무엇인지? 답은 무엇인지? 이 둘을 어떻게 연결해야 하는지?

 단계

조건 이차함수 $y=-(x-2)^2+k-1$의 그래프가 제 1, 3, 4 사분면만을 지난다.

↓

좌표평면 위에 이차함수 $y=-(x-2)^2+k-1$의 그래프가 제 1, 3, 4 사분면만을 지나도록 그래프를 그린다.

→ x^2의 계수가 음수이므로 그래프는 위로 볼록한 포물선이다.

이차함수 $y=-(x-2)^2+k-1$의 그래프는 위로 볼록하므로 제 1, 3, 4 사분면만을 지나려면 그래프가 오른쪽 그림의 색칠한 부분에 위치해야 한다.

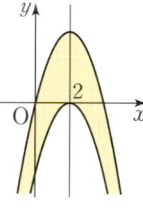

 단계

조건 이차함수 $y=-(x-2)^2+k-1$의 그래프의 꼭짓점이 제 1 사분면 위에 위치하도록 하는 k의 값의 범위 구하기

↓

이차함수 $y=-(x-2)^2+k-1$의 그래프의 꼭짓점이 제 1 사분면 위에 위치하려면 (꼭짓점의 y좌표)>0이어야 한다.

→ 꼭짓점의 좌표는 $(2, k-1)$

↓

$k>1$

(i) 이차함수 $y=-(x-2)^2+k-1$의 그래프의 꼭짓점이 제 1 사분면 위에 위치해야 하므로 (꼭짓점의 y좌표)>0이어야 한다. 이차함수 $y=-(x-2)^2+k-1$의 그래프의 꼭짓점의 좌표는 $(2, k-1)$이므로 $k-1>0$ ∴ $k>1$

 단계

조건 이차함수 $y=-(x-2)^2+k-1$의 그래프와 y축과의 교점이 x축 또는 x축의 아래쪽에 위치하도록 하는 k의 값의 범위 구하기

↓

이차함수 $y=-(x-2)^2+k-1$의 그래프와 y축과의 교점이 x축 또는 x축의 아래쪽에 위치하려면 $x=0$일 때, (y의 값)≤0이어야 한다.

→ $y=-(x-2)^2+k-1$에 $x=0$을 대입하면 $y=k-5$

↓

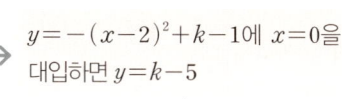

$k\leq5$

(ii) 이차함수 $y=-(x-2)^2+k-1$의 그래프와 y축과의 교점이 x축 또는 x축의 아래쪽에 위치해야 하므로 $x=0$일 때, (y의 값)≤0이어야 한다. $y=-(x-2)^2+k-1$에 $x=0$을 대입하면 $y=-(-2)^2+k-1=k-5\leq0$ ∴ $k\leq5$

4 단계

답 k의 값의 범위 구하기 → $k>1$
                                $k\leq5$
→ $1<k\leq5$

(i), (ii)에서 $1<k\leq5$

답 $1<k\leq5$

07
이차함수와 그래프 (1)

유형 **01** 이차함수

337

다음 보기에서 등식 $y=2x^2-x(ax-1)+5$에 대한 설명으로 옳은 것을 모두 고른 것은? (단, a는 상수)

> **보기**
> ㄱ. $a=1$이면 y는 x에 대한 이차함수이다.
> ㄴ. $a=2$이면 y는 x에 대한 함수가 아니다.
> ㄷ. $x=0$일 때, $y=5$이다.
> ㄹ. $x=1$, $y=3$이면 $a=11$이다.

① ㄱ, ㄴ ② ㄱ, ㄷ ③ ㄴ, ㄷ
④ ㄴ, ㄹ ⑤ ㄷ, ㄹ

338

이차함수 $f(x)=\dfrac{x^2-13}{2}-\dfrac{x}{3}$에서 $f(a)=-1$, $f(3)=b$일 때, $a-2b$의 값을 구하시오. (단, $a<0$)

유형 **02** 이차함수 $y=ax^2$의 그래프

339

이차함수 $y=ax^2$의 그래프는 이차함수 $y=-\dfrac{1}{4}x^2$의 그래프와 x축에 대칭이고 점 $(m,\ m-1)$을 지날 때, m의 값은?
(단, a는 상수)

① 1 ② 2 ③ 3
④ 4 ⑤ 5

340

오른쪽 그림에서 두 이차함수 $y=ax^2$ 과 $y=dx^2$의 그래프, 두 이차함수 $y=bx^2$과 $y=cx^2$의 그래프는 각각 x 축에 대칭이다. 다음 중 옳지 <u>않은</u> 것은? (단, a, b, c, d는 상수)

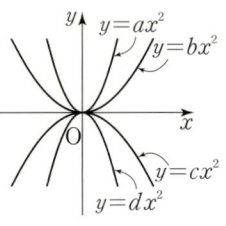

① $a>b$ ② $c>d$
③ $|d|>|b|$ ④ $ad>bc$
⑤ $a+b+c+d=0$

341 ✿☆

두 점 A$(-2,\ 6)$, B$(6,\ 12)$에 대하여 이차함수 $y=ax^2$의 그래프가 $\overline{AB}$와 한 점에서 만나도록 하는 상수 a의 값의 범위를 구하시오.

342 ✎ 서술형

오른쪽 그림과 같이 두 이차함수 $y=3x^2$, $y=-2x^2$의 그래프 위의 네 점 A, B, C, D를 꼭짓점으로 하는 정사각형 ABCD의 한 변의 길이를 구하시오. (단, □ABCD 의 각 변은 좌표축에 평행하다.)

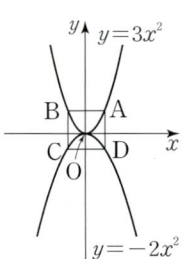

유형 03 · 이차함수 $y=ax^2+q$의 그래프

343

오른쪽 그림과 같이 두 점 $(0, -2)$, $(3, 1)$을 지나는 이차함수 $y=f(x)$의 그래프가 이차함수 $y=ax^2$의 그래프를 y축의 방향으로 평행이동한 것일 때, $f(-2)-f(1)$의 값을 구하시오.

(단, a는 상수)

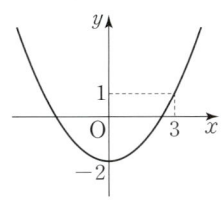

344 ✪✿

오른쪽 그림에서 두 점 A, B는 각각 두 이차함수 $y=-\dfrac{4}{3}x^2+m$, $y=x^2+n$의 그래프의 꼭짓점이다. 두 이차함수의 그래프가 x축 위의 두 점 C$(-3, 0)$, D$(3, 0)$에서 만날 때, □ACBD의 넓이를 구하시오. (단, m, n은 상수)

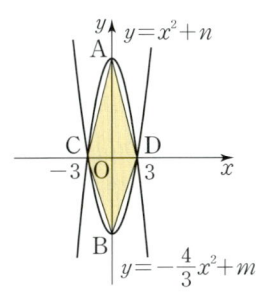

345

이차함수 $y=-\dfrac{1}{2}x^2+k$의 그래프가 x축과 만나는 두 점을 각각 A, B라고 할 때, $\overline{AB}$의 길이가 자연수가 되도록 하는 모든 정수 k의 값의 합을 구하시오. (단, $0<k<50$)

346

오른쪽 그림과 같이 이차함수 $y=-\dfrac{1}{4}x^2+4$의 그래프가 직선 $x=k$와 x축 위에서 만날 때, 두 이차함수 $y=-\dfrac{1}{4}x^2+4$, $y=-\dfrac{1}{4}x^2-1$의 그래프와 y축, 직선 $x=k$로 둘러싸인 부분의 넓이를 구하시오. (단, $k>0$)

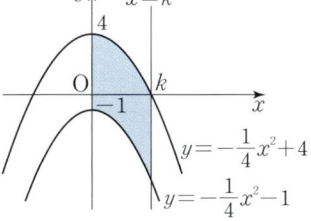

유형 04 · 이차함수 $y=a(x-p)^2$의 그래프

347 ✪✿

두 이차함수 $y=2x^2-6$, $y=a(x-p)^2$의 그래프가 서로의 꼭짓점을 지날 때, $a+p$의 값을 구하시오.

(단, a, p는 상수, $p>0$)

348 ✎ 서술형

오른쪽 그림과 같이 x축과 평행한 직선 l이 이차함수 $y=a(x-2)^2$의 그래프와 y축 위의 점 A에서 만난다. 직선 l이 이차함수 $y=a(x-2)^2$의 그래프와 만나는 다른 한 점을 B라 하고, 이차함수 $y=(x-2)^2$의 그래프와 만나는 두 점을 각각 C, D라고 할 때, $\overline{AB}:\overline{CD}=2:1$을 만족하는 상수 a의 값을 구하시오.

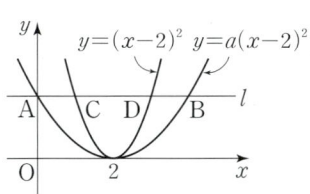

유형 **05** 이차함수 $y=a(x-p)^2+q$의 그래프

349

이차함수 $y=a(x+1)^2$의 그래프를 x축에 대칭이동한 후 x축의 방향으로 3만큼, y축의 방향으로 $4b$만큼 평행이동하였더니 이차함수 $y=2x^2+kx+k^2$의 그래프와 일치하였다. 이때 $a+b+k$의 값을 구하시오. (단, a, k는 상수)

350

세 이차함수 $y=3x^2+2$, $y=-5(x-3)^2$, $y=\dfrac{1}{4}(x-4)^2+6$의 그래프의 꼭짓점을 각각 A, B, C라고 할 때, △ABC의 넓이를 구하시오.

351 ✿

이차함수 $y=2(x+3)^2+k-5$의 그래프가 제4사분면만을 지나지 않을 때, 상수 k의 값의 범위는?

① $-13\le k<5$　　② $-13\le k\le5$　　③ $-3\le k<5$

④ $-3\le k<15$　　⑤ $-3\le k\le15$

352 ✏️ 서술형

오른쪽 그림과 같이 꼭짓점의 좌표가 $(1,\ -1)$인 이차함수 $y=a(x-p)^2+q$의 그래프가 정사각형 ABCD와 두 점에서 만나도록 하는 a의 값의 범위를 구하시오. (단, a, p, q는 상수)

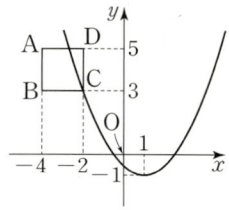

유형 **06** 이차함수 $y=a(x-p)^2+q$의 그래프에서 a, p, q의 부호

353

이차함수 $y=\dfrac{a}{b}\left(x-\dfrac{b}{c}\right)^2-\dfrac{c}{d}$의 그래프가 오른쪽 그림과 같을 때, 이차함수 $y=ac(x+bd)^2-ad$의 그래프가 지나지 <u>않는</u> 사분면을 모두 구하시오.

(단, a, b, c, d는 상수)

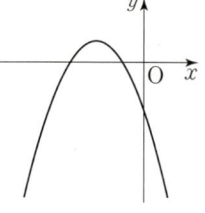

354 ✿

이차함수 $y=a(x+p)^2-pq$의 그래프가 위로 볼록하고 꼭짓점이 제2사분면 위에 있을 때, 이차함수 $y=-q(x-p)^2-(a+q)$의 그래프의 꼭짓점은 제몇 사분면 위에 있는지 구하시오. (단, a, p, q는 상수)

355

두 이차함수

$$f(x)=-\frac{1}{2}(x-4)^2+9,\ g(x)=-\frac{1}{2}(x-5)^2+9$$

에 대하여 $\dfrac{f(-95)f(-94)f(-93)\cdots f(0)}{g(-95)g(-94)g(-93)\cdots g(0)}$ 의 값을 구하시오.

✔ 두 이차함수 $y=f(x)$, $y=g(x)$의 함숫값 사이에는 어떤 관계가 있는지 생각해 본다.

356

오른쪽 그림과 같이 좌표평면 위에 이차함수 $y=x^2$의 그래프를 그리고, x축과 그래프 사이의 x좌표와 y좌표가 모두 정수인 점들을 나타내었다. x좌표가 a일 때의 점의 개수를 $N(a)$라고 할 때, $N(-41)$의 값을 소인수분해하면?
(단, $a\neq 0$인 정수)

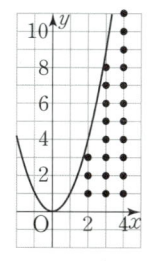

① $2^3\times3\times5$　　② $2^3\times5\times7$　　③ $2^4\times3\times5\times7$
④ $2^4\times3^2\times5\times7$　　⑤ $2^4\times3^2\times5\times7^2$

357 📝 서술형

오른쪽 그림과 같이 이차함수 $y=\dfrac{1}{3}x^2$의 그래프 위에 5개의 점 A, B, O, C, D가 있다. $\overline{AD}$, $\overline{BC}$는 모두 x축에 평행하고 $\overline{AD}$는 점 E(0, 12)를 지난다. $\overline{ED}=\overline{BC}$일 때, 오각형 ABOCD의 넓이를 구하시오. (단, 점 O는 원점이다.)

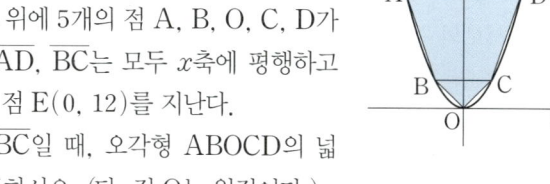

358 ✿✿

오른쪽 그림과 같이 직선 $y=-\dfrac{3}{4}x+k$가 x축, y축과 만나는 점을 각각 A, B라 하고, 이차함수 $y=\dfrac{9}{8}x^2$의 그래프와 만나는 점을 P라고 하자. $\overline{AP}:\overline{PB}=3:1$일 때, 점 P의 좌표를 구하시오. (단, $k>0$)

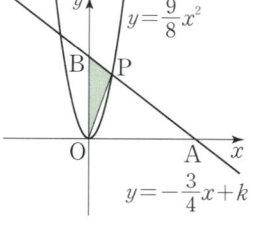

359 ✿✿

오른쪽 그림과 같이 두 이차함수 $y=ax^2+3$, $y=b(x-3)^2$의 그래프가 서로의 꼭짓점을 지나고, 이 두 이차함수의 그래프와 직선 $x=1$의 교점을 각각 A, B라고 할 때, $\overline{AB}$의 길이는? (단, a, b는 상수)

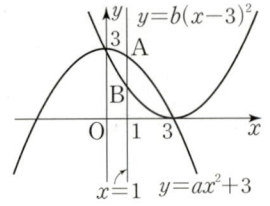

① $\dfrac{1}{3}$ ② $\dfrac{2}{3}$ ③ 1

④ $\dfrac{4}{3}$ ⑤ $\dfrac{5}{3}$

360

오른쪽 그림은 두 이차함수 $y=-2x^2$, $y=-2(x+2)^2$의 그래프와 두 그래프의 꼭짓점을 지나도록 이차함수 $y=-2x^2$의 그래프를 평행이동하여 그린 것이다. 이때 색칠한 부분의 넓이를 구하시오.

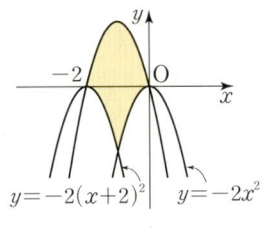

✔ 두 이차함수 $y=-2x^2$, $y=-2(x+2)^2$의 그래프와 이차함수 $y=-2x^2$의 그래프를 평행이동한 그래프는 모두 모양과 폭이 같음을 이용한다.

361 ✿✿

오른쪽 그림과 같이 이차함수 $y=\dfrac{1}{2}(x+4)^2$의 그래프가 x축, y축과 만나는 점을 각각 A, B라고 하자. 그래프 위의 서로 다른 두 점 C$(-6, 2)$, D에 대하여 △ABC의 넓이와 △ABD의 넓이가 서로 같을 때, 점 D의 좌표를 구하시오.

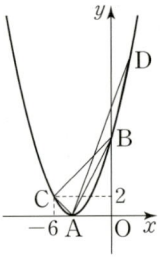

362 ✏ 서술형

오른쪽 그림과 같이 직선 $y=k$가 두 이차함수 $y=(x-p)^2-19$, $y=(x-1)^2+q$의 그래프와 세 점 A, B, C에서 만난다. 점 B는 두 이차함수의 그래프의 교점이고 y축 위에 있다. $\overline{AB}=4\overline{BC}$일 때, $k-p-q$의 값을 구하시오. (단, k, p, q는 상수, $p<0$)

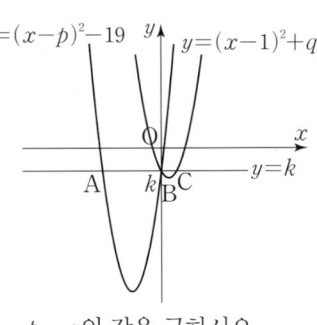

07

이차함수와 그래프 (1)

창의융합 **이차함수의 그래프가 모든 사분면을 지날 확률**

363

정육면체 모양의 주사위의 각 면에 -3, -2, -1, 1, 2, 3의 6개의 수가 각각 하나씩 적혀 있다. 이 주사위를 두 번 던져서 처음 나온 수를 p, 두 번째에 나온 수를 q라고 할 때, 이차함수 $y=-\dfrac{1}{2}x^2$의 그래프를 x축의 방향으로 p만큼, y축의 방향으로 q만큼 평행이동한 그래프가 모든 사분면을 지날 확률을 구하시오.

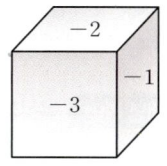

창의융합 **이차함수의 그래프와 넓이**

364

다음 [그림 1]의 색칠한 부분과 같이 이차함수 $y=\dfrac{1}{3}x^2\,(x\geq 0)$의 그래프에 대하여 $x=0$, 1, 2, 3, $\cdots$, n과 그때의 함숫값을 이용하여 n개의 계단 형태로 나열된 직사각형을 그리고, 이 도형을 A라고 하자. [그림 2]의 색칠한 부분과 같이 두 직선 $x=n$, $y=\dfrac{1}{3}n^2$과 x축, y축으로 둘러싸인 직사각형에서 도형 A를 제외한 부분의 넓이가 300일 때, 자연수 n의 값을 구하시오.

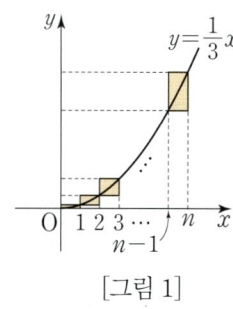

[그림 1]

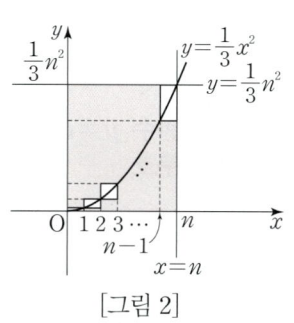

[그림 2]

---

1 이차함수 $y=ax^2+bx+c$의 그래프

이차함수 $y=ax^2+bx+c$의 그래프는 $y=a(x-p)^2+q$의 꼴로 바꿔서 그린다.

$$y=ax^2+bx+c \Rightarrow y=a\left(x+\frac{b}{2a}\right)^2-\frac{b^2-4ac}{4a}$$

(1) 꼭짓점의 좌표 $\left(-\dfrac{b}{2a},\ -\dfrac{b^2-4ac}{4a}\right)$

(2) 축의 방정식 $x=-\dfrac{b}{2a}$

(3) y축과 만나는 점의 좌표 $(0,\ c)$

---

2 이차함수 $y=ax^2+bx+c$의 그래프에서 a, b, c의 부호

이차함수 $y=ax^2+bx+c$의 그래프에서
(1) a의 부호 그래프의 모양으로 결정
  ① 아래로 볼록($\vee$) $\Rightarrow a>0$
  ② 위로 볼록($\wedge$) $\Rightarrow a<0$
(2) b의 부호 축의 위치로 결정
  ① 축이 y축의 왼쪽 $\Rightarrow ab>0$ (a, b는 같은 부호)
  ② 축이 y축과 일치 $\Rightarrow b=0$
  ③ 축이 y축의 오른쪽 $\Rightarrow ab<0$ (a, b는 다른 부호)

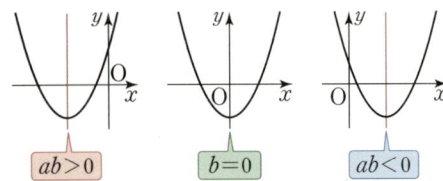

(3) c의 부호 y축과 만나는 점의 위치로 결정
  ① y축과 만나는 점이 x축의 위쪽 $\Rightarrow c>0$
  ② y축과 만나는 점이 원점 $\Rightarrow c=0$
  ③ y축과 만나는 점이 x축의 아래쪽 $\Rightarrow c<0$

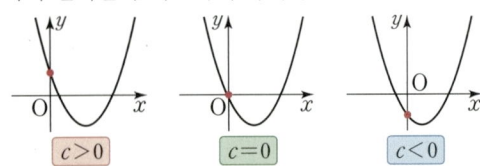

개념 Plus 축의 위치에 따른 b의 부호

이차함수 $y=ax^2+bx+c$의 그래프의 축의 방정식은 $x=-\dfrac{b}{2a}$이므로
(1) 축이 y축의 왼쪽에 있으면 $-\dfrac{b}{2a}<0$에서 $\dfrac{b}{2a}>0 \Rightarrow a, b$는 같은 부호
(2) 축이 y축과 일치하면 $-\dfrac{b}{2a}=0$에서 $b=0$
(3) 축이 y축의 오른쪽에 있으면 $-\dfrac{b}{2a}>0$에서 $\dfrac{b}{2a}<0 \Rightarrow a, b$는 다른 부호

---

3 이차함수의 식 구하기

(1) 꼭짓점의 좌표 $(p,\ q)$와 그래프 위의 다른 한 점의 좌표가 주어질 때
  ❶ 이차함수의 식을 $y=a(x-p)^2+q$로 놓는다.
  ❷ 한 점의 좌표를 대입하여 a의 값을 구한다.

개념 Plus 꼭짓점의 좌표에 따른 이차함수의 식

x^2의 계수가 a일 때, 꼭짓점의 좌표에 따라 다음과 같이 이차함수의 식을 놓을 수 있다.
(1) 꼭짓점의 좌표가 $(0, 0) \Rightarrow y=ax^2$
(2) 꼭짓점의 좌표가 $(0, q) \Rightarrow y=ax^2+q$
(3) 꼭짓점의 좌표가 $(p, 0) \Rightarrow y=a(x-p)^2$
(4) 꼭짓점의 좌표가 $(p, q) \Rightarrow y=a(x-p)^2+q$

(2) 축의 방정식 $x=p$와 그래프 위의 두 점의 좌표가 주어질 때
  ❶ 이차함수의 식을 $y=a(x-p)^2+q$로 놓는다.
  ❷ 두 점의 좌표를 각각 대입하여 a, q의 값을 구한다.

개념 Plus 축의 방정식에 따른 이차함수의 식

x^2의 계수가 a일 때, 축의 방정식에 따라 다음과 같이 이차함수의 식을 놓을 수 있다.
(1) 축의 방정식이 $x=0 \Rightarrow y=ax^2+q$
(2) 축의 방정식이 $x=p \Rightarrow y=a(x-p)^2+q$

(3) y축 위의 점 $(0,\ k)$와 그래프 위의 서로 다른 두 점의 좌표가 주어질 때
  ❶ 이차함수의 식을 $y=ax^2+bx+k$로 놓는다.
  ❷ 두 점의 좌표를 각각 대입하여 a, b의 값을 구한다.

(4) x축과 만나는 두 점 $(\alpha,\ 0), (\beta,\ 0)$과 그래프 위의 다른 한 점의 좌표가 주어질 때
  ❶ 이차함수의 식을 $y=a(x-\alpha)(x-\beta)$로 놓는다.
  ❷ 한 점의 좌표를 대입하여 a의 값을 구한다.

개념 Plus 이차함수의 그래프의 축의 성질

이차함수 $y=ax^2+bx+c$의 그래프의 축의 방정식을 $x=p$라고 할 때, 이차함수의 그래프는 축 $x=p$를 중심으로 대칭이다.
➡ 축으로부터 그래프가 x축과 만나는 두 점까지의 거리는 같다.
➡ 그래프가 x축과 만나는 두 점의 좌표가 $(\alpha, 0), (\beta, 0)$이면 축의 방정식은
$x=\dfrac{\alpha+\beta}{2}$이다. $\quad \therefore p=\dfrac{\alpha+\beta}{2}$

핵심 01 이차함수 $y=ax^2+bx+c$의 그래프

이차함수 $y=ax^2+bx+c$의 그래프는 $y=a(x-p)^2+q$의 꼴로 바꿔서 그린다.

(1) 꼭짓점의 좌표 $\left(-\dfrac{b}{2a},\ -\dfrac{b^2-4ac}{4a}\right)$

(2) 축의 방정식 $x=-\dfrac{b}{2a}$

(3) y축과 만나는 점의 좌표 $(0,\ c)$

이차함수의 그래프와 좌표축과의 교점

이차함수 $y=ax^2+bx+c$의 그래프에서

(1) x축과의 교점의 x좌표 ➡ $y=0$일 때의 x의 값
　　　　　　　　　　➡ 이차방정식 $ax^2+bx+c=0$의 해

(2) y축과의 교점의 y좌표 ➡ $x=0$일 때의 y의 값
　　　　　　　　　　➡ c

365 대표문제

이차함수 $y=-(x-3)^2$의 그래프를 x축의 방향으로 p만큼, y축의 방향으로 q만큼 평행이동하면 이차함수 $y=-x^2-8x-15$의 그래프와 포개질 때, $p+q$의 값은?

① -8 ② -6 ③ -4
④ 6 ⑤ 8

366 출제율 ●●●

이차함수 $y=x^2-2ax-b$의 그래프의 꼭짓점의 좌표가 $(2,\ -1)$일 때, 이 그래프와 y축과의 교점의 y좌표는?

(단, $a,\ b$는 상수)

① -3 ② -2 ③ 1
④ 2 ⑤ 3

367 출제율 ●●●

이차함수 $y=\dfrac{1}{4}x^2+kx-1$의 그래프는 $x<-2$이면 x의 값이 증가할 때 y의 값은 감소하고, $x>-2$이면 x의 값이 증가할 때 y의 값도 증가한다. 이때 상수 k의 값을 구하시오.

368 출제율 ●●○

오른쪽 그림과 같이 이차함수 $y=\dfrac{1}{2}x^2-4x-10$의 그래프와 x축과의 두 교점을 A, B라 하고 y축과의 교점을 C라고 하자. 또, $\overline{AB}\,/\!/\,\overline{CD}$를 만족하는 그래프 위의 점을 D라 하고 꼭짓점을 E 라고 할 때, 다음 중 점 A~E의 좌표로 옳지 않은 것은?

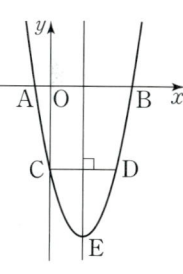

① $A(-2,\ 0)$ ② $B(10,\ 0)$ ③ $C(0,\ -10)$
④ $D(6,\ -10)$ ⑤ $E(4,\ -18)$

369 출제율 ●●○

이차함수 $y=3x^2-6ax$의 그래프의 꼭짓점의 y좌표가 -12일 때, 이 이차함수의 그래프는 2개가 그려진다. 이 두 포물선의 꼭짓점 사이의 거리를 구하시오. (단, a는 상수)

08 이차함수와 그래프 (2)

발전 02 이차함수의 그래프와 넓이

이차함수 $y=ax^2+bx+c$의 그래프에서 △ABC의 넓이 구하기

① 꼭짓점 A의 좌표를 구한다.
  ➡ $y=a(x-p)^2+q$의 꼴로 나타내면 A$(p,\ q)$이다.
② x축과의 두 교점 B, C의 x좌표를 각각 구한다.
  ➡ 이차방정식 $ax^2+bx+c=0$의 해를 구한다.
③ △ABC의 넓이를 구한다.
  ➡ △ABC$=\dfrac{1}{2}\times\overline{BC}\times\overline{AH}$

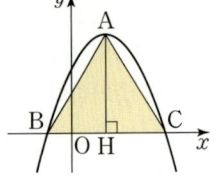

370 [대표문제]

오른쪽 그림과 같은 이차함수 $y=-x^2+4x+1$의 그래프에서 꼭짓점을 A, y축과의 교점을 B라고 할 때, △ABO의 넓이를 구하시오. (단, 점 O는 원점이다.)

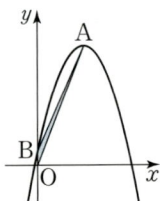

371 출제율 ●●●

오른쪽 그림과 같은 이차함수 $y=-x^2-2x+3$의 그래프에서 꼭짓점을 A, x축과의 두 교점을 각각 B, C라고 할 때, △ABC의 넓이를 구하시오.

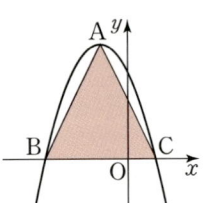

372 출제율 ●●○

오른쪽 그림과 같은 이차함수 $y=-\dfrac{1}{2}x^2-2x+6$의 그래프에서 꼭짓점을 A, x축의 음의 방향과 만나는 점을 B, y축과 만나는 점을 C라고 할 때, □ABOC의 넓이를 구하시오. (단, 점 O는 원점이다.)

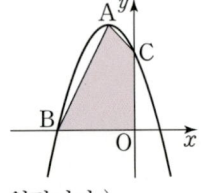

핵심 03 이차함수 $y=ax^2+bx+c$의 그래프에서 a, b, c의 부호

이차함수 $y=ax^2+bx+c$의 그래프에서

(1) a의 부호 그래프의 모양으로 결정
  ① 아래로 볼록($\cup$) ➡ $a>0$
  ② 위로 볼록($\cap$) ➡ $a<0$
(2) b의 부호 축의 위치로 결정
  ① 축이 y축의 왼쪽 ➡ $ab>0$ (a, b는 같은 부호)
  ② 축이 y축과 일치 ➡ $b=0$
  ③ 축이 y축의 오른쪽 ➡ $ab<0$ (a, b는 다른 부호)
(3) c의 부호 y축과 만나는 점의 위치로 결정
  ① y축과 만나는 점이 x축의 위쪽 ➡ $c>0$
  ② y축과 만나는 점이 원점 ➡ $c=0$
  ③ y축과 만나는 점이 x축의 아래쪽 ➡ $c<0$

373 [대표문제]

일차함수 $y=ax+b$의 그래프가 오른쪽 그림과 같을 때, 이차함수 $y=ax^2+bx-a+b$의 그래프의 꼭짓점은 제몇 사분면 위에 있는지 구하시오. (단, a, b는 상수)

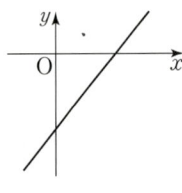

374 출제율 ●●●

이차함수 $y=ax^2+bx+c$의 그래프가 오른쪽 그림과 같을 때, 다음 중 옳지 <u>않</u>은 것은? (단, a, b, c는 상수)

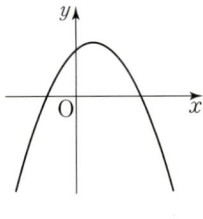

① $a<0$ ② $b>0$
③ $c>0$ ④ $abc<0$
⑤ $a+b+c<0$

375 출제율 ●●○

이차함수 $y=ax^2-bx-c$의 그래프가 오른쪽 그림과 같을 때, 다음 보기에서 옳은 것을 모두 고르시오. (단, a, b, c는 상수)

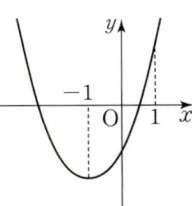

 보기

ㄱ. $a+b-c>0$ ㄴ. $a-b-c<0$
ㄷ. $4a-2b-c>0$ ㄹ. $b^2+4ac>0$

이차함수의 식 구하기 (1)

(1) 꼭짓점의 좌표 (p, q)와 그래프 위의 다른 한 점의 좌표
가 주어질 때
❶ 이차함수의 식을 $y=a(x-p)^2+q$로 놓는다.
❷ 한 점의 좌표를 대입하여 a의 값을 구한다.

(2) 축의 방정식 $x=p$와 그래프 위의 두 점의 좌표가 주어
질 때
❶ 이차함수의 식을 $y=a(x-p)^2+q$로 놓는다.
❷ 두 점의 좌표를 각각 대입하여 a, q의 값을 구한다.

376 대표문제

이차함수 $y=-2x^2+12x-3$의 그래프와 꼭짓점이 같고, 점 $(-1, -1)$을 지나는 이차함수의 식은?

① $y=-x^2-6x-12$
② $y=-x^2-6x-6$
③ $y=-x^2+6x+6$
④ $y=x^2-6x-6$
⑤ $y=x^2+6x+12$

377 출제율 ●●●

오른쪽 그림과 같은 포물선이 나타내는 이차함수의 식을 $y=ax^2+bx+c$라고 할 때, abc의 값을 구하시오.
(단, a, b, c는 상수)

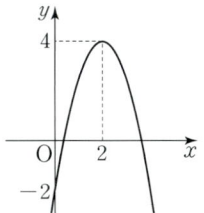

378 출제율 ●●●

축의 방정식이 $x=-1$이고 두 점 $(-2, 1)$, $(1, 10)$을 지나는 이차함수의 그래프와 y축과의 교점의 좌표는?

① $(0, -2)$
② $(0, -1)$
③ $(0, 1)$
④ $(1, 0)$
⑤ $(2, 0)$

이차함수의 식 구하기 (2)

(1) y축 위의 점 $(0, k)$와 그래프 위의 서로 다른 두 점의 좌
표가 주어질 때
❶ 이차함수의 식을 $y=ax^2+bx+k$로 놓는다.
❷ 두 점의 좌표를 각각 대입하여 a, b의 값을 구한다.

(2) x축과 만나는 두 점 $(\alpha, 0)$, $(\beta, 0)$과 그래프 위의 다른
한 점의 좌표가 주어질 때
❶ 이차함수의 식을 $y=a(x-\alpha)(x-\beta)$로 놓는다.
❷ 한 점의 좌표를 대입하여 a의 값을 구한다.

그래프 위의 서로 다른 세 점의 좌표를 알 때

❶ 이차함수의 식을 $y=ax^2+bx+c$로 놓는다.
❷ 세 점의 좌표를 각각 대입하여 a, b, c의 값을 구한다.

379 대표문제

세 점 $(-4, 13)$, $(-2, 5)$, $(0, 1)$을 지나는 포물선을 그래프로 하는 이차함수가 있다. 이 이차함수의 그래프가 점 $(6, k)$를 지날 때, k의 값을 구하시오.

380 출제율 ●●○

오른쪽 그림과 같은 포물선이 나타내는 이차함수의 식을 $y=a(x-b)^2+c$라고 할 때, $a+b-c$의 값을 구하시오.
(단, a, b, c는 상수)

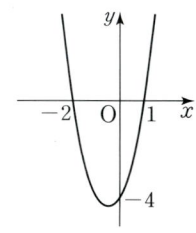

381 출제율 ●●○

세 점 $(-2, -6)$, $(0, 4)$, $(1, 6)$을 지나는 이차함수의 그래프가 x축과 만나는 두 점을 각각 A, B라고 할 때, $\overline{AB}$의 길이를 구하시오.

08 이차함수와 그래프 (2)

대표문항 대칭축이 같은 두 이차함수의 그래프에 내접하는 정사각형

오른쪽 그림과 같이 두 이차함수 $y=\frac{1}{2}x^2+x$, $y=-\frac{1}{2}x^2-x$의 그래프로 둘러싸인 부분에 내접하는

<u>조건 ①</u>

<u>정사각형 ABCD의 한 변의 길이를 구하시오.</u> (단, <u>정사각형 ABCD의 각 변은 좌표축에 평행하다.</u>)

답   조건 ②

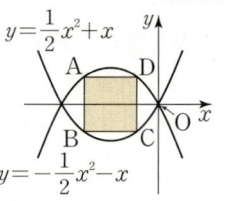

유형 02 이차함수의 그래프와 넓이 **392**

 스키마 schema ≫ 주어진 **조건**은 무엇인지? **답**은 무엇인지? 이 둘을 어떻게 연결해야 하는지?

1 단계

조건 ① 두 이차함수 $y=\frac{1}{2}x^2+x$, $y=-\frac{1}{2}x^2-x$의 그래프

↓

이차함수의 그래프는 축에 대하여 대칭인 포물선이고, 축은 y축에 평행하다. → 두 이차함수의 **축의 방정식**을 구한다.

$y=\frac{1}{2}x^2+x=\frac{1}{2}(x+1)^2-\frac{1}{2}$이므로 그래프의 축의 방정식은 $x=-1$

$y=-\frac{1}{2}x^2-x=-\frac{1}{2}(x+1)^2+\frac{1}{2}$이므로 그래프의 축의 방정식은 $x=-1$

2 단계

조건 ② 정사각형 ABCD의 각 변은 좌표축에 평행

↓

두 점 A와 D, 두 점 B와 C는 축 $x=-1$로부터 일정한 거리만큼 떨어져 있다. → 축 $x=-1$로부터 떨어진 일정한 거리를 $a\,(a>0)$라고 하면

↓

두 점 A, B의 x좌표는 $-1-a$
두 점 C, D의 x좌표는 $-1+a$

$\text{A}\left(-1-a, -\frac{1}{2}a^2+\frac{1}{2}\right)$
$\text{C}\left(-1+a, \frac{1}{2}a^2-\frac{1}{2}\right)$

←

즉 두 그래프의 축의 방정식이 같으므로 점 D의 좌표를 $\text{D}\left(-1+a, -\frac{1}{2}a^2+\frac{1}{2}\right)(a>0)$이라고 하면

$\text{A}\left(-1-a, -\frac{1}{2}a^2+\frac{1}{2}\right)$,
$\text{C}\left(-1+a, \frac{1}{2}a^2-\frac{1}{2}\right)$

3 단계

조건 ② 정사각형 ABCD의 각 변은 좌표축에 평행

↓

□ABCD는 정사각형이다. → $\overline{\text{AD}}=\overline{\text{CD}}$ → (두 점 A, D의 x좌표의 차)
= (두 점 C, D의 y좌표의 차)

↓

$a=-1+\sqrt{2}$

이때 □ABCD는 정사각형이므로
$\overline{\text{AD}}=\overline{\text{CD}}$
$-1+a-(-1-a)$
$\qquad=-\frac{1}{2}a^2+\frac{1}{2}-\left(\frac{1}{2}a^2-\frac{1}{2}\right)$
$2a=-a^2+1$, $a^2+2a-1=0$
$\therefore a=-1\pm\sqrt{1^2-1\times(-1)}=-1\pm\sqrt{2}$
그런데 $a>0$이므로 $a=-1+\sqrt{2}$

4 단계

답 정사각형 ABCD의 한 변의 길이

↓

정사각형 ABCD의 한 변의 길이는 $\overline{\text{AD}}$이다. → $\overline{\text{AD}}=$ (두 점 A, D의 x좌표의 차)
$\qquad=2a=-2+2\sqrt{2}$

따라서 정사각형 ABCD의 한 변의 길이는
$\overline{\text{AD}}=2a$
$\qquad=2\times(-1+\sqrt{2})$
$\qquad=-2+2\sqrt{2}$

답 $-2+2\sqrt{2}$

유형 01 이차함수 $y=ax^2+bx+c$의 그래프

382

다음 이차함수 중 그래프의 폭이 가장 좁은 것의 꼭짓점의 좌표를 (p, q)라 하고, 그래프의 축이 y축과 가장 가까운 것과 y축과의 교점의 좌표를 $(0, c)$라고 할 때, $p+q+c$의 값을 구하시오.

$$y=(x-3)^2+4, \qquad y=-\frac{1}{3}(x+2)^2-5$$
$$y=2x^2-2x+1, \qquad y=-4x^2+8x+3$$

383 ✦✧

오른쪽 그림과 같은 이차함수 $y=\frac{1}{3}x^2+2x+3$의 그래프에서 꼭짓점을 A, y축과의 교점을 B라고 하자. $\overline{AB}=\overline{AC}$가 되도록 x축 위에 점 C를 잡을 때, 점 C의 x좌표는?

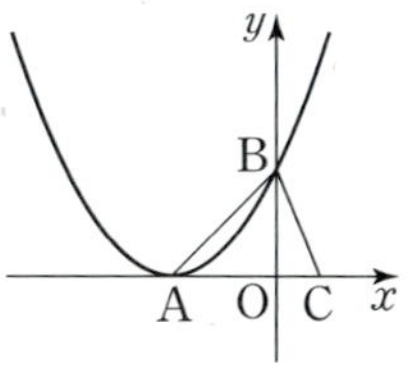

① $-3+3\sqrt{2}$ ② $-3+4\sqrt{2}$ ③ $3+2\sqrt{2}$
④ $3+3\sqrt{2}$ ⑤ $3+4\sqrt{2}$

384

이차함수 $f(x)=x^2-6x-3$에 대하여
$\dfrac{f(4)\times f(5)\times f(6)\times f(7)\times f(8)}{f(2)\times f(1)\times f(0)\times f(-1)\times f(-2)}$의 값을 구하시오.

385 ✦✧

이차함수 $y=-x^2-10x+5k$의 그래프가 제2, 3, 4 사분면만을 지나도록 하는 정수 k의 값은 모두 몇 개인지 구하시오.

386

이차함수 $y=x^2-8x+15$의 그래프를 y축의 방향으로 k만큼 평행이동하면 x축과 만나는 두 점 사이의 거리가 처음의 2배가 된다고 한다. 이때 k의 값을 구하시오.

387 ✎서술형

두 이차함수 $y=2x^2-5$, $y=ax^2+bx-1$의 그래프는 두 점에서 만나고 직선 $y=3x+4$는 이 두 교점을 모두 지날 때, $9a-3b$의 값을 구하시오. (단, a, b는 상수)

08 이차함수와 그래프 (2)

유형 02 이차함수의 그래프와 넓이

388 ✿✿

이차함수 $y=2x^2-8x+11$의 그래프의 꼭짓점을 A라 하고, 이 그래프를 y축의 방향으로 -5만큼 평행이동한 그래프가 x축과 만나는 두 점을 각각 B, C라고 할 때, $\triangle ABC$의 넓이는?

① 2   ② 3   ③ 6

④ 12   ⑤ 18

389 ✏️ 서술형

오른쪽 그림과 같은 이차함수 $y=-x^2-2x+k$의 그래프에서 꼭짓점을 A, x축과 만나는 두 점을 각각 B, C라고 하자. $\overline{BC}=6$일 때, $\triangle ABC$의 넓이를 구하시오. (단, k는 상수)

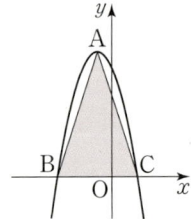

390

오른쪽 그림과 같이 이차함수 $y=ax^2+bx+6$의 그래프가 y축과 만나는 점을 A, x축과 만나는 두 점을 각각 B, C라고 하자. $\triangle AOC$는 이등변삼각형이고 $\triangle ABO=\dfrac{1}{2}\triangle AOC$일 때, $3a+b$의 값을 구하시오. (단, a, b는 상수)

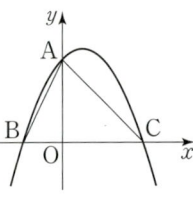

391

오른쪽 그림과 같이 이차함수 $y=-x^2+6x+k$의 그래프에서 꼭짓점을 A, x축과 만나는 두 점을 각각 B, C라 하고, $\overline{AB}$가 y축과 만나는 점을 D라고 하자. $\overline{AD}:\overline{DB}=3:1$일 때, $\triangle ABC$의 넓이를 구하시오. (단, k는 상수)

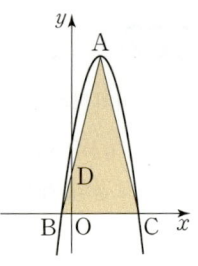

392

오른쪽 그림과 같이 두 이차함수 $y=\dfrac{1}{5}x(x+4)$, $y=-\dfrac{1}{5}x(x+4)$의 그래프로 둘러싸인 부분에 내접하는 정사각형 ABCD의 넓이를 구하시오. (단, 정사각형 ABCD의 각 변은 좌표축에 평행하다.)

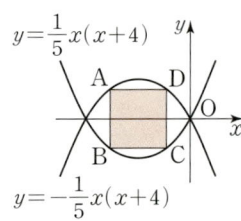

유형 03 이차함수 $y=ax^2+bx+c$의 그래프에서 a, b, c의 부호

393 ✿✿

이차함수 $y=ax^2+bx+c$의 그래프가 오른쪽 그림과 같을 때, 이차함수 $y=acx^2+bcx$의 그래프가 지나는 사분면을 모두 구하시오. (단, a, b, c는 상수)

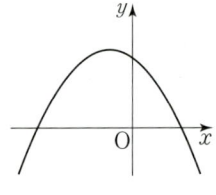

394

이차함수 $y=ax^2-bx$의 그래프의 꼭짓점이 제 4 사분면 위에 있을 때, 다음 중 옳지 <u>않은</u> 것은? (단, a, b는 상수)

① $a+b>0$

② $-3ab<0$

③ 일차함수 $y=ax+b$의 그래프는 제 4 사분면을 지나지 않는다.

④ 이차함수 $y=ax^2-b$의 그래프는 제 1, 2 사분면만을 지난다.

⑤ 이차함수 $y=(a+b)x^2+8x-ab$의 그래프의 꼭짓점은 제 3 사분면 위에 있다.

유형 **04** 이차함수의 식 구하기 (1)

395 ✿

이차함수 $y=ax^2+bx+c$의 그래프의 꼭짓점의 좌표가 $(-4, 6)$일 때, 이 그래프가 모든 사분면을 지나도록 하는 a의 값의 범위를 구하시오. (단, a, b, c는 상수)

396

이차함수 $y=ax^2+bx+c$의 그래프가 다음 두 조건을 만족한다. $f(x)=ax^2+bx+c$라고 할 때, 다음 보기에서 옳은 것을 모두 고르시오. (단, a, b, c는 상수)

> (개) 직선 $x=-1$에 대하여 대칭이다.
> (내) 이차함수 $y=2x^2+3x-1$의 그래프를 평행이동한 것이다.

> **보기**
> ㄱ. $b=-4$
> ㄴ. $f(-1)<f(1)$
> ㄷ. $c>0$일 때, 그래프는 제 4 사분면을 지나지 않는다.

유형 **05** 이차함수의 식 구하기 (2)

397

x축과 두 점 $(1, 0)$, $(5, 0)$에서 만나고 꼭짓점의 y좌표가 12인 이차함수의 그래프를 y축에 대칭이동한 그래프를 나타내는 이차함수의 식은?

① $y=-3x^2-18x-15$ ② $y=-x^2-6x-5$

③ $y=x^2+6x+15$ ④ $y=3x^2-18x+15$

⑤ $y=3x^2+18x+15$

398 ✿

오른쪽 그림과 같이 이차함수 $y=x^2+ax+b$의 그래프와 x축과의 두 교점을 각각 A, B라 하고 y축과의 교점을 C라고 하자. 이 이차함수의 그래프가 직선 $y=2x-6$과 두 점 B, C에서 만날 때, $a-b$의 값을 구하시오. (단, a, b는 상수)

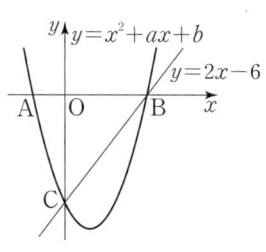

399 ✏️서술형

이차함수 $y=f(x)$에 대하여 $f(x)=ax^2+bx+c$일 때, $f(-1)=-4$, $f(0)=-1$, $f(1)=8$이라고 한다. 이차함수 $y=f(x)$의 그래프를 x축의 방향으로 p만큼, y축의 방향으로 q만큼 평행이동하면 이차함수 $y=3x^2-12x+10$의 그래프와 포개질 때, $p+q$의 값을 구하시오. (단, a, b, c는 상수)

400

서로 다른 두 개의 주사위를 동시에 던져서 나온 두 눈의 수를 각각 a, b라고 할 때, 이차함수 $y=-x^2+2(a-b)x-4$의 그래프가 x축과 만나지 않을 확률을 구하시오.

401

이차함수 $y=x^2-10x+21$의 그래프를 꼭짓점을 중심으로 시계 방향으로 $180°$만큼 회전한 후 y축의 방향으로 q만큼 평행이동하면 x축과 만나는 두 점 사이의 거리가 처음의 $\dfrac{1}{2}$이 된다고 한다. 이때 q의 값을 구하시오.

V 이차함수의 그래프를 꼭짓점을 중심으로 시계 방향으로 회전하면 그래프의 꼭짓점의 좌표는 변하지 않는다.

402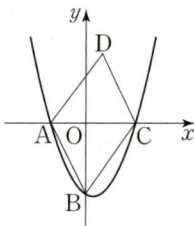

오른쪽 그림과 같이 이차함수 $y=\dfrac{2}{3}x^2-\dfrac{2}{3}x-4$의 그래프와 x축과의 두 교점을 각각 A, C라 하고 y축과의 교점을 B라고 할 때, □ABCD가 평행사변형이 되도록 하는 점 D의 좌표를 구하시오.

403 서술형

이차함수 $y=-3x^2+6x+9$의 그래프에서 꼭짓점을 A, y축과 만나는 점을 B, x축의 양의 부분과 만나는 점을 C라 하고, 이차함수 $y=-3x^2+6x+9$의 그래프와 x축에 대칭인 그래프가 y축과 만나는 점을 D라고 할 때, 네 점 A, B, C, D를 연결하여 만든 사각형의 넓이를 구하시오.

404 ✿✿

오른쪽 그림과 같은 이차함수
$y=-x^2+2x+8$의 그래프에서
꼭짓점을 A, x축과의 두 교점을
각각 B, C라고 할 때, 점 C를 지
나고 △ABC의 넓이를 이등분하
는 직선의 방정식을 $y=ax+b$라
고 하자. 이때 ab의 값을 구하시오. (단, a, b는 상수)

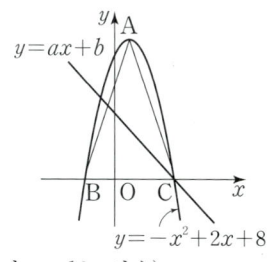

406

오른쪽 그림과 같이 꼭짓점의 좌표가
$(-1, 1)$인 이차함수
$y=ax^2+bx+c$의 그래프 위의 두
점 A, B에 대하여 △ABC는 한 변
의 길이가 $2\sqrt{3}$인 정삼각형이고 $\overline{BC}$
는 y축에 평행하다. △ABC의 무게
중심 G가 y축 위에 있을 때, 점 G의 좌표를 구하시오.

(단, a, b, c는 상수)

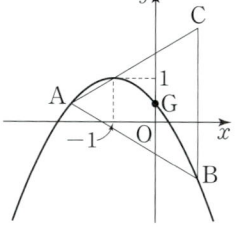

∨ 삼각형의 무게중심은 세 중선의 길이를 각 꼭짓점으로부터 2 : 1로 나눈다.

405

두 일차함수 $y=ax+b$, $y=cx+d$의
그래프가 오른쪽 그림과 같고, 두 그래
프의 x절편이 서로 같지 않을 때, 이차
함수 $y=(ax-b)(cx-d)$의 그래프의
꼭짓점은 제몇 사분면 위에 있는지 구하
시오.(단, a, b, c, d는 상수)

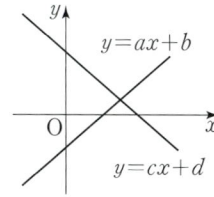

407 ✿✿

x^2의 계수가 -1인 세 이차함수
$y=f(x)$, $y=g(x)$, $y=h(x)$
의 그래프가 오른쪽 그림과 같이
점 $(-4, 0)$에서 만날 때, 이차
함수 $y=f(x)+g(x)+h(x)$
의 그래프의 꼭짓점의 좌표를 구
하시오.

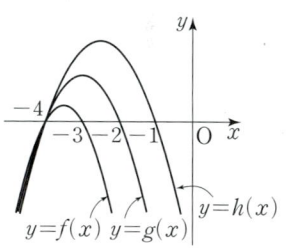

08

이차함수와 그래프 (2)

정답과 풀이 049쪽

 터널 바닥의 폭 구하기

408

어떤 터널을 지면에 수직인 평면으로 자른 단면의 모양은 다음 그림과 같은 포물선이다. 이 터널의 지면으로부터의 최고 높이는 25 m이고 터널 바닥의 중앙에서 10 m 떨어진 지점의 지면으로부터의 높이는 20 m일 때, 이 터널 바닥의 폭은 몇 m인지 구하시오.

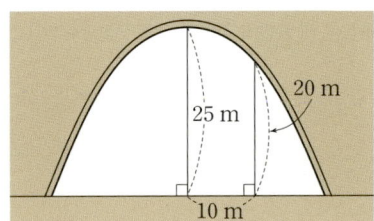

 여행 비용 구하기

409

어느 여행사에서 여행 상품 A를 1인당 100만 원에 판매하고 있다. 현재 예약자 수는 30명인데, 여행객이 추가로 예약하면 (추가 예약자 수)×(2만 원)을 전체 예약자에게 할인해 주는 이벤트를 진행하려고 한다. 여행사에서 지출하게 될 예상 경비는 기본 비용이 2100만 원이고 추가 비용이 1인당 12만 원씩이라고 할 때, 추가 예약자 수가 5명일 때의 여행사의 이익을 구하시오.

특별 EVENT ♡

(추가 예약자 수)×(2만 원)
모든 분께 돌려 드립니다!

memo

memo

memo

memo

memo

수학 잘하는 학생들이 보는 중등 수학 심화서

유형+심화
고쟁이

✓ **이런 학생들한테 추천한다!**

추천1 적중도 높은 까다로운 문제를 해결하고 싶을 때
추천2 변별력을 가르는 고난도 문제를 해결하고 싶을 때

고득점 쟁취를 위한 이투스북 중등 수학 교재 라인업

 →  →

新 **수학의 바이블** **개념 중학 수학**	新 **수학의 바이블** **BOB 유형 중학 수학**	**유형+심화** **고쟁이 중학 수학**
정확한 개념을 쉽고 완벽하게 마스터하는 중등 개념 기본서	중학 수학 과정의 모든 문제를 유형별로 총정리한 유형 기본서	만점을 뛰어넘는 것을 목표로 하는 학생들의 중등 수학 심화서

이투스북

✓ 수학 잘하는 학생들이 보는 중등 수학 심화서

유형 ✛ 심화
고쟁이

워크북
+오답노트

중학
3-1

Work Book

01 제곱근과 실수

맞은 개수 / 개

01

본문 026

어떤 수 x를 제곱하면 225가 되고, 어떤 양수 y의 음의 제곱근을 제곱하면 64가 될 때, $x-y$의 값 중 가장 작은 값은?

① -79　　② -49　　③ -29

④ 19　　⑤ 59

02

본문 027

오른쪽 그림과 같이 반지름의 길이가 8 cm이고 중심각의 크기가 90°인 부채꼴 AOB에서 $\overline{OB}$ 위에 $\overline{OP}=5$ cm가 되도록 점 P를 잡은 후 점 P를 지나고 $\overline{OB}$에 수직인 직선이 $\widehat{AB}$와 만나는 점을 Q라고 할 때, $\overline{BQ}$의 길이를 구하시오.

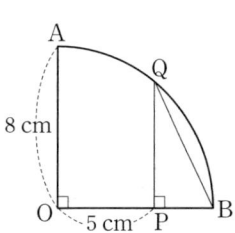

03

본문 006

$a<0<b$이고 $|a|>|b|$일 때, 다음을 간단히 하시오.

$$\sqrt{(a+b)^2}+\sqrt{b^2}-|4a|$$

04

본문 007

$\sqrt{\left(\dfrac{3}{4}k-1\right)^2}=8$을 만족하는 모든 유리수 k의 값의 합을 구하시오.

05

본문 011

두 자연수 x, y에 대하여 $\sqrt{\dfrac{45x}{2}}=y$일 때, $x+y$의 값 중 가장 작은 값을 구하시오.

06

다음 그림과 같은 정사각형 모양의 색종이 A, B가 있다. 두 색종이의 넓이가 각각 $51+x$, $38-x$이고 한 변의 길이가 모두 자연수일 때, x의 값을 구하시오.

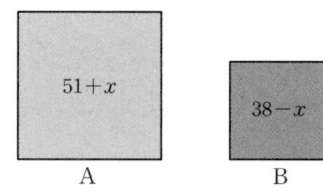

07

자연수 n에 대하여 $\sqrt{n}$ 이하의 자연수의 개수를 $f(n)$이라고 할 때, $f(x)=10$인 자연수 x의 개수를 구하시오.

08

서로 다른 두 개의 주사위를 동시에 던져서 나온 눈의 수를 각각 a, b라고 할 때, $3<\sqrt{3ab}<4$를 만족하는 a, b에 대하여 $a+b$의 값 중 가장 큰 값을 구하시오.

09

본문 020

두 수 a, b가 모두 무리수일 때, 다음 중 항상 무리수인 것은?

① a^2 ② ab ③ $a-b$

④ $\dfrac{a+b}{2}$ ⑤ $\dfrac{b}{5}$

10

본문 044

다음은 자연수 n의 양의 제곱근을 작은 값부터 차례대로 나열한 것이다. 이 중에서 $\sqrt{n}$ 이하의 무리수가 30개일 때, 자연수 n의 값 중 가장 큰 값을 구하시오.

$$1, \sqrt{2}, \sqrt{3}, 2, \sqrt{5}, \sqrt{6}, \sqrt{7}, \sqrt{8}, 3, \cdots, \sqrt{n}$$

11

다음 수를 수직선 위에 나타내었을 때, 왼쪽에서 두 번째에 위치하는 점에 대응하는 수는?

① $-\sqrt{7}$ ② $\sqrt{7}-1$ ③ $1-\sqrt{7}$

④ $\sqrt{7}+1$ ⑤ $\sqrt{7}$

12

본문 057

두 정수 a, b에 대하여 $a+\sqrt{29}$와 $b-\sqrt{29}$ 사이에 있는 정수의 개수가 4개일 때, $b-a$의 값을 구하시오.

(단, $a+\sqrt{29}<b-\sqrt{29}$)

02 근호를 포함한 식의 계산

맞은 개수　／　개

01

본문 062

$\sqrt{2}=a$, $\sqrt{3}=b$라고 할 때, $\sqrt{0.18}$을 a, b를 사용하여 나타내면?

① $\dfrac{ab}{100}$　　② $\dfrac{ab^2}{100}$　　③ $\dfrac{a^2b}{100}$

④ $\dfrac{ab}{10}$　　⑤ $\dfrac{ab^2}{10}$

02

오른쪽 그림은 한 칸의 가로와 세로의 길이가 같은 모눈종이 위에 □ABCD, □ABEF를 각각 그린 것이다. □ABEF의 넓이가 108일 때, □ABCD의 넓이를 구하시오.

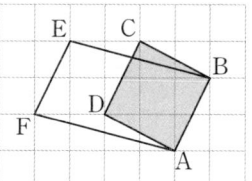

03

다음을 만족하는 유리수 a의 값을 구하시오.

$$\dfrac{8}{\sqrt{20}}\times\sqrt{\dfrac{5}{3}}\div\dfrac{4\sqrt{6}}{3}=\dfrac{\sqrt{a}}{2}$$

04

a의 양의 제곱근이 $\sqrt{8}$이고 18의 음의 제곱근이 b일 때, $a\div b$의 값을 구하시오. (단, $a>0$)

05

다음 그림에서 A, B, C, D는 모두 정사각형이고 A의 넓이는 B의 넓이의 3배, B의 넓이는 C의 넓이의 3배, C의 넓이는 D의 넓이의 3배이다. A의 넓이가 36 cm²일 때, D의 한 변의 길이를 구하시오.

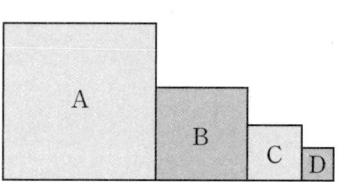

06

본문 071

다음 제곱근표를 이용하여 $\sqrt{1700}$의 값을 구하시오.

수	2	3	4	5
4.1	2.030	2.032	2.035	2.037
4.2	2.054	2.057	2.059	2.062
4.3	2.078	2.081	2.083	2.086
4.4	2.102	2.105	2.107	2.110

07

본문 064

$a>0$, $b>0$이고 $ab=4$일 때, $\sqrt{3ab}+a\sqrt{\dfrac{b}{3a}}-\dfrac{\sqrt{3b}}{b\sqrt{a}}$의 값은?

① $\dfrac{5\sqrt{3}}{3}$　　　② $2\sqrt{3}$　　　③ $\dfrac{13\sqrt{3}}{6}$

④ $\dfrac{17\sqrt{3}}{6}$　　　⑤ $3\sqrt{3}$

08

본문 073

$\sqrt{(3\sqrt{2}-4)^2}-\sqrt{(\sqrt{7}-2\sqrt{2})^2}-\sqrt{(3-\sqrt{7})^2}$을 간단히 하시오.

09

두 유리수 x, y에 대하여 $<x,\ y>=6x-\sqrt{6}y$라고 할 때, $<2a,\ -b>=<3b,\ a>-8$을 만족하는 두 유리수 a, b의 값을 각각 구하시오.

10

본문 079

$A=\sqrt{20}-3$, $B=A\sqrt{5}+2$, $C=1-B\sqrt{5}$일 때, $A+B+C$의 값을 구하시오.

11

오른쪽 그림과 같이 가로의 길이가 $\sqrt{108}$ cm, 세로의 길이가 $\sqrt{75}$ cm인 직사각형 모양의 종이의 네 귀퉁이에서 각각 한 변의 길이가 $\sqrt{3}$ cm인 정사각형을 잘라 내어 만든 뚜껑이 없는 직육체 모양의 상자의 부피를 구하시오.

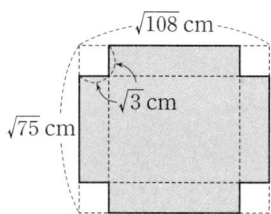

12

$4\sqrt{3}-1$의 소수 부분을 a라고 할 때, $\dfrac{ax-2y}{a+6}=a+4$를 만족하는 두 유리수 x, y에 대하여 $3x-y$의 값은?

① $6\sqrt{3}$　　　② 11　　　③ $8\sqrt{2}$

④ 12　　　⑤ $7\sqrt{3}$

01

본문 **118**

$(ax-4)(-2x+b)$를 전개한 식에서 x의 계수가 15일 때, 한 자리의 자연수 a, b에 대하여 a^2+b^2의 값을 구하시오.

02

$(x+y)^2-(x-y)^2=24$, $(2x-5y)(5x-2y)=16$일 때, x^2+y^2의 값은?

① 16   ② 17   ③ 18

④ 19   ⑤ 20

03

본문 **144**

$(ax+b)(6x-c)$를 전개한 식이 $dx^2+8x-14$일 때, 가능한 d의 값의 합을 구하시오. (단, a, b, c, d는 자연수)

04

본문 **126**

$(6+1)(6^2+1)(6^4+1)(6^8+1)=\dfrac{36^b-1}{a}$일 때, $a+b$의 값을 구하시오. (단, a, b는 자연수)

05

다음을 계산하시오.

$$\cfrac{1}{\sqrt{2}-\cfrac{1}{\sqrt{2}-\cfrac{1}{\sqrt{2}-\cfrac{1}{\sqrt{2}-1}}}}$$

06

본문 **131**

$f(x)=\dfrac{3}{\sqrt{x+2}+\sqrt{x-1}}$일 때, $f(2)+f(3)+f(4)+\cdots+f(48)=a+b\sqrt{2}+c\sqrt{3}$이다. 이때 $a+b+c$의 값을 구하시오. (단, a, b, c는 유리수)

07

본문 135

$(x+3)(x+5)(x-7)(x-9)+6$을 전개하시오.

08

본문 153

$(1+a+a^2)(1-a+a^2)(1-a^2+a^4)$을 전개하시오.

09

$(x+2):(y-2)=(x-2):(y+2)$, $x^2+y^2=8$일 때, $(x-y)^2$의 값은?

① 12   ② 14   ③ 16
④ 18   ⑤ 20

10

$x>0$, $y>0$이고 $x-y=7$, $x^2+y^2=65$일 때, $\dfrac{\sqrt{x}+\sqrt{y}}{\sqrt{x}-\sqrt{y}}$의 값을 구하시오.

11

$x=\dfrac{\sqrt{7}+\sqrt{6}}{4}$, $y=\dfrac{\sqrt{7}-\sqrt{6}}{4}$일 때, $\left(\dfrac{1}{x}+\dfrac{1}{y}\right)^2-\left(\dfrac{1}{x}-\dfrac{1}{y}\right)^2$의 값을 구하시오.

12

본문 139

$x=\sqrt{13}-2$일 때, $x^3+4x^2-2x+14$의 값은?

① $\sqrt{13}+4$ ② $\sqrt{13}+6$ ③ $\sqrt{13}+10$
④ $5\sqrt{13}$ ⑤ $7\sqrt{13}$

0**4** 다항식의 인수분해

01

본문 170

다음 중 $5xy(x+y)-4xy(x-2y)$의 인수가 <u>아닌</u> 것은?

① x　　　　② $13y$　　　　③ xy

④ $x+13y$　　　⑤ $y(x+13y)$

02

본문 175

$ax+(5x-1)(20x-1)$이 완전제곱식이 되도록 하는 모든 상수 a의 값의 합을 구하시오.

03

본문 178

자연수 n에 대하여 $n^2-6n-27$이 소수일 때, 이 소수는?

① 7　　　　② 11　　　　③ 13

④ 17　　　　⑤ 19

04

본문 177

$0<x<2$일 때,
$\sqrt{x^2-3}\sqrt{(x-1)^2-2x+3}+3\sqrt{(x+1)^2+2x+3}$을 간단히 하시오.

05

본문 199

오른쪽 그림과 같이 한 변의 길이가 각각 a, b인 두 정사각형이 붙어 있다. $\overline{AC}$의 중점을 D라 하고, $\overline{BD}$, $\overline{CD}$를 지름으로 하는 원의 넓이를 각각 S_1, S_2라고 하자. 이때 S_2-S_1을 a, b를 사용한 식으로 나타내면? (단, $0<a<b$)

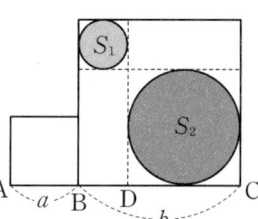

① $\dfrac{ab}{8}\pi$　　　② $\dfrac{ab}{4}\pi$　　　③ $\dfrac{ab}{2}\pi$

④ $ab\pi$　　　⑤ $2ab\pi$

06

오른쪽 그림과 같이 한 변의 길이가 a인 정사각형 모양의 화단에 폭이 $2b$로 일정한 길을 내고, 가운데에 꽃밭을 만들었다. 길의 둘레의 길이는 $32\sqrt{5}$이고 넓이는 160일 때, $a+b$의 값을 구하시오.

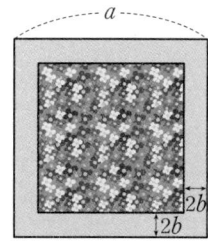

07

n이 자연수일 때, $64n^3-4n$ 꼴로 나타낼 수 있는 세 자리의 자연수를 구하시오.

08

$3(x-3y-2)(2x-6y+1)+4(x-3y)$를 인수분해하면 $(2x+ay+b)(3x+cy+d)$일 때, $a+b+c+d$의 값은?

(단, a, b, c, d는 정수)

① -16 ② -10 ③ -4
④ 8 ⑤ 12

09

다음 식을 인수분해하시오.

$$b^3-c^3+a^2b-a^2c-b^2c+bc^2$$

10

본문 207

인수분해 공식을 이용하여 $\sqrt{\dfrac{11\times12\times15\times16+4}{85^2+680+16}}$ 를 계산하면?

① 2 ② 3 ③ 4
④ 5 ⑤ 6

11

$x=2\sqrt{2}-3$, $y=2\sqrt{2}+3$일 때, $(x^{7n}+y^{7n})^2-(x^{7n}-y^{7n})^2$의 값을 구하시오. (단, n은 홀수)

12

본문 190

$xy=-6$, $(x+3)(y+3)=15$일 때, $x^3+y^3+x^2y+xy^2$의 값을 구하시오.

01

본문 221

다음 중 이차방정식인 것을 모두 고르면? (정답 2개)

① x^2+3x-1
② $x^2+\dfrac{1}{x^2}=1$
③ $5x^2-2=5(x-2)$
④ $x^2(x-4)=x^3+4x$
⑤ $3x^2-8=(x-1)(3x+1)$

02

본문 223

등식 $ax^2-6=4x(x-1)-1$이 x에 대한 이차방정식일 때, 다음 중 상수 a의 값이 될 수 <u>없는</u> 것은?

① -6
② -4
③ -1
④ 4
⑤ 6

03

본문 224

이차방정식 $x^2+3x-2=0$의 한 근을 $x=\alpha$라고 할 때, $a^5+3a^4-2a^3-a^2-3a+4$의 값은?

① -6
② -4
③ 2
④ 4
⑤ 6

04

본문 225

이차방정식 $x^2-5x+1=0$의 한 근을 $x=\alpha$라고 할 때, $a^2-\dfrac{1}{a^2}$의 값을 구하시오. $\left(\text{단, } a>\dfrac{1}{a}\right)$

05

이차방정식 $(a-5)x^2+(6a+1)x-a^2-6=0$의 한 근이 $x=1$일 때, 20보다 작은 자연수 중 약수의 개수가 a개인 수는 모두 몇 개인가?

① 6개
② 7개
③ 8개
④ 9개
⑤ 10개

06

$2+\sqrt{6}$의 정수 부분을 a, 소수 부분을 b라고 할 때, 이차방정식 $ax^2+(a-b+\sqrt{6})x-9(a-2+\sqrt{6})b=0$을 풀면?

① $x=-3$ 또는 $x=\dfrac{2}{3}$
② $x=-3$ 또는 $x=\dfrac{3}{2}$
③ $x=\dfrac{2}{3}$ 또는 $x=\dfrac{3}{2}$
④ $x=\dfrac{2}{3}$ 또는 $x=3$
⑤ $x=\dfrac{3}{2}$ 또는 $x=3$

07

본문 231

이차방정식 $x^2+(1-k)x+\dfrac{k^2-7}{2}=0$이 중근을 갖도록 하는 모든 상수 k의 값의 합은?

① -8 ② -2 ③ 0

④ 2 ⑤ 8

08

서로 다른 두 개의 주사위를 동시에 던져서 나온 두 눈의 수를 각각 a, b라고 할 때, 이차방정식 $x^2+2ax+b=0$이 중근을 가질 확률을 구하시오.

09

이차방정식 $x^2-2\sqrt{10ab}\,x-(5a-2b)(5a-8b)=0$이 중근을 가질 때, 두 양수 a, b에 대하여 $a:b$는?

① $2:3$ ② $3:2$ ③ $3:4$

④ $4:3$ ⑤ $4:5$

10

본문 234

이차방정식 $\dfrac{1}{30}(x+4)^2-0.2=0$의 해를 $x=a\pm\sqrt{b}$라고 할 때, $a+b$의 값을 구하시오. (단, a, b는 유리수)

11

본문 254

다음 보기에서 x에 대한 이차방정식 $2(x-p)^2=q-1$에 대한 설명으로 옳은 것을 모두 고른 것은? (단, p, q는 유리수)

> **보기**
>
> ㄱ. $p>0$이면 서로 다른 두 근을 갖는다.
> ㄴ. $p=0$, $q>1$이면 두 근의 합은 0이다.
> ㄷ. $q>0$이면 서로 다른 두 근을 갖는다.
> ㄹ. $q=1$이면 중근을 갖는다.

① ㄱ, ㄴ   ② ㄱ, ㄷ   ③ ㄴ, ㄹ

④ ㄷ, ㄹ   ⑤ ㄱ, ㄷ, ㄹ

12

본문 256

이차방정식 $x^2-3ax+2b=0$을 완전제곱식을 이용하여 풀었더니 해 $x=-3\pm\sqrt{5}$를 얻었다. 이때 $a-b$의 값을 구하시오.
(단, a, b는 상수)

06 이차방정식의 활용

01

본문 268

x에 대한 이차방정식 $Ax^2-3x-1=0$의 근이 $x=\dfrac{B\pm\sqrt{C}}{4}$일 때, $A+B+C$의 값을 구하시오. (단, A, B, C는 유리수)

02

$f(x)=x^2-6x+3$이라고 할 때, $f(a+1)=1$을 만족하는 a의 값은? (단, $a>2$)

① $2+\sqrt{3}$ ② $2+\sqrt{5}$ ③ $2+\sqrt{7}$

④ $4+\sqrt{5}$ ⑤ $4+\sqrt{7}$

03

본문 286

이차방정식 $x^2+4x-k=0$의 해가 모두 정수가 되도록 하는 두 자리 자연수 k의 값은 모두 몇 개인가?

① 4개   ② 5개   ③ 6개

④ 7개   ⑤ 8개

04

본문 270

이차방정식 $\dfrac{x(x+1)}{3}-\dfrac{2x-1}{6}=0.5x(x+2)$의 두 근을 $x=\alpha$, $x=\beta$라고 할 때, $\alpha^2-6\beta$의 값을 구하시오. (단, $\alpha>\beta$)

05

본문 272

$x<y$일 때, 방정식 $\dfrac{(x-y)^2}{4}+\dfrac{x-y}{12}-\dfrac{1}{24}=0$을 만족하는 $x-y$의 값은?

① $\dfrac{-1-\sqrt{7}}{3}$ ② $\dfrac{-1-\sqrt{7}}{6}$ ③ $\dfrac{-1+\sqrt{7}}{6}$

④ $\dfrac{-1+\sqrt{7}}{3}$ ⑤ $\dfrac{1+\sqrt{7}}{6}$

06

본문 273

이차방정식 $x^2-5x+k+1=0$이 서로 다른 두 근을 갖도록 하는 정수 k의 값 중 가장 큰 수를 구하시오. (단, k는 상수)

07

본문 293

이차방정식 $x^2-(3-4k)x+4k^2=0$은 근을 갖고, 이차방정식 $x^2-\sqrt{3}x+9k=0$은 근을 갖지 않을 때, 다음 중 상수 k의 값이 될 수 없는 것은?

① $\dfrac{1}{12}$ ② $\dfrac{1}{8}$ ③ $\dfrac{5}{24}$

④ $\dfrac{1}{3}$ ⑤ $\dfrac{3}{8}$

08

본문 278

이차방정식 $x^2-2x-7=0$의 두 근을 $x=\alpha$, $x=\beta$라고 할 때, 다음 보기에서 옳은 것을 모두 고르시오. (단, $\alpha>\beta$)

> **보기**
>
> ㄱ. $\alpha^2+\beta^2=-10$ ㄴ. $\dfrac{1}{\alpha}+\dfrac{1}{\beta}=\dfrac{2}{7}$
>
> ㄷ. $\alpha-\beta=4\sqrt{2}$ ㄹ. $\alpha^2-\beta^2=8\sqrt{2}$

09

이차방정식 $x^2-4x+3k-1=0$의 두 근의 차가 6일 때, 상수 k의 값을 구하시오.

10

이차방정식 $x^2+5x+4=0$의 두 근을 α, β라고 할 때, $\dfrac{\alpha}{2}$, $\dfrac{\beta}{3}$를 두 근으로 하고 x^2의 계수가 6인 이차방정식은? (단, $\alpha>\beta$)

① $6x^2-11x-4=0$ ② $6x^2-9x-2=0$

③ $6x^2-9x+2=0$ ④ $6x^2+9x-2=0$

⑤ $6x^2+11x+4=0$

11

본문 283

지면에서 초속 45 m로 똑바로 위로 던져 올린 공의 t초 후의 지면으로부터의 높이가 $(45t-5t^2)$ m일 때, 이 공이 지면으로부터 90 m 이상의 높이에 머무는 것은 몇 초 동안인지 구하시오.

12

오른쪽 그림과 같이 일차함수 $y=-\dfrac{3}{4}x+k-2$의 그래프가 x축, y축과 만나는 점을 각각 A, B라고 할 때, $\triangle ABO$의 넓이는 24이다. 이때 상수 k의 값을 구하시오. (단, 점 A는 y축의 왼쪽에 있다.)

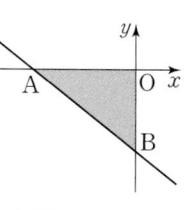

07 이차함수와 그래프 (1)

맞은 개수 / 개

01
본문 319

다음 중 이차함수가 <u>아닌</u> 것을 모두 고르면? (정답 2개)

① $y=x^2-1$

② $y=\dfrac{x^2}{3}+2$

③ $y=\dfrac{3}{x^2}-\dfrac{2}{x}+1$

④ $y=(x-2)(x+2)-4x$

⑤ $y=x^2-(x+4)(x-3)$

02
본문 321

이차함수 $f(x)=x^2-3x-7$에 대하여 $f(a)=3$일 때, 양수 a의 값을 구하시오.

03

다음 중 보기의 이차함수의 그래프에 대한 설명으로 옳은 것을 모두 고르면?

> 보기
>
> ㄱ. $y=\dfrac{1}{3}x^2$ ㄴ. $y=\dfrac{1}{2}x^2$ ㄷ. $y=4x^2$
>
> ㄹ. $y=-\dfrac{1}{2}x^2$ ㅁ. $y=-x^2$ ㅂ. $y=-3x^2$

① 위로 볼록한 포물선인 것은 ㄱ, ㄴ, ㄷ이다.

② ㄱ과 ㅂ의 그래프는 x축에 대칭이다.

③ ㄹ의 그래프가 ㅁ의 그래프보다 폭이 좁다.

④ 포물선의 폭이 가장 좁은 것은 ㄷ이다.

⑤ 원점을 지나는 것은 ㄹ, ㅁ, ㅂ뿐이다.

04

이차함수 $y=ax^2$의 그래프가 두 점 $(2, -8)$, $(b, -18)$을 지날 때, $a+b$의 값은? (단, a는 상수, $b>0$)

① -5

② -1

③ 0

④ 1

⑤ 5

05

두 이차함수 $y=5x^2$, $y=\dfrac{4}{5}x^2$의 그래프가 직선 $y=k$와 제1사분면 위에서 만나는 두 점을 각각 A, B라고 할 때, $\overline{AB}=3$이다. 이때 상수 k의 값은? (단, $k>0$)

① 4

② 8

③ 12

④ 16

⑤ 20

06
본문 342

오른쪽 그림과 같이 두 이차함수 $y=x^2$, $y=-\dfrac{1}{2}x^2$의 그래프 위의 네 점 A, B, C, D를 꼭짓점으로 하는 정사각형 ABCD의 한 변의 길이를 구하시오.
(단, □ABCD의 각 변은 좌표축에 평행하다.)

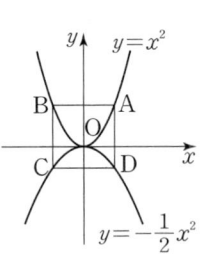

07

본문 327

오른쪽 그림과 같이 두 이차함수 $y=x^2$, $y=x^2+q$의 그래프와 두 직선 $x=-3$, $x=3$으로 둘러싸인 부분의 넓이가 48일 때, 상수 q의 값을 구하시오.

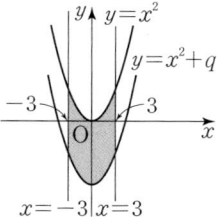

08

본문 343

오른쪽 그림과 같이 두 점 $(-2, -5)$, $(0, 3)$을 지나는 이차함수 $y=f(x)$의 그래프가 이차함수 $y=ax^2$의 그래프를 y축의 방향으로 평행이동한 것일 때, $2f\left(\dfrac{1}{2}\right)-f(-1)$의 값을 구하시오.

(단, a는 상수)

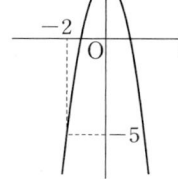

09

이차함수 $y=(x-2)^2$의 그래프 위의 두 점 $P(a, b)$와 $Q(c, d)$가 축에 대하여 대칭이고, 두 점 P, Q 사이의 거리가 6일 때, $a+b+c+d$의 값은? (단, $a<c$)

① 12   ② 14   ③ 20

④ 22   ⑤ 24

10

본문 347

두 이차함수 $y=5x^2-10$, $y=a(x+p)^2$의 그래프가 서로의 꼭짓점을 지날 때, $a+p$의 값을 구하시오.

(단, a, p는 상수, $p>0$)

11

두 이차함수 $y=x^2$, $y=(x-3)^2-9$의 그래프가 오른쪽 그림과 같고 직선 l이 이차함수 $y=(x-3)^2-9$의 그래프의 축일 때, 색칠한 부분의 넓이를 구하시오.

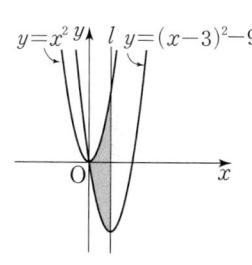

12

본문 354

이차함수 $y=-a(x-p)^2-q$의 그래프가 아래로 볼록하고 꼭짓점이 제3사분면 위에 있을 때, 이차함수 $y=ap(x+q)^2+a+p$의 그래프의 꼭짓점은 제몇 사분면 위에 있는가? (단, a, p, q는 상수)

① 제1사분면   ② 제2사분면   ③ 제3사분면

④ 제4사분면   ⑤ 알 수 없다.

01
본문 365

이차함수 $y=2(x+1)^2-5$의 그래프를 x축의 방향으로 p만큼, y축의 방향으로 q만큼 평행이동하면 이차함수 $y=2x^2-8x-4$의 그래프와 포개질 때, $p-q$의 값은?

① -10 　　② -4 　　③ 3

④ 4 　　⑤ 10

02

이차함수 $y=x^2-4ax+7a^2+a-1$의 그래프의 꼭짓점이 직선 $y=x+1$ 위에 있을 때, 정수 a의 값은?

① -2 　　② -1 　　③ 1

④ 2 　　⑤ 3

03

다음 이차함수 중 그래프가 모든 사분면을 지나는 것은?

① $y=2x^2+3$ 　　② $y=-(x+2)^2$

③ $y=-5(x+1)^2+1$ 　　④ $y=x^2+2x+5$

⑤ $y=-3x^2+12x+1$

04
본문 371

오른쪽 그림과 같이 이차함수 $y=-x^2-2x+3$의 그래프와 x축과의 두 교점을 각각 A, B, y축과의 교점을 C, 이 그래프의 축과 x축과의 교점을 D라고 할 때, $\triangle$ADC의 넓이를 구하시오.

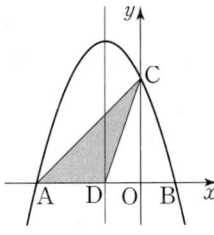

05

이차함수 $y=x^2-4x-10$의 그래프의 꼭짓점을 A라 하고 그래프와 직선 $y=2$의 두 교점을 각각 B, C라고 할 때, $\triangle$ABC의 넓이를 구하시오.

06
본문 372

오른쪽 그림과 같은 이차함수 $y=x^2-6x-16$의 그래프에서 꼭짓점을 A, x축의 양의 방향과 만나는 점을 B, y축과 만나는 점을 C라고 할 때, $\square$ABOC의 넓이를 구하시오.
　　　　　　　　(단, 점 O는 원점이다.)

07

본문 373

일차함수 $y=ax-b$의 그래프가 오른쪽 그림과 같을 때, 이차함수 $y=ax^2+bx-ab$의 그래프의 꼭짓점은 제몇 사분면 위에 있는지 구하시오.

(단, a, b는 상수)

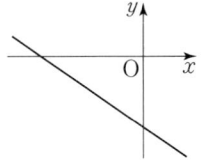

08

본문 377

오른쪽 그림과 같은 포물선이 나타내는 이차함수의 식을 $y=ax^2+bx+c$라고 할 때, $ac+b$의 값은?

(단, a, b, c는 상수)

① -16 ② -8

③ 4 ④ 8

⑤ 16

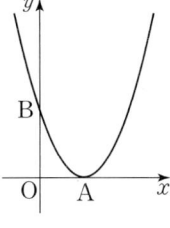

09

오른쪽 그림과 같은 이차함수 $y=3x^2+ax+b$의 그래프에서 꼭짓점을 A, y축과의 교점을 B라고 할 때, $\overline{OA} : \overline{OB}=2 : 3$이다. 점 A는 x축 위에 있을 때, $\dfrac{a}{b}$의 값을 구하시오.

(단, a, b는 상수)

10

직선 $x=1$에 대하여 대칭인 포물선이 직선 $y=-2x+5$와 만나는 두 점의 x좌표가 각각 -1, 2이다. 이 포물선을 나타내는 이차함수의 식은?

① $y=-2x^2-4x+1$ ② $y=-2x^2+4x-1$

③ $y=2x^2-4x-1$ ④ $y=2x^2-4x+1$

⑤ $y=2x^2+4x+1$

11

본문 379

세 점 $(0, 3)$, $(1, 4)$, $(-3, -12)$를 지나는 포물선을 그래프로 하는 이차함수가 있다. 이 이차함수의 그래프가 점 $(-2, k)$를 지날 때, k의 값을 구하시오.

12

다음 조건을 만족하는 이차함수 $y=ax^2+bx+c$의 그래프를 x축의 방향으로 $-\dfrac{3}{2}$만큼, y축의 방향으로 $\dfrac{17}{2}$만큼 평행이동한 그래프를 나타내는 이차함수의 식이 $y=a(x-p)^2+q$일 때, $a-p-q$의 값을 구하시오. (단, a, b, c, p, q는 상수)

조건

㈎ 점 $(-1, -8)$을 지난다.

㈏ x축과 만나는 두 점의 x좌표는 각각 -2, 3이다.

01

169의 두 제곱근을 m, n이라고 할 때, $\sqrt{2m-n-3}$의 제곱근을 구하시오. (단, $m>n$)

02

다음 조건을 만족하는 세 유리수 a, b, c에 대하여 $\sqrt{(a-b)^2}-\sqrt{b^2}+\sqrt{(b-c)^2}$을 간단히 하시오.

> 조건
>
> (가) $b<a<c$ (나) $a(b-c)<0$ (다) $ac+b=0$

03

다음 보기 중 $A=\sqrt{(x-3)^2}-\sqrt{(x+3)^2}$에 대한 설명으로 옳은 것을 모두 고르시오.

> 보기
>
> ㄱ. $x<-3$이면 $A=6$이다.
> ㄴ. $-3<x<1$이면 $A=-2x$이다.
> ㄷ. $x>3$이면 $A=0$이다.

04

다음 그림에서 직사각형 ABCD의 넓이와 정사각형 EFGH의 넓이가 같을 때, 정사각형 EFGH의 한 변의 길이가 자연수가 되도록 하는 가장 작은 자연수 x의 값을 구하시오.

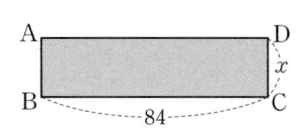
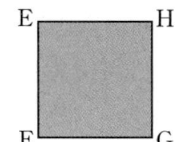

05

서로 다른 두 개의 주사위를 동시에 던져서 나온 눈의 수를 각각 a, b라고 할 때, $\sqrt{\dfrac{27}{ab}}$이 유리수가 될 확률을 구하시오.

06

$\sqrt{20}<x<\sqrt{23}$일 때, 다음 식을 간단히 하시오.

$$\sqrt{(x-1)^2}+\sqrt{(x-2)^2}+\sqrt{(x-3)^2}+\cdots+\sqrt{(x-10)^2}$$

07

$-\sqrt{k} \leq x < \sqrt{70}$을 만족하는 정수 x의 개수가 13개일 때, 자연수 k의 개수는?

① 6개   ② 7개   ③ 8개

④ 9개   ⑤ 10개

08

두 실수 $\dfrac{\sqrt{3}}{5}$과 $\dfrac{\sqrt{5}}{6}$ 사이에 있는 수 중에서 분모가 30인 기약분수를 구하시오.

09

a가 무리수일 때, 다음 중 항상 무리수인 것을 모두 고르면?

(정답 2개)

① $-2a$ ② $\sqrt{3}a$ ③ $a+4$

④ $a-\sqrt{7}$ ⑤ a^2-1

10

n이 두 자리의 자연수일 때, $\sqrt{3n}$, $\sqrt{5n}$, $\sqrt{12n}$이 모두 무리수가 되도록 하는 n의 개수를 구하시오.

11

$a = \sqrt{31} - 2$, $b = -4$일 때, 다음 식을 간단히 하면?

$$\sqrt{(a-b)^2} - \sqrt{(a+b)^2}$$

① $-2a$ ② $-2b$ ③ 0

④ $2a$ ⑤ $2b$

12

$\sqrt{1} \times \sqrt{2} \times \sqrt{3} \times \cdots \times \sqrt{12} = a\sqrt{b}$일 때, 두 자연수 a, b에 대하여 $a-b$의 값을 구하시오. (단, b는 가장 작은 자연수)

13

$a=\sqrt{2}$, $b=\sqrt{3}$, $c=\sqrt{5}$일 때, $\sqrt{0.243}$의 값을 a, b, c를 사용하여 나타내면?

① $\dfrac{b^3}{a^2c^2}$ ② $\dfrac{b^5}{a^2c^2}$ ③ $\dfrac{b^5}{a^2c^3}$

④ $\dfrac{b^3}{a^3c^3}$ ⑤ $\dfrac{b^5}{a^3c^3}$

14

오른쪽 그림과 같은 정육면체에서 대각선 BH의 길이가 $18\,\mathrm{cm}$일 때, $\triangle \mathrm{BFH}$의 넓이를 구하시오.

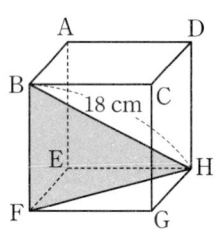

15

보통 사무용지는 전지 A0를 절반으로 자르는 과정을 반복하여 만든다. 이때 만들어지는 용지가 모두 닮은 도형이면 낭비 없이 여러 규격의 용지를 만들 수 있다. 오른쪽 그림과 같이 A4 종이를 반으로 자르면 A5 종이가 되고, 두 종이는 서로 닮음이다. 이때 A4 종이의 긴 변의 길이는 짧은 변의 길이의 몇 배인지 구하시오.

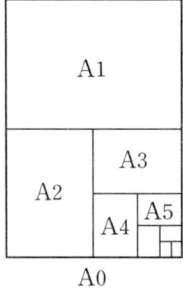

16

$\sqrt{\dfrac{9^4+9^4+9^4}{8^3+8^3+8^3+8^3}} \div \sqrt{\dfrac{27^3+27^3+27^3}{16^2+16^2+16^2+16^2}}$ 을 계산하시오.

17

다음 중 $29^2=841$임을 이용하여 제곱근의 값을 알 수 있는 것은?

① $\sqrt{29}$ ② $\sqrt{290}$ ③ $\sqrt{8.41}$

④ $\sqrt{84.1}$ ⑤ $\sqrt{8410}$

18

$(4-5\sqrt{6})a-(2\sqrt{6}-3)b=-2+6\sqrt{6}$일 때, $a+b$의 값은?

(단, a, b는 유리수)

① 0 ② -1 ③ -2

④ -3 ⑤ -4

19

$\sqrt{y}=\sqrt{5x}-\sqrt{2}$를 만족하는 두 자연수 x, y의 값 중 가장 작은 x, y의 값을 각각 구하시오.

20

$A=\dfrac{5\sqrt{3}-2\sqrt{2}}{\sqrt{2}}$, $B=\dfrac{2\sqrt{3}-\sqrt{2}}{\sqrt{3}}$일 때, $A+B$의 값을 구하시오.

21

두 일차방정식 $2\sqrt{5}x+5\sqrt{3}=\sqrt{5}x+2\sqrt{5}$와 $\sqrt{3}(x+1)-(k-3\sqrt{5})=\sqrt{5}(x-1)+3\sqrt{3}$의 해가 서로 같을 때, 상수 k의 값을 구하시오.

22

다음 그림에서 $\square$AOBC, $\square$A$_1$BB$_1$C$_1$, $\square$A$_2$B$_1$B$_2$C$_2$는 모두 정사각형이고 그 넓이는 각각 S_1, S_2, S_3이다. $S_1=3$, $S_2=\dfrac{1}{3}S_1$, $S_3=\dfrac{1}{3}S_2$일 때, 색칠한 부분의 넓이를 구하시오.

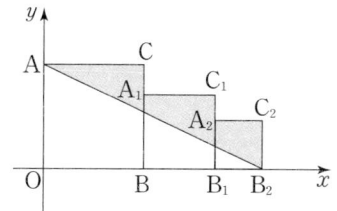

23

양의 정수 n에 대하여 $f(n)=(\sqrt{n}-2$의 정수 부분$)$이라고 할 때, 다음 식의 값을 구하시오.

$$f(50)+f(51)+f(52)+\cdots+f(100)$$

24

두 수 6, 8 사이에 있는 무리수 중에서 자연수 n에 대하여 $\sqrt{n}$ 꼴로 나타낼 수 있는 가장 큰 수의 정수 부분을 x, 소수 부분을 y라고 하자. $\dfrac{y}{x}=a\sqrt{7}+b$를 만족하는 두 유리수 a, b에 대하여 $a+b$의 값을 구하시오.

01

$(3x-1)^2(ax^2+bx+c)$를 전개하여 간단히 하였을 때, x^2의 계수가 -11, x의 계수가 16, 상수항이 -3이다. 이때 $a+b+c$의 값은? (단, a, b, c는 상수)

① -2 ② -1 ③ 1

④ 2   ⑤ 3

02

$a \diamond b = (a+2b)(3a-b)$일 때, $x \diamond (-y) + (2x) \diamond y$를 전개하여 간단히 한 식에서 xy의 계수를 구하시오.

03

$(ax-1)(4x+b)$를 전개하는데 지현이는 a를 잘못 보고 $12x^2+2x+c$로 전개하였고, 숙영이는 b를 잘못 보고 $20x^2+11x-3$으로 전개하였을 때, 바르게 전개한 식을 구하시오. (단, a, b, c는 상수)

04

다음 그림과 같이 가로의 길이가 $5x+1$, 세로의 길이가 $x-3$인 합동인 두 직사각형 ABCD, EFGH를 $\overline{AE}=\overline{BF}=3x+2$가 되도록 겹쳐 놓았다.

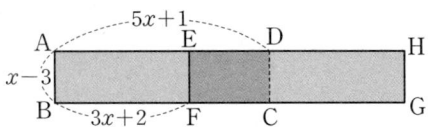

이와 같은 방법으로 위의 직사각형과 합동인 15개의 직사각형을 겹치는 부분의 넓이가 같도록 겹쳐 놓으면서 일렬로 배열할 때, 15개의 직사각형을 겹쳐서 만든 큰 직사각형의 넓이를 구하시오.

05

$\dfrac{1}{9+1} \times \dfrac{1}{9^2+1} \times \dfrac{1}{9^4+1} \times \dfrac{1}{9^8+1} = \dfrac{b}{3^a-1}$일 때, $a-b$의 값은? (단, a, b는 자연수)

① 20   ② 21   ③ 22

④ 23   ⑤ 24

06

x보다 크지 않은 최대의 정수를 $[x]$라고 할 때, $[6.95^2+7.05^2]$의 값을 구하시오.

07

음이 아닌 정수 x에 대하여 $f(x)=\dfrac{1}{\sqrt{x+1}+\sqrt{x}}$일 때, $f(0)+f(1)+f(2)+\cdots+f(50)$의 값을 구하시오.

08

$\sqrt{6}$의 소수 부분을 $f(1)$이라 하고, $\dfrac{1}{f(1)}$의 소수 부분을 $f(2)$, $\dfrac{1}{f(2)}$의 소수 부분을 $f(3)$, $\dfrac{1}{f(3)}$의 소수 부분을 $f(4)$, $\cdots$라고 하자. 두 유리수 a, b에 대하여 $f(1)+f(2)+f(3)+\cdots+f(60)=a+b\sqrt{6}$일 때, $a+b$의 값을 구하시오. (단, a, b는 유리수)

09

$x+\dfrac{4}{x}=-5$일 때, $(x-2)(x+2)(x+3)(x+7)$의 값을 구하시오.

10

$(x-7)(y-7)=5$, $xy=96$일 때, $x^2+7xy+y^2$의 값을 구하시오.

11

$(x+2)^2+(y+3)^2=20$, $x+y=1$일 때, $4(x+2)(y+3)$의 값은?

① 20   ② 24   ③ 28

④ 32   ⑤ 36

12

$x=3-2\sqrt{2}$이고 y는 x의 역수일 때, $5x(x-y)+2y(x-y)-y(x-7y)-6$의 값을 구하시오.

13

$(x-2)^2-(ax-8)$이 $x-4$를 인수로 가질 때, 상수 a의 값을 구하시오.

14

$9x^2+(m-5)xy+49y^2$이 $(3x+ny)^2$으로 인수분해될 때, 이를 만족하는 두 정수 m, n의 순서쌍 (m, n)을 모두 구하시오.

15

$1<a<4$이고 $\sqrt{x}=a-2$일 때, $\sqrt{x+8a}-\sqrt{x-4a+12}$를 간단히 하시오.

16

오른쪽 그림은 두 개의 원 모양으로 디자인된 팬던트를 모형화하여 그린 것이다. 두 원의 중심은 $\overline{AB}$ 위에 있고, $\overline{AC}$와 $\overline{BD}$의 길이의 합이 3 cm, 색칠한 부분의 둘레의 길이가 16π cm일 때, 색칠한 부분의 넓이를 구하시오.

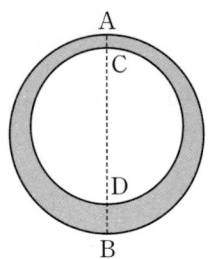

17

다음 그림과 같이 가로의 길이가 a, 세로의 길이가 $4b$인 직사각형 모양의 종이가 있다. 이 종이를 $\overline{AB}$는 $\overline{BF}$에, $\overline{ED}$는 $\overline{EG}$에, $\overline{HC}$는 $\overline{HI}$에 완전히 겹치도록 접었을 때, $\overline{GF}^2-\overline{GI}^2$을 a, b에 대한 두 다항식의 곱으로 나타내면? (단, $6b<a<8b$)

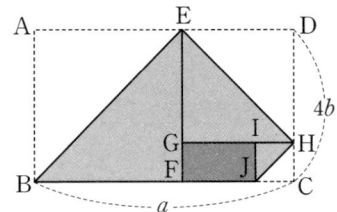

① $2(a-4b)(10b-a)$
② $(a-4b)(20b-3a)$
③ $(a+4b)(20b-3a)$
④ $4(a+4b)(10b-3a)$
⑤ $(a+8b)(5b-4a)$

18

$(x^2-x)(x^2+7x+12)+3$을 인수분해하면?

① $(x^2-3x-1)(x^2-3x-3)$
② $(x^2-x-1)(x^2-x-3)$
③ $(x^2+x-1)(x^2+x-3)$
④ $(x^2+3x-1)(x^2+3x-3)$
⑤ $(x^2+3x+1)(x^2+3x-3)$

19

다항식 $9x^4-85x^2+36$이 $(x+a)(x+b)(3x+c)(3x+d)$로 인수분해될 때, $a-b-c-d$의 값을 구하시오.

(단, a, b, c, d는 정수이고 $a>0$, $c>0$)

20

주사위 한 개를 연속하여 두 번 던져 첫 번째 나온 눈의 수를 x, 두 번째 나온 눈의 수를 y라고 할 때, $xy-3x-3y+9$가 자연수의 제곱수가 될 확률을 구하시오.

21

인수분해 공식을 이용하여

$\left(\dfrac{3^2}{2}+\dfrac{5^2}{4}+\dfrac{7^2}{6}+\cdots+\dfrac{31^2}{30}\right)-\left(\dfrac{1^2}{2}+\dfrac{3^2}{4}+\dfrac{5^2}{6}+\cdots+\dfrac{29^2}{30}\right)$을

계산하시오.

22

$2^{16}-1$의 소인수 중 두 번째로 큰 소인수를 x라고 할 때, $x^2+26x+169$의 값을 구하시오.

23

$f(x)=\sqrt{\dfrac{x^3+x^2}{x^3+x^2-x-1}}$ 일 때,

$f(2)\times f(3)\times f(4)\times\cdots\times f(19)$의 값을 구하시오.

24

$x=\dfrac{1-\sqrt{2}}{1+\sqrt{2}}$, $y=\dfrac{1+\sqrt{2}}{1-\sqrt{2}}$일 때,

$x^2(x-y)+y^2(x-y)-xy(y-x)$의 값은?

① $140\sqrt{2}$　　　　② $144\sqrt{2}$　　　　③ $148\sqrt{2}$

④ 280　　　　⑤ 288

Ⅲ. 이차방정식

01

등식 $(ax+2)(ax-3)=(a+1)(a+4)x^2$이 x에 대한 이차방정식일 때, 다음 중 상수 a의 값이 될 수 <u>없는</u> 것은?

① $-\dfrac{5}{4}$ ② $-\dfrac{4}{5}$ ③ 0

④ $\dfrac{4}{5}$ ⑤ $\dfrac{5}{4}$

02

이차방정식 $(2a+b-4)x^2+(b-3)x-(2c-1)=0$의 한 근이 $x=-1$일 때, 세 자연수 a, b, c를 세 변으로 하는 삼각형은 어떤 삼각형인가?

① 정삼각형
② $a=b$인 이등변삼각형
③ $a=c$인 이등변삼각형
④ 빗변의 길이가 a인 직각삼각형
⑤ 빗변의 길이가 c인 직각삼각형

03

이차방정식 $5x^2-(3k+4)x-5=0$의 한 근을 $x=\alpha$라고 할 때, $\alpha-\dfrac{1}{\alpha}=k$가 성립한다. 이때 상수 k의 값은?

① 1 ② 2 ③ 3

④ 4 ⑤ 5

04

이차방정식 $(x+2)^2-5=x(2x+1)$의 두 근을 $x=\alpha$, $x=\beta$ 라고 할 때, $\dfrac{3\alpha}{\alpha^2+1}-\dfrac{3\beta}{\beta^2+1}$의 값은?

① -2 ② -1 ③ 0

④ 1 ⑤ 2

05

자연수 x의 약수의 개수를 $<x>$라고 할 때, $<x>^2+<x>=12$를 만족하는 30 이하의 자연수 x는 모두 몇 개인지 구하시오.

06

다음 두 이차방정식이 공통인 근을 갖도록 하는 모든 상수 a의 값의 합은?

$$x^2+(a-3)x-3a=0, \ 2x^2+(-2a+1)x+(a-1)=0$$

① -5 ② -4 ③ 3

④ 4 ⑤ 5

07

이차방정식 $2x^2-(2k+5)x+(k^2+6)=0$의 두 근이 $x=a$, $x=3$일 때, $k+2a$의 값을 구하시오. (단, k는 상수)

08

이차방정식 $x^2+(k-1)x-(3k-4)=0$의 x의 계수와 상수항을 바꾸어 풀었더니 양수인 중근을 가졌다. 처음 이차방정식을 바르게 풀면? (단, k는 상수)

① $x=-2$ 또는 $x=-1$ ② $x=-2$ 또는 $x=1$

③ $x=-2$ 또는 $x=2$ ④ $x=-1$ 또는 $x=2$

⑤ $x=1$ 또는 $x=2$

09

2가 아닌 자연수 k와 소수 p에 대하여 이차방정식
$x^2+2kx+17p+1=0$이 중근을 가질 때, $p+k$의 값을 구하시오.

10

다음 중 x에 대한 이차방정식 $(x+p)^2=|3-q|$에 대한 설명으로 옳지 <u>않은</u> 것을 모두 고르면? (단, p, q는 유리수)

① $p=1$이면 근이 없다.

② $q=3$이면 중근을 갖는다.

③ $p=0$이면 두 근의 절댓값이 같다.

④ $q=0$이면 두 근이 모두 양수이다.

⑤ $q=12$이면 두 근이 모두 유리수이다.

11

이차방정식 $(x+3)^2=\dfrac{1}{2}k$의 두 근의 차가 한 자리 자연수가 되도록 하는 자연수 k의 값은 모두 몇 개인가?

① 3개   ② 4개   ③ 5개

④ 6개   ⑤ 7개

12

이차방정식 $4x^2-2x-1=0$을 $-5(x-p)^2=q$의 꼴로 나타낼 때, $p+4q$의 값을 구하시오. (단, p, q는 유리수)

13

두 실수 x, y에 대하여 $x \odot y = x^2 - 2xy - y^2$이라고 할 때, $(a-4) \odot (2a+1) = -2$의 해는?

① $\dfrac{-1 \pm 2\sqrt{11}}{7}$ ② $\dfrac{-1 \pm 4\sqrt{11}}{7}$ ③ $\dfrac{1 \pm 2\sqrt{11}}{7}$

④ $\dfrac{1 \pm 4\sqrt{11}}{7}$ ⑤ $\dfrac{1 \pm 8\sqrt{11}}{7}$

14

두 이차방정식 $x^2 - 6x - 3 = 0$, $3x^2 - 6x - 1 = 0$의 네 근 a, b, c, d가 $a < b < c < d$를 만족할 때, $b - \dfrac{1}{a}$의 값을 구하시오.

15

방정식 $x^2 + \dfrac{1}{x^2} = 3$이 성립할 때, x의 값은? (단, $0 < x < 1$)

① $\dfrac{\sqrt{3}-1}{2}$ ② $\dfrac{\sqrt{5}-1}{2}$ ③ $\dfrac{\sqrt{7}-1}{2}$

④ $\dfrac{\sqrt{3}+1}{2}$ ⑤ $\dfrac{\sqrt{5}+1}{2}$

16

이차방정식 $\dfrac{x^2-1}{4} + \dfrac{x+2}{3} - \dfrac{1}{2} = 0$의 두 근을 $x = \alpha$, $x = \beta$라고 할 때, $\dfrac{1}{\alpha} + \dfrac{1}{\beta}$의 값을 구하시오.

17

방정식 $x^4 - 5x^3 - 4x^2 - 5x + 1 = 0$의 양수인 한 근을 $x = \alpha$라고 할 때, $\alpha + \dfrac{1}{\alpha}$의 값을 구하시오.

18

자연수 a, b에 대하여 이차방정식 $3x^2 - ax + 5b = 0$이 중근을 가질 때, a의 값이 최소가 되게 하는 b의 값에 대하여 $a+b$의 값은?

① 15 ② 30 ③ 45

④ 60 ⑤ 75

19

두 이차방정식 $ax^2-b=0$, $(x+b)^2+a=0$이 각각 서로 다른 두 근을 가질 때, $\sqrt{25a^2}+\sqrt{(a-b)^2+4ab}-\sqrt{b^2}$을 간단히 하면? (단, a, b는 상수)

① $-6a-2b$ ② $-6a$ ③ $-4a-2b$

④ $4a$ ⑤ $6a+2b$

20

이차방정식 $x^2-(2a-3)x+6=0$의 두 근을 α, β라 하고, 이차방정식 $3x^2-6ax+b=0$의 두 근을 α, γ라고 할 때, $\alpha+\gamma=\beta$가 성립한다. 이때 $\alpha+\beta+\gamma-(a+b)$의 값을 구하시오. (단, a, b는 상수)

21

두 자연수 A, B의 최대공약수를 $[A, B]$, 최소공배수를 (A, B)라고 하자. 이차방정식 $[A, B]x^2-(A, B)x+8=0$의 두 근이 1, 4일 때, $A+B$의 값은?

① 6   ② 8   ③ 10

④ 12   ⑤ 14

22

x^2의 계수가 1인 이차방정식을 푸는데 다훈이는 상수항을 잘못 보고 풀어 해 -7, 3을 얻었고, 성규는 x의 계수를 잘못 보고 풀어 해 -4, 2를 얻었다. 이때 처음 이차방정식을 바르게 푸시오.

23

어느 상점에서 원가가 3000원인 제품에 x %의 이익을 붙여 정가를 매겼는데 팔리지 않아 정가의 x %를 할인하여 팔았더니 120원의 손해를 보았다. 이때 x의 값을 구하시오.

24

오른쪽 그림과 같이 $\overline{AC}=\overline{BC}$인 이등변삼각형 ABC에서 $\angle A$의 이등분선이 $\overline{BC}$와 만나는 점을 D라고 하자. $\overline{AC}=6$, $\angle C=36°$일 때, $\overline{AB}$의 길이는?

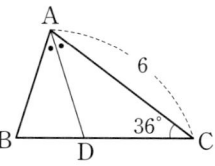

① $-1+\sqrt{5}$ ② $\dfrac{-3+3\sqrt{5}}{2}$ ③ $-2+2\sqrt{5}$

④ $\dfrac{-5+5\sqrt{5}}{2}$ ⑤ $-3+3\sqrt{5}$

01

등식 $y=(a-2)(a+1)x^2-4x(x-1)+2$가 x에 대한 이차함수일 때, 다음 중 상수 a의 값이 될 수 <u>없는</u> 것을 모두 고르면? (정답 2개)

① -3 ② -2 ③ -1

④ 2 ⑤ 3

02

이차함수 $f(x)=x^2-ax+6$에 대하여 $f(-3)=3$, $f(2)=b$일 때, $a+b$의 값은? (단, a는 상수)

① 4 ② 8 ③ 14

④ 18 ⑤ 24

03

모든 실수 x에 대하여 이차함수 $y=ax^2$의 함숫값은 이차함수 $y=x^2$의 함숫값의 4배이다. 이차함수 $y=ax^2$의 그래프와 x축에 대하여 대칭인 그래프가 점 $\left(-\dfrac{1}{2},\ b\right)$를 지날 때, b의 값을 구하시오. (단, a는 상수)

04

오른쪽 그림과 같이 직선 $y=12$가 y축과 만나는 점을 A, 이차함수 $y=\dfrac{1}{3}x^2$의 그래프와 제 1 사분면 위에서 만나는 점을 B라고 할 때, 이차함수 $y=ax^2$의 그래프는 $\overline{AB}$의 중점 M을 지난다. 이때 상수 a의 값을 구하시오.

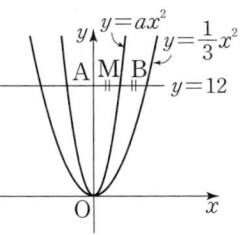

05

오른쪽 그림과 같이 y축 위의 점 A와 이차함수 $y=\dfrac{1}{2}x^2$의 그래프 위의 세 점 B, C, D에 대하여 □ABCD가 평행사변형이다. $\overline{AD}$는 x축과 평행하고 길이가 4일 때, □ABCD의 넓이를 구하시오.

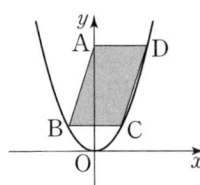

06

두 점 A(-4, 10), B(3, 18)에 대하여 이차함수 $y=ax^2$의 그래프가 $\overline{AB}$와 한 점에서 만나도록 하는 상수 a의 값의 범위를 구하시오.

07

이차함수 $y=ax^2+q$의 그래프가 두 점 $(-2, -4)$, $(1, 2)$를 지날 때, 이 그래프의 꼭짓점의 좌표는? (단, a, q는 상수)

① $(-4, 0)$ ② $(0, -4)$ ③ $(0, 0)$

④ $(0, 4)$ ⑤ $(4, 0)$

08

이차함수 $y=-\dfrac{1}{12}x^2+k$의 그래프가 x축과 만나는 두 점을 A, B라고 할 때, $\overline{AB}$의 길이가 자연수가 되도록 하는 자연수 k의 값은 모두 몇 개인지 구하시오. (단, $0<k<50$)

09

오른쪽 그림과 같이 이차함수 $y=-4\left(x-\dfrac{1}{2}\right)^2$의 그래프에서 꼭짓점을 A, y축과의 교점을 B라고 할 때, 직선 $y=ax+b$는 두 점 A, B를 지난다. 이때 ab의 값을 구하시오.

(단, a, b는 상수)

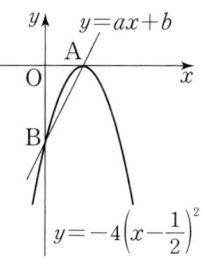

10

이차함수 $y=a(x+3)^2-6$의 그래프가 모든 사분면을 지날 때, 상수 a의 값의 범위를 구하시오.

11

오른쪽 그림과 같이 꼭짓점의 좌표가 $(2, 1)$인 이차함수 $y=a(x-p)^2+q$의 그래프가 정사각형 ABCD와 두 점에서 만나도록 하는 a의 값의 범위를 구하시오. (단, a, p, q는 상수)

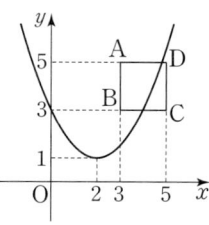

12

이차함수 $y=(x+a)^2+ab$의 그래프의 꼭짓점이 제 3 사분면 위에 있을 때, 이차함수 $y=a\left(x+\dfrac{b}{a}\right)^2-b$의 그래프가 지나지 <u>않는</u> 사분면은? (단, a, b는 상수)

① 제 1 사분면   ② 제 3 사분면   ③ 제 1, 2 사분면

④ 제 2, 4 사분면   ⑤ 제 3, 4 사분면

13

두 이차함수 $y=x^2-6x+a+8$, $y=-\frac{1}{2}x^2+2bx+1$의 그래프의 꼭짓점이 일치할 때, $a-b$의 값은? (단, a, b는 상수)

① -7 ② -5 ③ $-\frac{1}{2}$

④ 5 ⑤ 7

14

이차함수 $y=-x^2-6kx-9k^2-k+2$의 그래프의 꼭짓점이 제2사분면 위에 있을 때, 상수 k의 값의 범위는?

① $k<-2$ ② $k<2$ ③ $-2<k<0$
④ $-2<k<2$ ⑤ $0<k<2$

15

이차함수 $y=3x^2-6x+7+k$의 그래프가 점 $(k,\ 4k^2+1)$을 지나고 x축과 두 점에서 만날 때, 상수 k의 값은?

① -7 ② -6 ③ -5
④ 1 ⑤ 2

16

두 이차함수 $y=x^2-x+4$, $y=ax^2+bx+3$의 그래프는 두 점에서 만나고 직선 $y=-2x+6$은 이 두 교점을 모두 지날 때, $a-b$의 값을 구하시오. (단, a, b는 상수)

17

오른쪽 그림과 같이 이차함수 $y=-\frac{1}{4}x^2+2x-3$의 그래프에서 꼭짓점을 A, y축과의 교점을 B라고 하자. 또, 그래프가 x축과 만나는 두 점 중 원점으로부터 멀리 떨어져 있는 점을 C라고 할 때, $\triangle ABC$의 넓이를 구하시오.

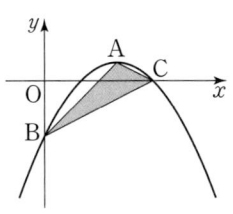

18

오른쪽 그림과 같이 두 이차함수 $y=-x^2+6x+9$, $y=-x^2+6x+1$의 그래프와 y축 및 이차함수 $y=-x^2+6x+9$의 축으로 둘러싸인 부분의 넓이를 구하시오.

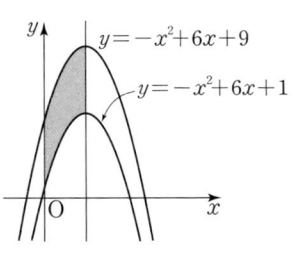

19

두 일차함수 $y=ax-b$, $y=cx-d$의 그래프가 오른쪽 그림과 같고 이차함수 $y=(ax+b)(cx+d)$의 그래프가 x축과 만나지 않을 때, 이 그래프의 꼭짓점은 제몇 사분면 위에 있는지 구하시오. (단, a, b, c, d는 상수)

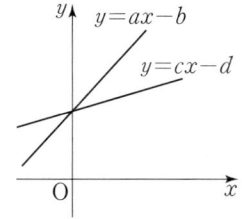

20

이차함수 $y=ax^2+bx+c$의 그래프가 오른쪽 그림과 같을 때, 다음 중 옳지 않은 것은? (단, a, b, c는 상수)

① $\dfrac{a}{c}<0$ ② $abc<0$

③ $a+b=0$ ④ $a+b+c<0$

⑤ $4a+2b+c=0$

21

꼭짓점의 좌표가 $(6, -9)$이고 점 $(4, -5)$를 지나는 이차함수의 그래프가 x축과 만나는 두 점 사이의 거리를 구하시오.

22

이차함수 $y=x^2+ax+b$의 그래프의 꼭짓점을 A$(c, 5)$라 하고, 이차함수 $y=\dfrac{1}{2}(x+2)^2+1$의 그래프와 y축과의 교점을 B라고 하자. 점 A는 제1 사분면 위에 있고, 원점 O에 대하여 △ABO의 넓이가 6일 때, $a+b+c$의 값을 구하시오.

(단, a, b는 상수)

23

축의 방정식이 $x=-2$이고 점 $(-4, 12)$를 지나는 포물선이 x축과 만나는 두 점 사이의 거리가 2일 때, 이 포물선을 나타내는 이차함수의 식은?

① $y=-4x^2-16x-12$ ② $y=-4x^2-16x+12$

③ $y=-4x^2+16x+12$ ④ $y=4x^2+16x-12$

⑤ $y=4x^2+16x+12$

24

x^2의 계수가 2인 세 이차함수 $y=f(x)$, $y=g(x)$, $y=h(x)$의 그래프가 오른쪽 그림과 같이 점 $(1, 0)$에서 만날 때, 이차함수 $y=f(x)+g(x)+h(x)$의 그래프의 꼭짓점의 좌표를 구하시오.

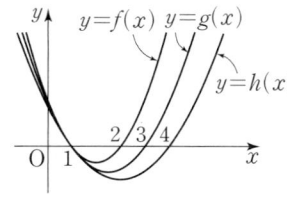

memo

✓ 수학 잘하는 학생들이 보는 중등 수학 심화서

유형 + 심화

고쟁이

오답노트

Contents 이책의 차례

01 제곱근과 실수

유형 01 제곱근의 뜻과 표현

026

제곱근 $\dfrac{121}{16}$ 을 p, $\left(-\dfrac{7}{4}\right)^2$ 의 제곱근을 q라고 할 때, $p-q$의 값 중 가장 큰 값을 구하시오.

027

오른쪽 그림과 같이 $\overline{AB}=13$, $\overline{BC}=14$인 △ABC의 넓이가 84일 때, $\overline{AC}$의 길이를 구하시오.

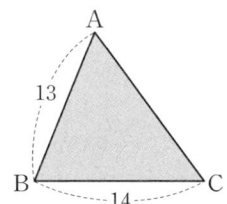

028

한 변의 길이가 $\sqrt{a}$ cm인 정사각형 모양의 종이를 각 변의 중점을 꼭짓점으로 하는 정사각형 모양으로 접어 나갈 때, [4단계] 에서 생기는 정사각형의 넓이는 5 cm²이다. 이때 a의 값을 구하시오.

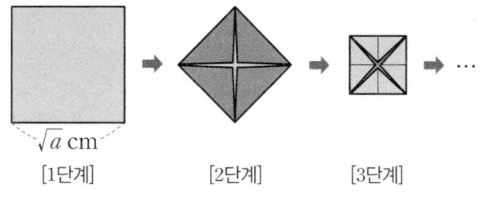

[1단계]　　　　[2단계]　　　　[3단계]

029

네 자연수 a, b, c, d가 다음 조건을 모두 만족할 때, $a-b-c+d$의 값을 구하시오.

조건

(가) $\sqrt{a}$, $\sqrt{b}$, $\sqrt{c}$, $\sqrt{d}$는 모두 자연수이다.

(나) $1<a<b<c<d$

(다) $a+d=65$

유형 02 제곱근의 성질

030 ✿☆

$0<a<1$일 때, 다음 식을 간단히 하시오.

$$\sqrt{\left(a+\dfrac{1}{a}\right)^2}-\sqrt{\left(a-\dfrac{1}{a}\right)^2}$$

031

점 $(a,\ b)$가 제2사분면 위의 점일 때, 다음을 간단히 하시오.

$$\sqrt{a^2}-\sqrt{(b+2)^2}-\sqrt{(a-b)^2}+\sqrt{(1-a+b)^2}$$

032 서술형

$ab>0$, $ac<0$일 때, $\sqrt{(-bc)^2}-\sqrt{(bc-1)^2}+\sqrt{(1-bc)^2}$을 간단히 하시오.

033

다음 보기에서 $A=\sqrt{(x-1)^2}-\sqrt{(x+1)^2}$에 대한 설명으로 옳은 것을 모두 고르시오.

> **보기**
>
> ㄱ. $x \geq 1$이면 $A=0$이다.
> ㄴ. $-1 \leq x < 1$이면 $A=-2x$이다.
> ㄷ. $x < -1$이면 $A=2$이다.
> ㄹ. $A=1$이면 $x=-2$이다.

유형 03 제곱근이 자연수가 될 조건

034 ✿

서로 다른 두 개의 주사위를 동시에 던져서 나온 눈의 수를 각각 x, y라고 할 때, $\sqrt{50xy}$가 자연수가 될 확률을 구하시오.

035

$\sqrt{\dfrac{5600}{x}}$이 자연수가 되도록 하는 자연수 x의 개수를 구하시오.

036 서술형

$\sqrt{54-x}-\sqrt{y+13}$이 가장 큰 정수가 되도록 하는 두 자연수 x, y에 대하여 $x+y$의 값을 구하시오.

유형 04 제곱근의 대소 관계

037

$0<a<1$일 때, 다음 중 그 값이 가장 큰 것은?

① $\dfrac{1}{a}$ ② a ③ a^2

④ $\sqrt{a}$ ⑤ $\sqrt{\dfrac{1}{a}}$

038 서술형

두 실수 $\dfrac{\sqrt{7}}{7}$ 과 $\dfrac{\sqrt{3}}{3}$ 사이에 있는 분수 중 분모가 21인 기약분수의 개수를 구하시오.

039

자연수 x에 대하여 $\sqrt{x}$ 이하의 자연수의 개수를 $f(x)$라고 할 때, $f(1)+f(2)+f(3)+\cdots+f(n)=62$가 성립하도록 하는 자연수 n의 값을 구하시오.

040

다음 조건을 모두 만족하는 모든 x의 값의 합이 12일 때, 자연수 n의 값을 구하시오.

조건

(가) $4 \leq \sqrt{nx} < 5$

(나) nx는 자연수이다.

041

$a^2 < \sqrt{209} < (a+1)^2$을 만족하는 자연수 a에 대하여 $\sqrt{\dfrac{n}{a}}$ 이 자연수가 되도록 하는 자연수 n의 값 중 100에 가장 가까운 수를 구하시오.

유형 05 무리수와 실수

042

한 자리의 자연수 n에 대하여 $f(n)=\sqrt{0.\dot{n}}$이라고 할 때, $f(n)$의 값 중 무리수는 모두 몇 개인지 구하시오.

043

오른쪽 그림과 같이 수직선 위에 한 변의 길이가 1인 정사각형 ABCD를 그렸다. $\overline{BD}=\overline{BE}$이고 세 점 B, C, E에 대응하는 수를 각각 p, q, r라고 할 때, 다음 보기에서 옳은 것을 고르시오.

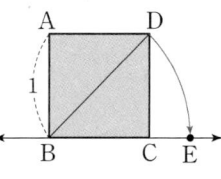

보기

ㄱ. p가 유리수이면 q, r는 모두 무리수이다.

ㄴ. p가 무리수이면 q는 무리수이고 r는 유리수이다.

ㄷ. q가 유리수이면 r는 무리수이다.

044 ✿✿

자연수의 양의 제곱근 $1, \sqrt{2}, \sqrt{3}, 2, \sqrt{5}, \sqrt{6}, \sqrt{7}, \sqrt{8}, 3, \cdots$에 대응하는 점을 수직선 위에 나타내면 다음 그림과 같다. 그림에서 무리수에 대응하는 점의 개수는 1과 2 사이에는 2개, 2와 3 사이에는 4개가 있다. 같은 방법으로 계속 점을 나타낼 때, 40과 42 사이에 있는 무리수에 대응하는 점의 개수를 구하시오.

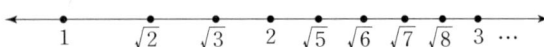

유형 06 **실수와 수직선**

045

$a=4$, $b=\sqrt{26}-1$일 때, $\sqrt{(a+b)^2}-\sqrt{(a-b)^2}$의 값을 구하시오.

046

다음 그림에서 □ABCD, □DCFE는 모두 한 변의 길이가 1인 정사각형이고 $\overline{FA}=\overline{FP}$, $\overline{CE}=\overline{CQ}$이다. 점 Q에 대응하는 수가 $\sqrt{2}-2$일 때, 점 P에 대응하는 수를 구하시오.

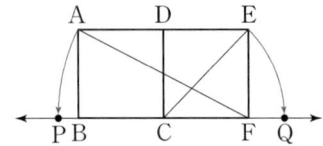

047

$-1<b<a<0$일 때, 다음 중 그 값이 가장 큰 것은?

① $\sqrt{(a-1)^2}$ ② $\sqrt{(a+1)^2}$ ③ $-\sqrt{(-b)^2}$
④ $\sqrt{(b+1)^2}$ ⑤ $\sqrt{(1-b)^2}$

048

다음 그림과 같이 $\overline{AB}=1$, $\overline{BC}=3$인 직각삼각형 ABC를 수직선 위에서 오른쪽으로 한 바퀴를 굴렸더니 세 점 A, B, C가 각각 A′, B′, C′의 위치로 이동하였다. 점 C에 대응하는 수가 1일 때, 점 C′에 대응하는 수를 구하시오.

049

다음 그림과 같이 넓이가 2π인 원이 수직선 위의 점 P에 접하고 있다. 이 원을 수직선을 따라 시계 반대 방향으로 세 바퀴 굴려 점 P가 다시 수직선과 접하는 점을 Q라고 하자. 점 P에 대응하는 수가 2일 때, 점 Q에 대응하는 수를 구하시오.

050 ⚛✿

$\sqrt{1+3}$, $\sqrt{1+3+5}$, $\sqrt{1+3+5+7}$, …과 같이 수를 나열할 때, $\sqrt{1+3+5+\cdots+59}$를 근호를 사용하지 않고 나타내시오.

✔ 근호 안의 수의 규칙성을 찾는다.

051

$(-5)^2$의 두 제곱근을 각각 p, q라고 할 때, $\sqrt{(p-q+a)^2}=4$를 만족하는 모든 정수 a의 값의 합을 구하시오. (단, $p>q$)

052 ✏서술형

순환소수 $a.\dot{b}$의 양의 제곱근 $\sqrt{a.\dot{b}}$가 유리수가 되도록 하는 한 자리의 자연수 a, b의 순서쌍 (a, b)의 개수를 구하시오.

053

소수 p와 $0<a<200$인 자연수 a에 대하여 $\sqrt{pa}$가 양의 정수가 되도록 하는 a의 개수는 5개이다. 이를 만족하는 p의 값을 구하시오.

054

연속하는 세 홀수 x, y, z와 자연수 n에 대하여 $\sqrt{x+y+z}=n$ 이 성립한다. $x+y+z<250$일 때, 모든 y의 값의 합을 구하시오. (단, $x<y<z$)

∨ 연속하는 세 홀수 x, y, z에서 x, z를 y의 식으로 나타낸 후 $\sqrt{x+y+z}$가 자연수가 될 조건을 생각해 본다.

055

서로소인 두 자연수 x, y에 대하여 $2\leq\sqrt{\dfrac{y}{x}}\leq3$이고 $x+y=35$일 때, $|x-y|$의 값을 모두 구하시오.

056 ✿✩

세 수 $\sqrt{3x}$, $\sqrt{4x}$, $\sqrt{5x}$가 모두 무리수가 되도록 하는 100 이하의 자연수 x의 개수를 구하시오.

∨ $\sqrt{3x}$, $\sqrt{4x}$, $\sqrt{5x}$가 유리수가 되는 경우를 각각 찾아본다.

057

두 정수 a, b에 대하여 $a+\sqrt{7}<n<b-\sqrt{7}$을 만족하는 정수 n의 개수가 5개일 때, $b-a$의 값을 구하시오.

정육면체에서 수 구하기

058

다음 그림과 같은 전개도로 만들어지는 정육면체의 각 면에 아래 조건을 만족하는 수를 보기에서 한 번씩만 찾아 써넣었을 때, ㉠에 알맞은 수를 구하시오.

조건

㈎ 정육면체를 만들었을 때, 마주 보는 면에 적힌 두 수 중 한 수는 다른 한 수의 양의 제곱근이다.

㈏ 전개도에서 가로로 이웃하는 두 면에 적힌 수가 왼쪽부터 차례대로 p, q이면 $p<q$이다.

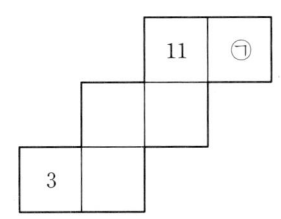

보기

$$\sqrt{3}, \sqrt{11}, \sqrt{15}, 2, 4, 9, 16$$

 땅의 넓이 구하기

059

직사각형 모양의 밭을 두 개의 정사각형 A, B와 직사각형 C로 나누어 A에는 배추를, B에는 무를, C에는 당근을 심으려고 한다. 정사각형 모양의 땅 A, B의 넓이는 각각 $40n$ m², $(115-n)$ m²이고 변의 길이가 모두 자연수일 때, 직사각형 모양의 땅 C의 넓이를 구하시오. (단, n은 자연수)

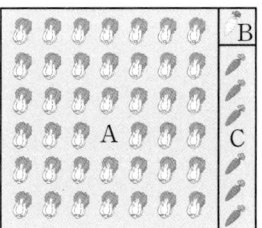

02 근호를 포함한 식의 계산

유형 01 제곱근의 곱셈과 나눗셈

084 ✿☆

$2\sqrt{25+a}=6\sqrt{3}$, $\sqrt{57-b}=7\sqrt{2}$를 만족하는 두 유리수 a, b에 대하여 $a-b$의 값을 구하시오.

085 ✎서술형

$\sqrt{2.16}$은 $\sqrt{6}$의 x배이고, $\sqrt{2}$는 $\sqrt{0.005}$의 y배일 때, $y-5x$의 값을 구하시오.

086

세 자연수 a, b, c에 대하여 $a\sqrt{b}\sqrt{c}=\sqrt{700}$이고 b, c의 최대공약수는 5일 때, $ab+c$의 값을 구하시오.

(단, $a\neq1$이고 $a<b<c$)

087

$\sqrt{3}=a$, $\sqrt{5}=b$, $\sqrt{30}=c$, $\sqrt{50}=d$라고 할 때, 다음 중 $\sqrt{0.5}-\sqrt{0.3}$을 a, b, c, d를 사용하여 나타내면?

① $\dfrac{a}{d}-\dfrac{b}{c}$ ② $\dfrac{b}{d}-\dfrac{a}{c}$ ③ $\dfrac{a^2}{c}-\dfrac{b^2}{d}$

④ $\dfrac{b^2}{d}-\dfrac{a^2}{c}$ ⑤ $\dfrac{d^2}{b}-\dfrac{c^2}{a}$

088

오른쪽 그림과 같이 넓이가 3π인 원에 내접하는 정사각형과 외접하는 정사각형의 넓이의 차를 구하시오.

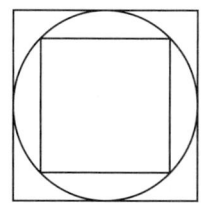

089

오른쪽 그림과 같이 한 모서리의 길이가 $4\sqrt{3}$ cm인 정사면체에서 $\overline{AB}$, $\overline{AD}$의 중점을 각각 P, Q라고 할 때, $\triangle PCQ$의 넓이를 구하시오.

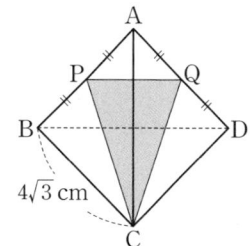

유형 02 분모의 유리화

090 ✿✫

10 이하의 두 자연수 a, b에 대하여 $\dfrac{2a}{\sqrt{3b+8}}$의 분모를 유리화한 결과가 $\dfrac{4\sqrt{26}}{13}$일 때, $a+b$의 값을 구하시오.

091 서술형

$\dfrac{5x+2y}{3x-2y}=3$일 때, $\sqrt{\dfrac{2x^2-5y^2}{4x^2-y^2}}$의 값을 구하시오.

092

가로와 세로의 길이의 비가 3 : 2인 직사각형의 세로의 길이를 한 변으로 하는 정사각형의 넓이가 30일 때, 직사각형의 둘레의 길이를 구하시오.

유형 03 제곱근표에 없는 수의 제곱근의 값

093

다음 제곱근표를 이용하여 $\sqrt{0.24}+\sqrt{2.94}-\dfrac{6}{\sqrt{6}}$의 값을 구하시오.

수	0	1	2	3
6.0	2.449	2.452	2.454	2.456
7.0	2.646	2.648	2.650	2.651
8.0	2.828	2.830	2.832	2.834
9.0	3.000	3.002	3.003	3.005

094

$\sqrt{265-x^2}=13.81$일 때, 다음 제곱근표를 이용하여 양수 x의 값을 구하시오.

수	5	6	7	8
2.4	1.565	1.568	1.572	1.575
2.5	1.597	1.600	1.603	1.606
2.6	1.628	1.631	1.634	1.637
2.7	1.658	1.661	1.664	1.667

095

$\sqrt{8(a+b)}=10.2$, $\sqrt{ab}=3.464$일 때, 다음 제곱근표를 이용하여 $a-b$의 값을 구하시오. (단, $a>b$)

수	0	1	2	3	4	5
1.0	1.000	1.005	1.010	1.015	1.020	1.025
1.1	1.049	1.054	1.058	1.063	1.068	1.072
1.2	1.095	1.100	1.105	1.109	1.114	1.118
⋮	⋮	⋮	⋮	⋮	⋮	⋮
10	3.162	3.178	3.194	3.209	3.225	3.240
11	3.317	3.332	3.347	3.362	3.376	3.391
12	3.464	3.479	3.493	3.507	3.521	3.536

02

근호를 포함한 식의 계산

096

$$\cfrac{1}{\sqrt{6}-\cfrac{1}{\sqrt{6}-\cfrac{1}{\sqrt{6}}}}$$ 을 간단히 하시오.

097 ✎ 서술형

다음 그림과 같은 수직선에서 점 A와 점 B에 대응하는 수는 각각 $-1-\sqrt{2}$, $3+\sqrt{2}$이고 점 M은 $\overline{AB}$의 중점이다. 점 N이 $\overline{MN}:\overline{NB}=2:1$을 만족할 때, 점 N에 대응하는 수를 구하시오.

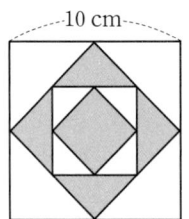

098

오른쪽 그림은 한 변의 길이가 $10\,\mathrm{cm}$인 정사각형 안에 정사각형의 각 변의 중점을 꼭짓점으로 하는 정사각형을 연속하여 세 번 그린 것이다. 이때 색칠한 부분의 둘레의 길이의 합을 구하시오.

099

$\sqrt{504a}$가 자연수가 되도록 하는 가장 작은 자연수 a에 대하여 $\sqrt{(-4+\sqrt{a})^2}-2b\sqrt{a}$가 유리수가 되도록 하는 유리수 b의 값을 구하시오.

100 ✿✿

오른쪽 그림은 가로, 세로의 길이가 각각 $5+\sqrt{2}$, 4인 직사각형을 정사각형으로 차례대로 나눈 다음 정사각형의 한 꼭짓점을 중심으로 하고 그 한 변의 길이를 반지름으로 하는 사분원 A, B, C, D를 그린 것이다. 이때 사분원 A, B, C, D의 호의 길이의 합을 구하시오.

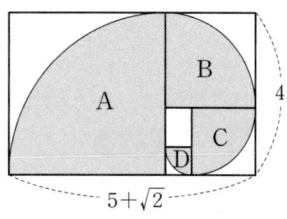

101

$\sqrt{2}(2\sqrt{3}-5)-\dfrac{\square}{\sqrt{2}}=\dfrac{\sqrt{3}+4}{\sqrt{2}}$에서 $\square$ 안에 알맞은 수를 구하시오.

102

두 실수 a, b에 대하여 $a \odot b = a - \sqrt{3}b + ab$라고 할 때,

$(2\sqrt{3}-1) \odot \dfrac{4}{\sqrt{3}}$의 값을 구하시오.

103

부등식 $\sqrt{12}(\sqrt{6}-\sqrt{3})x + 3\sqrt{2} < 2(\sqrt{2}-3)x - 1$을 만족하는 x의 값 중 가장 큰 정수를 구하시오.

104

세 실수 a, b, c에 대하여 $a+b+c=\sqrt{10}$이고
$a : b : c = (\sqrt{6}-\sqrt{2}) : (\sqrt{2}+\sqrt{5}) : (\sqrt{6}-\sqrt{5})$일 때,
$a-b-c$의 값을 구하시오.

유형 06 무리수의 정수 부분과 소수 부분

105 ✿✿

실수 a의 정수 부분을 $f(a)$, 소수 부분을 $g(a)$라고 하자.
$x=\sqrt{12}-1$, $y=3\sqrt{2}+2$일 때, $\dfrac{f(x)-g(y)+3}{2g(x)+f(y)}$의 값을 구하시오.

106

$[a]$는 a보다 크지 않은 최대 정수를 나타낸다. $a=2\sqrt{5}-2$일 때,
$\dfrac{a}{a+[a]} - \dfrac{[a]-a}{[a]}$의 값을 구하시오.

107

2 이상의 네 자연수 a, b, c, d가 다음 조건을 모두 만족할 때,
$5\sqrt{c-a}$의 소수 부분을 x, $\sqrt{\dfrac{7(d-b)}{6}}$의 소수 부분을 y라고
하자. 이때 $x+y$의 값을 구하시오.

> **조건**
>
> ㈎ $\sqrt{a}$, $\sqrt{b}$, $\sqrt{c}$, $\sqrt{d}$는 모두 10 이하의 자연수이다.
>
> ㈏ $2a+b=43$, $d-3c=1$

108

$\dfrac{\sqrt{20^6+4^8}}{\sqrt{10^6+4^5}}$ 을 계산하시오.

V $a>0$, $b>0$일 때, $\dfrac{\sqrt{a}}{\sqrt{b}}=\sqrt{\dfrac{a}{b}}$임을 이용한다.

109

다음 그림과 같이 수직선 위에 정사각형 ABCD가 있다.
□ABCD를 수직선을 따라 오른쪽으로 1회전 시키면
□A′B′C′D′에 위치한다. 점 B에 대응하는 수는 -3, 점 C에
대응하는 수는 -1일 때, 점 A가 움직인 거리를 구하시오.

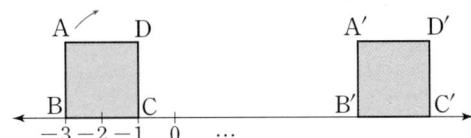

110

다음 표는 자연수 x와 x^2의 값을 나타낸 것이다. 이 표를 이용
하여 $\sqrt{110}$을 소수로 나타내었을 때, 소수점 아래 첫째 자리의
숫자를 구하시오.

x	x^2	x	x^2
103	10609	329	108241
104	10816	330	108900
105	11025	331	109561
106	11236	332	110224
107	11449	333	110889
108	11664	334	111556

111 ⚛☆

두 자연수 x, y에 대하여 $\sqrt{x}+\sqrt{y}=\sqrt{175}$를 만족하는 순서쌍
(x, y)의 개수를 구하시오.

112 ✦✧

다음 그림과 같이 넓이가 각각 2, 3, 8, 12인 네 정사각형을 한 정사각형의 대각선의 교점에 다른 정사각형의 한 꼭짓점을 맞추고 겹치는 부분이 정사각형이 되도록 차례대로 이어 붙여 새로운 도형을 만들었다. 이때 새로 만든 도형의 둘레의 길이를 구하시오.

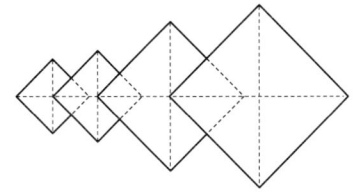

∨ 겹치는 부분인 정사각형의 한 변의 길이는 겹치기 전의 작은 정사각형의 한 변의 길이의 $\frac{1}{2}$이다.

113 ✎ 서술형

연립방정식 $\begin{cases} \sqrt{2}x+\sqrt{3}y=1 \\ \sqrt{3}x-\sqrt{2}y=-1 \end{cases}$의 해가 $x=p$, $y=q$일 때, $\frac{1}{p+q}$의 값을 구하시오.

114

일곱 자리의 자연수 a에 대하여 $\sqrt{a}$의 정수 부분은 m자리의 자연수이고, $x \geq y$인 두 자연수 x, y에 대하여 $\sqrt{x^2+y^2}$의 정수 부분이 6이 되도록 하는 순서쌍 (x, y)의 개수가 n개라고 할 때, mn의 값을 구하시오.

∨ q자리의 자연수 p는 $10^{q-1} \leq p < 10^q$이다.

115

자연수 n에 대하여 $\sqrt{n^2+1}$의 소수 부분을 a_n이라고 할 때, $(a_{2222}+2222)^2$의 일의 자리의 숫자를 구하시오.

제곱근을 이용한 길이 구하기

116

원점의 위치에 있는 눈금을 0, 원점으로부터 거리가 $\sqrt{a}\,(a>0)$인 점의 위치에 있는 눈금을 a로 나타내는 자가 있다. 예를 들어 이 자의 눈금 2는 원점으로부터 거리가 $\sqrt{2}$인 점이다. 다음 그림과 같이 2개의 자를 눈금 12와 눈금 3, 눈금 48과 눈금 x가 일치하도록 붙여 놓았을 때, 양수 x의 값을 구하시오.

| 0 | 12 | 48 |
| 0 | 3 | x |

 칠교놀이에서 도형의 둘레의 길이 구하기

117

오른쪽 그림과 같이 한 칸의 가로와 세로의 길이가 각각 1인 모눈종이를 이용하여 직각이등변삼각형 5개, 정사각형 1개, 평행사변형 1개로 이루어진 칠교판을 만들었다. 칠교 조각을 모두 사용하여 만든 [그림 1]과 [그림 2] 중 둘레의 길이가 더 긴 것을 말하시오.

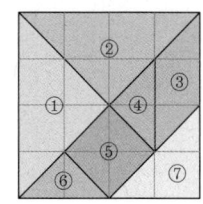

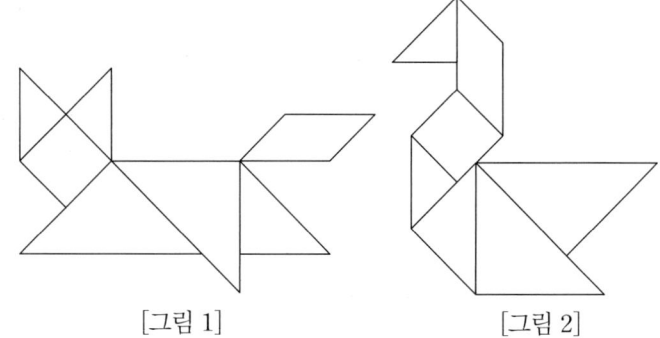

[그림 1] [그림 2]

03 다항식의 곱셈

유형 01 다항식의 곱셈

142

자연수 a를 8로 나누면 나머지가 3이고, 자연수 b를 8로 나누면 나머지가 5일 때, ab를 8로 나눈 나머지를 구하시오.

143

한 변의 길이가 각각 a, b인 두 정사각형을 다음 그림과 같이 붙여 놓았다. $\overline{\text{AC}}$의 중점을 D라고 할 때, $\overline{\text{BD}}$, $\overline{\text{DC}}$를 한 변으로 하는 정사각형의 넓이를 각각 S_1, S_2라고 하자. $\overline{\text{AC}}=12$, $S_2-S_1=15$일 때, ab의 값을 구하시오. (단, $0<a<b$)

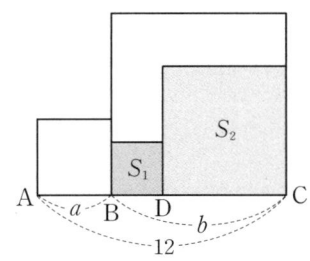

144 ✿☆

$(x+A)(x+B)$를 전개하였더니 $x^2+Cx-40$이 되었다. 다음 중 C의 값이 될 수 없는 것은? (단, A, B, C는 정수)

① -18
② -3
③ 6
④ 12
⑤ 39

유형 02 곱셈 공식을 이용한 수의 계산

145

다음을 계산하시오.

$$\frac{3005^2-2999\times3011}{3010^2-3005\times3015}$$

146

다음을 계산하시오.

$$(3+\sqrt{7})^5(3-\sqrt{7})^4-(3+\sqrt{7})^4(3-\sqrt{7})^6$$

147

$2(4+2)(4^2+2^2)(4^4+2^4)(4^8+2^8)+2^{16}=2^x$일 때, 자연수 x의 값을 구하시오.

148

$\sqrt{2^{20}}(\sqrt{7}+\sqrt{8})^8\left(\dfrac{\sqrt{7}}{2}-\sqrt{2}\right)^{10}=a+b\sqrt{14}$일 때, $a+b$의 값을 구하시오. (단, a, b는 유리수)

유형 03 곱셈 공식을 이용한 분모의 유리화

149

$\dfrac{x-\sqrt{6}}{\sqrt{6}+2}+\dfrac{y-\sqrt{6}}{\sqrt{6}-2}$ 을 계산한 값이 유리수가 되도록 하는 두 유리수 x, y에 대하여 $2x-3y=-10$이 성립할 때, $y-x$의 값을 구하시오.

150

$\dfrac{1}{1+\sqrt{2}+\sqrt{3}}=\dfrac{2+a\sqrt{2}+b\sqrt{c}}{4}$일 때, $a+b+c$의 값을 구하시오. (단, a, b, c는 정수)

151

밑면이 정사각형인 직육면체 A와 정육면체 B가 있다. 정육면체 B의 밑넓이는 직육면체 A의 밑넓이의 3배이고, 정육면체 B의 부피 역시 직육면체 A의 부피의 3배일 때, 정육면체 B의 모든 모서리의 길이의 합은 직육면체 A의 모든 모서리의 길이의 합의 몇 배인지 구하시오.

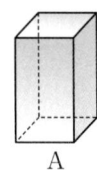
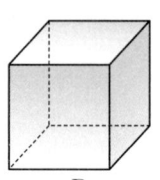

A　　　　B

유형 04 복잡한 식의 계산

152 🖊 서술형

$x^2+3x-40=0$일 때, 다음 식의 값을 구하시오.

$$(x-4)(x-2)(x+5)(x+7)$$

153 ✿✿

$(1+x-x^2-x^3)(1-x+x^2-x^3)$을 전개하시오.

유형 05 곱셈 공식의 변형

154

$x+y=2$, $xy+4=0$일 때, $\dfrac{y}{x-3}+\dfrac{x}{y-3}$의 값을 구하시오.

155 서술형

길이가 84 cm인 끈을 적당히 두 개로 잘라 한 변의 길이가 각각 x cm, y cm인 두 정사각형을 만들었다. 두 정사각형의 넓이의 합이 345 cm²일 때, $(x-y)^2$의 값을 구하시오.

156

$x+y=3$, $x^2+y^2=5$일 때, $\dfrac{y^4}{x^4}+\dfrac{x^4}{y^4}$의 값을 구하시오.

157

$a-b=-4$, $ab=-2$, $x+y=3$, $xy=-1$일 때, $(ax+by)^2+(bx+ay)^2$의 값을 구하시오.

유형 06 식의 값 구하기

158 ✿✩

$x=\dfrac{\sqrt{3}+\sqrt{2}}{2}$, $y=\dfrac{\sqrt{3}-\sqrt{2}}{2}$일 때, $\dfrac{\sqrt{x}+\sqrt{y}}{\sqrt{x}-\sqrt{y}}$의 값을 구하시오.

159

$x=\dfrac{\sqrt{6}-2}{\sqrt{6}+2}$, $y=\dfrac{3\sqrt{2}+4}{3\sqrt{2}-4}$일 때, $(x^2+5x+1)(y^2-34y+2)$의 값을 구하시오.

160 ✿✿

직육면체 A의 가로의 길이, 세로의 길이, 높이를 각각 3 cm씩 늘여서 새로운 직육면체 B를 만들었다. 직육면체 A의 모든 모서리의 길이의 합이 72 cm이고 겉넓이가 184 cm²일 때, 두 직육면체 A, B의 부피의 차를 구하시오.

161

$\left(1+\dfrac{1}{x}\right)\left(1+\dfrac{1}{x^2}\right)\left(1+\dfrac{1}{x^4}\right)\left(1+\dfrac{1}{x^8}\right)\left(1+\dfrac{1}{x^{16}}\right)=\dfrac{x^{32}-a}{x^b-x^{31}}$ 일 때, 두 상수 a, b에 대하여 $b-a$의 값을 구하시오.

(단, $x\neq0$, $x\neq1$)

162

$9\times11\times101\times10001\times100000001$이 n자리의 자연수일 때, 자연수 n의 값을 구하시오.

✔ 큰 수의 계산이나 복잡한 수의 계산을 할 때에는 곱셈 공식을 이용하여 풀 수 있다.

163

x_n의 소수 부분을 y_n이라고 하면 $x_{n+1}=\dfrac{1}{y_n}$이다. $x_1=3\sqrt{2}$일 때, y_{3000}의 값을 구하시오. (단, n은 자연수)

✔ x_1의 값을 이용하여 $y_1, y_2, y_3, \cdots$의 값을 차례대로 구하여 규칙을 찾는다.

164 ✦✧

오른쪽 그림과 같이 한 변의 길이가 4인 정사각형의 네 모퉁이에서 직각 이등변삼각형을 잘라 만든 정팔각형의 넓이를 구하시오.

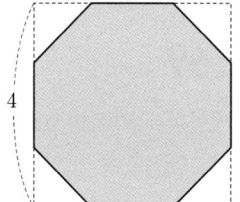

4

166

둘레의 길이가 서로 같은 정사각형과 직사각형의 넓이의 차가 36일 때, 직사각형의 이웃하는 두 변의 길이의 차를 구하시오.

165

$x^2 - y^2 + 1 = 0$일 때,
$\{(x+y)^m + (x-y)^m\}^2 - \{(x+y)^m - (x-y)^m\}^2$의 값을 모두 구하시오. (단, $m \geq 2$인 자연수)

V $(x+y)^m = A$, $(x-y)^m = B$로 놓고 식을 간단히 정리한다.

167 ✎ 서술형

$x^2 - 2x - 1 = 0$일 때, $x^8 + \dfrac{1}{x^8}$의 값의 일의 자리의 숫자를 구하시오.

03 다항식의 곱셈

곱셈 공식을 이용한 수의 계산

168

두 자리 자연수 39와 62의 곱은 2418이다. 또, 십의 자리의 숫자와 일의 자리의 숫자를 바꾼 93과 26의 곱도 2418이다.

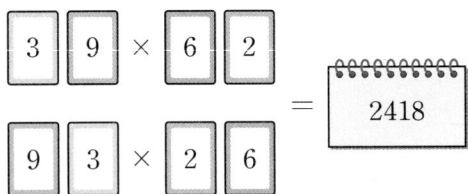

이것을 만족하는 두 자리 자연수의 순서쌍을 (39, 62)와 같이 나타내기로 하자. 이때 (39, 62)와 (93, 26)은 같은 것으로 본다. 이와 같은 방법으로 1에서 9까지의 숫자 카드 9장 중에서 서로 다른 4장을 뽑아 만든 2개의 두 자리 수의 십의 자리의 숫자와 일의 자리의 숫자를 바꾸어 곱한 결과가 처음 두 자리 수의 곱과 같아지는 자연수의 순서쌍은 모두 몇 개인지 구하시오.

입체도형의 부피

169

세영이는 가로의 길이가 $4a+2$, 세로의 길이가 $4a-2$, 높이가 3인 직육면체 모양의 블록을 쌓아 입체도형을 만들었다. 다음 그림은 세영이가 입체도형을 앞, 오른쪽 옆, 위에서 본 모양을 각각 나타낸 것이다. 세영이가 만든 입체도형의 부피를 구하시오.

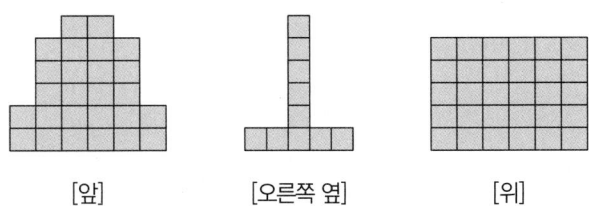

[앞]　　　　[오른쪽 옆]　　　　[위]

04 다항식의 인수분해

유형 01 인수와 인수분해

193

$<a,\ b,\ c>=(a-c)(b-c)$일 때, 다음 식을 인수분해하시오.

$$<x,\ y,\ z>-2<x,\ z,\ y>$$

유형 02 인수분해 공식

194 ✿✮

다항식 $x^2-4ax+5b$에서 다항식 $-6ax+b$를 빼면 완전제곱식으로 인수분해된다고 한다. a, b가 모두 100 이하의 자연수일 때, 이를 만족하는 순서쌍 $(a,\ b)$의 개수를 구하시오.

195 ✏️ 서술형

$-3<a<6$이고 $\sqrt{x}=a+4$일 때,
$\sqrt{x-2a-7}+\sqrt{x-20a+20}$을 간단히 하시오.

196

100개의 다항식 x^2-6x-1, x^2-6x-2, x^2-6x-3, $\cdots$, $x^2-6x-100$ 중에서 x의 계수가 1이고 상수항이 정수인 두 일차식의 곱으로 인수분해되는 다항식의 개수를 구하시오.

197

다항식 $ax^2+44x+12$가 x의 계수와 상수항이 모두 자연수인 두 일차식의 곱으로 인수분해된다. a가 소수일 때, 모든 a의 값의 합을 구하시오.

198

오른쪽 그림에서 점 I는 △ABC의 내심이다. △ABC의 둘레의 길이가 $2(6x+5)$이고 넓이가 $12x^2+16x+5$일 때, 내접원의 반지름의 길이를 구하시오.

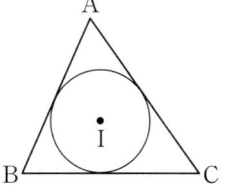

199

오른쪽 그림에서 세 원의 중심은 $\overline{AD}$ 위에 있고, 점 C는 $\overline{BD}$의 중점이다. $\overline{AC}$를 지름으로 하는 원의 둘레의 길이는 12π cm, 색칠한 부분의 넓이는 48π cm^{2}일 때, $\overline{BC}$의 길이를 구하시오.

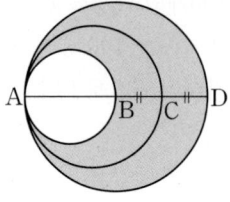

유형 03 복잡한 식의 인수분해

200

서로 다른 두 개의 주사위 A, B를 동시에 던져서 나온 눈의 수를 각각 x, y라고 할 때, $\sqrt{xy-2x-y+2}$가 자연수가 될 확률을 구하시오.

201 ✿✿

$(x+y)^2+2(x+y)-35$의 값이 소수가 되도록 하는 두 자연수 x, y의 순서쌍 (x, y)의 개수를 구하시오.

202

밑면의 가로의 길이와 세로의 길이, 높이가 각각 a, b, c인 직육면체가 있다. a, b, c가
$$6+2a+3b+6c+ab+3bc+2ca+abc=385$$를 만족할 때, 이 직육면체의 부피를 구하시오.

(단, $a<b<c$이고 a, b, c는 자연수이다.)

203

다음 식을 간단히 하시오. (단, $a\neq -b$, $a\neq -c$)

$$\frac{a^2}{(a+b)(c+a)}+\frac{b^2}{(a+b)(b-c)}-\frac{c^2}{(b-c)(c+a)}$$

유형 04 인수분해 공식을 이용한 수의 계산

204

인수분해 공식을 이용하여 다음 식을 계산하시오.

$$\left(\frac{3^2-1}{3^2}\right)\times\left(\frac{4^2-1}{4^2}\right)\times\left(\frac{5^2-1}{5^2}\right)\times\cdots\times\left(\frac{20^2-1}{20^2}\right)$$

205

자연수 $2^{16}-1$이 50 이상 90 미만의 두 자연수로 나누어떨어질 때, 두 자연수의 합을 구하시오.

206 ✿✤

$40 \times 41 \times 42 \times 43 + 1 = N^2$을 만족하는 자연수 N의 값을 구하시오.

207

인수분해 공식을 이용하여 $\sqrt{\dfrac{3^{14}+3^{10}-3^4-1}{3^{10}-1}+\dfrac{102^2-225}{117}}$ 를 계산하시오.

유형 05 인수분해 공식을 이용한 식의 값

208

$x-y=12$이고 $x^2y-xy^2+5x-5y=96$일 때, $\dfrac{x^2-y^2}{x^2y+xy^2}$의 값을 구하시오.

209

$\sqrt{a}+\dfrac{1}{\sqrt{a}}=\sqrt{5}$일 때, 다음 식의 값을 구하시오.

$$(a-5)(a-4)(a+1)(a+2)$$

210 ✍ 서술형

$x=\dfrac{1}{1+\sqrt{2}}+\dfrac{1}{\sqrt{2}+\sqrt{3}}+\dfrac{1}{\sqrt{3}+\sqrt{4}}+\cdots+\dfrac{1}{\sqrt{49}+\sqrt{50}}$일 때, $(x-3)^2+8(x-3)+16$의 값을 구하시오.

04

다항식의 인수분해

211 ✿✩

다음 두 이차식이 모두 같은 일차식으로 나누어떨어질 때, 상수 a의 값을 구하시오. (단, $a \neq 0$)

$$x^2-(a+2)x+2a, \ x^2-(a+4)x+a+4$$

212 ✏️ 서술형

$a+b=11$일 때, 다음 식을 만족하는 두 자연수 a, b의 값을 각각 구하시오.

$$a^{32}-b^{32}=(a+b)(a^2+b^2)(a^4+b^4)(a^8+b^8)(a^{16}+b^{16})$$

213

$x^2y^2-9x^2-4y^2-24xy+36$을 인수분해하시오.

214

네 자연수 a, b, c, d가 다음 조건을 모두 만족할 때, $a+b+c+d$의 값을 구하시오.

조건
(가) $a+b+ab=134$
(나) $b+c+bc=107$
(다) $c+d+cd=139$

215

2, 3, 4, 5가 각각 적힌 네 장의 카드가 숫자가 보이지 않게 뒤집어져 있다. 네 장의 카드를 한 번에 한 장씩 뒤집어서 나오는 숫자를 순서대로 a, b, c, d라고 할 때, $c^2+d^2+ab+ac+ad+bc+2cd+bd$의 최댓값을 구하시오.

(단, 한 번 뒤집은 카드는 다시 뒤집지 않는다.)

∨ 주어진 식을 a에 대한 내림차순으로 정리하여 인수분해한다.

216 ✿✩

49^2+72^2의 가장 큰 소인수를 구하시오.

217

$x-y=2-\sqrt{3}$, $y-z=2+\sqrt{3}$일 때, $x^2+y^2+z^2-xy-yz-zx$의 값을 구하시오.

∨ $x-y$, $y-z$의 값을 이용하여 $z-x$의 값을 구해 본다.

218

두 실수 x, y에 대하여 $x^2+xy+y^2=7$일 때, $x^4+y^4+(x+y)^4$의 값을 구하시오.

∨ $x^2+xy+y^2=(x+y)^2-xy$임을 이용한다.

04

다항식의 인수분해

완전제곱식이 될 확률 구하기

219

다음 그림과 같이 A, B 두 주머니 속에 모양과 크기가 같은 구슬이 각각 6개씩 들어 있다. 각 주머니에서 구슬을 한 개씩 꺼낼 때, A 주머니에서 꺼낸 공에 적힌 수를 a, B 주머니에서 꺼낸 공에 적힌 수를 b라고 하자. 이때 다항식 $x^2 - ax + b$가 완전제곱식이 될 확률을 구하시오.

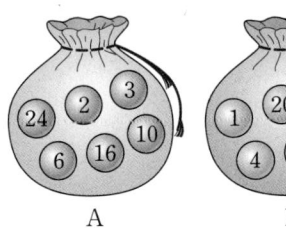

A   B

 거북이의 위치 구하기

220

오른쪽 그림과 같이 거북이 한 마리가 현재 위치에서 출발하여 첫째 날은 동쪽으로 4, 북쪽으로 9만큼, 둘째 날은 서쪽으로 9, 남쪽으로 16만큼, 셋째 날은 동쪽으로 16, 북쪽으로 25만큼 이동한다. 이와 같은 방법으로 거북이가 계속 이동하고, 거북이의 출발 지점을 좌표평면 위의 원점이라고 할 때, 출발한 지 1일 후 거북이의 위치를 좌표로 나타내면 $(4, 9)$, 2일 후 거북이의 위치를 좌표로 나타내면 $(-5, -7)$이다. 이때 12일 후 거북이의 위치를 좌표로 나타내시오.

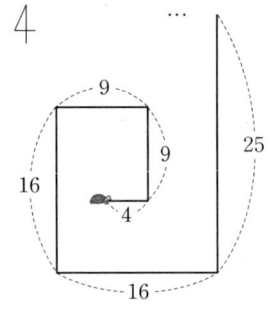

유형 01 이차방정식과 그 해

239

등식 $(ax-1)(ax+3)=4(a-1)(x^2-1)$이 x에 대한 이차방정식이 되도록 하는 a의 조건을 구하시오. (단, a는 상수)

240

이차방정식 $kx^2+(a+1)x+3bk=0$이 k의 값에 관계없이 항상 $x=1$을 근으로 가질 때, $a+6b$의 값은? (단, a, b, k는 상수)

① -3 ② $-\dfrac{4}{3}$ ③ $-\dfrac{2}{3}$

④ $\dfrac{4}{3}$ ⑤ 3

241 ✿✩

이차방정식 $(a+1)x^2-(a-b+2)x-3b+1=0$의 두 근이 $x=2$, $x=-4$일 때, $a-b$의 값은? (단, a, b는 상수)

① -8 ② -5 ③ 2

④ 5 ⑤ 8

유형 02 이차방정식의 한 근이 문자로 주어질 때, 식의 값 구하기

242 ✿✩

이차방정식 $x^2+4x+1=0$의 한 근을 $x=\alpha$라고 할 때, $\alpha^2+\alpha+\dfrac{1}{\alpha}+\dfrac{1}{\alpha^2}$의 값을 구하시오.

243

이차방정식 $3x^2-(5k-2)x-3=0$의 한 근을 $x=\alpha$라고 할 때, $\alpha-\dfrac{1}{\alpha}=k$이다. 이때 상수 k의 값을 구하시오.

244 🖋 서술형

이차방정식 $4(x+1)^2-1=(x+2)(7x-3)$의 두 근을 $x=\alpha$, $x=\beta$라고 할 때, $\dfrac{2\alpha}{3-\alpha^2}-\dfrac{2\beta^2}{\beta-3}$의 값을 구하시오.

245

이차방정식 $(x-2)(x-3)-5=0$의 한 근을 $x=\alpha$라고 할 때, $\alpha^5-8\alpha^4+16\alpha^3-2\alpha^2-5\alpha+4$의 값을 구하시오.

248

자연수 x의 약수의 개수를 $<x>$로 나타낼 때, 등식 $<x>^2+2<x>-15=0$을 만족하는 50 이하의 자연수 x는 모두 몇 개인지 구하시오.

유형 03 인수분해를 이용한 이차방정식의 풀이

246

두 이차방정식 $3x^2+2x-8=0$, $x^2-3x+2k=0$이 공통의 해를 가질 때, 상수 k의 값을 구하시오. (단, $k>0$)

249 서술형

두 실수 a, b에 대하여 $a \circledcirc b=ab+2a-3b$라고 할 때, 방정식 $(x+4) \circledcirc (x-6)=0$의 두 근 $x=\alpha$, $x=\beta$에 대하여 다음 식의 값을 구하시오. (단, $\alpha < \beta$)

$$\alpha-\beta+(\alpha-\beta)^2+(\alpha-\beta)^3+\cdots+(\alpha-\beta)^{123}$$

유형 04 이차방정식의 중근

250

100보다 작은 자연수 a, b에 대하여 이차방정식 $x^2-12ax+4b=0$이 중근을 가질 때, 이를 만족하는 순서쌍 (a, b)의 개수는? (단, a, b는 상수)

① 1개   ② 2개   ③ 3개
④ 4개   ⑤ 5개

247 ✿✿

일차함수 $y=ax+3$의 그래프가 점 $(1-a, a^2)$을 지나고 제3사분면을 지나지 않을 때, 상수 a의 값을 구하시오.

251

이차방정식 $(4a-x)(x-1)=bx-b$가 중근 $x=1$을 갖고, 이차방정식 $x^2-(a+2)x+b=0$의 한 근이 $x=a$일 때, $2a+b$의 값은? (단, a, b는 상수)

① $\dfrac{1}{2}$ ② 1 ③ $\dfrac{3}{2}$

④ 2 ⑤ $\dfrac{5}{2}$

252 🖊 서술형

두 이차방정식 $x^2+ax+a=0$, $abx^2+2bx+1=0$이 모두 중근을 가질 때, $\dfrac{a}{b}$의 값을 구하시오. (단, a, b는 상수)

253 ✿☆

두 자연수 a, b의 최대공약수가 3이고 이차방정식 $x^2-ax+4b=0$이 중근을 가질 때, 다음 두 이차방정식의 공통의 근을 구하시오. (단, a, b는 상수)

$$ax^2+(b-2)x-(b+1)=0$$
$$(a+b)x^2-(a-4)x-\dfrac{a}{3}=0$$

유형 05 제곱근을 이용한 이차방정식의 풀이

254

다음 보기에서 이차방정식 $-5(x+a)^2=b$에 대한 설명으로 옳은 것을 모두 고르시오. (단, a, b는 상수)

보기

ㄱ. $a\geq0$이면 서로 다른 두 근을 갖는다.

ㄴ. $a<0$이면 근이 없다.

ㄷ. $b\geq0$이면 근을 갖는다.

ㄹ. $b=0$이면 중근을 갖는다.

ㅁ. $b<0$이면 서로 다른 두 근을 갖는다.

255 ✿☆

이차방정식 $\left(\dfrac{1}{2}x-1\right)^2=24a$의 해가 유리수가 되도록 하는 두 자리 자연수 a의 값은 모두 몇 개인지 구하시오. (단, a는 상수)

유형 06 완전제곱식을 이용한 이차방정식의 풀이

256

이차방정식 $x^2-ax+b=0$을 완전제곱식을 이용하여 풀었더니 해 $x=-1\pm2\sqrt{3}$을 얻었다. 이때 $a-b$의 값을 구하시오.

(단, a, b는 상수)

257

100 이하의 자연수 a, b에 대하여 이차방정식 $x^2-ax+b=0$의 한 근이 $x=a-\sqrt{b}$일 때, 이를 만족하는 순서쌍 (a, b)의 개수는?

① 6개   ② 7개   ③ 8개

④ 9개   ⑤ 10개

258 ✿✿

이차방정식 $(3026x)^2+(3025\times3027)x-1=0$의 두 근 중 더 작은 근을 $x=\alpha$라 하고, 이차방정식 $x^2-3027x+3026=0$의 두 근 중 더 큰 근을 $x=\beta$라고 할 때, $\alpha+\beta$의 값을 구하시오.

259

다음 세 이차방정식이 반드시 각각 서로 다른 두 근을 갖고, 음수인 공통의 근을 오직 한 개 갖는다고 할 때, ab의 값을 구하시오. (단, a, b는 상수)

$$x^2-ax-x+a=0$$
$$3x^2-(3b-6)x-6b=0$$
$$x^2-3ax-5bx+15ab=0$$

260

이차방정식 $(a+2)x^2-(a^2+4a+2)x-18=0$의 두 근을 $x=\alpha$, $x=\beta$라고 할 때,
$$\alpha=\frac{1}{1+\sqrt{2}}+\frac{1}{\sqrt{2}+\sqrt{3}}+\frac{1}{\sqrt{3}+2}+\cdots+\frac{1}{\sqrt{99}+10}$$
이다. 이때 $a+9\beta$의 값을 구하시오. (단, a는 상수)

261 ✿✩

이차방정식 $x^2+3x+2=0$의 두 근 $x=\alpha$, $x=\beta$에 대하여 $f(n)=\alpha^n+\beta^n$이라고 할 때, $f(n+1)+f(n+2)+f(n+3)$의 값을 α, β를 사용한 식으로 나타내면? (단, $\alpha>\beta$, n은 자연수)

① $\alpha^n+\beta^n$　　　　② $\alpha^n+3\beta^n$　　　　③ $\alpha^{n+1}+\beta^{n+1}$

④ $\alpha^{n+1}+3\beta^{n+1}$　　⑤ $\alpha^{n+2}+\beta^{n+2}$

262 ✎ 서술형

x에 대한 이차방정식 $x^2-2kx+13p+1=0$이 중근을 가질 때, 소수 p의 값을 구하시오. (단, $k\neq2$인 자연수)

263

이차방정식 $(x-6)^2=11k$의 두 근의 차가 두 자리 자연수가 되도록 하는 자연수 k의 값은 모두 몇 개인가?

① 4개　　　　② 5개　　　　③ 6개

④ 7개　　　　⑤ 8개

▼ N이 두 자리 자연수이면 $10\leq N<100$이다.

264

x에 대한 이차방정식 $x^2-(3a-1)x+2a^2-a=0$의 두 근이 이차방정식 $\dfrac{1}{2}(x+1)^2=3$의 두 근 사이에 있도록 하는 모든 정수 a의 값의 합을 구하시오.

창의 융합 수를 맞혀 상품 타기

265

유민이네 수학 동호회에서는 학교 축제에서 다음과 같은 게임을 하려고 한다.

┌─ **게임 방법** ─────────────────────

오른쪽 그림과 같이 16등분된 원판에 화살을 한 번 쏘아 맞힌 숫자를 a라고 할 때, 이차방정식 $x^2-x-a=0$의 자연수인 해에 해당하는 수만큼 상품을 받는다. 자연수인 해가 나오지 않는 경우에는 상품을 받지 못한다.

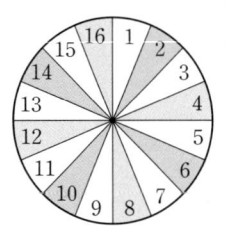

───────────────────────────────

유민이가 이 원판에 화살을 한 번 쏠 때, 원판의 어떤 수를 맞히면 가장 많은 상품을 받을 수 있는지 구하시오.

 창의 융합 알콰리즈미의 이차방정식 풀기

266

다음은 페르시아의 수학자 알콰리즈미(Al-Khwarizmi)가 정사각형의 넓이를 이용하여 이차방정식의 양수인 근을 구한 방법이다.

┌──────────────────────────────

이차방정식 $x^2+6x-40=0$에서 $x^2+6x=40$

❶ $x^2+6x=40$의 좌변 x^2+6x를 [그림 1]과 같이 정사각형과 직사각형의 넓이를 이용하여 나타낸다.

❷ [그림 1]에서 넓이가 $6x$인 직사각형을 합동인 두 개의 직사각형으로 나누어 [그림 2]와 같이 옮겨 붙인다.

❸ [그림 3]과 같이 큰 정사각형이 만들어지도록 넓이가 9인 정사각형을 그린다.

❹ 큰 정사각형의 넓이는 $40+9=49$이고 $49=7^2$이므로 한 변의 길이는 7이다.

❺ $x+3=7$에서 $x=4$

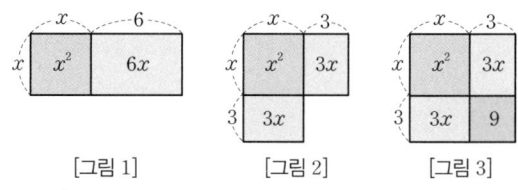

[그림 1]　　　　[그림 2]　　　　[그림 3]

───────────────────────────────

위와 같은 방법으로 이차방정식 $x^2+10x-119=0$의 양수인 근을 구하시오.

유형 01 이차방정식의 근의 공식

285

이차방정식 $x^2-8x+k=0$의 한 근을 $x=\alpha$라고 할 때, $2<\alpha<3$이 되게 하는 모든 자연수 k의 값의 합은?

① 23   ② 25   ③ 27

④ 29   ⑤ 31

286 ✿✿

이차방정식 $2x^2+12x+k-1=0$의 해가 모두 정수가 되도록 하는 자연수 k의 값은 모두 몇 개인지 구하시오.

287

이차방정식 $(x-1)^2+|x-1|+1=6$의 두 근의 합을 구하시오.

288 ✍️ 서술형

지환이가 이차방정식 $ax^2+bx+c=0$의 근의 공식을 $x=\dfrac{b\pm\sqrt{b^2-4ac}}{a}$로 잘못 적용하여 어떤 이차방정식을 풀었더니 두 근 $-\dfrac{4}{5}$, $\dfrac{2}{3}$를 얻었다. 이 이차방정식의 옳은 근을 α, β라고 할 때, $5\alpha-3\beta$의 값을 구하시오.

(단, a, b, c는 상수, $\alpha>\beta$)

유형 02 여러 가지 이차방정식의 풀이

289 ✿✿

이차방정식 $x^2-0.\dot{3}x+a=0$의 한 근이 $x=-0.\dot{6}$일 때, 다른 한 근을 $x=b$라고 하자. 이때 $a+b$의 값을 구하시오.

(단, a는 상수)

290

이차방정식 $\dfrac{x(x+2)}{6}-\dfrac{(x-1)^2}{8}=-\dfrac{1}{2}$의 해가 $x=a\pm2\sqrt{b}$일 때, x에 대한 이차방정식 $x^2+ax+b=0$을 푸시오.

(단, a, b는 유리수)

291

등식 $x^2+2xy+y^2-4x-4y-5=0$을 만족하는 자연수 x, y의 순서쌍 (x, y)는 모두 몇 개인지 구하시오.

유형 03 이차방정식의 근의 개수

292

다음 중 이차방정식 $ax^2+2(a+6)x+a+8=0$에 대한 설명으로 옳은 것은? (단, a는 상수)

① 항상 서로 다른 두 근을 갖는다.

② $a=-9$일 때, 서로 다른 두 근을 갖는다.

③ $a<-9$일 때, 근을 갖지 않는다.

④ $a>-9$일 때, 중근을 갖는다.

⑤ $a>-10$일 때, 서로 다른 두 근을 갖는다.

293 ✿✩

이차방정식 $x^2-(2k-5)x+k^2=0$은 근을 갖고, 이차방정식 $4x^2+2\sqrt{3}x+k=0$은 근을 갖지 않을 때, 다음 중 상수 k의 값이 될 수 <u>없는</u> 것은?

① $\dfrac{3}{4}$　　　② $\dfrac{7}{8}$　　　③ 1

④ $\dfrac{9}{8}$　　　⑤ $\dfrac{5}{4}$

294

이차방정식 $\dfrac{3}{5}(4x+1)^2-0.8(4x+1)+a=0$이 중근을 갖도록 하는 상수 a의 값을 구하시오.

295 🖐 서술형

이차방정식 $x^2-ax+3b=0$이 서로 다른 두 근을 가질 때, 이차방정식 $x^2+(a-4c)x+3b-2ac=0$의 근의 개수를 구하시오. (단, a, b, c는 상수)

유형 04 이차방정식의 근과 계수의 관계

296 ✿✩

이차방정식 $ax^2+bx+c=0$의 두 근의 차가 3이고 두 근의 비가 $1:2$일 때, $\dfrac{b+c}{a}$의 값 중 가장 큰 값은?

(단, a, b, c는 상수)

① -27　　　② -18　　　③ -9

④ 18　　　⑤ 27

297

이차방정식 $x^2+5x+2=0$의 두 근을 $x=\alpha$, $x=\beta$라고 할 때, $\dfrac{\alpha}{\beta^2+6\beta+1}+\dfrac{\beta}{\alpha^2+6\alpha+1}$의 값을 구하시오.

유형 05 이차방정식 구하기

298

x^2의 계수가 1인 이차방정식 $f(x)=0$의 두 근의 합은 5이고 곱은 3일 때, 방정식 $f(2x-1)=0$의 두 근의 합은?

① $-\dfrac{9}{2}$ ② $-\dfrac{7}{2}$ ③ $-\dfrac{5}{2}$

④ $\dfrac{7}{2}$ ⑤ $\dfrac{9}{2}$

299

서로 다른 두 이차방정식 A, B가 다음 두 조건을 만족할 때, 두 이차방정식 A, B의 모든 근의 곱을 구하시오.

조건
㈎ 두 이차방정식 A, B는 각각 서로 다른 두 근을 갖고, 각 이차방정식의 두 근은 절댓값이 각각 서로 같다.
㈏ 각 이차방정식의 x^2의 계수와 상수항의 절댓값은 서로 같다.

300

두 수 x, y에 대하여 $(x+y)^2-12(x+y)+27=0$이고 $xy=-4$일 때, 이를 만족하는 모든 x의 값의 합은?

① 11   ② 12   ③ 13

④ 14   ⑤ 15

301

이차방정식 $x^2-x-3=0$의 두 근을 α, β라고 할 때, $\alpha^2+3\alpha-3$, $\beta^2+3\beta-3$을 두 근으로 하고 x^2의 계수가 1인 이차방정식을 $x^2+px+q=0$이라고 하자. 이때 $p-q$의 값을 구하시오. (단, p, q는 상수)

302 서술형

대수와 기하가 x에 대한 이차방정식을 푸는데 대수는 x^2의 계수를 잘못 보고 풀어 근 $2\pm2\sqrt{5}$를 얻었고, 기하는 상수항을 잘못 보고 풀어 근 -1, 3을 얻었다. 이때 처음 이차방정식을 바르게 푸시오.

303

다음 그림과 같이 바둑돌을 정삼각형 모양으로 놓을 때, 120개의 바둑돌이 놓이는 것은 몇 단계인가?

[1단계] [2단계] [3단계] [4단계] …

① 13단계   ② 14단계   ③ 15단계
④ 16단계   ⑤ 17단계

304 ✿✩

오른쪽 그림과 같이 넓이가 480 cm^2인 직사각형 모양의 벽에 모양과 크기가 같은 직사각형 모양의 타일 10장을 꼭 맞게 붙였다. 이때 타일 1장의 둘레의 길이는 몇 cm인지 구하시오.

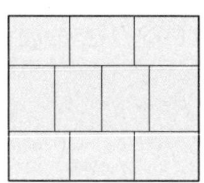

305 ✿✩

오른쪽 그림과 같이 일차함수 $y=-3x+15$의 그래프가 x축, y축과 만나는 점을 각각 A, B라 하고 그래프 위의 점 P에서 x축에 내린 수선의 발을 Q라고 하자. □BOQP의 넓이가 24일 때, 점 P의 좌표를 구하시오.
(단, 점 P는 제1사분면 위에 있다.)

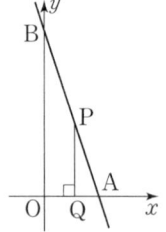

306

오른쪽 그림과 같이 높이가 8 cm인 원뿔대에서 $\overline{O'A} : \overline{OB} = 1 : 3$이고, 원뿔대의 부피가 $312\pi \text{ cm}^3$일 때, $\overline{O'A}$의 길이는 몇 cm인지 구하시오. (단, $\overline{O'A}$, $\overline{OB}$는 각각 두 밑면의 반지름이다.)

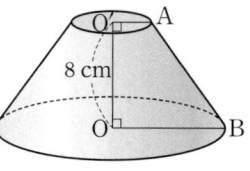

307

버스 요금을 $x \%$ 인상하면 승객 수는 $\dfrac{2}{3}x \%$ 감소한다고 한다. 수입이 변함이 없도록 하려면 요금을 몇 % 인상해야 하는지 구하시오.

308 ✍서술형

오른쪽 그림과 같이 한 변의 길이가 8인 정사각형의 네 모퉁이에서 각각 합동인 직각이등변삼각형을 잘라 정팔각형을 만들었다. 이 정팔각형의 한 변의 길이를 구하시오.

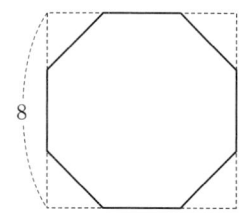

309 ✱✧

이차식 $x^2-6x+14$가 어떤 정수의 제곱이 되게 하는 모든 정수 x의 값의 합은?

① -6 ② -5 ③ -4

④ 5 ⑤ 6

310

무리수 x의 소수 부분을 α라고 할 때, $x^2+\alpha^2=27$이 성립한다. 이때 $x\alpha$의 값을 구하시오. (단, $x>0$)

311

방정식 $1+x(x-1)(x+1)(x+2)=89^2$의 자연수인 해를 구하시오.

312 ✎ 서술형

자연수 n에 대하여 이차방정식
$(\sqrt{n(n+1)}+n)x^2-\sqrt{n}x-1=0$의 두 근을 α_n, β_n이라고 할 때, 다음 식의 값을 구하시오. (단, n은 상수)

$$(\alpha_1+\alpha_2+\alpha_3+\cdots+\alpha_{399})+(\beta_1+\beta_2+\beta_3+\cdots+\beta_{399})$$

✔ 이차방정식의 근과 계수의 관계를 이용하여 $\alpha_n+\beta_n$을 n에 대한 식으로 나타내어 본다.

06

이차방정식의 활용

313

한 자리 자연수 a, b, c에 대하여 이차방정식 $ax^2-bx+3c=0$의 두 근을 α, β라고 할 때, $1<\alpha<2$, $4<\beta<5$이다. 이때 abc의 값을 구하시오.

314 ✏️ 서술형

이차방정식 $x^2+ax-b=0$의 양수인 두 근의 차는 3이고 두 근의 제곱의 차는 15이다. 두 근이

$A=(a-b)+(a-b)^2+\cdots+(a-b)^{777}$,

$B=(b-a)+(b-a)^2+\cdots+(b-a)^{777}$이고 x^2의 계수가 1인 이차방정식을 구하시오. (단, a, b는 상수)

315 ⚛️

버스가 달린 거리는 달린 시간에 정비례하고 열차가 달린 거리는 달린 시간의 제곱에 정비례한다. 열차가 출발할 때, 열차의 5 km 뒤에서 동시에 출발한 버스가 10분 후에 열차를 추월하고, 그로부터 10분 후에 다시 열차가 추월한다. 이때 출발한 지 몇 분 후에 열차가 버스보다 30 km 앞에서 달리게 되는지 구하시오. (단, 버스가 달린 도로와 철도는 모두 직선이고 서로 평행하다.)

316

농도가 10 %인 소금물 100 g에 대하여 다음 시행을 연속으로 두 번 하였더니 소금물의 농도가 6.4 %가 되었다. 이때 x의 값을 구하시오.

> [시행] 소금물을 x g 털어내고 같은 양의 물을 넣어 섞는다.

창의 융합 황금비 구하기

317

오른쪽 그림은 레오나르도 다빈치의 비트루비안 인간에 황금비를 보여 주는 정오각형별을 그린 것이다. 황금비는 고대 그리스 시대부터 내려온 것으로 조화로움과 아름다움을 직관적으로 느낄 수 있게 해 주는 두 선분의 길이의 비로 알려져 있다. 다음 황금비에 대한 설명을 읽고 오른쪽 그림에서 $\overline{AC} : \overline{BC}$가 황금비이고 $\overline{AB}=1$일 때, $\overline{AC}$의 길이를 구하시오.

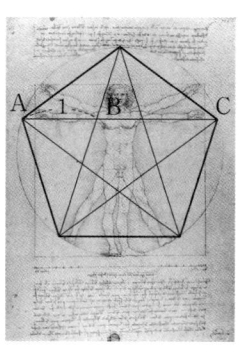

오른쪽 그림과 같이 $\overline{PQ}$ 위의 점 R에 대하여 $\overline{PQ} : \overline{PR} = \overline{PR} : \overline{QR}$가 성립할 때, $\overline{PQ} : \overline{PR}$를 황금비라고 한다.

 창의 융합 경기에 참가한 팀의 수 구하기

318

리그전은 대회에 참가한 모든 팀이 서로 한 번씩 경기를 치르는 진행 방법이다. 대회에 참가한 14개의 팀을 A, B 두 그룹으로 나누어 각각 리그전을 치르게 한 후 각 그룹의 1위 팀끼리 결승전을 한 번 치르게 하였더니 총 44번의 경기가 치러졌다. A 그룹에 속한 팀은 모두 몇 팀인지 구하시오. (단, A 그룹에 속한 팀의 수는 B 그룹에 속한 팀의 수보다 적다.)

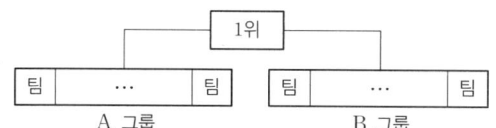

06
이차방정식의 활용

유형 01 이차함수

337

다음 보기에서 등식 $y=2x^2-x(ax-1)+5$에 대한 설명으로 옳은 것을 모두 고른 것은? (단, a는 상수)

> **보기**
>
> ㄱ. $a=1$이면 y는 x에 대한 이차함수이다.
> ㄴ. $a=2$이면 y는 x에 대한 함수가 아니다.
> ㄷ. $x=0$일 때, $y=5$이다.
> ㄹ. $x=1$, $y=3$이면 $a=11$이다.

① ㄱ, ㄴ   ② ㄱ, ㄷ   ③ ㄴ, ㄷ
④ ㄴ, ㄹ   ⑤ ㄷ, ㄹ

338

이차함수 $f(x)=\dfrac{x^2-13}{2}-\dfrac{x}{3}$에서 $f(a)=-1$, $f(3)=b$일 때, $a-2b$의 값을 구하시오. (단, $a<0$)

유형 02 이차함수 $y=ax^2$의 그래프

339

이차함수 $y=ax^2$의 그래프는 이차함수 $y=-\dfrac{1}{4}x^2$의 그래프와 x축에 대칭이고 점 $(m, m-1)$을 지날 때, m의 값은? (단, a는 상수)

① 1   ② 2   ③ 3
④ 4   ⑤ 5

340

오른쪽 그림에서 두 이차함수 $y=ax^2$과 $y=dx^2$의 그래프, 두 이차함수 $y=bx^2$과 $y=cx^2$의 그래프는 각각 x축에 대칭이다. 다음 중 옳지 않은 것은? (단, a, b, c, d는 상수)

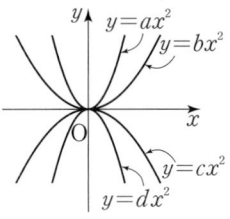

① $a>b$ ② $c>d$
③ $|d|>|b|$ ④ $ad>bc$
⑤ $a+b+c+d=0$

341 ✿✩

두 점 A$(-2, 6)$, B$(6, 12)$에 대하여 이차함수 $y=ax^2$의 그래프가 $\overline{AB}$와 한 점에서 만나도록 하는 상수 a의 값의 범위를 구하시오.

342 ✍서술형

오른쪽 그림과 같이 두 이차함수 $y=3x^2$, $y=-2x^2$의 그래프 위의 네 점 A, B, C, D를 꼭짓점으로 하는 정사각형 ABCD의 한 변의 길이를 구하시오. (단, □ABCD의 각 변은 좌표축에 평행하다.)

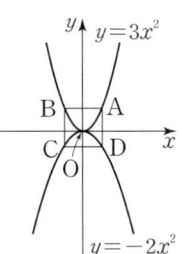

유형 03 이차함수 $y=ax^2+q$의 그래프

343

오른쪽 그림과 같이 두 점 $(0, -2)$, $(3, 1)$을 지나는 이차함수 $y=f(x)$의 그래프가 이차함수 $y=ax^2$의 그래프를 y축의 방향으로 평행이동한 것일 때, $f(-2)-f(1)$의 값을 구하시오.

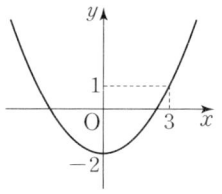

(단, a는 상수)

344 ✿✩

오른쪽 그림에서 두 점 A, B는 각각 두 이차함수 $y=-\dfrac{4}{3}x^2+m$, $y=x^2+n$의 그래프의 꼭짓점이다. 두 이차함수의 그래프가 x축 위의 두 점 C$(-3, 0)$, D$(3, 0)$에서 만날 때, $\square$ACBD의 넓이를 구하시오. (단, m, n은 상수)

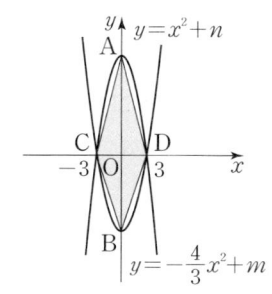

345

이차함수 $y=-\dfrac{1}{2}x^2+k$의 그래프가 x축과 만나는 두 점을 각각 A, B라고 할 때, $\overline{AB}$의 길이가 자연수가 되도록 하는 모든 정수 k의 값의 합을 구하시오. (단, $0<k<50$)

346

오른쪽 그림과 같이 이차함수 $y=-\dfrac{1}{4}x^2+4$의 그래프가 직선 $x=k$와 x축 위에서 만날 때, 두 이차함수 $y=-\dfrac{1}{4}x^2+4$, $y=-\dfrac{1}{4}x^2-1$ 의 그래프와 y축, 직선 $x=k$로 둘러싸인 부분의 넓이를 구하시오. (단, $k>0$)

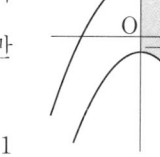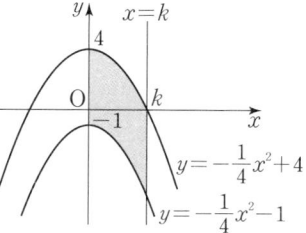

유형 04 이차함수 $y=a(x-p)^2$의 그래프

347 ✿✩

두 이차함수 $y=2x^2-6$, $y=a(x-p)^2$의 그래프가 서로의 꼭짓점을 지날 때, $a+p$의 값을 구하시오.

(단, a, p는 상수, $p>0$)

348 🖊️ 서술형

오른쪽 그림과 같이 x축과 평행한 직선 l이 이차함수 $y=a(x-2)^2$의 그래프와 y축 위의 점 A에서 만난다. 직선 l이 이차함수 $y=a(x-2)^2$의 그래프와 만나는 다른 한 점을 B라 하고, 이차함수 $y=(x-2)^2$의 그래프와 만나는 두 점을 각각 C, D라고 할 때, $\overline{AB}:\overline{CD}=2:1$을 만족하는 상수 a의 값을 구하시오.

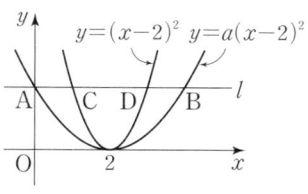

349

이차함수 $y=a(x+1)^2$의 그래프를 x축에 대칭이동한 후 x축의 방향으로 3만큼, y축의 방향으로 $4b$만큼 평행이동하였더니 이차함수 $y=2x^2+kx+k^2$의 그래프와 일치하였다. 이때 $a+b+k$의 값을 구하시오. (단, a, k는 상수)

350

세 이차함수 $y=3x^2+2$, $y=-5(x-3)^2$, $y=\dfrac{1}{4}(x-4)^2+6$의 그래프의 꼭짓점을 각각 A, B, C라고 할 때, △ABC의 넓이를 구하시오.

351 ✿✿

이차함수 $y=2(x+3)^2+k-5$의 그래프가 제4사분면만을 지나지 않을 때, 상수 k의 값의 범위는?

① $-13 \le k < 5$ ② $-13 \le k \le 5$ ③ $-3 \le k < 5$
④ $-3 \le k < 15$ ⑤ $-3 \le k \le 15$

352 서술형

오른쪽 그림과 같이 꼭짓점의 좌표가 $(1, -1)$인 이차함수 $y=a(x-p)^2+q$의 그래프가 정사각형 ABCD와 두 점에서 만나도록 하는 a의 값의 범위를 구하시오. (단, a, p, q는 상수)

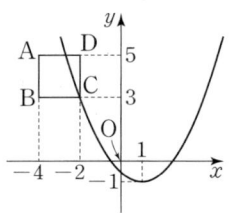

353

이차함수 $y=\dfrac{a}{b}\left(x-\dfrac{b}{c}\right)^2-\dfrac{c}{d}$의 그래프가 오른쪽 그림과 같을 때, 이차함수 $y=ac(x+bd)^2-ad$의 그래프가 지나지 않는 사분면을 모두 구하시오.

(단, a, b, c, d는 상수)

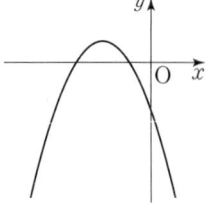

354 ✿✿

이차함수 $y=a(x+p)^2-pq$의 그래프가 위로 볼록하고 꼭짓점이 제2사분면 위에 있을 때, 이차함수 $y=-q(x-p)^2-(a+q)$의 그래프의 꼭짓점은 제몇 사분면 위에 있는지 구하시오. (단, a, p, q는 상수)

355

두 이차함수

$$f(x)=-\frac{1}{2}(x-4)^2+9, \; g(x)=-\frac{1}{2}(x-5)^2+9$$

에 대하여 $\dfrac{f(-95)f(-94)f(-93) \cdots f(0)}{g(-95)g(-94)g(-93) \cdots g(0)}$ 의 값을 구하시오.

∨ 두 이차함수 $y=f(x)$, $y=g(x)$의 함숫값 사이에는 어떤 관계가 있는지 생각해 본다.

356

오른쪽 그림과 같이 좌표평면 위에 이차함수 $y=x^2$의 그래프를 그리고, x축과 그래프 사이의 x좌표와 y좌표가 모두 정수인 점들을 나타내었다. x좌표가 a일 때의 점의 개수를 $N(a)$라고 할 때, $N(-41)$의 값을 소인수분해하면? (단, $a \neq 0$인 정수)

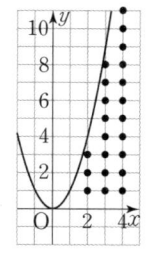

① $2^3 \times 3 \times 5$ ② $2^3 \times 5 \times 7$ ③ $2^4 \times 3 \times 5 \times 7$

④ $2^4 \times 3^2 \times 5 \times 7$ ⑤ $2^4 \times 3^2 \times 5 \times 7^2$

357 서술형

오른쪽 그림과 같이 이차함수 $y=\frac{1}{3}x^2$의 그래프 위에 5개의 점 A, B, O, C, D가 있다. $\overline{AD}$, $\overline{BC}$는 모두 x축에 평행하고 $\overline{AD}$는 점 E(0, 12)를 지난다. $\overline{ED}=\overline{BC}$일 때, 오각형 ABOCD의 넓이를 구하시오. (단, 점 O는 원점이다.)

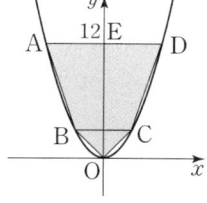

358 ✿✿

오른쪽 그림과 같이 직선 $y=-\frac{3}{4}x+k$가 x축, y축과 만나는 점을 각각 A, B라 하고, 이차함수 $y=\frac{9}{8}x^2$의 그래프와 만나는 점을 P라고 하자. $\overline{AP}:\overline{PB}=3:1$일 때, 점 P의 좌표를 구하시오. (단, $k>0$)

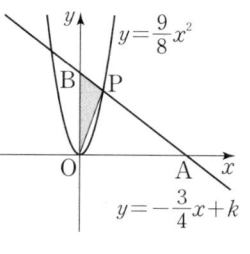

359 ✿✿

오른쪽 그림과 같이 두 이차함수 $y=ax^2+3$, $y=b(x-3)^2$의 그래프가 서로의 꼭짓점을 지나고, 이 두 이차함수의 그래프와 직선 $x=1$의 교점을 각각 A, B라고 할 때, $\overline{AB}$의 길이는? (단, a, b는 상수)

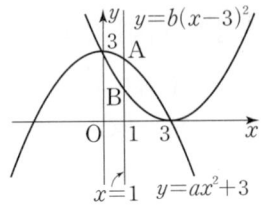

① $\dfrac{1}{3}$ ② $\dfrac{2}{3}$ ③ 1

④ $\dfrac{4}{3}$ ⑤ $\dfrac{5}{3}$

360

오른쪽 그림은 두 이차함수 $y=-2x^2$, $y=-2(x+2)^2$의 그래프와 두 그래프의 꼭짓점을 지나도록 이차함수 $y=-2x^2$의 그래프를 평행이동하여 그린 것이다. 이때 색칠한 부분의 넓이를 구하시오.

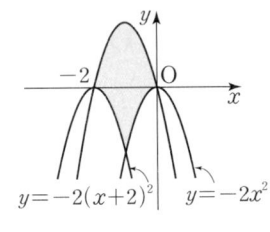

∨ 두 이차함수 $y=-2x^2$, $y=-2(x+2)^2$의 그래프와 이차함수 $y=-2x^2$의 그래프를 평행이동한 그래프는 모두 모양과 폭이 같음을 이용한다.

361 ✿✿

오른쪽 그림과 같이 이차함수 $y=\dfrac{1}{2}(x+4)^2$의 그래프가 x축, y축과 만나는 점을 각각 A, B라고 하자. 그래프 위의 서로 다른 두 점 $C(-6, 2)$, D에 대하여 $\triangle ABC$의 넓이와 $\triangle ABD$의 넓이가 서로 같을 때, 점 D의 좌표를 구하시오.

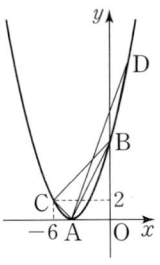

362 ✎ 서술형

오른쪽 그림과 같이 직선 $y=k$가 두 이차함수 $y=(x-p)^2-19$, $y=(x-1)^2+q$의 그래프와 세 점 A, B, C에서 만난다. 점 B는 두 이차함수의 그래프의 교점이고 y축 위에 있다. $\overline{AB}=4\overline{BC}$일 때, $k-p-q$의 값을 구하시오.

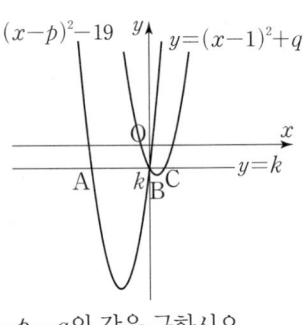

(단, k, p, q는 상수, $p<0$)

창의 융합 | 이차함수의 그래프가 모든 사분면을 지날 확률

363

정육면체 모양의 주사위의 각 면에 -3, -2, -1, 1, 2, 3의 6개의 수가 각각 하나씩 적혀 있다. 이 주사위를 두 번 던져서 처음 나온 수를 p, 두 번째에 나온 수를 q라고 할 때, 이차함수 $y=-\dfrac{1}{2}x^2$의 그래프를 x축의 방향으로 p만큼, y축의 방향으로 q만큼 평행이동한 그래프가 모든 사분면을 지날 확률을 구하시오.

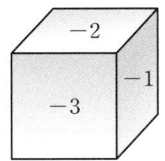

 창의 융합 | 이차함수의 그래프와 넓이

364

다음 [그림 1]의 색칠한 부분과 같이 이차함수 $y=\dfrac{1}{3}x^2\,(x\geq0)$의 그래프에 대하여 $x=0$, 1, 2, 3, $\cdots$, n과 그때의 함숫값을 이용하여 n개의 계단 형태로 나열된 직사각형을 그리고, 이 도형을 A라고 하자. [그림 2]의 색칠한 부분과 같이 두 직선 $x=n$, $y=\dfrac{1}{3}n^2$과 x축, y축으로 둘러싸인 직사각형에서 도형 A를 제외한 부분의 넓이가 300일 때, 자연수 n의 값을 구하시오.

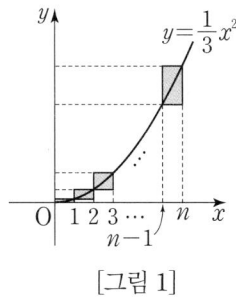

[그림 1]

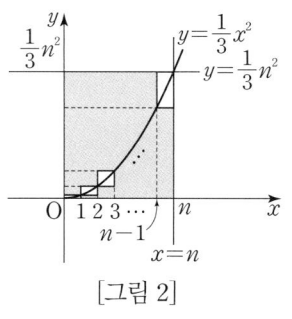

[그림 2]

07 이차함수와 그래프 (1)

08 이차함수와 그래프 (2)

유형 01 이차함수 $y=ax^2+bx+c$의 그래프

382

다음 이차함수 중 그래프의 폭이 가장 좁은 것의 꼭짓점의 좌표를 $(p,\ q)$라 하고, 그래프의 축이 y축과 가장 가까운 것과 y축과의 교점의 좌표를 $(0,\ c)$라고 할 때, $p+q+c$의 값을 구하시오.

$$y=(x-3)^2+4, \qquad y=-\frac{1}{3}(x+2)^2-5$$
$$y=2x^2-2x+1, \qquad y=-4x^2+8x+3$$

383 ✿✿

오른쪽 그림과 같은 이차함수

$y=\dfrac{1}{3}x^2+2x+3$의 그래프에서 꼭짓점

을 A, y축과의 교점을 B라고 하자.
$\overline{AB}=\overline{AC}$가 되도록 x축 위에 점 C를 잡
을 때, 점 C의 x좌표는?

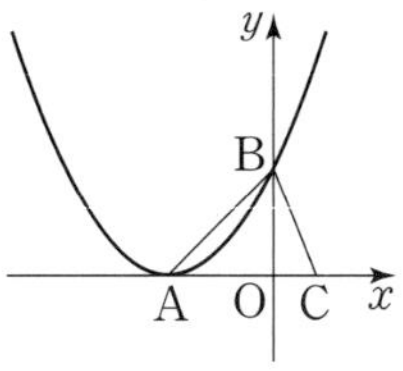

① $-3+3\sqrt{2}$ ② $-3+4\sqrt{2}$ ③ $3+2\sqrt{2}$

④ $3+3\sqrt{2}$ ⑤ $3+4\sqrt{2}$

384

이차함수 $f(x)=x^2-6x-3$에 대하여
$\dfrac{f(4)\times f(5)\times f(6)\times f(7)\times f(8)}{f(2)\times f(1)\times f(0)\times f(-1)\times f(-2)}$의 값을 구하시오.

385 ✿✿

이차함수 $y=-x^2-10x+5k$의 그래프가 제2, 3, 4 사분면만을 지나도록 하는 정수 k의 값은 모두 몇 개인지 구하시오.

386

이차함수 $y=x^2-8x+15$의 그래프를 y축의 방향으로 k만큼 평행이동하면 x축과 만나는 두 점 사이의 거리가 처음의 2배가 된다고 한다. 이때 k의 값을 구하시오.

387 ✏️ 서술형

두 이차함수 $y=2x^2-5$, $y=ax^2+bx-1$의 그래프는 두 점에서 만나고 직선 $y=3x+4$는 이 두 교점을 모두 지날 때, $9a-3b$의 값을 구하시오. (단, a, b는 상수)

유형 02 이차함수의 그래프와 넓이

388 ✿✪

이차함수 $y=2x^2-8x+11$의 그래프의 꼭짓점을 A라 하고, 이 그래프를 y축의 방향으로 -5만큼 평행이동한 그래프가 x축과 만나는 두 점을 각각 B, C라고 할 때, △ABC의 넓이는?

① 2   ② 3   ③ 6

④ 12   ⑤ 18

389 ✎ 서술형

오른쪽 그림과 같은 이차함수 $y=-x^2-2x+k$의 그래프에서 꼭짓점을 A, x축과 만나는 두 점을 각각 B, C라고 하자. $\overline{BC}=6$일 때, △ABC의 넓이를 구하시오. (단, k는 상수)

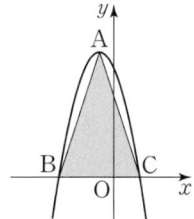

390

오른쪽 그림과 같이 이차함수 $y=ax^2+bx+6$의 그래프가 y축과 만나는 점을 A, x축과 만나는 두 점을 각각 B, C라고 하자. △AOC는 이등변삼각형이고 $△ABO=\dfrac{1}{2}△AOC$일 때, $3a+b$의 값을 구하시오. (단, a, b는 상수)

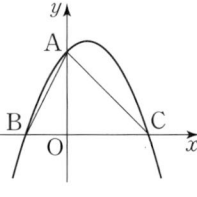

391

오른쪽 그림과 같이 이차함수 $y=-x^2+6x+k$의 그래프에서 꼭짓점을 A, x축과 만나는 두 점을 각각 B, C라하고, $\overline{AB}$가 y축과 만나는 점을 D라고 하자. $\overline{AD}:\overline{DB}=3:1$일 때, △ABC의 넓이를 구하시오. (단, k는 상수)

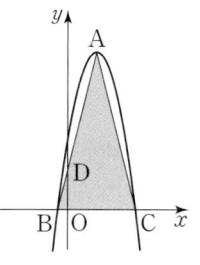

392

오른쪽 그림과 같이 두 이차함수 $y=\dfrac{1}{5}x(x+4)$, $y=-\dfrac{1}{5}x(x+4)$의 그래프로 둘러싸인 부분에 내접하는 정사각형 ABCD의 넓이를 구하시오. (단, 정사각형 ABCD의 각 변은 좌표축에 평행하다.)

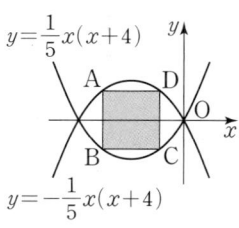

유형 03 이차함수 $y=ax^2+bx+c$의 그래프에서 a, b, c의 부호

393 ✿✪

이차함수 $y=ax^2+bx+c$의 그래프가 오른쪽 그림과 같을 때, 이차함수 $y=acx^2+bcx$의 그래프가 지나는 사분면을 모두 구하시오.

(단, a, b, c는 상수)

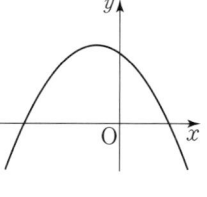

394

이차함수 $y=ax^2-bx$의 그래프의 꼭짓점이 제4사분면 위에 있을 때, 다음 중 옳지 <u>않은</u> 것은? (단, a, b는 상수)

① $a+b>0$

② $-3ab<0$

③ 일차함수 $y=ax+b$의 그래프는 제4사분면을 지나지 않는다.

④ 이차함수 $y=ax^2-b$의 그래프는 제1, 2사분면만을 지난다.

⑤ 이차함수 $y=(a+b)x^2+8x-ab$의 그래프의 꼭짓점은 제3사분면 위에 있다.

유형 **04** 이차함수의 식 구하기 (1)

395 ✿✿

이차함수 $y=ax^2+bx+c$의 그래프의 꼭짓점의 좌표가 $(-4, 6)$일 때, 이 그래프가 모든 사분면을 지나도록 하는 a의 값의 범위를 구하시오. (단, a, b, c는 상수)

396

이차함수 $y=ax^2+bx+c$의 그래프가 다음 두 조건을 만족한다. $f(x)=ax^2+bx+c$라고 할 때, 다음 보기에서 옳은 것을 모두 고르시오. (단, a, b, c는 상수)

> (가) 직선 $x=-1$에 대하여 대칭이다.
> (나) 이차함수 $y=2x^2+3x-1$의 그래프를 평행이동한 것이다.

> 보기
> ㄱ. $b=-4$
> ㄴ. $f(-1)<f(1)$
> ㄷ. $c>0$일 때, 그래프는 제4사분면을 지나지 않는다.

유형 **05** 이차함수의 식 구하기 (2)

397

x축과 두 점 $(1, 0)$, $(5, 0)$에서 만나고 꼭짓점의 y좌표가 12인 이차함수의 그래프를 y축에 대칭이동한 그래프를 나타내는 이차함수의 식은?

① $y=-3x^2-18x-15$ ② $y=-x^2-6x-5$

③ $y=x^2+6x+15$ ④ $y=3x^2-18x+15$

⑤ $y=3x^2+18x+15$

398 ✿✿

오른쪽 그림과 같이 이차함수 $y=x^2+ax+b$의 그래프와 x축과의 두 교점을 각각 A, B라 하고 y축과의 교점을 C라고 하자. 이 이차함수의 그래프가 직선 $y=2x-6$과 두 점 B, C에서 만날 때, $a-b$의 값을 구하시오. (단, a, b는 상수)

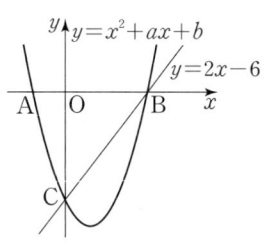

399 ✍ 서술형

이차함수 $y=f(x)$에 대하여 $f(x)=ax^2+bx+c$일 때, $f(-1)=-4$, $f(0)=-1$, $f(1)=8$이라고 한다. 이차함수 $y=f(x)$의 그래프를 x축의 방향으로 p만큼, y축의 방향으로 q만큼 평행이동하면 이차함수 $y=3x^2-12x+10$의 그래프와 포개질 때, $p+q$의 값을 구하시오. (단, a, b, c는 상수)

400

서로 다른 두 개의 주사위를 동시에 던져서 나온 두 눈의 수를 각각 a, b라고 할 때, 이차함수 $y=-x^2+2(a-b)x-4$의 그래프가 x축과 만나지 않을 확률을 구하시오.

401

이차함수 $y=x^2-10x+21$의 그래프를 꼭짓점을 중심으로 시계 방향으로 $180°$만큼 회전한 후 y축의 방향으로 q만큼 평행이동하면 x축과 만나는 두 점 사이의 거리가 처음의 $\frac{1}{2}$이 된다고 한다. 이때 q의 값을 구하시오.

∨ 이차함수의 그래프를 꼭짓점을 중심으로 시계 방향으로 회전하면 그래프의 꼭짓점의 좌표는 변하지 않는다.

402 ✿☆

오른쪽 그림과 같이 이차함수 $y=\frac{2}{3}x^2-\frac{2}{3}x-4$의 그래프와 x축과의 두 교점을 각각 A, C라 하고 y축과의 교점을 B라고 할 때, □ABCD가 평행사변형이 되도록 하는 점 D의 좌표를 구하시오.

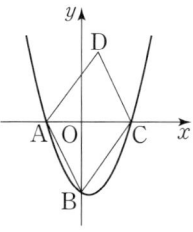

403 ✎ 서술형

이차함수 $y=-3x^2+6x+9$의 그래프에서 꼭짓점을 A, y축과 만나는 점을 B, x축의 양의 부분과 만나는 점을 C라 하고, 이차함수 $y=-3x^2+6x+9$의 그래프와 x축에 대칭인 그래프가 y축과 만나는 점을 D라고 할 때, 네 점 A, B, C, D를 연결하여 만든 사각형의 넓이를 구하시오.

404 ✨

오른쪽 그림과 같은 이차함수 $y=-x^2+2x+8$의 그래프에서 꼭짓점을 A, x축과의 두 교점을 각각 B, C라고 할 때, 점 C를 지나고 △ABC의 넓이를 이등분하는 직선의 방정식을 $y=ax+b$라고 하자. 이때 ab의 값을 구하시오. (단, a, b는 상수)

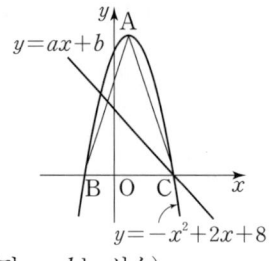

405

두 일차함수 $y=ax+b$, $y=cx+d$의 그래프가 오른쪽 그림과 같고, 두 그래프의 x절편이 서로 같지 않을 때, 이차함수 $y=(ax-b)(cx-d)$의 그래프의 꼭짓점은 제몇 사분면 위에 있는지 구하시오.(단, a, b, c, d는 상수)

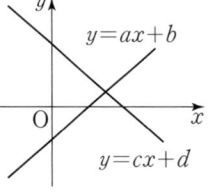

406

오른쪽 그림과 같이 꼭짓점의 좌표가 $(-1, 1)$인 이차함수 $y=ax^2+bx+c$의 그래프 위의 두 점 A, B에 대하여 △ABC는 한 변의 길이가 $2\sqrt{3}$인 정삼각형이고 $\overline{BC}$는 y축에 평행하다. △ABC의 무게중심 G가 y축 위에 있을 때, 점 G의 좌표를 구하시오.
(단, a, b, c는 상수)

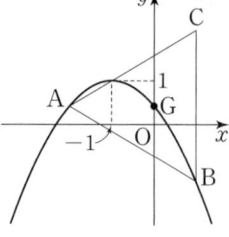

∨ 삼각형의 무게중심은 세 중선의 길이를 각 꼭짓점으로부터 2 : 1로 나눈다.

407 ✨

x^2의 계수가 -1인 세 이차함수 $y=f(x)$, $y=g(x)$, $y=h(x)$의 그래프가 오른쪽 그림과 같이 점 $(-4, 0)$에서 만날 때, 이차함수 $y=f(x)+g(x)+h(x)$의 그래프의 꼭짓점의 좌표를 구하시오.

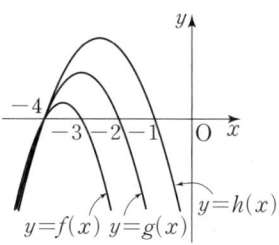

창의 융합 터널 바닥의 폭 구하기

408

어떤 터널을 지면에 수직인 평면으로 자른 단면의 모양은 다음 그림과 같은 포물선이다. 이 터널의 지면으로부터의 최고 높이는 25 m이고 터널 바닥의 중앙에서 10 m 떨어진 지점의 지면으로부터의 높이는 20 m일 때, 이 터널 바닥의 폭은 몇 m인지 구하시오.

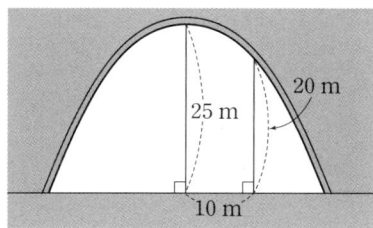

 창의 융합 여행 비용 구하기

409

어느 여행사에서 여행 상품 A를 1인당 100만 원에 판매하고 있다. 현재 예약자 수는 30명인데, 여행객이 추가로 예약하면 (추가 예약자 수) × (2만 원)을 전체 예약자에게 할인해 주는 이벤트를 진행하려고 한다. 여행사에서 지출하게 될 예상 경비는 기본 비용이 2100만 원이고 추가 비용이 1인당 12만 원씩이라고 할 때, 추가 예약자 수가 5명일 때의 여행사의 이익을 구하시오.

특별 EVENT ♡

(추가 예약자 수)×(2만 원)
모든 분께 돌려 드립니다!

08

이차함수와 그래프 (2)

memo

유형 + 심화

고쟁이

고 득점
쟁 취를
이 루자

이투스북

✓ 수학 잘하는 학생들이 보는 중등 수학 심화서

유형 + 심화
고쟁이

정답과 풀이

중학
3-1

✔ 수학 잘하는 학생들이 보는 중등 수학 심화서

유형 ✛ 심화

고쟁이

정답과 풀이

중학
3-1

I. 실수와 그 계산

01 제곱근과 실수

STEP 1 교과서를 정복하는 핵심유형

본교재 **007 ~ 010**쪽

001 -60	**002** ㄷ, ㄹ	**003** $\sqrt{15}$ cm	**004** $\dfrac{15}{4}$
005 $2x-1$	**006** 0	**007** 1	**008** 63
009 $2, 11, 14$	**010** 15	**011** 11	
012 $\sqrt{1.5}, 1, \sqrt{\dfrac{1}{16}}, -\sqrt{2}, -\dfrac{5}{3}$		**013** 1	**014** 3개
015 34	**016** 3	**017** 3개	**018** ②
019 90개	**020** ㄱ, ㄴ, ㅁ		**021** $C<B<A$
022 10	**023** $2-\sqrt{13}$	**024** $P(4-\sqrt{8}), Q(4+\sqrt{8})$	
025 ⑤			

001 답 -60

$\sqrt{(-81)^2}=81$이므로 81의 양의 제곱근은 $a=\sqrt{81}=\sqrt{9^2}=9$

$\dfrac{16}{9}$의 음의 제곱근은 $b=-\sqrt{\dfrac{16}{9}}=-\sqrt{\left(\dfrac{4}{3}\right)^2}=-\dfrac{4}{3}$

제곱근 25는 $c=\sqrt{25}=\sqrt{5^2}=5$

$\therefore abc=9\times\left(-\dfrac{4}{3}\right)\times5=-60$

002 답 ㄷ, ㄹ

ㄱ. -49의 제곱근은 없다.

ㄴ. 0.5의 제곱근은 $\pm\sqrt{0.5}$이고, 제곱근 0.5는 $\sqrt{0.5}$이므로 같지 않다.

ㄷ. 제곱근 a^2이 6이므로 $\sqrt{a^2}=6$, $a^2=6^2=36$

　$\therefore a=\pm\sqrt{36}=\pm6$

ㄹ. $\sqrt{0.\dot{1}}=\sqrt{\dfrac{1}{9}}=\sqrt{\left(\dfrac{1}{3}\right)^2}$이므로 $\sqrt{\dfrac{1}{9}}=\dfrac{1}{3}$의 제곱근은 $\pm\sqrt{\dfrac{1}{3}}$이다.

따라서 옳은 것은 ㄷ, ㄹ이다.

003 답 $\sqrt{15}$ cm

두 정사각형의 닮음비가 $1:3$이므로 두 정사각형의 넓이의 비는

$1^2:3^2=1:9$이다.

작은 정사각형의 넓이를 S cm²라고 하면 큰 정사각형의 넓이는 $9S$ cm²

이므로 $S+9S=150$, $10S=150$　$\therefore S=15$

따라서 작은 정사각형의 넓이가 15 cm²이므로 작은 정사각형의 한 변의

길이는 $\sqrt{15}$ cm이다.

004 답 $\dfrac{15}{4}$

(주어진 식)$=11-6\times\dfrac{3}{8}+10\div(-2)$

$\qquad\qquad=11-\dfrac{9}{4}-5=\dfrac{15}{4}$

005 답 $2x-1$

$-2-x<0$, $3-x>0$이므로

(주어진 식)$=-(-2-x)-(3-x)$

$\qquad\qquad=2+x-3+x=2x-1$

006 답 0

$a-b>0$이므로 $a>b$

$ab<0$이므로 $a>0$, $b<0$

$\therefore$ (주어진 식)$=a-(a-b)-b=a-a+b-b=0$

007 답 1

(ⅰ) $2a-1\geq0$, 즉 $a\geq\dfrac{1}{2}$일 때

　$2a-1=7$이므로 $2a=8$　$\therefore a=4$

(ⅱ) $2a-1<0$, 즉 $a<\dfrac{1}{2}$일 때

　$-(2a-1)=7$이므로 $-2a+1=7$

　$-2a=6$　$\therefore a=-3$

(ⅰ), (ⅱ)에서 모든 정수 a의 값의 합은 $4+(-3)=1$

008 답 63

$\sqrt{252a}=\sqrt{2^2\times3^2\times7\times a}$가 자연수가 되려면 $a=7\times$(자연수)² 꼴이어

야 하므로 $a=7, 28, 63, 112, \cdots$

따라서 두 자리의 자연수 a의 값 중 가장 큰 수는 63이다.

009 답 $2, 11, 14$

$\sqrt{42-3x}$가 정수가 되려면 $42-3x$는 0 또는 42보다 작은 제곱수이어

야 하므로 $42-3x=0, 1, 4, 9, 16, 25, 36$

$\therefore x=14, \dfrac{41}{3}, \dfrac{38}{3}, 11, \dfrac{26}{3}, \dfrac{17}{3}, 2$

따라서 구하는 자연수 x의 값은 2, 11, 14이다.

010 답 15

$\sqrt{60x}=\sqrt{2^2\times3\times5\times x}$가 자연수가 되려면 $x=3\times5\times$(자연수)² 꼴이

어야 한다.

$\sqrt{\dfrac{240}{x}}=\sqrt{\dfrac{2^4\times3\times5}{x}}$가 자연수가 되려면 x는 240의 약수이면서

$3\times5\times$(자연수)² 꼴이어야 하므로 자연수 x의 값은

$3\times5, 2^2\times3\times5, 2^4\times3\times5$

따라서 가장 작은 자연수 x의 값은 $3\times5=15$

011 답 11

$\sqrt{31+a}$가 자연수가 되려면 $31+a$는 31보다 큰 제곱수이어야 하므로

$31+a=36, 49, 64, \cdots$　$\therefore a=5, 18, 33, \cdots$

이때 가장 작은 자연수 a의 값은 5이고, 그때의 b의 값은 6이므로 $a+b$

의 값 중 가장 작은 값은 $5+6=11$

012 답 $\sqrt{1.5}, 1, \sqrt{\dfrac{1}{16}}, -\sqrt{2}, -\dfrac{5}{3}$

(ⅰ) 음수: $\dfrac{5}{3}=\sqrt{\dfrac{25}{9}}$이고 $\dfrac{25}{9}>2$이므로 $\dfrac{5}{3}>\sqrt{2}$　$\therefore -\dfrac{5}{3}<-\sqrt{2}$

(ii) 양수 : $1=\sqrt{1}$이고 $\frac{1}{16}<1<1.5$이므로 $\sqrt{\frac{1}{16}}<1<\sqrt{1.5}$

(i), (ii)에서 큰 수부터 차례대로 나열하면

$\sqrt{1.5}$, 1, $\sqrt{\frac{1}{16}}$, $-\sqrt{2}$, $-\frac{5}{3}$

013 답 1

$5=\sqrt{25}$, $6=\sqrt{36}$이고 $5<\sqrt{29}<6$이므로

$5-\sqrt{29}<0$, $6-\sqrt{29}>0$

$\therefore \sqrt{(5-\sqrt{29})^2}+\sqrt{(6-\sqrt{29})^2}=-(5-\sqrt{29})+(6-\sqrt{29})$
$=-5+\sqrt{29}+6-\sqrt{29}$
$=1$

014 답 3개

$3<\sqrt{2x+1}<4$의 각 변을 제곱하면

$9<2x+1<16$, $8<2x<15$

$\therefore 4<x<\frac{15}{2}$

따라서 자연수 x의 개수는 5, 6, 7의 3개이다.

015 답 34

$\sqrt{1}=1$, $\sqrt{4}=2$, $\sqrt{9}=3$, $\sqrt{16}=4$, $\sqrt{25}=5$이므로

$f(11)=f(12)=f(13)=f(14)=f(15)=f(16)=3$
$f(17)=f(18)=f(19)=f(20)=4$

$\therefore$ (주어진 식)$=3\times6+4\times4=34$

016 답 3

$1.2<\sqrt{x}<2.5$의 각 변을 제곱하면

$1.44<x<6.25$ $\therefore a=2$, $b=6$

따라서 $\sqrt{\frac{b}{a}\times n}=\sqrt{3n}$이 자연수가 되도록 하는 가장 작은 자연수 n은

3이다.

017 답 3개

$\sqrt{0.04}=0.2$, $\sqrt{0.\dot{1}}=\sqrt{\frac{1}{9}}=\frac{1}{3}$, $3.\dot{5}\dot{9}$는 유리수이다.

따라서 무리수는 $0.1234\cdots$, $\sqrt{6}-2$, π의 3개이다.

018 답 ②

① 유한소수는 유리수이다.
③ 두 무리수 $\sqrt{2}$와 $\sqrt{3}$ 사이에는 정수가 없다.
④ 수직선은 무리수에 대응하는 점들로 완전히 메울 수 없다.
⑤ 두 무리수 $\sqrt{2}$와 $-\sqrt{2}$의 합은 0이므로 유리수이다.
따라서 옳은 것은 ②이다.

019 답 90개

$\sqrt{x}$가 무리수가 되려면 x는 제곱수가 아니어야 한다.
100 이하의 자연수 중 제곱수는 1, 4, 9, 16, 25, 36, 49, 64, 81, 100
의 10개이므로 $\sqrt{x}$가 무리수가 되도록 하는 자연수 x의 개수는
$100-10=90$(개)

020 답 ㄱ, ㄴ, ㅁ

ㄷ. $a=0$, $b=\sqrt{2}$일 때, $ab=0$ (유리수)

ㄹ. $a=0$, $b=\sqrt{2}$일 때, $\frac{a}{b}=0$ (유리수)

ㅂ. $a=1$, $b=\sqrt{2}$일 때, $a^2-b^2=1-2=-1$ (유리수)

따라서 항상 무리수인 것은 ㄱ, ㄴ, ㅁ이다.

021 답 $C<B<A$

$A-B=(1-\sqrt{8})-(-2)=3-\sqrt{8}=\sqrt{9}-\sqrt{8}>0$

$\therefore A>B$

$B-C=-2-(\sqrt{7}-5)=3-\sqrt{7}=\sqrt{9}-\sqrt{7}>0$

$\therefore B>C$

$\therefore C<B<A$

022 답 10

$3<\sqrt{14}<4$이므로 $-4<-\sqrt{14}<-3$

$\therefore -1<3-\sqrt{14}<0$

$3<\sqrt{10}<4$이므로 $4<\sqrt{10}+1<5$

따라서 $3-\sqrt{14}$와 $\sqrt{10}+1$ 사이에 있는 정수는 0, 1, 2, 3, 4이므로
$0+1+2+3+4=10$

023 답 $2-\sqrt{13}$

$\overline{AC}=\sqrt{3^2+2^2}=\sqrt{13}$

$\overline{AP}=\overline{AC}=\sqrt{13}$이고 점 P에 대응하는 수가 $2+\sqrt{13}$이므로 점 A에 대응하는 수는 2이다.

따라서 $\overline{AQ}=\overline{AC}=\sqrt{13}$이므로 점 Q에 대응하는 수는 $2-\sqrt{13}$이다.

024 답 $P(4-\sqrt{8})$, $Q(4+\sqrt{8})$

오른쪽 그림과 같이 $\overline{OC}$, $\overline{OD}$를 그으면

$\triangle OBC$에서 $\overline{OC}=\sqrt{2^2+2^2}=\sqrt{8}$

$\triangle ODA$에서 $\overline{OD}=\sqrt{2^2+2^2}=\sqrt{8}$

$\overline{OP}=\overline{OD}=\sqrt{8}$이므로 $P(4-\sqrt{8})$

$\overline{OQ}=\overline{OC}=\sqrt{8}$이므로 $Q(4+\sqrt{8})$

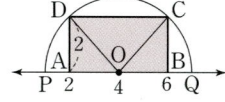

025 답 ⑤

$\overline{AB}=\sqrt{1^2+3^2}=\sqrt{10}$이고 $\overline{AB}=\overline{PB}$이므로
$a=\overline{PQ}=\overline{PB}+\overline{BQ}=\sqrt{10}+1=3.162+1=4.162$

① $\sqrt{15}<4$이므로 $\sqrt{15}<a$

② $\frac{9}{5}+\sqrt{5}=1.8+2.236=4.036<a$

③ $4.1<a$

④ $\frac{a}{2}+2=\frac{4.162}{2}+2=4.081<a$

⑤ $a+\frac{1}{2}=4.162+0.5=4.662$이므로 $a<a+\frac{1}{2}<5$

따라서 a와 5 사이에 있는 수는 ⑤이다.

STEP 2 실전문제 체화를 위한 심 화 유 형

본교재 013~016쪽

026 $\dfrac{9}{2}$	**027** 15	**028** 40	**029** 4	**030** $2a$
031 $-a-b-1$		**032** $-bc$	**033** ㄴ, ㄷ	**034** $\dfrac{1}{6}$
035 6개	**036** 8	**037** ①	**038** 3개	**039** 22
040 15	**041** 108	**042** 6개	**043** ㄷ	
044 162개	**045** 8	**046** $-1-\sqrt{5}$		**047** ⑤
048 $5+\sqrt{10}$		**049** $2-6\sqrt{2}\pi$		

026 답 $\dfrac{9}{2}$

제곱근 $\dfrac{121}{16}$ 은 $\sqrt{\dfrac{121}{16}}=\dfrac{11}{4}$ 이므로 $p=\dfrac{11}{4}$

$\left(-\dfrac{7}{4}\right)^2=\dfrac{49}{16}$ 의 제곱근은 $\pm\sqrt{\dfrac{49}{16}}=\pm\dfrac{7}{4}$ 이므로 $q=\pm\dfrac{7}{4}$

(i) $p=\dfrac{11}{4}$, $q=\dfrac{7}{4}$ 일 때, $p-q=\dfrac{11}{4}-\dfrac{7}{4}=1$

(ii) $p=\dfrac{11}{4}$, $q=-\dfrac{7}{4}$ 일 때, $p-q=\dfrac{11}{4}-\left(-\dfrac{7}{4}\right)=\dfrac{9}{2}$

(i), (ii)에서 $p-q$의 값 중 가장 큰 값은 $\dfrac{9}{2}$이다.

027 답 15

오른쪽 그림과 같이 꼭짓점 A에서 $\overline{BC}$에 내린 수선의 발을 H라고 하면 △ABC의 넓이가 84 이므로

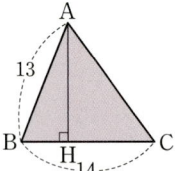

$\dfrac{1}{2}\times 14\times\overline{AH}=84$ ∴ $\overline{AH}=12$

△ABH에서 $\overline{BH}=\sqrt{13^2-12^2}=\sqrt{25}=5$

따라서 △AHC에서 $\overline{HC}=14-5=9$이므로

$\overline{AC}=\sqrt{12^2+9^2}=\sqrt{225}=15$

028 답 40

[1단계]의 정사각형의 넓이는 $(\sqrt{a})^2=a$

[2단계]의 정사각형의 넓이는 $\dfrac{1}{2}\times a=\dfrac{1}{2}a$

[3단계]의 정사각형의 넓이는 $\dfrac{1}{2}\times\dfrac{1}{2}a=\dfrac{1}{4}a$

[4단계]의 정사각형의 넓이는 $\dfrac{1}{2}\times\dfrac{1}{4}a=\dfrac{1}{8}a$

따라서 $\dfrac{1}{8}a=5$이므로 $a=40$

029 답 4

조건 ㈎에서 a, b, c, d는 모두 제곱수이다.

조건 ㈐에서 $a+d=65$이고, 조건 ㈏에서 $1<a<d$이므로

$a=16$, $d=49$

$16<25<36<49$이고 조건 ㈏에서 $a<b<c<d$이므로

$b=25$, $c=36$

∴ $a-b-c+d=16-25-36+49=4$

030 답 $2a$

$0<a<1$이므로 $a>0$, $\dfrac{1}{a}>1$ ∴ $a+\dfrac{1}{a}>0$

이때 $\dfrac{1}{a}>1$이므로 $a<\dfrac{1}{a}$ ∴ $a-\dfrac{1}{a}<0$

∴ (주어진 식)$=a+\dfrac{1}{a}-\left\{-\left(a-\dfrac{1}{a}\right)\right\}$

$=a+\dfrac{1}{a}+a-\dfrac{1}{a}=2a$

031 답 $-a-b-1$

점 (a, b)가 제2사분면 위의 점이므로 $a<0$, $b>0$

따라서 $b+2>0$, $a-b<0$, $1-a+b>0$이므로

(주어진 식)$=-a-(b+2)-\{-(a-b)\}+(1-a+b)$

$=-a-b-2+a-b+1-a+b$

$=-a-b-1$

032 답 $-bc$

$ab>0$, $ac<0$이므로 a와 b의 부호는 같고, a와 c의 부호는 다르다.

즉 b와 c의 부호가 다르므로 $bc<0$ ┄┄┄ 30%

따라서 $-bc>0$, $bc-1<0$, $1-bc>0$이므로   ┄┄┄ 30%

(주어진 식)$=-bc-\{-(bc-1)\}+(1-bc)$

$=-bc+bc-1+1-bc$

$=-bc$ ┄┄┄ 40%

033 답 ㄴ, ㄷ

ㄱ. $x\geq 1$이면 $x-1\geq 0$, $x+1>0$이므로

$A=(x-1)-(x+1)=x-1-x-1=-2$

ㄴ. $-1\leq x<1$이면 $x-1<0$, $x+1\geq 0$이므로

$A=-(x-1)-(x+1)=-x+1-x-1=-2x$

ㄷ. $x<-1$이면 $x-1<0$, $x+1<0$이므로

$A=-(x-1)-\{-(x+1)\}=-x+1+x+1=2$

ㄹ. (i) $x\geq 1$이면 $A=-2$이므로 성립하지 않는다.

(ii) $-1\leq x<1$이면 $A=-2x$이므로 $-2x=1$ ∴ $x=-\dfrac{1}{2}$

(iii) $x<-1$이면 $A=2$이므로 성립하지 않는다.

(i)~(iii)에서 $A=1$이면 $x=-\dfrac{1}{2}$이다.

따라서 옳은 것은 ㄴ, ㄷ이다.

034 답 $\dfrac{1}{6}$

모든 경우의 수는 $6\times 6=36$

$\sqrt{50xy}=\sqrt{2\times 5^2\times xy}$가 자연수가 되려면 $xy=2\times(\text{자연수})^2$ 꼴이어야 한다.

∴ $xy=2$, 8, 18, 32 $(∵ 1\leq xy\leq 36)$

(i) $xy=2$인 경우 : 순서쌍 (x, y)는 $(1, 2)$, $(2, 1)$의 2가지

(ii) $xy=8$인 경우 : 순서쌍 (x, y)는 $(2, 4)$, $(4, 2)$의 2가지

(iii) $xy=18$인 경우 : 순서쌍 (x, y)는 $(3, 6)$, $(6, 3)$의 2가지

(iv) $xy=32$인 경우 : 순서쌍 (x, y)는 없다.

(i)~(iv)에서 $\sqrt{50xy}$가 자연수가 되는 경우의 수는 $2+2+2=6$

따라서 구하는 확률은 $\dfrac{6}{36}=\dfrac{1}{6}$

035 답 6개

$\sqrt{\dfrac{5600}{x}}=\sqrt{\dfrac{2^5\times5^2\times7}{x}}=\sqrt{\dfrac{14\times20^2}{x}}$이 자연수가 되려면

$x=14\times m^2$ (m은 20의 약수) 꼴이어야 한다.

이때 $20=2^2\times5$이므로 20의 약수의 개수는

$(2+1)\times(1+1)=6$(개)

따라서 자연수 x의 개수는 6개이다.

[다른 풀이]

$\sqrt{\dfrac{5600}{x}}=\sqrt{\dfrac{2^5\times5^2\times7}{x}}$이 자연수가 되려면 x는 5600의 약수이면서

$2\times7\times$(자연수)^2 꼴이어야 하므로

2×7, $2^3\times7$, $2^5\times7$, $2\times5^2\times7$, $2^3\times5^2\times7$, $2^5\times5^2\times7$

따라서 자연수 x의 개수는 6개이다.

036 답 8

$\sqrt{54-x}-\sqrt{y+13}$이 가장 큰 정수가 되려면 $\sqrt{54-x}$는 가장 큰 자연수, $\sqrt{y+13}$은 가장 작은 자연수이어야 한다. 30%

$\sqrt{54-x}$가 가장 큰 자연수가 되려면 $54-x$는 54보다 작은 제곱수 중 가장 큰 수이어야 하므로

$54-x=49$ $\therefore x=5$ 30%

$\sqrt{y+13}$이 가장 작은 자연수가 되려면 $y+13$은 13보다 큰 제곱수 중 가장 작은 수이어야 하므로

$y+13=16$ $\therefore y=3$ 30%

$\therefore x+y=5+3=8$ 10%

037 답 ①

① $\dfrac{1}{a}>1$

② $0<a<1$

③ $0<a^2<1$

④ $0<\sqrt{a}<1$

⑤ $\sqrt{\dfrac{1}{a}}>1$

$0<a<1$일 때, $\dfrac{1}{a}>\sqrt{\dfrac{1}{a}}$이므로 그 값이 가장 큰 것은 ①이다.

038 답 3개

$\dfrac{\sqrt7}{7}$과 $\dfrac{\sqrt3}{3}$ 사이에 있는 분수 중 분모가 21인 기약분수를 $\dfrac{x}{21}$ (x는 자연수)라고 하면

$\dfrac{\sqrt7}{7}<\dfrac{x}{21}<\dfrac{\sqrt3}{3}$이므로 $\left(\dfrac{\sqrt7}{7}\right)^2<\left(\dfrac{x}{21}\right)^2<\left(\dfrac{\sqrt3}{3}\right)^2$

$\dfrac17<\dfrac{x^2}{441}<\dfrac13$ $\therefore 63<x^2<147$ 40%

이때 이 식을 만족하는 자연수 x는 8, 9, 10, 11, 12이다. 30%

그런데 $\dfrac{9}{21}$, $\dfrac{12}{21}$는 기약분수가 아니므로 구하는 기약분수는 $\dfrac{8}{21}$, $\dfrac{10}{21}$, $\dfrac{11}{21}$의 3개이다. 30%

039 답 22

$\sqrt1=1$, $\sqrt4=2$, $\sqrt9=3$, $\sqrt{16}=4$, $\sqrt{25}=5$, $\cdots$이므로

$f(1)=f(2)=f(3)=1$

$f(4)=f(5)=f(6)=f(7)=f(8)=2$

$f(9)=f(10)=f(11)=\cdots=f(15)=3$

$f(16)=f(17)=f(18)=\cdots=f(24)=4$

이때 $1\times3+2\times5+3\times7+4\times7=62$이므로 주어진 식을 만족하는 자연수 n의 값은 $f(x)=4$를 만족하는 7번째 값이다.

$\therefore n=22$

040 답 15

조건 ㈎에서 $4\le\sqrt{nx}<5$의 각 변을 제곱하면

$16\le nx<25$

조건 ㈏에서 nx는 자연수이므로

$nx=16$, 17, 18, 19, 20, 21, 22, 23, 24

$\therefore x=\dfrac{16}{n}$, $\dfrac{17}{n}$, $\dfrac{18}{n}$, $\dfrac{19}{n}$, $\dfrac{20}{n}$, $\dfrac{21}{n}$, $\dfrac{22}{n}$, $\dfrac{23}{n}$, $\dfrac{24}{n}$

이때 모든 x의 값의 합이 12이므로

$\dfrac{16}{n}+\dfrac{17}{n}+\dfrac{18}{n}+\dfrac{19}{n}+\dfrac{20}{n}+\dfrac{21}{n}+\dfrac{22}{n}+\dfrac{23}{n}+\dfrac{24}{n}=12$

$\dfrac{180}{n}=12$ $\therefore n=15$

041 답 108

$14^2<209<15^2$이므로

$14<\sqrt{209}<15$

$3^2<14<\sqrt{209}<15<4^2$이므로 $a=3$

즉 $\sqrt{\dfrac{n}{3}}$이 자연수가 되려면 $n=3\times$(자연수)^2 꼴이어야 하므로

$n=3$, 12, 27, 48, 75, 108, $\cdots$

따라서 자연수 n의 값 중 100에 가장 가까운 수는 108이다.

042 답 6개

$f(n)=\sqrt{0.\dot{n}}=\sqrt{\dfrac{n}{9}}=\sqrt{\dfrac{n}{3^2}}=\dfrac{\sqrt n}{3}$

이때 $\dfrac{\sqrt n}{3}$이 유리수이려면 한 자리의 자연수 n은 제곱수이어야 하므로

1, 4, 9이어야 한다.

따라서 무리수는 $f(2)$, $f(3)$, $f(5)$, $f(6)$, $f(7)$, $f(8)$의 6개이다.

043 답 ㄷ

$\overline{BE}=\overline{BD}=\sqrt{1^2+1^2}=\sqrt2$이므로

$q=p+1$, $r=p+\sqrt2$

ㄱ. p가 유리수이면 q는 유리수이고 r는 무리수이다.

ㄴ. p가 무리수이면 q는 무리수이고 r는 유리수 또는 무리수이다.

ㄷ. q가 유리수이면 p도 유리수이므로 r는 무리수이다.

따라서 옳은 것은 ㄷ이다.

044 답 162개

1과 2 사이에는 $\sqrt{2}$, $\sqrt{3}$의 2개

2와 3 사이에는 $\sqrt{5}$, $\sqrt{6}$, $\sqrt{7}$, $\sqrt{8}$의 4개

3과 4 사이에는 $\sqrt{10}$, $\sqrt{11}$, $\sqrt{12}$, $\sqrt{13}$, $\sqrt{14}$, $\sqrt{15}$의 6개

$\vdots$

즉 n과 $n+1$ 사이에는 $2n$개의 점이 있다.

따라서 40과 42 사이에 있는 무리수에 대응하는 점의 개수는

$2 \times 40 + 2 \times 41 = 162$(개)

045 답 8

$a+b=4+(\sqrt{26}-1)=\sqrt{26}+3>0$

$a-b=4-(\sqrt{26}-1)=5-\sqrt{26}=\sqrt{25}-\sqrt{26}<0$

$\therefore \sqrt{(a+b)^2}-\sqrt{(a-b)^2}=a+b-\{-(a-b)\}$

$\qquad\qquad\qquad\qquad\quad =a+b+a-b=2a$

$\qquad\qquad\qquad\qquad\quad =2\times 4=8$

046 답 $-1-\sqrt{5}$

$\triangle$CFE에서 $\overline{CE}=\sqrt{1^2+1^2}=\sqrt{2}$

$\overline{CQ}=\overline{CE}=\sqrt{2}$이고 점 Q에 대응하는 수가 $\sqrt{2}-2$이므로 점 C에 대응하는 수는 $(\sqrt{2}-2)-\sqrt{2}=-2$

$\triangle$ABF에서 $\overline{FA}=\sqrt{1^2+2^2}=\sqrt{5}$

따라서 점 F에 대응하는 수가 $-2+1=-1$이므로 점 P에 대응하는 수는 $-1-\sqrt{5}$이다.

047 답 ⑤

① $a<0$에서 $a-1<0$이므로 $\sqrt{(a-1)^2}=-(a-1)=-a+1$

② $a>-1$에서 $a+1>0$이므로 $\sqrt{(a+1)^2}=a+1$

③ $b<0$에서 $-b>0$이므로 $-\sqrt{(-b)^2}=-(-b)=b$

④ $b>-1$에서 $b+1>0$이므로 $\sqrt{(b+1)^2}=b+1$

⑤ $b<0$에서 $-b>0$이므로 $1-b>0$ $\therefore \sqrt{(1-b)^2}=1-b$

이때 $-1<b<a<0$이므로

$-1<b<a<0<b+1<a+1<-a+1<1-b$

따라서 그 값이 가장 큰 것은 ⑤이다.

048 답 $5+\sqrt{10}$

$\triangle$ABC에서 $\overline{AC}=\sqrt{1^2+3^2}=\sqrt{10}$

이때 점 C는 다음 그림과 같이 이동하므로 점 C'에 대응하는 수는

$1+\sqrt{10}+1+3=5+\sqrt{10}$

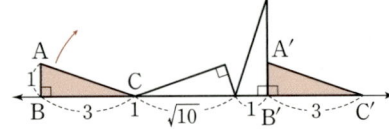

049 답 $2-6\sqrt{2}\pi$

원의 반지름의 길이를 r라고 하면 원의 넓이가 2π이므로

$\pi r^2=2\pi$, $r^2=2$ $\therefore r=\sqrt{2}(\because r>0)$

이때 원을 세 바퀴 굴렸으므로

$\overline{PQ}=3\times(2\pi\times\sqrt{2})=6\sqrt{2}\pi$

따라서 점 P에 대응하는 수가 2이므로 점 Q에 대응하는 수는 $2-6\sqrt{2}\pi$이다.

---

050 30	**051** -20	**052** 6개	**053** 7	**054** 105
055 23, 27	**056** 81개	**057** 10		
창의융합				
058 16		**059** 275 m²		

050 답 30

$\sqrt{1+3}=\sqrt{4}=\sqrt{2^2}=2$

$\sqrt{1+3+5}=\sqrt{9}=\sqrt{3^2}=3$

$\sqrt{1+3+5+7}=\sqrt{16}=\sqrt{4^2}=4$

$\vdots$

따라서 $\sqrt{1+3+5+\cdots+(2n-1)}=n$이고 $59=2\times 30-1$이므로 $n=30$

$\therefore \sqrt{1+3+5+7+\cdots+59}=30$

051 답 -20

$(-5)^2=25$의 제곱근은 ± 5이므로

$p=5$, $q=-5(\because p>q)$

$\sqrt{(p-q+a)^2}=\sqrt{\{5-(-5)+a\}^2}=\sqrt{(10+a)^2}$이므로

$\sqrt{(10+a)^2}=4$

(i) $10+a\geq 0$, 즉 $a\geq -10$일 때,

$\quad 10+a=4$ $\therefore a=-6$

(ii) $10+a<0$, 즉 $a<-10$일 때,

$\quad -(10+a)=4$, $-10-a=4$, $-a=14$ $\therefore a=-14$

(i), (ii)에서 모든 정수 a의 값의 합은 $-6+(-14)=-20$

052 답 6개

$a.\dot{b}=a+0.\dot{b}=a+\dfrac{b}{9}=\dfrac{9a+b}{9}$이므로 $\sqrt{a.\dot{b}}=\sqrt{\dfrac{9a+b}{9}}$ $\cdots\cdots$ 30%

$\sqrt{\dfrac{9a+b}{9}}=\sqrt{\dfrac{9a+b}{3^2}}$가 유리수가 되려면 $9a+b$가 제곱수이어야 한다.

$\cdots\cdots$ 30%

이때 a와 b는 한 자리의 자연수이므로 순서쌍 (a, b)는 $(1, 7)$, $(2, 7)$, $(3, 9)$, $(5, 4)$, $(7, 1)$, $(8, 9)$의 6개이다. $\cdots\cdots$ 40%

053 답 7

소수 p에 대하여 $\sqrt{pa}$가 양의 정수가 되려면 $a=p\times$(자연수)² 꼴이어야 한다.

이때 $0<a<200$을 만족하는 자연수 a의 개수가 5개이므로

$a=p$, $4p$, $9p$, $16p$, $25p$

a의 값 중 가장 큰 값은 $25p$이므로

$25p<200$ $\therefore p<8$

이때 $36p$는 a의 값이 될 수 없으므로

$36p\geq 200$ $\therefore p\geq \dfrac{50}{9}=5.5\cdots$

따라서 $5.5\cdots \leq p<8$을 만족하는 소수 p의 값은 7이다.

054  105

$x=y-2$, $z=y+2$이므로 $x+y+z=(y-2)+y+(y+2)=3y$
$x+y+z<250$이므로

$3y<250$ $\therefore y<\dfrac{250}{3}=83.3\cdots$

자연수 n에 대하여 $\sqrt{x+y+z}=n$, 즉 $\sqrt{3y}=n$이므로
$y=3\times$(자연수)^2 꼴이어야 한다.
따라서 y의 값이 될 수 있는 수는 3, 12, 27, 48, 75이고 이 중 홀수는 3,
27, 75이므로 모든 y의 값의 합은 $3+27+75=105$

055  23, 27

$2\leq\sqrt{\dfrac{y}{x}}\leq3$의 각 변을 제곱하면 $4\leq\dfrac{y}{x}\leq9$ $\therefore 4x\leq y\leq9x$
각 변에 x를 더하면 $5x\leq x+y\leq10x$
이때 $x+y=35$이므로 $5x\leq35\leq10x$ $\therefore x\leq7\leq2x$
위의 부등식을 만족하는 자연수 x의 값은 $x=4$, 5, 6, 7

(ⅰ) $x=4$일 때, $x+y=35$에서 $y=31$
  이때 x, y는 서로소이므로 조건을 만족한다.
(ⅱ) $x=5$일 때, $x+y=35$에서 $y=30$
  이때 x, y는 서로소가 아니므로 조건을 만족하지 않는다.
(ⅲ) $x=6$일 때, $x+y=35$에서 $y=29$
  이때 x, y는 서로소이므로 조건을 만족한다.
(ⅳ) $x=7$일 때, $x+y=35$에서 $y=28$
  이때 x, y는 서로소가 아니므로 조건을 만족하지 않는다.
(ⅰ)~(ⅳ)에서 $x=4$, $y=31$ 또는 $x=6$, $y=29$이므로
$|x-y|=|4-31|=27$ 또는 $|x-y|=|6-29|=23$

056  81개

(ⅰ) $\sqrt{3x}$가 유리수가 되는 경우
  $\sqrt{3x}$가 유리수가 되려면 $x=3p^2$ (p는 자연수) 꼴이어야 한다.
  $3p^2\leq100$에서 $p^2\leq\dfrac{100}{3}=33.3\cdots$ $\therefore p=1$, 2, 3, 4, 5
  즉 자연수 x는 3×1^2, 3×2^2, 3×3^2, 3×4^2, 3×5^2의 5개이다.
(ⅱ) $\sqrt{4x}$가 유리수가 되는 경우
  $\sqrt{4x}$가 유리수가 되려면 $x=q^2$ (q는 자연수) 꼴이어야 한다.
  $q^2\leq100$에서 $q=1$, 2, 3, $\cdots$, 10
  즉 자연수 x는 1^2, 2^2, 3^2, $\cdots$, 10^2의 10개이다.
(ⅲ) $\sqrt{5x}$가 유리수가 되는 경우
  $\sqrt{5x}$가 유리수가 되려면 $x=5r^2$ (r는 자연수) 꼴이어야 한다.
  $5r^2\leq100$에서 $r^2\leq20$ $\therefore r=1$, 2, 3, 4
  즉 자연수 x는 5×1^2, 5×2^2, 5×3^2, 5×4^2의 4개이다.
(ⅰ)~(ⅲ)에서 구한 x의 값은 중복되지 않으므로 $\sqrt{3x}$, $\sqrt{4x}$, $\sqrt{5x}$가 모두
무리수가 되도록 하는 100 이하의 자연수 x의 개수는
$100-(5+10+4)=81$(개)

057  10

$2<\sqrt{7}<3$이므로 $a+2<a+\sqrt{7}<a+3$
$-3<-\sqrt{7}<-2$이므로 $b-3<b-\sqrt{7}<b-2$
$\therefore a+\sqrt{7}<a+3\leq n\leq b-3<b-\sqrt{7}$
이때 위의 식을 만족하는 정수 n의 개수가 5개이므로
$(b-3)-(a+3)+1=5$ $\therefore b-a=10$

058  16 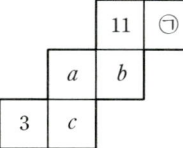 창 의 융 합

오른쪽 그림의 전개도에서 3과 마주 보는 면은
b이고, 조건 ㈎에서 $b=\sqrt{3}$ 또는 $b=9$
11과 마주 보는 면은 c이고, 조건 ㈏에서
$c=\sqrt{11}$
(ⅰ) $b=\sqrt{3}$일 때, $a<\sqrt{3}$이고 $11<㉠$을 만족
  하는 수 중 조건 ㈎를 만족하는 수는 없다.
(ⅱ) $b=9$일 때, $a<9$이고 $11<㉠$을 만족하는 수 중 조건 ㈎를 만족하는
  수는 $a=4$, $㉠=16$
(ⅰ), (ⅱ)에서 $㉠=16$

059  275 m² 창 의 융 합

정사각형 모양의 땅 A의 넓이가 $40n$ m²이므로 한 변의 길이는
$\sqrt{40n}$ m
정사각형 모양의 땅 B의 넓이가 $(115-n)$ m²이므로 한 변의 길이는
$\sqrt{115-n}$ m
$\sqrt{40n}=\sqrt{2^3\times5\times n}$이 자연수가 되려면 $n=2\times5\times$(자연수)^2 꼴이어야
하므로 $n=10$, 40, 90, 160, $\cdots$
$\sqrt{115-n}$이 자연수가 되려면 $115-n$은 115보다 작은 제곱수이어야 하
므로 $115-n=1$, 4, 9, 16, 25, 36, 49, 64, 81, 100
$\therefore n=114$, 111, 106, 99, 90, 79, 66, 51, 34, 15
이때 $\sqrt{40n}$, $\sqrt{115-n}$을 모두 자연수가 되도록 하는 자연수 n의 값은
90이다.
따라서 땅 C의 가로의 길이는 $\sqrt{115-90}=\sqrt{25}=5$ (m)이고,
세로의 길이는 $\sqrt{40\times90}-5=\sqrt{3600}-5=60-5=55$ (m)이므로
땅 C의 넓이는 $5\times55=275$ (m²)

02 근호를 포함한 식의 계산

STEP 1 교과서를 정복하는 핵 심 유 형

본교재 021~024쪽

060 13	061 7	062 ③	063 ④, ⑤	064 $\dfrac{1}{2}$
065 $12\sqrt{2}$ cm		066 1	067 7	
068 $\dfrac{5\sqrt{2}}{2}$	069 28	070 0.0861	071 ⑤	072 -2
073 $4\sqrt{7}-10$		074 $18\sqrt{6}$ cm		075 3
076 $\sqrt{3}+1$	077 $\dfrac{1}{12}$	078 -15	079 $\dfrac{11\sqrt{6}}{2}-\dfrac{38}{5}$	
080 $\dfrac{10}{3}$	081 $\sqrt{3}-2$	082 $4p-1$	083 13개	

060 답 13

$\sqrt{108}=\sqrt{6^2\times3}=6\sqrt{3}$이므로 $a=6$

$\sqrt{\dfrac{15}{147}}=\sqrt{\dfrac{5}{49}}=\sqrt{\dfrac{5}{7^2}}=\dfrac{\sqrt{5}}{7}$이므로 $b=7$

$\therefore a+b=6+7=13$

061 답 7

$\sqrt{a}\times\sqrt{2}\times\sqrt{3}\times\sqrt{3a}\times\sqrt{50}=\sqrt{a\times2\times3\times3a\times50}$
$\phantom{\sqrt{a}\times\sqrt{2}\times\sqrt{3}\times\sqrt{3a}\times\sqrt{50}}=\sqrt{a^2\times2^2\times3^2\times5^2}$
$\phantom{\sqrt{a}\times\sqrt{2}\times\sqrt{3}\times\sqrt{3a}\times\sqrt{50}}=\sqrt{(30a)^2}=30a\,(\because a\text{는 자연수})$

따라서 $30a=210$이므로 $a=7$

062 답 ③

$\sqrt{252}=\sqrt{2^2\times3^2\times7}=3\times(\sqrt{2})^2\times\sqrt{7}=3a^2b$

063 답 ④, ⑤

① $ab<0$이므로 $\sqrt{a^2b^2}=\sqrt{(ab)^2}=-ab$

② $-a>0$이므로 $\sqrt{(-a)^2b}=\sqrt{(-a)^2}\sqrt{b}=-a\sqrt{b}$

③ $-\sqrt{\dfrac{b}{a^2}}=-\dfrac{\sqrt{b}}{\sqrt{a^2}}=-\dfrac{\sqrt{b}}{-a}=\dfrac{\sqrt{b}}{a}$

④ $\dfrac{b}{a}<0$이므로 $\sqrt{\dfrac{b^2}{a^2}}=\sqrt{\left(\dfrac{b}{a}\right)^2}=-\dfrac{b}{a}$

⑤ $-ab>0$이므로 $\sqrt{(-ab)^2}=-ab$

따라서 옳지 않은 것은 ④, ⑤이다.

064 답 $\dfrac{1}{2}$

$\dfrac{2}{b}\sqrt{\dfrac{b}{a}}+\dfrac{3}{a}\sqrt{\dfrac{a}{b}}=\sqrt{\dfrac{4}{b^2}\times\dfrac{b}{a}}+\sqrt{\dfrac{9}{a^2}\times\dfrac{a}{b}}$
$\phantom{\dfrac{2}{b}\sqrt{\dfrac{b}{a}}+\dfrac{3}{a}\sqrt{\dfrac{a}{b}}}=\sqrt{\dfrac{4}{ab}}+\sqrt{\dfrac{9}{ab}}$
$\phantom{\dfrac{2}{b}\sqrt{\dfrac{b}{a}}+\dfrac{3}{a}\sqrt{\dfrac{a}{b}}}=\dfrac{2}{\sqrt{ab}}+\dfrac{3}{\sqrt{ab}}$
$\phantom{\dfrac{2}{b}\sqrt{\dfrac{b}{a}}+\dfrac{3}{a}\sqrt{\dfrac{a}{b}}}=\dfrac{2}{10}+\dfrac{3}{10}$
$\phantom{\dfrac{2}{b}\sqrt{\dfrac{b}{a}}+\dfrac{3}{a}\sqrt{\dfrac{a}{b}}}=\dfrac{5}{10}=\dfrac{1}{2}$

065 답 $12\sqrt{2}\,$cm

오른쪽 그림과 같은 정삼각형 ABC의 꼭짓점 A에서 $\overline{BC}$에 내린 수선의 발을 H라 하고 $\overline{AC}=x$ cm라고 하면

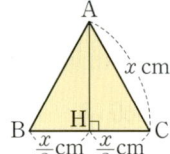

$\overline{BH}=\overline{CH}=\dfrac{1}{2}\overline{BC}=\dfrac{x}{2}\,(\text{cm})$

△AHC에서

$\overline{AH}=\sqrt{x^2-\left(\dfrac{x}{2}\right)^2}=\dfrac{\sqrt{3}}{2}x\,(\text{cm})$

$\therefore\triangle ABC=\dfrac{1}{2}\times x\times\dfrac{\sqrt{3}}{2}x=\dfrac{\sqrt{3}}{4}x^2\,(\text{cm}^2)$

즉 $\dfrac{\sqrt{3}}{4}x^2=8\sqrt{3}$이므로 $x^2=8\sqrt{3}\times\dfrac{4}{\sqrt{3}}=32$

$\therefore x=\sqrt{32}=4\sqrt{2}\,(\because x>0)$

따라서 구하는 둘레의 길이는 $3\times4\sqrt{2}=12\sqrt{2}\,(\text{cm})$

066 답 1

$\dfrac{8}{3\sqrt{32}}=\dfrac{8}{3\times4\sqrt{2}}=\dfrac{2}{3\sqrt{2}}=\dfrac{2\times\sqrt{2}}{3\sqrt{2}\times\sqrt{2}}=\dfrac{2\sqrt{2}}{6}=\dfrac{\sqrt{2}}{3}$이므로

$a=\dfrac{1}{3}$

$\dfrac{21\sqrt{2}}{\sqrt{14}}=\dfrac{21\sqrt{2}\times\sqrt{14}}{\sqrt{14}\times\sqrt{14}}=\dfrac{21\sqrt{28}}{14}=\dfrac{6\sqrt{7}}{2}=3\sqrt{7}$이므로

$b=3$

$\therefore\sqrt{ab}=\sqrt{\dfrac{1}{3}\times3}=1$

067 답 7

$\dfrac{\sqrt{500}}{5\sqrt{a}}=\dfrac{10\sqrt{5}}{5\sqrt{a}}=\dfrac{2\sqrt{5}}{\sqrt{a}}$

따라서 $\dfrac{2\sqrt{5}}{\sqrt{a}}=\dfrac{2\sqrt{35}}{7}$이므로

$\sqrt{a}=2\sqrt{5}\times\dfrac{7}{2\sqrt{35}}=\dfrac{7\sqrt{5}}{\sqrt{35}}$
$\phantom{\sqrt{a}}=\dfrac{7\sqrt{5}\times\sqrt{35}}{\sqrt{35}\times\sqrt{35}}=\dfrac{35\sqrt{7}}{35}=\sqrt{7}$

$\therefore a=7$

068 답 $\dfrac{5\sqrt{2}}{2}$

$\overline{BC}\,/\!/\,\overline{EF}$이므로 $\triangle ABC\backsim\triangle AEF$ (AA 닮음)

이때 $\triangle AEF=\square BCFE$이므로

$\triangle AEF:\triangle ABC=1:2$

즉 $\triangle AEF$와 $\triangle ABC$는 닮음비가 $1:\sqrt{2}$인 닮은 도형이다.

$\overline{EF}=x$라고 하면 $\overline{EF}:\overline{BC}=1:\sqrt{2}$이므로

$x:5=1:\sqrt{2},\ \sqrt{2}x=5\qquad\therefore x=\dfrac{5}{\sqrt{2}}=\dfrac{5\times\sqrt{2}}{\sqrt{2}\times\sqrt{2}}=\dfrac{5\sqrt{2}}{2}$

$\therefore\overline{EF}=\dfrac{5\sqrt{2}}{2}$

069 답 28

$\sqrt{760}=2\sqrt{190}=2\sqrt{100\times1.9}=20\sqrt{1.9}$
$\phantom{\sqrt{760}}=20\times1.378=27.56$

따라서 $\sqrt{760}$에 가장 가까운 정수는 28이다.

070 답 0.0861

$\sqrt{8.61}=2.934$이므로 $0.2934=\dfrac{\sqrt{8.61}}{10}$

$\therefore(0.2934)^2=\dfrac{8.61}{100}=0.0861$

071 답 ⑤

① $\sqrt{3.22}=1.794$

② $\sqrt{301}=\sqrt{100\times3.01}=10\sqrt{3.01}=10\times1.735=17.35$

③ $\sqrt{0.033}=\sqrt{\dfrac{3.3}{100}}=\dfrac{\sqrt{3.3}}{10}=\dfrac{1.817}{10}=0.1817$

④ $\sqrt{1240}=\sqrt{400\times3.1}=20\sqrt{3.1}=20\times1.761=35.22$

⑤ $\sqrt{28800}=\sqrt{900\times32}=30\sqrt{32}$

따라서 그 값을 구할 수 없는 것은 ⑤이다.

072 답 −2

$$\sqrt{27}+3\sqrt{50}-\sqrt{6}(\sqrt{2}+\sqrt{108})=3\sqrt{3}+15\sqrt{2}-2\sqrt{3}-18\sqrt{2}$$
$$=-3\sqrt{2}+\sqrt{3}$$

따라서 $a=-3$, $b=1$이므로
$a+b=-3+1=-2$

073 답 $4\sqrt{7}-10$

$2-\sqrt{7}=\sqrt{4}-\sqrt{7}<0$, $3\sqrt{7}-8=\sqrt{63}-\sqrt{64}<0$이므로
$$\sqrt{(2-\sqrt{7})^2}-\sqrt{(3\sqrt{7}-8)^2}=-(2-\sqrt{7})-\{-(3\sqrt{7}-8)\}$$
$$=-2+\sqrt{7}+3\sqrt{7}-8$$
$$=4\sqrt{7}-10$$

074 답 $18\sqrt{6}$ cm

세 정사각형의 한 변의 길이는 각각 $\sqrt{6}$ cm, $\sqrt{24}=2\sqrt{6}$ (cm),
$\sqrt{54}=3\sqrt{6}$ (cm)이다.
따라서 도형의 둘레의 길이는
$2\times(\sqrt{6}+2\sqrt{6}+3\sqrt{6})+2\times3\sqrt{6}=12\sqrt{6}+6\sqrt{6}=18\sqrt{6}$ (cm)

075 답 3

$$(2-4\sqrt{2})a-(-3+\sqrt{2})b=2a-4\sqrt{2}a+3b-\sqrt{2}b$$
$$=(2a+3b)+(-4a-b)\sqrt{2}$$

즉 $2a+3b=-1$, $-4a-b=7$이므로 두 식을 연립하여 풀면
$a=-2$, $b=1$
$\therefore b-a=1-(-2)=3$

076 답 $\sqrt{3}+1$

(i) 음수 : $\sqrt{3}-5$, $-\sqrt{3}+1$
   $(\sqrt{3}-5)-(-\sqrt{3}+1)=2\sqrt{3}-6=\sqrt{12}-\sqrt{36}<0$이므로
   $\sqrt{3}-5<-\sqrt{3}+1$
(ii) 양수 : $2+\sqrt{3}$, $2\sqrt{3}$, 3
   $(2+\sqrt{3})-2\sqrt{3}=2-\sqrt{3}=\sqrt{4}-\sqrt{3}>0$이므로 $2+\sqrt{3}>2\sqrt{3}$
   $2\sqrt{3}-3=\sqrt{12}-\sqrt{9}>0$이므로 $2\sqrt{3}>3$
   $\therefore 3<2\sqrt{3}<2+\sqrt{3}$
(i), (ii)에서 $\sqrt{3}-5<-\sqrt{3}+1<3<2\sqrt{3}<2+\sqrt{3}$
따라서 왼쪽에서 두 번째에 오는 수는 $-\sqrt{3}+1$, 오른쪽에서 두 번째에
오는 수는 $2\sqrt{3}$이므로
$(-\sqrt{3}+1)+2\sqrt{3}=\sqrt{3}+1$

077 답 $\dfrac{1}{12}$

$$f(12)+f(13)+f(14)+\cdots+f(47)$$
$$=\left(\frac{1}{\sqrt{12}}-\frac{1}{\sqrt{13}}\right)+\left(\frac{1}{\sqrt{13}}-\frac{1}{\sqrt{14}}\right)+\left(\frac{1}{\sqrt{14}}-\frac{1}{\sqrt{15}}\right)+\cdots$$
$$+\left(\frac{1}{\sqrt{47}}-\frac{1}{\sqrt{48}}\right)$$
$$=\frac{1}{\sqrt{12}}-\frac{1}{\sqrt{48}}=\frac{1}{2\sqrt{3}}-\frac{1}{4\sqrt{3}}$$
$$=\frac{\sqrt{3}}{6}-\frac{\sqrt{3}}{12}=\frac{\sqrt{3}}{12}$$

$\therefore a=\dfrac{1}{12}$

078 답 −15

$$(\text{주어진 식})=\sqrt{7}(3-\sqrt{70})-\left(\frac{10\sqrt{7}}{2}+\frac{5\sqrt{10}}{2}\right)\times\frac{1}{5}$$
$$=3\sqrt{7}-7\sqrt{10}-\sqrt{7}-\frac{\sqrt{10}}{2}$$
$$=2\sqrt{7}-\frac{15\sqrt{10}}{2}$$

따라서 $m=2$, $n=-\dfrac{15}{2}$이므로
$mn=2\times\left(-\dfrac{15}{2}\right)=-15$

079 답 $\dfrac{11\sqrt{6}}{2}-\dfrac{38}{5}$

$A=\sqrt{27}+\dfrac{3}{\sqrt{2}}=3\sqrt{3}+\dfrac{3\sqrt{2}}{2}$이므로
$$2A-5B=2\left(3\sqrt{3}+\frac{3\sqrt{2}}{2}\right)-5\left(2\sqrt{2}-\frac{\sqrt{3}}{5}\right)$$
$$=6\sqrt{3}+3\sqrt{2}-10\sqrt{2}+\sqrt{3}=-7\sqrt{2}+7\sqrt{3}$$
$$\therefore \frac{1}{\sqrt{2}}(2A-5B)+\sqrt{3}B=\frac{1}{\sqrt{2}}(-7\sqrt{2}+7\sqrt{3})+\sqrt{3}\left(2\sqrt{2}-\frac{\sqrt{3}}{5}\right)$$
$$=-7+\frac{7\sqrt{6}}{2}+2\sqrt{6}-\frac{3}{5}$$
$$=\frac{11\sqrt{6}}{2}-\frac{38}{5}$$

080 답 $\dfrac{10}{3}$

$$3\sqrt{2}\left(x-\frac{4}{\sqrt{2}}\right)-\sqrt{5}\left(2\sqrt{10}-\frac{x}{3}\sqrt{5}\right)$$
$$=3\sqrt{2}x-12-10\sqrt{2}+\frac{5}{3}x$$
$$=\left(\frac{5}{3}x-12\right)+(3x-10)\sqrt{2}$$

이때 이 식이 유리수가 되려면 $3x-10=0$이어야 하므로
$3x=10$　　$\therefore x=\dfrac{10}{3}$

081 답 $\sqrt{3}-2$

$8<\sqrt{75}<9$이므로 $f(75)=\sqrt{75}-8=5\sqrt{3}-8$
$6<\sqrt{48}<7$이므로 $f(48)=\sqrt{48}-6=4\sqrt{3}-6$
$$\therefore f(75)-f(48)=(5\sqrt{3}-8)-(4\sqrt{3}-6)$$
$$=5\sqrt{3}-8-4\sqrt{3}+6=\sqrt{3}-2$$

082 답 $4p-1$

$3<\sqrt{11}<4$이므로 $p=\sqrt{11}-3$　　$\therefore \sqrt{11}=p+3$
$13<\sqrt{176}<14$이므로 $\sqrt{176}$의 소수 부분은
$$\sqrt{176}-13=4\sqrt{11}-13=4(p+3)-13$$
$$=4p+12-13=4p-1$$

083 답 13개

$\sqrt{x}$의 정수 부분이 6이므로 $6\le\sqrt{x}<7$
각 변을 제곱하면 $36\le x<49$
따라서 조건을 만족하는 자연수 x는 36, 37, 38, $\cdots$, 48의 13개이다.

STEP **2** 실전문제 체화를 위한 심 화 유 형

본교재 026~029쪽

084 43	085 17	086 45	087 ④	088 6
089 $3\sqrt{11}$ cm²		090 10	091 $\dfrac{\sqrt{5}}{5}$	
092 $5\sqrt{30}$	093 -0.2449		094 1.572	095 11
096 $\dfrac{5\sqrt{6}}{24}$	097 $\dfrac{7+2\sqrt{2}}{3}$		098 $(20+30\sqrt{2})$ cm	
099 $-\dfrac{1}{2}$	100 $(3+\sqrt{2})\pi$		101 $3\sqrt{3}-14$	
102 $3+\dfrac{2\sqrt{3}}{3}$		103 -1	104 $-\dfrac{\sqrt{30}}{3}$	
105 $\dfrac{3\sqrt{3}-\sqrt{6}}{4}$		106 $\dfrac{4\sqrt{5}}{5}-1$		
107 $7\sqrt{7}-18$				

084 답 43

$2\sqrt{25+a}=6\sqrt{3}$ 에서

$2\sqrt{25+a}=\sqrt{4(25+a)}=\sqrt{100+4a}$, $6\sqrt{3}=\sqrt{108}$ 이므로

$\sqrt{100+4a}=\sqrt{108}$, $100+4a=108$

$4a=8$ ∴ $a=2$

$\sqrt{57-b}=7\sqrt{2}$ 에서 $7\sqrt{2}=\sqrt{98}$ 이므로

$\sqrt{57-b}=\sqrt{98}$, $57-b=98$ ∴ $b=-41$

∴ $a-b=2-(-41)=43$

085 답 17

$\sqrt{2.16}=\sqrt{\dfrac{216}{100}}=\sqrt{\dfrac{6^3}{10^2}}=\dfrac{6}{10}\sqrt{6}=\dfrac{3}{5}\sqrt{6}$ 이므로

$x=\dfrac{3}{5}$ 40%

$\sqrt{0.005}=\sqrt{\dfrac{5}{1000}}=\sqrt{\dfrac{1}{200}}=\sqrt{\dfrac{2}{400}}=\sqrt{\dfrac{2}{20^2}}=\dfrac{\sqrt{2}}{20}$

즉 $\sqrt{2}=20\sqrt{0.005}$ 이므로

$y=20$ 40%

∴ $y-5x=20-5\times\dfrac{3}{5}=17$ 20%

086 답 45

$a\sqrt{b}\sqrt{c}=\sqrt{a^2bc}=\sqrt{700}=\sqrt{2^2\times5^2\times7}$

이때 b, c의 최대공약수가 5이고 $a\neq1$, $a<b<c$이므로

$a=2$, $b=5$, $c=35$

∴ $ab+c=2\times5+35=45$

087 답 ④

$\sqrt{0.5}=\sqrt{\dfrac{5}{10}}=\sqrt{\dfrac{5^2}{50}}=\dfrac{5}{\sqrt{50}}=\dfrac{b^2}{d}$

$\sqrt{0.3}=\sqrt{\dfrac{3}{10}}=\sqrt{\dfrac{3^2}{30}}=\dfrac{3}{\sqrt{30}}=\dfrac{a^2}{c}$

∴ $\sqrt{0.5}-\sqrt{0.3}=\dfrac{b^2}{d}-\dfrac{a^2}{c}$

088 답 6

넓이가 3π인 원의 반지름의 길이를 r라고 하면

$\pi r^2=3\pi$, $r^2=3$ ∴ $r=\sqrt{3}$ (∵ $r>0$)

내접하는 정사각형의 대각선의 길이는 $2\sqrt{3}$이므로

(내접하는 정사각형의 넓이)$=\dfrac{1}{2}\times2\sqrt{3}\times2\sqrt{3}=6$

외접하는 정사각형의 한 변의 길이는 $2\sqrt{3}$이므로

(외접하는 정사각형의 넓이)$=2\sqrt{3}\times2\sqrt{3}=12$

따라서 구하는 넓이의 차는 $12-6=6$

089 답 $3\sqrt{11}$ cm²

삼각형의 두 변의 중점을 연결한 선분의 성질에 의하여

$\overline{PQ}=\dfrac{1}{2}\overline{BD}=\dfrac{1}{2}\times4\sqrt{3}=2\sqrt{3}$ (cm)

$\overline{CP}$, $\overline{CQ}$는 한 변의 길이가 $4\sqrt{3}$ cm인 정삼각형의 높이이므로

$\overline{CP}=\overline{CQ}=\sqrt{(4\sqrt{3})^2-(2\sqrt{3})^2}=\sqrt{36}=6$ (cm)

오른쪽 그림과 같이 꼭짓점 C에서 $\overline{PQ}$에 내린 수선의

발을 H라고 하면 이등변삼각형 CPQ에서

$\overline{PH}=\overline{HQ}=\sqrt{3}$ (cm)이므로

$\overline{CH}=\sqrt{6^2-(\sqrt{3})^2}=\sqrt{33}$ (cm)

∴ $\triangle PCQ=\dfrac{1}{2}\times2\sqrt{3}\times\sqrt{33}$

$=\sqrt{99}=3\sqrt{11}$ (cm²)

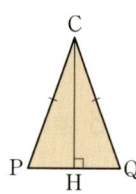

090 답 10

$\dfrac{2a}{\sqrt{3b+8}}=\dfrac{2a\sqrt{3b+8}}{3b+8}=\dfrac{4\sqrt{26}}{13}$ 이고 a, b가 10 이하의 자연수이므로

$\dfrac{2a}{3b+8}=\dfrac{4}{13}$, $3b+8=26$

따라서 $a=4$, $b=6$이므로

$a+b=4+6=10$

091 답 $\dfrac{\sqrt{5}}{5}$

$\dfrac{5x+2y}{3x-2y}=3$ 에서 $5x+2y=9x-6y$

$4x=8y$ ∴ $x=2y$ 40%

∴ $\sqrt{\dfrac{2x^2-5y^2}{4x^2-y^2}}=\sqrt{\dfrac{2\times(2y)^2-5y^2}{4\times(2y)^2-y^2}}=\sqrt{\dfrac{3y^2}{15y^2}}$

$=\sqrt{\dfrac{1}{5}}=\dfrac{1}{\sqrt{5}}=\dfrac{\sqrt{5}}{5}$ 60%

092 답 $5\sqrt{30}$

직사각형의 가로와 세로의 길이를 각각 $3k$, $2k$ $(k>0)$라고 하면 정사각형의 한 변의 길이는 $2k$이므로 $(2k)^2=30$

$4k^2=30$, $k^2=\dfrac{15}{2}$

∴ $k=\sqrt{\dfrac{15}{2}}=\dfrac{\sqrt{15}}{\sqrt{2}}=\dfrac{\sqrt{30}}{2}$

따라서 직사각형의 둘레의 길이는

$2(3k+2k)=10k=10\times\dfrac{\sqrt{30}}{2}=5\sqrt{30}$

093 답 −0.2449

$$\sqrt{0.24}+\sqrt{2.94}-\frac{6}{\sqrt{6}}=\sqrt{\frac{24}{100}}+\sqrt{\frac{294}{100}}-\sqrt{6}$$
$$=\frac{2\sqrt{6}}{10}+\frac{7\sqrt{6}}{10}-\sqrt{6}$$
$$=-\frac{\sqrt{6}}{10}=-\frac{2.449}{10}$$
$$=-0.2449$$

094 답 1.572

$$\sqrt{265}=\sqrt{100\times2.65}=10\sqrt{2.65}=10\times1.628=16.28$$
이때 $\sqrt{265}-x^2=13.81$이므로 $x^2=16.28-13.81=2.47$
$$\therefore x=\sqrt{2.47}=1.572\ (\because x\text{는 양수})$$

095 답 11

$$\sqrt{8(a+b)}=10.2=10\times1.02=10\sqrt{1.04}$$
$$=\sqrt{100\times1.04}=\sqrt{104}$$
즉 $8(a+b)=104$이므로 $a+b=13$ $\qquad$ ……㉠
$\sqrt{ab}=3.464=\sqrt{12}$이므로 $ab=12$ $\qquad$ ……㉡
㉠, ㉡에서 $a=12,\ b=1\ (\because a>b)$
$$\therefore a-b=12-1=11$$

096 답 $\dfrac{5\sqrt{6}}{24}$

$$\cfrac{1}{\sqrt{6}-\cfrac{1}{\sqrt{6}-\cfrac{1}{\sqrt{6}}}}=\cfrac{1}{\sqrt{6}-\cfrac{1}{\sqrt{6}-\cfrac{\sqrt{6}}{6}}}=\cfrac{1}{\sqrt{6}-\cfrac{1}{\cfrac{5\sqrt{6}}{6}}}$$
$$=\cfrac{1}{\sqrt{6}-\cfrac{6}{5\sqrt{6}}}=\cfrac{1}{\sqrt{6}-\cfrac{\sqrt{6}}{5}}$$
$$=\cfrac{1}{\cfrac{4\sqrt{6}}{5}}=\frac{5}{4\sqrt{6}}=\frac{5\sqrt{6}}{24}$$

097 답 $\dfrac{7+2\sqrt{2}}{3}$

$$\overline{AM}=\overline{BM}=\frac{3+\sqrt{2}-(-1-\sqrt{2})}{2}=\frac{4+2\sqrt{2}}{2}=2+\sqrt{2}\ \cdots\cdots\ 40\%$$
이때 $\overline{MN}:\overline{NB}=2:1$이므로 $\overline{NB}=\frac{1}{3}\overline{BM}=\frac{2+\sqrt{2}}{3}\ \cdots\cdots\ 30\%$
따라서 점 N에 대응하는 수는
$$3+\sqrt{2}-\frac{2+\sqrt{2}}{3}=\frac{7+2\sqrt{2}}{3}\ \cdots\cdots\ 30\%$$

098 답 $(20+30\sqrt{2})$ cm

한 변의 길이가 10 cm인 정사각형 안에 그린 세 정사각형의 넓이는 각
각 $100\times\frac{1}{2}=50\ (\text{cm}^2)$, $50\times\frac{1}{2}=25\ (\text{cm}^2)$, $25\times\frac{1}{2}=\frac{25}{2}\ (\text{cm}^2)$
세 정사각형의 한 변의 길이는 각각
$$\sqrt{50}=5\sqrt{2}\ (\text{cm}),\ \sqrt{25}=5\ (\text{cm}),\ \sqrt{\frac{25}{2}}=\frac{5\sqrt{2}}{2}\ (\text{cm})$$
따라서 색칠한 부분의 둘레의 길이의 합은 세 정사각형의 둘레의 길이의
합과 같으므로
$$4\times\left(5\sqrt{2}+5+\frac{5\sqrt{2}}{2}\right)=4\times\left(5+\frac{15\sqrt{2}}{2}\right)=20+30\sqrt{2}\ (\text{cm})$$

099 답 $-\dfrac{1}{2}$

$\sqrt{504a}=\sqrt{2^3\times3^2\times7\times a}$가 자연수가 되려면 $a=2\times7\times(\text{자연수})^2$ 꼴이
어야 한다.
따라서 가장 작은 자연수 a는
$$2\times7\times1^2=14$$
$3<\sqrt{14}<4$이므로 $-1<-4+\sqrt{14}<0$
$$\therefore \sqrt{(-4+\sqrt{a})^2}-2b\sqrt{a}=\sqrt{(-4+\sqrt{14})^2}-2b\sqrt{14}$$
$$=-(-4+\sqrt{14})-2b\sqrt{14}$$
$$=4-\sqrt{14}-2b\sqrt{14}$$
$$=4-(1+2b)\sqrt{14}$$
이때 이 식이 유리수가 되려면 $1+2b=0$이어야 하므로
$$b=-\frac{1}{2}$$

100 답 $(3+\sqrt{2})\pi$

사분원 A의 반지름의 길이는 4
사분원 B의 반지름의 길이는 $(5+\sqrt{2})-4=1+\sqrt{2}$
사분원 C의 반지름의 길이는 $4-(1+\sqrt{2})=3-\sqrt{2}$
사분원 D의 반지름의 길이는 $(1+\sqrt{2})-(3-\sqrt{2})=2\sqrt{2}-2$
따라서 사분원 A, B, C, D의 호의 길이의 합은
$$\frac{1}{4}\times2\pi\times4+\frac{1}{4}\times2\pi\times(1+\sqrt{2})+\frac{1}{4}\times2\pi\times(3-\sqrt{2})$$
$$+\frac{1}{4}\times2\pi\times(2\sqrt{2}-2)$$
$$=\frac{1}{4}\times2\pi\times\{4+(1+\sqrt{2})+(3-\sqrt{2})+(2\sqrt{2}-2)\}$$
$$=\frac{1}{4}\times2\pi\times(6+2\sqrt{2})$$
$$=(3+\sqrt{2})\pi$$

101 답 $3\sqrt{3}-14$

$\sqrt{2}(2\sqrt{3}-5)-\dfrac{\square}{\sqrt{2}}=\dfrac{\sqrt{3}+4}{\sqrt{2}}$ 에서
$$2\sqrt{6}-5\sqrt{2}-\frac{\square}{\sqrt{2}}=\frac{\sqrt{6}+4\sqrt{2}}{2}$$
$$\frac{\square}{\sqrt{2}}=2\sqrt{6}-5\sqrt{2}-\frac{\sqrt{6}+4\sqrt{2}}{2}$$
$$=\frac{4\sqrt{6}-10\sqrt{2}-\sqrt{6}-4\sqrt{2}}{2}$$
$$=\frac{3\sqrt{6}-14\sqrt{2}}{2}$$
$$\therefore \square=\frac{3\sqrt{6}-14\sqrt{2}}{2}\times\sqrt{2}$$
$$=\frac{6\sqrt{3}-28}{2}=3\sqrt{3}-14$$

102 답 $3+\dfrac{2\sqrt{3}}{3}$

$$(2\sqrt{3}-1)\circledcirc\frac{4}{\sqrt{3}}=(2\sqrt{3}-1)-\sqrt{3}\times\frac{4}{\sqrt{3}}+(2\sqrt{3}-1)\times\frac{4}{\sqrt{3}}$$
$$=2\sqrt{3}-1-4+8-\frac{4\sqrt{3}}{3}$$
$$=3+\frac{2\sqrt{3}}{3}$$

103 답 −1

$\sqrt{12}(\sqrt{6}-\sqrt{3})x+3\sqrt{2}<2(\sqrt{2}-3)x-1$에서
$6\sqrt{2}x-6x+3\sqrt{2}<2\sqrt{2}x-6x-1$
$4\sqrt{2}x<-3\sqrt{2}-1$ $\therefore x<\dfrac{-3\sqrt{2}-1}{4\sqrt{2}}=\dfrac{-6-\sqrt{2}}{8}$
이때 $1<\sqrt{2}<2$이므로 $-2<-\sqrt{2}<-1$
$-8<-6-\sqrt{2}<-7$ $\therefore -1<\dfrac{-6-\sqrt{2}}{8}<-\dfrac{7}{8}$
따라서 주어진 부등식을 만족하는 x의 값 중 가장 큰 정수는 -1이다.

104 답 $-\dfrac{\sqrt{30}}{3}$

$a:b:c=(\sqrt{6}-\sqrt{2}):(\sqrt{2}+\sqrt{5}):(\sqrt{6}-\sqrt{5})$이므로
$a=(\sqrt{6}-\sqrt{2})k,\ b=(\sqrt{2}+\sqrt{5})k,\ c=(\sqrt{6}-\sqrt{5})k\ (k>0)$라고 하면
$(\sqrt{6}-\sqrt{2})k+(\sqrt{2}+\sqrt{5})k+(\sqrt{6}-\sqrt{5})k=\sqrt{10}$
$(\sqrt{6}-\sqrt{2}+\sqrt{2}+\sqrt{5}+\sqrt{6}-\sqrt{5})k=\sqrt{10}$
$2\sqrt{6}k=\sqrt{10}$ $\therefore k=\dfrac{\sqrt{10}}{2\sqrt{6}}=\dfrac{\sqrt{15}}{6}$
$\therefore a-b-c=(\sqrt{6}-\sqrt{2})k-(\sqrt{2}+\sqrt{5})k-(\sqrt{6}-\sqrt{5})k$
$\qquad\qquad =(\sqrt{6}-\sqrt{2}-\sqrt{2}-\sqrt{5}-\sqrt{6}+\sqrt{5})k=-2\sqrt{2}k$
$\qquad\qquad =-2\sqrt{2}\times\dfrac{\sqrt{15}}{6}=-\dfrac{\sqrt{30}}{3}$

105 답 $\dfrac{3\sqrt{3}-\sqrt{6}}{4}$

$3<\sqrt{12}<4$이므로 $2<\sqrt{12}-1<3$
$\therefore f(x)=2,\ g(x)=(\sqrt{12}-1)-2=\sqrt{12}-3$
$3\sqrt{2}=\sqrt{18}$이고 $4<3\sqrt{2}<5$이므로 $6<3\sqrt{2}+2<7$
$\therefore f(y)=6,\ g(y)=(3\sqrt{2}+2)-6=3\sqrt{2}-4$
$\therefore \dfrac{f(x)-g(y)+3}{2g(x)+f(y)}=\dfrac{2-(3\sqrt{2}-4)+3}{2(\sqrt{12}-3)+6}=\dfrac{9-3\sqrt{2}}{4\sqrt{3}}$
$\qquad\qquad\qquad\qquad =\dfrac{9\sqrt{3}-3\sqrt{6}}{12}=\dfrac{3\sqrt{3}-\sqrt{6}}{4}$

106 답 $\dfrac{4\sqrt{5}}{5}-1$

$2\sqrt{5}=\sqrt{20}$이고 $4<2\sqrt{5}<5$이므로
$2<2\sqrt{5}-2<3$ $\therefore [a]=2$
$\dfrac{a}{a+[a]}-\dfrac{[a]-a}{[a]}=\dfrac{2\sqrt{5}-2}{(2\sqrt{5}-2)+2}-\dfrac{2-(2\sqrt{5}-2)}{2}$
$\qquad\qquad\qquad\quad =\dfrac{2\sqrt{5}-2}{2\sqrt{5}}-\dfrac{4-2\sqrt{5}}{2}$
$\qquad\qquad\qquad\quad =\dfrac{10-2\sqrt{5}}{10}-2+\sqrt{5}$
$\qquad\qquad\qquad\quad =1-\dfrac{\sqrt{5}}{5}-2+\sqrt{5}$
$\qquad\qquad\qquad\quad =\dfrac{4\sqrt{5}}{5}-1$

107 답 $7\sqrt{7}-18$

조건 ㈎에서 $\sqrt{a}$, $\sqrt{b}$, $\sqrt{c}$, $\sqrt{d}$가 모두 10 이하의 자연수이므로 a, b, c, d는 모두 2 이상 100 이하의 제곱수이다.
조건 ㈏에서 $2a+b=43$이므로 $a=9$, $b=25$
$d-3c=1$이므로 $c=16$, $d=49$

$5\sqrt{c-a}=5\sqrt{7}$이고 $13<5\sqrt{7}<14$이므로 $5\sqrt{c-a}$의 소수 부분은
$x=5\sqrt{7}-13$
$\sqrt{\dfrac{7(d-b)}{6}}=\sqrt{28}=2\sqrt{7}$이고 $5<2\sqrt{7}<6$이므로 $\sqrt{\dfrac{7(d-b)}{6}}$의 소수 부분은 $y=2\sqrt{7}-5$
$\therefore x+y=(5\sqrt{7}-13)+(2\sqrt{7}-5)=7\sqrt{7}-18$

STEP 3 최상위권 굳히기를 위한 최고난도유형

본교재 **030~032**쪽

108 8	**109** $(2+\sqrt{2})\pi$	**110** 4	**111** 4개
112 $6\sqrt{2}+10\sqrt{3}$	**113** $\dfrac{5\sqrt{2}}{4}$	**114** 16	**115** 5
창의융합			
116 27	**117** [그림 1]		

108 답 8

$\dfrac{\sqrt{20^6+4^8}}{\sqrt{10^6+4^5}}=\sqrt{\dfrac{(2^2\times5)^6+(2^2)^8}{(2\times5)^6+(2^2)^5}}=\sqrt{\dfrac{2^{12}\times5^6+2^{16}}{2^6\times5^6+2^{10}}}$
$\qquad\qquad\quad =\sqrt{\dfrac{2^{12}(5^6+2^4)}{2^6(5^6+2^4)}}=\sqrt{2^6}$
$\qquad\qquad\quad =\sqrt{(2^3)^2}=8$

109 답 $(2+\sqrt{2})\pi$

▱ABCD를 수직선을 따라 오른쪽으로 1회전 시키면 다음 그림과 같다.

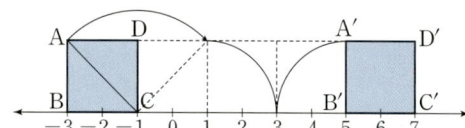

이때 $\overline{AC}=\sqrt{2^2+2^2}=\sqrt{8}=2\sqrt{2}$이므로 점 A가 움직인 거리는
$2\pi\times2\sqrt{2}\times\dfrac{90}{360}+2\times\left(2\pi\times2\times\dfrac{90}{360}\right)=\sqrt{2}\pi+2\pi$
$\qquad\qquad\qquad\qquad\qquad\qquad\quad =(2+\sqrt{2})\pi$

110 답 4

$104^2=10816$이므로 $104=\sqrt{10816}$
$\therefore 10.4=\dfrac{104}{10}=\dfrac{\sqrt{10816}}{10}=\sqrt{\dfrac{10816}{100}}=\sqrt{108.16}$
$105^2=11025$이므로 $105=\sqrt{11025}$
$\therefore 10.5=\dfrac{105}{10}=\dfrac{\sqrt{11025}}{10}=\sqrt{\dfrac{11025}{100}}=\sqrt{110.25}$
즉 $\sqrt{108.16}<\sqrt{110}<\sqrt{110.25}$이므로
$10.4<\sqrt{110}<10.5$
따라서 $\sqrt{110}$을 소수로 나타내었을 때, 소수점 아래 첫째 자리의 숫자는 4이다.

111 답 4개

$\sqrt{175}=5\sqrt{7}$이므로 $\sqrt{x}+\sqrt{y}=5\sqrt{7}$

$5\sqrt{7}$은 무리수이고 x, y는 자연수이므로 주어진 식을 만족하는 x, y는
$x=7m^2$, $y=7n^2$ (m, n은 자연수) 꼴이어야 한다.

이때 $\sqrt{7m^2}+\sqrt{7n^2}=5\sqrt{7}$이므로 $m\sqrt{7}+n\sqrt{7}=5\sqrt{7}$

$\therefore m+n=5$

$m+n=5$를 만족하는 두 자연수 m, n의 값은

$m=1$, $n=4$ 또는 $m=2$, $n=3$ 또는 $m=3$, $n=2$ 또는 $m=4$, $n=1$

(i) $m=1$, $n=4$일 때
    $x=7\times1^2=7$, $y=7\times4^2=112$

(ii) $m=2$, $n=3$일 때
    $x=7\times2^2=28$, $y=7\times3^2=63$

(iii) $m=3$, $n=2$일 때
    $x=7\times3^2=63$, $y=7\times2^2=28$

(iv) $m=4$, $n=1$일 때
    $x=7\times4^2=112$, $y=7\times1^2=7$

(i)~(iv)에서 구하는 순서쌍 (x, y)는 $(7, 112)$, $(28, 63)$, $(63, 28)$, $(112, 7)$의 4개이다.

112 답 $6\sqrt{2}+10\sqrt{3}$

네 정사각형의 한 변의 길이는 각각 $\sqrt{2}$, $\sqrt{3}$, $\sqrt{8}=2\sqrt{2}$, $\sqrt{12}=2\sqrt{3}$이고 겹치는 부분의 세 정사각형의 한 변의 길이는 각각 $\frac{\sqrt{2}}{2}$, $\frac{\sqrt{3}}{2}$, $\sqrt{2}$이다.

$\therefore$ (새로 만든 도형의 둘레의 길이)
  =(처음 네 정사각형의 둘레의 길이의 합)
               $-$(겹치는 부분의 세 정사각형의 둘레의 길이의 합)
  $=4\times(\sqrt{2}+\sqrt{3}+2\sqrt{2}+2\sqrt{3})-4\times\left(\frac{\sqrt{2}}{2}+\frac{\sqrt{3}}{2}+\sqrt{2}\right)$
  $=4\times(3\sqrt{2}+3\sqrt{3})-4\times\left(\frac{3\sqrt{2}}{2}+\frac{\sqrt{3}}{2}\right)$
  $=12\sqrt{2}+12\sqrt{3}-6\sqrt{2}-2\sqrt{3}$
  $=6\sqrt{2}+10\sqrt{3}$

113 답 $\frac{5\sqrt{2}}{4}$

$\begin{cases}\sqrt{2}x+\sqrt{3}y=1 & \cdots\cdots\ \text{㉠}\\\sqrt{3}x-\sqrt{2}y=-1 & \cdots\cdots\ \text{㉡}\end{cases}$에서 ㉠$\times\sqrt{3}-$㉡$\times\sqrt{2}$를 하면

$5y=\sqrt{3}+\sqrt{2}$

$\therefore y=q=\dfrac{\sqrt{3}+\sqrt{2}}{5}$ $\cdots\cdots$ 40%

$y=\dfrac{\sqrt{3}+\sqrt{2}}{5}$를 ㉠에 대입하면

$\sqrt{2}x+\dfrac{\sqrt{3}(\sqrt{3}+\sqrt{2})}{5}=1$

$\sqrt{2}x=\dfrac{2-\sqrt{6}}{5}$

$\therefore x=p=\dfrac{2-\sqrt{6}}{5\sqrt{2}}=\dfrac{\sqrt{2}-\sqrt{3}}{5}$ $\cdots\cdots$ 40%

따라서 $p+q=\dfrac{\sqrt{2}-\sqrt{3}}{5}+\dfrac{\sqrt{3}+\sqrt{2}}{5}=\dfrac{2\sqrt{2}}{5}$이므로

$\dfrac{1}{p+q}=\dfrac{5}{2\sqrt{2}}=\dfrac{5\sqrt{2}}{4}$ $\cdots\cdots$ 20%

114 답 16

일곱 자리의 자연수 a는 $10^6\leq a<10^7$이므로 $1000\leq\sqrt{a}<1000\sqrt{10}$

따라서 $\sqrt{a}$의 정수 부분은 네 자리의 자연수이다.

$\therefore m=4$

$\sqrt{x^2+y^2}$의 정수 부분이 6이면 $6\leq\sqrt{x^2+y^2}<7$이므로
$36\leq x^2+y^2<49$

이를 만족하는 $x\geq y$인 두 자연수 x, y의 순서쌍 (x, y)는 $(5, 4)$, $(6, 1)$, $(6, 2)$, $(6, 3)$의 4개이므로

$n=4$

$\therefore mn=4\times4=16$

115 답 5

$n^2<n^2+1<(n+1)^2$이므로 $n<\sqrt{n^2+1}<n+1$

즉 $\sqrt{n^2+1}$의 정수 부분이 n이므로 $a_n=\sqrt{n^2+1}-n$

$a_{2222}=\sqrt{2222^2+1}-2222$이므로

$(a_{2222}+2222)^2=(\sqrt{2222^2+1}-2222+2222)^2$
              $=(\sqrt{2222^2+1})^2$
              $=2222^2+1$

따라서 일의 자리의 숫자는 5이다.

116 답 27   창 의 융 합

눈금 12는 원점으로부터 거리가 $\sqrt{12}$인 위치를, 눈금 48은 원점으로부터 거리가 $\sqrt{48}$인 위치를 나타내므로 두 눈금 12와 48 사이의 거리는

$\sqrt{48}-\sqrt{12}=4\sqrt{3}-2\sqrt{3}=2\sqrt{3}$

또, 눈금 3은 원점으로부터 거리가 $\sqrt{3}$인 위치를, 눈금 x는 원점으로부터 거리가 $\sqrt{x}$인 위치를 나타낸다.

그림에서 눈금 12와 48 사이의 거리는 눈금 3과 x 사이의 거리와 같으므로 $\sqrt{x}-\sqrt{3}=2\sqrt{3}$, $\sqrt{x}=3\sqrt{3}$ $\therefore x=27$

117 답 [그림 1]   창 의 융 합

[그림 1]을 이루는 각 조각에 번호를 붙이면 다음 그림과 같으므로 둘레의 길이는

$2\times5+\sqrt{2}\times6+2\sqrt{2}\times2+4+(4-2\sqrt{2})+(2\sqrt{2}-2)=16+10\sqrt{2}$

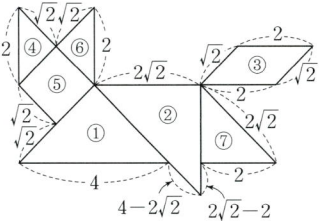

[그림 2]를 이루는 각 조각에 번호를 붙이면 오른쪽 그림과 같으므로 둘레의 길이는

$2\times4+\sqrt{2}\times3+2\sqrt{2}\times2+(2-\sqrt{2})$
    $+(4-2\sqrt{2})+4+(2\sqrt{2}-2)$
$=16+6\sqrt{2}$

이때 $16+10\sqrt{2}>16+6\sqrt{2}$이므로
[그림 1]의 둘레의 길이가 더 길다.

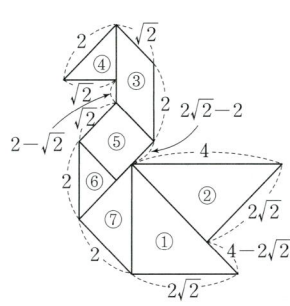

II. 다항식의 곱셈과 인수분해

03 다항식의 곱셈

STEP **1** 교과서를 정복하는 핵 심 유 형

본교재 035 ~ 038쪽

118 3	**119** $12x^2+7x-10$	**120** $\dfrac{1}{8}$	**121** 18
122 -15	**123** $-16a^2+36ab-18b^2$	**124** 2051	**125** $\dfrac{8}{3}$
126 16	**127** -3	**128** 1	**129** 21
130 $\dfrac{6+2\sqrt{6}}{3}$		**131** $5\sqrt{2}-1$ **132** $33-18\sqrt{3}$	
133 $x^2-4y^2-4yz-z^2$	**134** $24-8\sqrt{3}$		**135** 18
136 $\dfrac{4}{5}$	**137** $-\dfrac{26}{11}$	**138** 47	**139** 13
140 $\sqrt{3}-\sqrt{2}$		**141** 40	

118 답 3

xy항이 나오는 부분만 전개하면
$3x\times(-2y)+(-ay)\times bx=(-6-ab)xy$이므로
$-6-ab=4$　　∴ $ab=-10$
또, y항이 나오는 부분만 전개하면
$(-ay)\times 5=-5ay$이므로 $-5a=10$　　∴ $a=-2$
$a=-2$를 $ab=-10$에 대입하면 $b=5$
∴ $a+b=-2+5=3$

119 답 $12x^2+7x-10$

$(3x-k)(5x+4)=15x^2+(12-5k)x-4k=15x^2+2x-8$이므로
$12-5k=2,\ -4k=-8$　　∴ $k=2$
따라서 바르게 계산하면
$(3x-2)(4x+5)=12x^2+7x-10$

120 답 $\dfrac{1}{8}$

$\left(x-\dfrac{1}{6}\right)(x+a)=x^2+\left(a-\dfrac{1}{6}\right)x-\dfrac{1}{6}a$
이때 x의 계수가 상수항의 2배이므로
$a-\dfrac{1}{6}=2\times\left(-\dfrac{1}{6}a\right),\ a-\dfrac{1}{6}=-\dfrac{1}{3}a,\ \dfrac{4}{3}a=\dfrac{1}{6}$　　∴ $a=\dfrac{1}{8}$

121 답 18

$(x-1)(x+1)(x^2+1)(x^4+1)(x^8+1)$
$=(x^2-1)(x^2+1)(x^4+1)(x^8+1)$
$=(x^4-1)(x^4+1)(x^8+1)$
$=(x^8-1)(x^8+1)=x^{16}-1$
따라서 $a=16$, $b=-1$이므로 $a-2b=16+2=18$

122 답 -15

$(x+a)(x+8)=x^2+(a+8)x+8a=x^2+5x+b$이므로
$a+8=5,\ 8a=b$　　∴ $a=-3,\ b=-24$
$(cx-1)(3x+1)=3cx^2+(c-3)x-1=dx^2-1$이므로
$3c=d,\ c-3=0$　　∴ $c=3,\ d=9$
∴ $a+b+c+d=-3+(-24)+3+9$
　　　　　　　 $=-15$

123 답 $-16a^2+36ab-18b^2$

$\overline{BE}=\overline{BA}=3b$이므로 $\overline{EC}=4a-3b$
$\overline{EC}=\overline{HD}=\overline{HF}$이므로 $\overline{EF}=3b-(4a-3b)=6b-4a$
∴ □FECG$=(4a-3b)(6b-4a)$
　　　　　 $=24ab-16a^2-18b^2+12ab$
　　　　　 $=-16a^2+36ab-18b^2$

124 답 2051

$\dfrac{2046\times2054+2066}{2050}=\dfrac{(2050-4)(2050+4)+2066}{2050}$
　　　　　　　　　　　　 $=\dfrac{2050^2-16+2066}{2050}$
　　　　　　　　　　　　 $=\dfrac{2050^2+2050}{2050}$
　　　　　　　　　　　　 $=2050+1$
　　　　　　　　　　　　 $=2051$

125 답 $\dfrac{8}{3}$

$(4-\sqrt{7})^2-m(10-3\sqrt{7})=16-8\sqrt{7}+7-10m+3\sqrt{7}m$
　　　　　　　　　　　　　　 $=(23-10m)+(3m-8)\sqrt{7}$
이때 유리수가 되려면 $3m-8=0$이어야 하므로
$3m=8$　　∴ $m=\dfrac{8}{3}$

126 답 16

$(2+1)(2^2+1)(2^4+1)(2^8+1)$
$=(2-1)(2+1)(2^2+1)(2^4+1)(2^8+1)$
$=(2^2-1)(2^2+1)(2^4+1)(2^8+1)$
$=(2^4-1)(2^4+1)(2^8+1)$
$=(2^8-1)(2^8+1)$
$=2^{16}-1$
∴ $a=16$

127 답 -3

$(\sqrt{5}+2)^6(\sqrt{5}-2)^7=(\sqrt{5}+2)^6(\sqrt{5}-2)^6(\sqrt{5}-2)$
　　　　　　　　　　　 $=\{(\sqrt{5}+2)(\sqrt{5}-2)\}^6(\sqrt{5}-2)$
　　　　　　　　　　　 $=(5-4)^6(\sqrt{5}-2)$
　　　　　　　　　　　 $=\sqrt{5}-2$
따라서 $a=-2$, $b=1$이므로
$a-b=-2-1=-3$

128 답 1

$$1003 \times 997 + 998^2 = (10^3+3)(10^3-3)+(10^3-2)^2$$
$$= 10^6-9+10^6-4\times10^3+4$$
$$= 2\times10^6-4\times10^3-5$$

따라서 $a=2$, $b=4$, $c=5$이므로
$$a+b-c=2+4-5=1$$

129 답 21

$$\frac{3}{7+4\sqrt{3}}-\frac{4}{7-4\sqrt{3}}$$
$$= \frac{3(7-4\sqrt{3})}{(7+4\sqrt{3})(7-4\sqrt{3})}-\frac{4(7+4\sqrt{3})}{(7-4\sqrt{3})(7+4\sqrt{3})}$$
$$= (21-12\sqrt{3})-(28+16\sqrt{3})$$
$$= 21-12\sqrt{3}-28-16\sqrt{3}=-7-28\sqrt{3}$$

따라서 $a=-7$, $b=-28$이므로 $a-b=-7-(-28)=21$

130 답 $\dfrac{6+2\sqrt{6}}{3}$

$2<\sqrt{6}<3$이므로 $-3<-\sqrt{6}<-2$ $\therefore 2<5-\sqrt{6}<3$

따라서 $a=2$, $b=(5-\sqrt{6})-2=3-\sqrt{6}$이므로
$$\frac{a}{b}=\frac{2}{3-\sqrt{6}}=\frac{2(3+\sqrt{6})}{(3-\sqrt{6})(3+\sqrt{6})}=\frac{6+2\sqrt{6}}{3}$$

131 답 $5\sqrt{2}-1$

$f(x)=\sqrt{x}+\sqrt{x+1}$에서
$$\frac{1}{f(x)}=\frac{1}{\sqrt{x}+\sqrt{x+1}}=\frac{\sqrt{x}-\sqrt{x+1}}{(\sqrt{x}+\sqrt{x+1})(\sqrt{x}-\sqrt{x+1})}$$
$$= \frac{\sqrt{x}-\sqrt{x+1}}{x-(x+1)}=\frac{\sqrt{x}-\sqrt{x+1}}{-1}=\sqrt{x+1}-\sqrt{x}$$

$$\therefore \frac{1}{f(1)}+\frac{1}{f(2)}+\frac{1}{f(3)}+\cdots+\frac{1}{f(49)}$$
$$= (\sqrt{2}-\sqrt{1})+(\sqrt{3}-\sqrt{2})+(\sqrt{4}-\sqrt{3})+\cdots+(\sqrt{50}-\sqrt{49})$$
$$= -\sqrt{1}+\sqrt{50}=5\sqrt{2}-1$$

132 답 $33-18\sqrt{3}$

□ABFE와 □EGHD의 넓이의 비가 $4:3$이므로 닮음비는 $2:\sqrt{3}$이다.

$\overline{AB}=2a$라고 하면 $\overline{ED}=\sqrt{3}a$이고 □ABCD의 둘레의 길이가 78이므로
$$2\{2a+(2a+\sqrt{3}a)\}=78, (4+\sqrt{3})a=39$$
$$\therefore a=\frac{39}{4+\sqrt{3}}=\frac{39(4-\sqrt{3})}{(4+\sqrt{3})(4-\sqrt{3})}=\frac{39(4-\sqrt{3})}{13}=3(4-\sqrt{3})$$
$$\therefore \overline{GF}=2a-\sqrt{3}a=(2-\sqrt{3})a$$
$$= 3(2-\sqrt{3})(4-\sqrt{3})=3(11-6\sqrt{3})$$
$$= 33-18\sqrt{3}$$

133 답 $x^2-4y^2-4yz-z^2$

$$(x+2y+z)(x-2y-z)=\{x+(2y+z)\}\{x-(2y+z)\}$$

$2y+z=A$로 놓으면
$$(x+A)(x-A)=x^2-A^2=x^2-(2y+z)^2$$
$$= x^2-(4y^2+4yz+z^2)$$
$$= x^2-4y^2-4yz-z^2$$

134 답 $24-8\sqrt{3}$

$$(2x+3-\sqrt{3})(2x-1-\sqrt{3})=\{(2x-\sqrt{3})+3\}\{(2x-\sqrt{3})-1\}$$

$2x-\sqrt{3}=A$로 놓으면
$$(A+3)(A-1)=A^2+2A-3$$
$$= (2x-\sqrt{3})^2+2(2x-\sqrt{3})-3$$
$$= 4x^2-4\sqrt{3}x+3+4x-2\sqrt{3}-3$$
$$= 4x^2+(4-4\sqrt{3})x-2\sqrt{3}$$

따라서 x의 계수는 $4-4\sqrt{3}$, 상수항은 $-2\sqrt{3}$이므로
$$(4-4\sqrt{3})\times(-2\sqrt{3})=24-8\sqrt{3}$$

135 답 18

$$(x+1)(x+2)(x-3)(x-4)$$
$$= \{(x+1)(x-3)\}\{(x+2)(x-4)\}$$
$$= (x^2-2x-3)(x^2-2x-8)$$

$x^2-2x=A$로 놓으면
$$(A-3)(A-8)=A^2-11A+24$$
$$= (x^2-2x)^2-11(x^2-2x)+24$$
$$= x^4-4x^3+4x^2-11x^2+22x+24$$
$$= x^4-4x^3-7x^2+22x+24$$

따라서 x^3의 계수는 -4, x의 계수는 22이므로
$$-4+22=18$$

136 답 $\dfrac{4}{5}$

$a^2+b^2=(a-b)^2+2ab$이므로 $6=4^2+2ab$
$$6=16+2ab, 2ab=-10   \therefore ab=-5$$
$$\therefore \frac{1}{a}-\frac{1}{b}=\frac{b-a}{ab}=\frac{-(a-b)}{ab}=\frac{-4}{-5}=\frac{4}{5}$$

137 답 $-\dfrac{26}{11}$

$(x-3)(y-3)=4$에서 $xy-3(x+y)+9=4$

$xy=-11$을 대입하면
$$-11-3(x+y)+9=4, -3(x+y)=6   \therefore x+y=-2$$
$$\therefore \frac{y}{x}+\frac{x}{y}=\frac{x^2+y^2}{xy}=\frac{(x+y)^2-2xy}{xy}$$
$$= \frac{(-2)^2-2\times(-11)}{-11}=-\frac{26}{11}$$

138 답 47

$x^2+\dfrac{1}{x^2}=\left(x-\dfrac{1}{x}\right)^2+2=(\sqrt{5})^2+2=7$이므로
$$x^4+\frac{1}{x^4}=\left(x^2+\frac{1}{x^2}\right)^2-2=7^2-2=47$$

139 답 13

$$x=\frac{1}{5-2\sqrt{6}}=\frac{5+2\sqrt{6}}{(5-2\sqrt{6})(5+2\sqrt{6})}=5+2\sqrt{6}$$

$x-5=2\sqrt{6}$이므로 양변을 제곱하면
$$x^2-10x+25=24, x^2-10x=-1$$
$$\therefore x^2-10x+14=-1+14=13$$

140 답 $\sqrt{3}-\sqrt{2}$

$$\frac{\sqrt{x+1}-\sqrt{x-1}}{\sqrt{x+1}+\sqrt{x-1}}=\frac{(\sqrt{x+1}-\sqrt{x-1})^2}{(\sqrt{x+1}+\sqrt{x-1})(\sqrt{x+1}-\sqrt{x-1})}$$
$$=\frac{x+1-2\sqrt{x^2-1}+x-1}{x+1-(x-1)}=\frac{2x-2\sqrt{x^2-1}}{2}$$
$$=x-\sqrt{x^2-1}=\sqrt{3}-\sqrt{(\sqrt{3})^2-1}$$
$$=\sqrt{3}-\sqrt{2}$$

141 답 40

$x\neq0$이므로 $x^2-6x+1=0$의 양변을 x로 나누면

$$x-6+\frac{1}{x}=0 \qquad \therefore x+\frac{1}{x}=6$$
$$\therefore x^2+x+\frac{1}{x}+\frac{1}{x^2}=\left(x+\frac{1}{x}\right)^2-2+\left(x+\frac{1}{x}\right)$$
$$=6^2-2+6=40$$

STEP 2 실전문제 체화를 위한 심화 유형

본교재 **040**~**042**쪽

142 7	143 15	144 ④	145 $\frac{36}{25}$
146 $-208+112\sqrt{7}$	147 32	148 11	149 4
150 6	151 $(6\sqrt{3}-9)$배	152 360	
153 $x^6-x^4-x^2+1$	154 -6	155 249	
156 $\frac{257}{16}$	157 140	158 $\frac{\sqrt{6}+\sqrt{2}}{2}$	
159 $75-30\sqrt{6}$			

142 답 7

$a=8p+3$, $b=8q+5$ (p, q는 자연수)라고 하면
$$ab=(8p+3)(8q+5)$$
$$=64pq+40p+24q+15$$
$$=8(8pq+5p+3q+1)+7$$
따라서 ab를 8로 나눈 나머지는 7이다.

143 답 15

$\overline{AC}=12$이므로 $a+b=12$

$\overline{AD}=\overline{CD}=\dfrac{a+b}{2}$이므로 $\overline{BD}=b-\dfrac{a+b}{2}=\dfrac{-a+b}{2}$

이때 $S_2-S_1=15$이므로 $\left(\dfrac{a+b}{2}\right)^2-\left(\dfrac{-a+b}{2}\right)^2=15$

$$\frac{a^2+2ab+b^2}{4}-\frac{a^2-2ab+b^2}{4}=15$$
$$\therefore ab=15$$

144 답 ④

$(x+A)(x+B)=x^2+(A+B)x+AB=x^2+Cx-40$이므로
$A+B=C$, $AB=-40$

이때 A, B는 정수이므로 $AB=-40$을 만족하는 순서쌍 (A, B)는
$(-40, 1)$, $(-20, 2)$, $(-10, 4)$, $(-8, 5)$, $(-5, 8)$, $(-4, 10)$,
$(-2, 20)$, $(-1, 40)$, $(1, -40)$, $(2, -20)$, $(4, -10)$, $(5, -8)$,
$(8, -5)$, $(10, -4)$, $(20, -2)$, $(40, -1)$이다.
$A+B=C$이므로 C의 값이 될 수 있는 수는
-39, -18, -6, -3, 3, 6, 18, 39
따라서 C의 값이 될 수 없는 것은 ④ 12이다.

145 답 $\frac{36}{25}$

$$\frac{3005^2-2999\times3011}{3010^2-3005\times3015}=\frac{3005^2-(3005-6)(3005+6)}{3010^2-(3010-5)(3010+5)}$$
$$=\frac{3005^2-(3005^2-6^2)}{3010^2-(3010^2-5^2)}$$
$$=\frac{6^2}{5^2}=\frac{36}{25}$$

146 답 $-208+112\sqrt{7}$

$(3+\sqrt{7})(3-\sqrt{7})=9-7=2$이므로
$$(3+\sqrt{7})^5(3-\sqrt{7})^4=(3+\sqrt{7})\{(3+\sqrt{7})(3-\sqrt{7})\}^4$$
$$=(3+\sqrt{7})\times2^4=48+16\sqrt{7}$$
$$(3+\sqrt{7})^4(3-\sqrt{7})^6=\{(3+\sqrt{7})(3-\sqrt{7})\}^4(3-\sqrt{7})^2$$
$$=2^4(16-6\sqrt{7})=256-96\sqrt{7}$$
$$\therefore (3+\sqrt{7})^5(3-\sqrt{7})^4-(3+\sqrt{7})^4(3-\sqrt{7})^6$$
$$=(48+16\sqrt{7})-(256-96\sqrt{7})$$
$$=-208+112\sqrt{7}$$

147 답 32

$$2(4+2)(4^2+2^2)(4^4+2^4)(4^8+2^8)+2^{16}$$
$$=(4-2)(4+2)(4^2+2^2)(4^4+2^4)(4^8+2^8)+2^{16}$$
$$=(4^2-2^2)(4^2+2^2)(4^4+2^4)(4^8+2^8)+2^{16}$$
$$=(4^4-2^4)(4^4+2^4)(4^8+2^8)+2^{16}$$
$$=(4^8-2^8)(4^8+2^8)+2^{16}$$
$$=(4^{16}-2^{16})+2^{16}$$
$$=4^{16}=(2^2)^{16}=2^{32}$$
$$\therefore x=32$$

148 답 11

$$\sqrt{2^{20}}(\sqrt{7}+\sqrt{8})^8\left(\frac{\sqrt{7}}{2}-\sqrt{2}\right)^{10}=2^{10}(\sqrt{7}+\sqrt{8})^8\left(\frac{\sqrt{7}}{2}-\sqrt{2}\right)^{10}$$
$$=(\sqrt{7}+2\sqrt{2})^8\times2^{10}\times\left(\frac{\sqrt{7}}{2}-\sqrt{2}\right)^{10}$$
$$=(\sqrt{7}+2\sqrt{2})^8(\sqrt{7}-2\sqrt{2})^{10}$$
$$=\{(\sqrt{7}+2\sqrt{2})(\sqrt{7}-2\sqrt{2})\}^8(\sqrt{7}-2\sqrt{2})^2$$
$$=(7-8)^8(7-4\sqrt{14}+8)$$
$$=(-1)^8(15-4\sqrt{14})$$
$$=15-4\sqrt{14}$$
따라서 $a=15$, $b=-4$이므로 $a+b=15+(-4)=11$

149 답 4

$$\dfrac{x-\sqrt6}{\sqrt6+2}+\dfrac{y-\sqrt6}{\sqrt6-2}=\dfrac{(x-\sqrt6)(\sqrt6-2)}{(\sqrt6+2)(\sqrt6-2)}+\dfrac{(y-\sqrt6)(\sqrt6+2)}{(\sqrt6-2)(\sqrt6+2)}$$

$$=\dfrac{\sqrt6x-2x-6+2\sqrt6}{2}+\dfrac{\sqrt6y+2y-6-2\sqrt6}{2}$$

$$=\dfrac{(-2x+2y-12)+(x+y)\sqrt6}{2}$$

이때 이 수가 유리수가 되려면 $x+y=0$이어야 한다.
$x+y=0$, $2x-3y=-10$을 연립하여 풀면 $x=-2$, $y=2$
$\therefore y-x=2-(-2)=4$

150 답 6

$$\dfrac{1}{1+\sqrt2+\sqrt3}=\dfrac{(1+\sqrt2)-\sqrt3}{\{(1+\sqrt2)+\sqrt3\}\{(1+\sqrt2)-\sqrt3\}}$$

$$=\dfrac{1+\sqrt2-\sqrt3}{(1+\sqrt2)^2-3}=\dfrac{1+\sqrt2-\sqrt3}{2\sqrt2}$$

$$=\dfrac{(1+\sqrt2-\sqrt3)\times\sqrt2}{2\sqrt2\times\sqrt2}=\dfrac{2+\sqrt2-\sqrt6}{4}$$

따라서 $a=1$, $b=-1$, $c=6$이므로
$a+b+c=1+(-1)+6=6$

151 답 $(6\sqrt3-9)$배

직육면체 A의 밑면의 한 모서리의 길이를 a라고 하면 밑넓이가 a^2이므로 정육면체 B의 밑넓이는 $3a^2$이고 한 모서리의 길이는 $\sqrt3a$이다.
B의 부피는 $(\sqrt3a)^3=3\sqrt3a^3$이므로 A의 부피는
$\dfrac13\times3\sqrt3a^3=\sqrt3a^3$
즉 A의 높이는 $\sqrt3a$이다.
따라서 A의 모든 모서리의 길이의 합은 $8a+4\sqrt3a$, B의 모든 모서리의 길이의 합은 $12\sqrt3a$이므로
$$\dfrac{12\sqrt3a}{8a+4\sqrt3a}=\dfrac{3\sqrt3}{2+\sqrt3}=\dfrac{3\sqrt3(2-\sqrt3)}{(2+\sqrt3)(2-\sqrt3)}=6\sqrt3-9$$
즉 정육면체 B의 모든 모서리의 길이의 합은 직육면체 A 모든 모서리의 길이의 합의 $(6\sqrt3-9)$배이다.

152 답 360

$x^2+3x-40=0$에서 $x^2+3x=40$ 20%
$\therefore (x-4)(x-2)(x+5)(x+7)$
$\quad=\{(x-4)(x+7)\}\{(x-2)(x+5)\}$
$\quad=(x^2+3x-28)(x^2+3x-10)$ 50%
$\quad=(40-28)(40-10)$
$\quad=12\times30=360$ 30%

153 답 $x^6-x^4-x^2+1$

$1-x^3=A$, $x-x^2=B$로 놓으면
(주어진 식)$=(A+B)(A-B)$
$\quad=A^2-B^2$
$\quad=(1-x^3)^2-(x-x^2)^2$
$\quad=1-2x^3+x^6-(x^2-2x^3+x^4)$
$\quad=1-2x^3+x^6-x^2+2x^3-x^4$
$\quad=x^6-x^4-x^2+1$

154 답 -6

$x+y=2$, $xy=-4$이므로
$x^2+y^2=(x+y)^2-2xy=2^2-2\times(-4)=12$
$$\therefore \dfrac{y}{x-3}+\dfrac{x}{y-3}=\dfrac{y(y-3)+x(x-3)}{(x-3)(y-3)}=\dfrac{x^2+y^2-3(x+y)}{xy-3(x+y)+9}$$
$$=\dfrac{12-3\times2}{-4-3\times2+9}=\dfrac{6}{-1}=-6$$

155 답 249

두 정사각형의 둘레의 길이의 합이 84 cm이므로
$4x+4y=84$ $\therefore x+y=21$ 30%
또, 두 정사각형의 넓이의 합이 345 cm²이므로
$x^2+y^2=345$
이때 $(x+y)^2=x^2+2xy+y^2$이므로 $21^2=345+2xy$
$2xy=96$ $\therefore xy=48$ 40%
$\therefore (x-y)^2=(x+y)^2-4xy$
$\qquad\quad=21^2-4\times48=249$ 30%

156 답 $\dfrac{257}{16}$

$x^2+y^2=(x+y)^2-2xy$이므로
$5=3^2-2xy$, $2xy=4$ $\therefore xy=2$
$x^4+y^4=(x^2+y^2)^2-2x^2y^2=5^2-2\times2^2=25-8=17$
$$\therefore \dfrac{y^4}{x^4}+\dfrac{x^4}{y^4}=\dfrac{x^8+y^8}{x^4y^4}=\dfrac{(x^4+y^4)^2-2x^4y^4}{x^4y^4}$$
$$=\dfrac{17^2-2\times2^4}{2^4}=\dfrac{257}{16}$$

157 답 140

$a-b=-4$, $ab=-2$이므로
$a^2+b^2=(a-b)^2+2ab=(-4)^2+2\times(-2)=12$
$x+y=3$, $xy=-1$이므로
$x^2+y^2=(x+y)^2-2xy=3^2-2\times(-1)=11$
$\therefore (ax+by)^2+(bx+ay)^2$
$\quad=a^2x^2+2abxy+b^2y^2+b^2x^2+2abxy+a^2y^2$
$\quad=(a^2+b^2)x^2+4abxy+(a^2+b^2)y^2$
$\quad=12x^2+4\times(-2)\times(-1)+12y^2$
$\quad=12(x^2+y^2)+8$
$\quad=12\times11+8=140$

158 답 $\dfrac{\sqrt6+\sqrt2}{2}$

$x+y=\dfrac{\sqrt3+\sqrt2}{2}+\dfrac{\sqrt3-\sqrt2}{2}=\dfrac{2\sqrt3}{2}=\sqrt3$
$x-y=\dfrac{\sqrt3+\sqrt2}{2}-\dfrac{\sqrt3-\sqrt2}{2}=\dfrac{2\sqrt2}{2}=\sqrt2$
$xy=\left(\dfrac{\sqrt3}{2}+\dfrac{\sqrt2}{2}\right)\left(\dfrac{\sqrt3}{2}-\dfrac{\sqrt2}{2}\right)=\dfrac34-\dfrac24=\dfrac14$
$$\therefore \dfrac{\sqrt x+\sqrt y}{\sqrt x-\sqrt y}=\dfrac{(\sqrt x+\sqrt y)^2}{(\sqrt x-\sqrt y)(\sqrt x+\sqrt y)}=\dfrac{x+2\sqrt{xy}+y}{x-y}$$
$$=\dfrac{\sqrt3+2\sqrt{\dfrac14}}{\sqrt2}=\dfrac{\sqrt3+1}{\sqrt2}=\dfrac{\sqrt6+\sqrt2}{2}$$

159 달 $75-30\sqrt{6}$

$$x=\frac{\sqrt{6}-2}{\sqrt{6}+2}=\frac{(\sqrt{6}-2)^2}{(\sqrt{6}+2)(\sqrt{6}-2)}$$
$$=\frac{10-4\sqrt{6}}{2}=5-2\sqrt{6}$$

$x-5=-2\sqrt{6}$이므로 양변을 제곱하면
$x^2-10x+25=24$ ∴ $x^2+1=10x$

$$y=\frac{3\sqrt{2}+4}{3\sqrt{2}-4}=\frac{(3\sqrt{2}+4)^2}{(3\sqrt{2}-4)(3\sqrt{2}+4)}$$
$$=\frac{34+24\sqrt{2}}{2}=17+12\sqrt{2}$$

$y-17=12\sqrt{2}$이므로 양변을 제곱하면
$y^2-34y+289=288$ ∴ $y^2-34y=-1$
∴ $(x^2+5x+1)(y^2-34y+2)=(10x+5x)(-1+2)$
$$=15x$$
$$=15(5-2\sqrt{6})$$
$$=75-30\sqrt{6}$$

STEP **3** 최상위권 굳히기를 위한 **최고난도 유형**

본교재 **043~045**쪽

160 $465\,\mathrm{cm}^3$	**161** 31	**162** 16
163 $\dfrac{3\sqrt{2}-4}{2}$	**164** $-32+32\sqrt{2}$	
165 $-4,\ 4$ **166** 12	**167** 4	
창의융합		
168 10개	**169** $2400a^2-600$	

---

160 달 $465\,\mathrm{cm}^3$

직육면체 A의 가로의 길이, 세로의 길이, 높이를 각각 $x\,\mathrm{cm}$, $y\,\mathrm{cm}$, $z\,\mathrm{cm}$라고 하면 직육면체 A의 부피는 $xyz\,\mathrm{cm}^3$이다.
직육면체 A의 모든 모서리의 길이의 합이 $72\,\mathrm{cm}$이므로
$4(x+y+z)=72$ ∴ $x+y+z=18$
직육면체 A의 겉넓이가 $184\,\mathrm{cm}^2$이므로
$2(xy+yz+zx)=184$ ∴ $xy+yz+zx=92$
한편 직육면체 B의 가로의 길이, 세로의 길이, 높이는 각각
$(x+3)\,\mathrm{cm}$, $(y+3)\,\mathrm{cm}$, $(z+3)\,\mathrm{cm}$이므로 직육면체 B의 부피는
$(x+3)(y+3)(z+3)$
$=(xy+3x+3y+9)(z+3)$
$=xyz+3xy+3xz+9x+3yz+9y+9z+27$
$=xyz+3(xy+yz+zx)+9(x+y+z)+27$
$=xyz+3\times92+9\times18+27$
$=xyz+465\,(\mathrm{cm}^3)$
따라서 두 직육면체 A, B의 부피의 차는
$(xyz+465)-xyz=465\,(\mathrm{cm}^3)$

---

161 달 31

$$\left(1+\frac{1}{x}\right)\left(1+\frac{1}{x^2}\right)\left(1+\frac{1}{x^4}\right)\left(1+\frac{1}{x^8}\right)\left(1+\frac{1}{x^{16}}\right)$$
$$=\frac{x}{x-1}\left(1-\frac{1}{x}\right)\left(1+\frac{1}{x}\right)\left(1+\frac{1}{x^2}\right)\left(1+\frac{1}{x^4}\right)\left(1+\frac{1}{x^8}\right)\left(1+\frac{1}{x^{16}}\right)$$
$$=\frac{x}{x-1}\left(1-\frac{1}{x^2}\right)\left(1+\frac{1}{x^2}\right)\left(1+\frac{1}{x^4}\right)\left(1+\frac{1}{x^8}\right)\left(1+\frac{1}{x^{16}}\right)$$
$$=\frac{x}{x-1}\left(1-\frac{1}{x^4}\right)\left(1+\frac{1}{x^4}\right)\left(1+\frac{1}{x^8}\right)\left(1+\frac{1}{x^{16}}\right)$$
$$=\frac{x}{x-1}\left(1-\frac{1}{x^8}\right)\left(1+\frac{1}{x^8}\right)\left(1+\frac{1}{x^{16}}\right)$$
$$=\frac{x}{x-1}\left(1-\frac{1}{x^{16}}\right)\left(1+\frac{1}{x^{16}}\right)$$
$$=\frac{x}{x-1}\left(1-\frac{1}{x^{32}}\right)$$
$$=\frac{x}{x-1}\times\frac{x^{32}-1}{x^{32}}$$
$$=\frac{x^{32}-1}{x^{32}-x^{31}}$$
따라서 $a=1$, $b=32$이므로 $b-a=32-1=31$

---

162 달 16

$9\times11\times101\times10001\times100000001$
$=(10-1)(10+1)(100+1)(10000+1)(100000000+1)$
$=(10-1)(10+1)(10^2+1)(10^4+1)(10^8+1)$
$=(10^2-1)(10^2+1)(10^4+1)(10^8+1)$
$=(10^4-1)(10^4+1)(10^8+1)$
$=(10^8-1)(10^8+1)$
$=10^{16}-1$
이때 10^{16}은 17자리의 자연수이므로 $10^{16}-1$은 16자리의 자연수이다.
∴ $n=16$

---

163 달 $\dfrac{3\sqrt{2}-4}{2}$

$x_1=3\sqrt{2}=\sqrt{18}$이고 $4<\sqrt{18}<5$이므로
$y_1=3\sqrt{2}-4$
$$\therefore x_2=\frac{1}{y_1}=\frac{1}{3\sqrt{2}-4}$$
$$=\frac{3\sqrt{2}+4}{(3\sqrt{2}-4)(3\sqrt{2}+4)}=\frac{3\sqrt{2}+4}{2}$$
$8<3\sqrt{2}+4<9$에서 $4<\dfrac{3\sqrt{2}+4}{2}<\dfrac{9}{2}$이므로
$$y_2=\frac{3\sqrt{2}+4}{2}-4=\frac{3\sqrt{2}-4}{2}$$
$$\therefore x_3=\frac{1}{y_2}=\frac{2}{3\sqrt{2}-4}=\frac{2(3\sqrt{2}+4)}{(3\sqrt{2}-4)(3\sqrt{2}+4)}=3\sqrt{2}+4$$
$8<3\sqrt{2}+4<9$이므로 $y_3=(3\sqrt{2}+4)-8=3\sqrt{2}-4$
  ⋮
따라서 y_n의 값은 $3\sqrt{2}-4$, $\dfrac{3\sqrt{2}-4}{2}$, $3\sqrt{2}-4$, ⋯가 반복되므로
$$y_{3000}=\frac{3\sqrt{2}-4}{2}$$

164 답 $-32+32\sqrt{2}$

오른쪽 그림과 같은 직각이등변삼각형 ABC에서 $\overline{AB}=\overline{AC}=x$라고 하면
$\overline{BC}=\sqrt{x^2+x^2}=\sqrt{2}x$

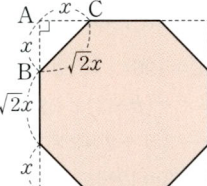

이때 처음 정사각형의 한 변의 길이는 4이므로
$x+\sqrt{2}x+x=4$
$(2+\sqrt{2})x=4$
$\therefore x=\dfrac{4}{2+\sqrt{2}}=\dfrac{4(2-\sqrt{2})}{(2+\sqrt{2})(2-\sqrt{2})}=4-2\sqrt{2}$
$\therefore$ (정팔각형의 넓이)$=$(정사각형의 넓이)$-4\triangle ABC$

$$=4\times4-4\times\left\{\frac{1}{2}\times(4-2\sqrt{2})\times(4-2\sqrt{2})\right\}$$
$$=16-4\times\left\{\frac{1}{2}\times(24-16\sqrt{2})\right\}$$
$$=16-4\times(12-8\sqrt{2})$$
$$=16-48+32\sqrt{2}$$
$$=-32+32\sqrt{2}$$

165 답 $-4,\ 4$

$x^2-y^2+1=0$에서 $x^2-y^2=-1$
$(x+y)^m=A$, $(x-y)^m=B$로 놓으면
$\{(x+y)^m+(x-y)^m\}^2-\{(x+y)^m-(x-y)^m\}^2$
$=(A+B)^2-(A-B)^2$
$=A^2+2AB+B^2-(A^2-2AB+B^2)$
$=4AB$
$=4(x+y)^m(x-y)^m=4\{(x+y)(x-y)\}^m$
$=4(x^2-y^2)^m=4\times(-1)^m$

(i) $m\geq2$인 홀수일 때,
　　$4\times(-1)^m=4\times(-1)=-4$

(ii) $m\geq2$인 짝수일 때,
　　$4\times(-1)^m=4\times1=4$

(i), (ii)에서 구하는 값은 $-4,\ 4$이다.

166 답 12

정사각형의 한 변의 길이를 x, 직사각형의 가로의 길이와 세로의 길이를 각각 a, b라고 하자.
정사각형과 직사각형의 둘레의 길이가 서로 같으므로
$4x=2(a+b)$　　$\therefore x=\dfrac{a+b}{2}$　　$\cdots\cdots\ ㉠$
또, 넓이의 차가 36이므로
$|x^2-ab|=36$　　$\cdots\cdots\ ㉡$
㉠을 ㉡에 대입하면
$\left|\left(\dfrac{a+b}{2}\right)^2-ab\right|=36$
양변에 4를 곱하면
$|(a+b)^2-4ab|=144$
$|(a-b)^2|=144$
$\therefore |a-b|=12$
따라서 직사각형의 이웃하는 두 변의 길이의 차는 12이다.

167 답 4

$x\neq0$이므로 $x^2-2x-1=0$의 양변을 x로 나누면
$x-2-\dfrac{1}{x}=0$　　$\therefore x-\dfrac{1}{x}=2$　　$\cdots\cdots\ 20\%$
$x^2+\dfrac{1}{x^2}=\left(x-\dfrac{1}{x}\right)^2+2=2^2+2=6$　　$\cdots\cdots\ 20\%$
$x^4+\dfrac{1}{x^4}=\left(x^2+\dfrac{1}{x^2}\right)^2-2=6^2-2=34$　　$\cdots\cdots\ 20\%$
$x^8+\dfrac{1}{x^8}=\left(x^4+\dfrac{1}{x^4}\right)^2-2=34^2-2=1154$　　$\cdots\cdots\ 20\%$
따라서 $x^8+\dfrac{1}{x^8}$의 값의 일의 자리의 숫자는 4이다.　　$\cdots\cdots\ 20\%$

168 답 10개　〔창의융합〕

두 자리 자연수를 $10a+b$, $10c+d$ (a, b, c, d는 10보다 작은 자연수)라고 하면
$(10a+b)(10c+d)=(10b+a)(10d+c)$
$100ac+10ad+10bc+bd=100bd+10bc+10ad+ac$
$100ac+bd=100bd+ac$
$99ac=99bd$
$\therefore ac=bd$
즉 처음 두 수의 십의 자리의 숫자끼리의 곱과 일의 자리의 숫자끼리의 곱이 같으므로 이를 만족하는 a, b, c, d의 값은 다음과 같다.
$a=1$, $c=6$일 때, $b=2$, $d=3$ 또는 $b=3$, $d=2$이므로
$(12, 63)$, $(13, 62)$
$a=1$, $c=8$일 때, $b=2$, $d=4$ 또는 $b=4$, $d=2$이므로
$(12, 84)$, $(14, 82)$
$a=2$, $c=6$일 때, $b=3$, $d=4$ 또는 $b=4$, $d=3$이므로
$(23, 64)$, $(24, 63)$
$a=2$, $c=9$일 때, $b=3$, $d=6$ 또는 $b=6$, $d=3$이므로
$(23, 96)$, $(26, 93)$
$a=3$, $c=8$일 때, $b=4$, $d=6$ 또는 $b=6$, $d=4$이므로
$(34, 86)$, $(36, 84)$
따라서 구하는 순서쌍은 모두 10개이다.

169 답 $2400a^2-600$　〔창의융합〕

(블록 한 개의 부피)$=3(4a+2)(4a-2)$
$$=3(16a^2-4)$$
$$=48a^2-12$$
세영이가 만든 입체도형은 다음 그림과 같으므로 블록의 총 개수는 50개이다.

$\therefore$ (입체도형의 부피)$=50(48a^2-12)$
$$=2400a^2-600$$

04 다항식의 인수분해

본교재 047~050쪽

170 ①, ③	**171** ⑤	**172** ㄱ, ㄴ, ㄹ	**173** 22
174 $(x+4)(5x-3)$	**175** 29	**176** ④	**177** $2x$
178 68	**179** $3x+9$	**180** $3x+4$	**181** 5개	**182** 10
183 ⑤	**184** -1	**185** $6x$	**186** -1	**187** 208
188 985	**189** ④	**190** $64\sqrt{2}$	**191** $14\sqrt{3}-35$
192 $2\sqrt{2}$			

170 답 ①, ③

$$4xy+12x-8y-24=4x(y+3)-8(y+3)$$
$$=(4x-8)(y+3)=4(x-2)(y+3)$$
따라서 인수가 아닌 것은 ①, ③이다.

171 답 ⑤

$$7x(4x+1)-(4x+1)(3x-5)=(4x+1)\{7x-(3x-5)\}$$
$$=(4x+1)(4x+5)$$
따라서 두 일차식의 합은 $(4x+1)+(4x+5)=8x+6$

172 답 ㄱ, ㄴ, ㄹ

$(b-a)^2=\{-(a-b)\}^2=(a-b)^2$이므로
$$(a-b)^2(b-c)-(a-c)(b-a)^2$$
$$=(a-b)^2(b-c)-(a-c)(a-b)^2$$
$$=(a-b)^2\{(b-c)-(a-c)\}$$
$$=(a-b)^2(b-a)=-(a-b)^3$$
따라서 인수인 것은 ㄱ, ㄴ, ㄹ이다.

173 답 22

$3x^2+ax-6=(x+3)(3x+m)$ (m은 상수)이라고 하면
$$3x^2+ax-6=3x^2+(m+9)x+3m$$
$-6=3m$에서 $m=-2$ ∴ $a=m+9=-2+9=7$
$4x^2+17x+b=(x+3)(4x+n)$ (n은 상수)이라고 하면
$$4x^2+17x+b=4x^2+(n+12)x+3n$$
$17=n+12$에서 $n=5$ ∴ $b=3n=3\times5=15$
∴ $a+b=7+15=22$

174 답 $(x+4)(5x-3)$

수진이는 x^2의 계수만 잘못 보았으므로
$(2x-1)(7x+12)=14x^2+17x-12$에서 처음 이차식의 x의 계수는 17, 상수항은 -12이다.
영은이는 x의 계수만 잘못 보았으므로
$(x+3)(5x-4)=5x^2+11x-12$에서 처음 이차식의 x^2의 계수는 5, 상수항은 -12이다.
따라서 처음 이차식은 $5x^2+17x-12$이므로
$$5x^2+17x-12=(x+4)(5x-3)$$

175 답 29

$x^2-ax+49$에서 $49=\left(\dfrac{-a}{2}\right)^2$
$a^2=196$ ∴ $a=\pm14$
$4x^2+(b-3)x+9=(2x)^2+(b-3)x+3^2$에서
$b-3=\pm2\times2\times3=\pm12$
$b-3=12$에서 $b=15$
$b-3=-12$에서 $b=-9$
따라서 $a=14$, $b=15$일 때 $a+b$의 값이 가장 크므로
$14+15=29$

176 답 ④

$x^2+ax-18=(x+b)(x+c)=x^2+(b+c)x+bc$이므로
$b+c=a$, $bc=-18$
곱이 -18인 두 정수 b, c의 순서쌍 (b, c)는 $(-18, 1)$, $(-9, 2)$, $(-6, 3)$, $(-3, 6)$, $(-2, 9)$, $(-1, 18)$, $(1, -18)$, $(2, -9)$, $(3, -6)$, $(6, -3)$, $(9, -2)$, $(18, -1)$이므로 a의 값이 될 수 있는 것은 -17, -7, -3, 3, 7, 17이다.
따라서 a의 값이 될 수 없는 것은 ④이다.

177 답 $2x$

$0<x<\dfrac{1}{3}$이므로 $x-\dfrac{1}{3}<0$, $x+\dfrac{1}{3}>0$
$$\therefore \sqrt{\left(x-\dfrac{1}{3}\right)^2+\dfrac{4}{3}x}-\sqrt{\left(x+\dfrac{1}{3}\right)^2-\dfrac{4}{3}x}$$
$$=\sqrt{x^2-\dfrac{2}{3}x+\dfrac{1}{9}+\dfrac{4}{3}x}-\sqrt{x^2+\dfrac{2}{3}x+\dfrac{1}{9}-\dfrac{4}{3}x}$$
$$=\sqrt{x^2+\dfrac{2}{3}x+\dfrac{1}{9}}-\sqrt{x^2-\dfrac{2}{3}x+\dfrac{1}{9}}$$
$$=\sqrt{\left(x+\dfrac{1}{3}\right)^2}-\sqrt{\left(x-\dfrac{1}{3}\right)^2}$$
$$=x+\dfrac{1}{3}-\left\{-\left(x-\dfrac{1}{3}\right)\right\}$$
$$=x+\dfrac{1}{3}+x-\dfrac{1}{3}=2x$$

178 답 68

$n^2-19n+48=(n-16)(n-3)$이 17의 배수가 되려면 $n-16$ 또는 $n-3$이 17의 배수이어야 한다.
이때 자연수 n의 최솟값은 $n-3=17$일 때이므로 $n=20$
$n=20$을 $(n-16)(n-3)$에 대입하면
$(20-16)\times(20-3)=4\times17=68$
따라서 자연수 n이 최소일 때, $n^2-19n+48$의 값은 68이다.

179 답 $3x+9$

도형 ㈎의 넓이는
$$(3x+5)^2-4^2=(3x+5+4)(3x+5-4)$$
$$=(3x+9)(3x+1)$$
이때 도형 ㈏는 세로의 길이가 $3x+1$이고, 도형 ㈎와 넓이가 같으므로 가로의 길이는 $3x+9$이다.

180 　답 $3x+4$

사다리꼴 ABCD의 윗변의 길이를 a라고 하면 아랫변의 길이는 $a+8$이다.

사다리꼴 ABCD의 넓이가 $3x^2-7x-40$이므로

$\frac{1}{2}\times\{a+(a+8)\}\times(x-5)=3x^2-7x-40$

$(a+4)(x-5)=(x-5)(3x+8)$

이때 $x-5\neq0$이므로 $a+4=3x+8$ 　　∴ $a=3x+4$

181 　답 5개

한 변의 길이가 1인 정사각형을 k개라고 하면 새로 만든 직사각형의 넓이는 $x^2+10x+k$

이때 $k>0$이므로

(ⅰ) $x^2+10x+k=(x+1)(x+9)$일 때, $k=9$

(ⅱ) $x^2+10x+k=(x+2)(x+8)$일 때, $k=16$

(ⅲ) $x^2+10x+k=(x+3)(x+7)$일 때, $k=21$

(ⅳ) $x^2+10x+k=(x+4)(x+6)$일 때, $k=24$

(ⅴ) $x^2+10x+k=(x+5)^2$일 때, $k=25$

(ⅰ)~(ⅴ)에서 만들 수 있는 직사각형은 모두 5개이다.

182 　답 10

$16x^2-25+8xy+y^2=16x^2+8xy+y^2-25$
$\qquad\qquad\qquad\quad=(4x+y)^2-5^2$
$\qquad\qquad\qquad\quad=(4x+y+5)(4x+y-5)$

따라서 $a=4$, $b=5$, $c=1$이므로

$a+b+c=4+5+1=10$

183 　답 ⑤

$a(b-c)+bc-c^2=ab-ac+bc-c^2=ab+bc-ac-c^2$
$\qquad\qquad\qquad\quad=b(a+c)-c(a+c)=(a+c)(b-c)$

$a^2b-a^2c-bc^2+c^3=a^2(b-c)-c^2(b-c)=(b-c)(a^2-c^2)$
$\qquad\qquad\qquad\qquad=(b-c)(a+c)(a-c)$

$-ab^2+b^2c+ac^2-c^3=-ab^2+ac^2+b^2c-c^3$
$\qquad\qquad\qquad\qquad=-a(b^2-c^2)+c(b^2-c^2)$
$\qquad\qquad\qquad\qquad=(c-a)(b^2-c^2)$
$\qquad\qquad\qquad\qquad=(c-a)(b+c)(b-c)$

따라서 세 다항식의 공통인수는 ⑤ $b-c$이다.

184 　답 -1

$x^2+4xy+4y^2-2x-4y-15=x^2+(4y-2)x+4y^2-4y-15$
$\qquad\qquad\qquad\qquad\qquad=x^2+(4y-2)x+(2y+3)(2y-5)$
$\qquad\qquad\qquad\qquad\qquad=(x+2y+3)(x+2y-5)$

따라서 $a=2$, $b=2$, $c=-5$이므로

$a+b+c=2+2+(-5)=-1$

185 　답 $6x$

$x^2=A$로 놓으면

$4x^4-17x^2+4=4(x^2)^2-17x^2+4=4A^2-17A+4$
$\qquad\qquad\quad=(A-4)(4A-1)=(x^2-4)(4x^2-1)$
$\qquad\qquad\quad=(x+2)(x-2)(2x+1)(2x-1)$

따라서 네 일차식의 합은

$(x+2)+(x-2)+(2x+1)+(2x-1)=6x$

186 　답 -1

$(x+2)(x+3)(x+4)(x+5)-k$
$=\{(x+2)(x+5)\}\{(x+3)(x+4)\}-k$
$=(x^2+7x+10)(x^2+7x+12)-k$

$x^2+7x=A$로 놓으면

$(x^2+7x+10)(x^2+7x+12)-k=(A+10)(A+12)-k$
$\qquad\qquad\qquad\qquad\qquad\qquad=A^2+22A+120-k$

이 식이 완전제곱식이 되려면 $120-k=\left(\frac{22}{2}\right)^2$

$120-k=121$ 　　∴ $k=-1$

187 　답 208

$19^2-16^2+13^2-10^2+7^2-4^2+1$
$=(19+16)(19-16)+(13+10)(13-10)+(7+4)(7-4)+1$
$=35\times3+23\times3+11\times3+1$
$=3\times(35+23+11)+1$
$=3\times69+1=208$

188 　답 985

$981=A$라고 하면

$981\times989+16=A(A+8)+16$
$\qquad\qquad\qquad=A^2+8A+16$
$\qquad\qquad\qquad=(A+4)^2$
$\qquad\qquad\qquad=(981+4)^2=985^2$

따라서 어떤 자연수는 985이다.

189 　답 ④

$4^6-1=(2^2)^6-1=2^{12}-1$
$\qquad\quad=(2^6)^2-1=(2^6+1)(2^6-1)$
$\qquad\quad=(2^6+1)(2^3+1)(2^3-1)$
$\qquad\quad=65\times9\times7=3^2\times5\times7\times13$

따라서 구하는 약수의 개수는

$(2+1)\times(1+1)\times(1+1)\times(1+1)=24$(개)

190 　답 $64\sqrt{2}$

$(a+3b)^2-(3a+b)^2=(a+3b+3a+b)(a+3b-3a-b)$
$\qquad\qquad\qquad\qquad=(4a+4b)(-2a+2b)$
$\qquad\qquad\qquad\qquad=-8(a+b)(a-b)$

이때 $(a-b)^2=(a+b)^2-4ab=4^2-4\times2=8$이므로

$a-b=-\sqrt{8}=-2\sqrt{2}$ $(∵ a<b)$

∴ (주어진 식)$=-8\times4\times(-2\sqrt{2})=64\sqrt{2}$

191 　답 $14\sqrt{3}-35$

$x=\frac{2}{\sqrt{3}-1}=\frac{2(\sqrt{3}+1)}{(\sqrt{3}-1)(\sqrt{3}+1)}=\sqrt{3}+1$,

$y=\frac{2}{\sqrt{3}+1}=\frac{2(\sqrt{3}-1)}{(\sqrt{3}+1)(\sqrt{3}-1)}=\sqrt{3}-1$이므로

$x+y=(\sqrt{3}+1)+(\sqrt{3}-1)=2\sqrt{3}$
$x-y=(\sqrt{3}+1)-(\sqrt{3}-1)=2$
$\therefore x^2-y^2+10y-25=x^2-(y^2-10y+25)$
$\qquad\qquad\qquad\quad =x^2-(y-5)^2$
$\qquad\qquad\qquad\quad =(x+y-5)(x-y+5)$
$\qquad\qquad\qquad\quad =(2\sqrt{3}-5)(2+5)$
$\qquad\qquad\qquad\quad =14\sqrt{3}-35$

192 답 $2\sqrt{2}$

$2\sqrt{2}=\sqrt{8}$이므로 $2<2\sqrt{2}<3$ $\quad\therefore x=2\sqrt{2}-2$
$\therefore \dfrac{x^3+3x^2-4x-12}{x^2+x-6}=\dfrac{x^2(x+3)-4(x+3)}{(x-2)(x+3)}$
$\qquad\qquad\qquad\qquad\quad =\dfrac{(x+3)(x^2-4)}{(x-2)(x+3)}$
$\qquad\qquad\qquad\qquad\quad =\dfrac{(x+3)(x+2)(x-2)}{(x-2)(x+3)}$
$\qquad\qquad\qquad\qquad\quad =x+2$
$\qquad\qquad\qquad\qquad\quad =2\sqrt{2}-2+2=2\sqrt{2}$

STEP **2** 실전문제 체화를 위한 (심)(화)(유)(형)

본교재 053~055쪽

193 $(y-z)(3x-2y-z)$	**194** 10개	**195** 9	**196** 7개
197 26	**198** $2x+1$	**199** 4 cm	**200** $\dfrac{1}{6}$	**201** 5개
202 100	**203** 1	**204** $\dfrac{7}{10}$	**205** 136	
206 1721	**207** 13	**208** 4	**209** 55	**210** 50

193 답 $(y-z)(3x-2y-z)$

$<x, y, z>-2<x, z, y>=(x-z)(y-z)-2(x-y)(z-y)$
$\qquad\qquad\qquad\qquad\quad =(x-z)(y-z)+2(x-y)(y-z)$
$\qquad\qquad\qquad\qquad\quad =(y-z)\{(x-z)+2(x-y)\}$
$\qquad\qquad\qquad\qquad\quad =(y-z)(x-z+2x-2y)$
$\qquad\qquad\qquad\qquad\quad =(y-z)(3x-2y-z)$

194 답 10개

$x^2-4ax+5b-(-6ax+b)=x^2+2ax+4b$
이 식이 완전제곱식이 되려면
$4b=\left(\dfrac{2a}{2}\right)^2=a^2$
따라서 100 이하의 자연수 a, b의 순서쌍 (a, b)의 개수는 $(2, 1)$,
$(4, 4)$, $(6, 9)$, $(8, 16)$, $(10, 25)$, $(12, 36)$, $(14, 49)$,
$(16, 64)$, $(18, 81)$, $(20, 100)$의 10개이다.

195 답 9

$\sqrt{x}=a+4$의 양변을 제곱하면
$x=(a+4)^2=a^2+8a+16$ $\qquad\qquad$ ⋯⋯ 20%
이때 $-3<a<6$에서 $a+3>0$, $a-6<0$이므로 $\qquad$ ⋯⋯ 20%
$\sqrt{x-2a-7}+\sqrt{x-20a+20}$
$=\sqrt{a^2+8a+16-2a-7}+\sqrt{a^2+8a+16-20a+20}$
$=\sqrt{a^2+6a+9}+\sqrt{a^2-12a+36}$
$=\sqrt{(a+3)^2}+\sqrt{(a-6)^2}$ $\qquad\qquad\qquad$ ⋯⋯ 30%
$=a+3-(a-6)$
$=a+3-a+6=9$ $\qquad\qquad\qquad\qquad$ ⋯⋯ 30%

196 답 7개

주어진 다항식이 $(x+a)(x+b)$ (a, b는 정수, $a>b$)로 인수분해된다
고 하면
$(x+a)(x+b)=x^2+(a+b)x+ab$에서
$a+b=-6$, $-100\le ab\le-1$
이때 a, b는 서로 다른 부호이므로 이를 만족하는 두 정수 a, b를 순서쌍
(a, b)로 나타내면 $(1, -7)$, $(2, -8)$, $(3, -9)$, $(4, -10)$,
$(5, -11)$, $(6, -12)$, $(7, -13)$
따라서 구하는 다항식의 개수는 7개이다.

197 답 26

a가 소수이므로 $ax^2+44x+12$가 $(ax+b)(x+c)$ (b, c는 자연수)로
인수분해된다고 하면 $(ax+b)(x+c)=ax^2+(ac+b)x+bc$에서
$ac+b=44$, $bc=12$
(ⅰ) $b=1$, $c=12$일 때, $12a+1=44$ $\quad\therefore a=\dfrac{43}{12}$
(ⅱ) $b=2$, $c=6$일 때, $6a+2=44$ $\quad\therefore a=7$
(ⅲ) $b=3$, $c=4$일 때, $4a+3=44$ $\quad\therefore a=\dfrac{41}{4}$
(ⅳ) $b=4$, $c=3$일 때, $3a+4=44$ $\quad\therefore a=\dfrac{40}{3}$
(ⅴ) $b=6$, $c=2$일 때, $2a+6=44$ $\quad\therefore a=19$
(ⅵ) $b=12$, $c=1$일 때, $a+12=44$ $\quad\therefore a=32$
(ⅰ)~(ⅵ)에서 조건을 만족하는 소수 a의 값은 7, 19이므로
$7+19=26$

198 답 $2x+1$

$\triangle ABC$의 둘레의 길이가 $2(6x+5)$이므로
$\overline{AB}+\overline{BC}+\overline{CA}=2(6x+5)$
$\triangle ABC$의 내접원의 반지름의 길이를 r라고 하면
$\triangle ABC=\dfrac{1}{2}\times r\times\overline{AB}+\dfrac{1}{2}\times r\times\overline{BC}+\dfrac{1}{2}\times r\times\overline{CA}$
$\qquad\quad =\dfrac{r}{2}(\overline{AB}+\overline{BC}+\overline{CA})$
$\qquad\quad =\dfrac{r}{2}\times2(6x+5)=(6x+5)r$
이때 $\triangle ABC$의 넓이가 $12x^2+16x+5=(6x+5)(2x+1)$이므로
$(6x+5)r=(6x+5)(2x+1)$
이때 $6x+5\ne0$이므로 $r=2x+1$
따라서 내접원의 반지름의 길이는 $2x+1$이다.

199 답 4 cm

$\overline{AC}$를 지름으로 하는 원의 반지름의 길이를 r cm라고 하면

$2\pi r = 12\pi$ ∴ $r = 6$

∴ $\overline{AC} = 2r = 2 \times 6 = 12$ (cm)

이때 색칠한 부분의 넓이는 $\overline{AD}$를 지름으로 하는 원의 넓이에서 $\overline{AB}$를 지름으로 하는 원의 넓이를 뺀 것과 같으므로 $\overline{BC} = a$ cm라고 하면

$$(\text{색칠한 부분의 넓이}) = \pi\left(\frac{12+a}{2}\right)^2 - \pi\left(\frac{12-a}{2}\right)^2$$
$$= \pi\left\{\left(\frac{12+a}{2}\right)^2 - \left(\frac{12-a}{2}\right)^2\right\}$$
$$= \pi\left(\frac{12+a}{2} + \frac{12-a}{2}\right)\left(\frac{12+a}{2} - \frac{12-a}{2}\right)$$
$$= \pi \times 12 \times a = 12a\pi \ (\text{cm}^2)$$

따라서 $12a\pi = 48\pi$이므로 $a = 4$ ∴ $\overline{BC} = 4$ cm

200 답 $\dfrac{1}{6}$

모든 경우의 수는 $6 \times 6 = 36$

$\sqrt{xy-2x-y+2} = \sqrt{x(y-2)-(y-2)} = \sqrt{(x-1)(y-2)}$이므로 이 식이 자연수가 되려면 $(x-1)(y-2)$가 제곱수이어야 한다.

이때 $1 \le x \le 6$, $1 \le y \le 6$이므로 이를 만족하는 순서쌍 (x, y)는 다음과 같다.

(ⅰ) $(x-1)(y-2) = 1$일 때, 순서쌍 (x, y)는 $(2, 3)$

(ⅱ) $(x-1)(y-2) = 4$일 때, 순서쌍 (x, y)는 $(2, 6)$, $(3, 4)$, $(5, 3)$

(ⅲ) $(x-1)(y-2) = 9$일 때, 순서쌍 (x, y)는 $(4, 5)$

(ⅳ) $(x-1)(y-2) = 16$일 때, 순서쌍 (x, y)는 $(5, 6)$

(ⅰ)~(ⅳ)에서 $\sqrt{xy-2x-y+2}$가 자연수가 되는 경우의 수는

$1 + 3 + 1 + 1 = 6$

따라서 구하는 확률은 $\dfrac{6}{36} = \dfrac{1}{6}$

201 답 5개

$x + y = A$로 놓으면

$(x+y)^2 + 2(x+y) - 35 = A^2 + 2A - 35$
$= (A-5)(A+7)$
$= (x+y-5)(x+y+7)$

이때 $(x+y-5)(x+y+7)$이 소수가 되려면 $x+y-5 = 1$ 또는 $x+y+7 = 1$이어야 한다.

(ⅰ) $x+y-5 = 1$일 때, $x+y = 6$이므로

$(x+y-5)(x+y+7) = (6-5)(6+7) = 13$

즉 주어진 식의 값이 소수가 된다.

(ⅱ) $x+y+7 = 1$일 때, $x+y = -6$이므로 이를 만족하는 두 자연수 x, y는 존재하지 않는다.

(ⅰ), (ⅱ)에서 $x+y = 6$을 만족하는 두 자연수 x, y의 순서쌍 (x, y)는 $(1, 5)$, $(2, 4)$, $(3, 3)$, $(4, 2)$, $(5, 1)$의 5개이다.

202 답 100

$6 + 2a + 3b + 6c + ab + 3bc + 2ca + abc$
$= a(bc+b+2c+2) + 3(bc+b+2c+2)$
$= (a+3)(bc+b+2c+2)$
$= (a+3)\{b(c+1) + 2(c+1)\}$
$= (a+3)(b+2)(c+1)$

이때 a, b, c는 자연수이므로

$(a+3)(b+2)(c+1) = 385 = 5 \times 7 \times 11$

$a < b < c$이므로 $a+3 = 5$, $b+2 = 7$, $c+1 = 11$

∴ $a = 2$, $b = 5$, $c = 10$

따라서 직육면체의 부피는 $abc = 2 \times 5 \times 10 = 100$

203 답 1

$$(\text{주어진 식}) = \frac{a^2(b-c) + b^2(c+a) - c^2(a+b)}{(a+b)(b-c)(c+a)}$$

$a^2(b-c) + b^2(c+a) - c^2(a+b)$
$= (b-c)a^2 + b^2c + ab^2 - ac^2 - bc^2$
$= (b-c)a^2 + (b^2-c^2)a + (b-c)bc$
$= (b-c)a^2 + (b+c)(b-c)a + (b-c)bc$
$= (b-c)\{a^2 + (b+c)a + bc\}$
$= (b-c)(a+b)(a+c)$

∴ $(\text{주어진 식}) = \dfrac{(a+b)(b-c)(c+a)}{(a+b)(b-c)(c+a)} = 1$

204 답 $\dfrac{7}{10}$

$$\left(\frac{3^2-1}{3^2}\right) \times \left(\frac{4^2-1}{4^2}\right) \times \left(\frac{5^2-1}{5^2}\right) \times \cdots \times \left(\frac{20^2-1}{20^2}\right)$$
$$= \left(1 - \frac{1}{3^2}\right) \times \left(1 - \frac{1}{4^2}\right) \times \left(1 - \frac{1}{5^2}\right) \times \cdots \times \left(1 - \frac{1}{20^2}\right)$$
$$= \left(1 - \frac{1}{3}\right)\left(1 + \frac{1}{3}\right)\left(1 - \frac{1}{4}\right)\left(1 + \frac{1}{4}\right)\left(1 - \frac{1}{5}\right)\left(1 + \frac{1}{5}\right) \times \cdots$$
$$\times \left(1 - \frac{1}{20}\right)\left(1 + \frac{1}{20}\right)$$
$$= \frac{2}{3} \times \frac{4}{3} \times \frac{3}{4} \times \frac{5}{4} \times \frac{4}{5} \times \frac{6}{5} \times \cdots \times \frac{19}{20} \times \frac{21}{20}$$
$$= \frac{2}{3} \times \frac{21}{20} = \frac{7}{10}$$

205 답 136

$2^{16} - 1 = (2^8+1)(2^8-1)$
$= (2^8+1)(2^4+1)(2^4-1)$
$= (2^8+1)(2^4+1)(2^2+1)(2^2-1)$
$= (2^8+1)(2^4+1)(2^2+1)(2+1)(2-1)$
$= 257 \times 17 \times 5 \times 3$

이때 $2^{16} - 1$은 50 이상 90 미만의 두 자연수 $17 \times 3 = 51$, $17 \times 5 = 85$로 나누어떨어진다.

따라서 두 자연수의 합은 $51 + 85 = 136$

206 답 1721

$40 = x$로 놓으면

$40 \times 41 \times 42 \times 43 + 1 = x(x+1)(x+2)(x+3) + 1$
$= \{x(x+3)\}\{(x+1)(x+2)\} + 1$
$= (x^2+3x)(x^2+3x+2) + 1$

이때 $x^2 + 3x = A$로 놓으면

$(x^2+3x)(x^2+3x+2) + 1 = A(A+2) + 1 = A^2 + 2A + 1$
$= (A+1)^2 = (x^2+3x+1)^2$
$= (40^2 + 3 \times 40 + 1)^2 = 1721^2$

∴ $N = 1721$

207 답 13

$$\sqrt{\dfrac{3^{14}+3^{10}-3^4-1}{3^{10}-1}+\dfrac{102^2-225}{117}}$$

$$=\sqrt{\dfrac{3^{10}(3^4+1)-(3^4+1)}{3^{10}-1}+\dfrac{102^2-15^2}{102+15}}$$

$$=\sqrt{\dfrac{(3^4+1)(3^{10}-1)}{3^{10}-1}+\dfrac{(102+15)(102-15)}{102+15}}$$

$$=\sqrt{(3^4+1)+(102-15)}$$

$$=\sqrt{82+87}$$

$$=\sqrt{169}=13$$

208 답 4

$x^2y-xy^2+5x-5y=xy(x-y)+5(x-y)$
$\qquad\qquad\qquad\qquad =(x-y)(xy+5)$

이때 $x-y=12$이므로 $12(xy+5)=96$

$xy+5=8$ $\qquad \therefore xy=3$

$$\therefore \dfrac{x^2-y^2}{x^2y+xy^2}=\dfrac{(x+y)(x-y)}{xy(x+y)}$$

$$=\dfrac{x-y}{xy}$$

$$=\dfrac{12}{3}=4$$

209 답 55

$\sqrt{a}+\dfrac{1}{\sqrt{a}}=\sqrt{5}$의 양변을 제곱하면

$a+2+\dfrac{1}{a}=5$ $\qquad \therefore a+\dfrac{1}{a}=3$

위의 식의 양변에 a를 곱하면

$a^2+1=3a$ $\qquad \therefore a^2-3a=-1$

$\therefore (a-5)(a-4)(a+1)(a+2)$
$\quad =\{(a-5)(a+2)\}\{(a-4)(a+1)\}$
$\quad =(a^2-3a-10)(a^2-3a-4)$
$\quad =(-1-10)\times(-1-4)$
$\quad =55$

210 답 50

$$x=\dfrac{1}{1+\sqrt{2}}+\dfrac{1}{\sqrt{2}+\sqrt{3}}+\dfrac{1}{\sqrt{3}+\sqrt{4}}+\cdots+\dfrac{1}{\sqrt{49}+\sqrt{50}}$$

$$=\dfrac{1-\sqrt{2}}{(1+\sqrt{2})(1-\sqrt{2})}+\dfrac{\sqrt{2}-\sqrt{3}}{(\sqrt{2}+\sqrt{3})(\sqrt{2}-\sqrt{3})}$$
$$\quad +\dfrac{\sqrt{3}-\sqrt{4}}{(\sqrt{3}+\sqrt{4})(\sqrt{3}-\sqrt{4})}+\cdots+\dfrac{\sqrt{49}-\sqrt{50}}{(\sqrt{49}+\sqrt{50})(\sqrt{49}-\sqrt{50})}$$

$$=-(1-\sqrt{2})+\{-(\sqrt{2}-\sqrt{3})\}+\{-(\sqrt{3}-\sqrt{4})\}+\cdots$$
$$\qquad\qquad\qquad\qquad\qquad +\{-(\sqrt{49}-\sqrt{50})\}$$

$$=-1+\sqrt{2}-\sqrt{2}+\sqrt{3}-\sqrt{3}+\sqrt{4}-\cdots-\sqrt{49}+\sqrt{50}$$

$$=\sqrt{50}-1$$

$$=5\sqrt{2}-1 \qquad\qquad\qquad\qquad\cdots\cdots 50\%$$

$x-3=A$로 놓으면

$(x-3)^2+8(x-3)+16=A^2+8A+16=(A+4)^2$
$\qquad\qquad\qquad\qquad =(x-3+4)^2=(x+1)^2$
$\qquad\qquad\qquad\qquad =(5\sqrt{2}-1+1)^2=(5\sqrt{2})^2=50 \quad\cdots\cdots 50\%$

STEP 3 최상위권 굳히기를 위한 최고난도 유형

본교재 056~058쪽

211 $\dfrac{4}{3}$ 　　**212** $a=6$, $b=5$

213 $(xy+3x+2y-6)(xy-3x-2y-6)$

214 67 　　**215** 132 　　**216** 41 　　**217** 15 　　**218** 98

창의융합

219 $\dfrac{1}{12}$ 　　**220** $(-90, -102)$

211 답 $\dfrac{4}{3}$

$x^2-(a+2)x+2a=(x-2)(x-a)$이므로 $x^2-(a+2)x+2a$는
$x-2$ 또는 $x-a$로 나누어떨어진다.

(i) $x-2$로 나누어떨어지는 경우
$\quad x^2-(a+4)x+a+4=(x-2)(x-b)$ (b는 상수)라고 하면
$\quad x^2-(a+4)x+a+4=x^2-(b+2)x+2b$
$\quad$ 즉 $a+4=b+2$, $a+4=2b$이므로 $b+2=2b$ $\quad \therefore b=2$
$\quad a+4=b+2$에 $b=2$를 대입하면
$\quad a+4=4$ $\quad \therefore a=0$
$\quad$ 그런데 $a\neq 0$이므로 조건을 만족하지 않는다.

(ii) $x-a$로 나누어떨어지는 경우
$\quad x^2-(a+4)x+a+4=(x-a)(x-c)$ (c는 상수)라고 하면
$\quad x^2-(a+4)x+a+4=x^2-(a+c)x+ac$
$\quad$ 즉 $a+4=a+c$, $a+4=ac$이므로 $a+4=a+c$ $\quad \therefore c=4$
$\quad a+4=ac$에 $c=4$를 대입하면
$\quad a+4=4a$, $3a=4$ $\quad \therefore a=\dfrac{4}{3}$

(i), (ii)에서 $a=\dfrac{4}{3}$

212 답 $a=6$, $b=5$

$a^{32}-b^{32}$
$=(a^{16}+b^{16})(a^{16}-b^{16})$
$=(a^{16}+b^{16})(a^8+b^8)(a^8-b^8)$
$=(a^{16}+b^{16})(a^8+b^8)(a^4+b^4)(a^4-b^4)$
$=(a^{16}+b^{16})(a^8+b^8)(a^4+b^4)(a^2+b^2)(a^2-b^2)$
$=(a^{16}+b^{16})(a^8+b^8)(a^4+b^4)(a^2+b^2)(a+b)(a-b)$ $\quad\cdots\cdots 50\%$

이때 $a^{32}-b^{32}=(a+b)(a^2+b^2)(a^4+b^4)(a^8+b^8)(a^{16}+b^{16})$이므로

$a-b=1$ $\qquad\qquad\qquad\qquad\qquad\cdots\cdots 25\%$

따라서 $a+b=11$, $a-b=1$을 연립하여 풀면

$a=6$, $b=5$ $\qquad\qquad\qquad\qquad\cdots\cdots 25\%$

213 답 $(xy+3x+2y-6)(xy-3x-2y-6)$

$x^2y^2-9x^2-4y^2-24xy+36$
$=(y^2-9)x^2-24xy-4y^2+36$
$=(y^2-9)x^2-24xy-4(y^2-9)$
$=(y+3)(y-3)x^2-24xy-4(y+3)(y-3)$
$=\{(y+3)x+2(y-3)\}\{(y-3)x-2(y+3)\}$
$=(xy+3x+2y-6)(xy-3x-2y-6)$

214 답 67

조건 ㈎에서 $a+b+ab=134$의 양변에 1을 더하면
$ab+a+b+1=135$ $\therefore (a+1)(b+1)=3^3\times5$ …… ㉠
조건 ㈏에서 $b+c+bc=107$의 양변에 1을 더하면
$bc+b+c+1=108$ $\therefore (b+1)(c+1)=2^2\times3^3$ …… ㉡
조건 ㈐에서 $c+d+cd=139$의 양변에 1을 더하면
$cd+c+d+1=140$ $\therefore (c+1)(d+1)=2^2\times5\times7$ …… ㉢
이때 a, b, c, d가 자연수이므로 $a+1$, $b+1$, $c+1$, $d+1$은 2 이상의
자연수이다.
(i) $b+1=3$일 때,
   ㉠에서 $a+1=3^2\times5$
   ㉡에서 $c+1=2^2\times3^2$
   이때 ㉢에서 $c+1$의 소인수 중 3의 배수는 없으므로 $b+1\neq3$
(ii) $b+1=3^2$일 때,
   ㉠에서 $a+1=3\times5$
   ㉡에서 $c+1=2^2\times3$
   이때 ㉢에서 $c+1$의 소인수 중 3의 배수는 없으므로 $b+1\neq3^2$
(iii) $b+1=3^3$일 때,
   ㉠에서 $a+1=5$
   ㉡에서 $c+1=2^2$
   따라서 ㉢에서 $d+1=5\times7$
(i)~(iii)에서 $a=5-1=4$, $b=3^3-1=26$, $c=2^2-1=3$,
$d=5\times7-1=34$이므로
$a+b+c+d=4+26+3+34=67$

215 답 132

$c^2+d^2+ab+ac+ad+bc+2cd+bd$
$=ab+ac+ad+c^2+bc+2cd+d^2+bd$
$=a(b+c+d)+c^2+(b+2d)c+d(b+d)$
$=a(b+c+d)+(c+d)(c+b+d)$
$=(a+c+d)(b+c+d)$
이때 $(a+c+d)(b+c+d)$의 값이 최대가 되려면 두 인수 $a+c+d$,
$b+c+d$의 값이 각각 최대가 되어야 한다.
그런데 $c+d$가 공통이므로 $c+d$의 값이 최대일 때 $a+c+d$,
$b+c+d$의 값도 각각 최대가 된다.
따라서 $c+d=4+5$이고 a, b의 값이 각각 2, 3이어야 하므로 구하는
최댓값은
$(2+4+5)\times(3+4+5)=11\times12=132$

216 답 41

$49^2+72^2=49^2+72^2+2\times49\times72-2\times49\times72$
$\qquad\qquad=49^2+2\times49\times72+72^2-2\times7^2\times(2^3\times3^2)$
$\qquad\qquad=(49+72)^2-(2^2\times3\times7)^2$
$\qquad\qquad=121^2-84^2$
$\qquad\qquad=(121+84)\times(121-84)$
$\qquad\qquad=205\times37$
$\qquad\qquad=5\times41\times37$
따라서 49^2+72^2의 가장 큰 소인수는 41이다.

217 답 15

$x-y=2-\sqrt3$, $y-z=2+\sqrt3$이므로
$z-x=-(x-y)-(y-z)=-(2-\sqrt3)-(2+\sqrt3)=-4$
$\therefore x^2+y^2+z^2-xy-yz-zx$
$\quad=\dfrac{1}{2}(2x^2+2y^2+2z^2-2xy-2yz-2zx)$
$\quad=\dfrac{1}{2}\{(x^2-2xy+y^2)+(y^2-2yz+z^2)+(z^2-2zx+x^2)\}$
$\quad=\dfrac{1}{2}\{(x-y)^2+(y-z)^2+(z-x)^2\}$
$\quad=\dfrac{1}{2}\{(2-\sqrt3)^2+(2+\sqrt3)^2+(-4)^2\}$
$\quad=\dfrac{1}{2}\{(4-4\sqrt3+3)+(4+4\sqrt3+3)+16\}$
$\quad=\dfrac{1}{2}\times30=15$

218 답 98

$x^2+xy+y^2=7$에서 $(x+y)^2=7+xy$
$\therefore x^4+y^4+(x+y)^4=x^4+y^4+(7+xy)^2$
$\qquad\qquad\qquad\quad=x^4+y^4+x^2y^2+14xy+49$
$\qquad\qquad\qquad\quad=x^4+y^4+2x^2y^2-x^2y^2+14xy+49$
$\qquad\qquad\qquad\quad=(x^2+y^2)^2-x^2y^2+14xy+49$
$\qquad\qquad\qquad\quad=(x^2+xy+y^2)(x^2-xy+y^2)+14xy+49$
$\qquad\qquad\qquad\quad=7(x^2-xy+y^2)+14xy+49$
$\qquad\qquad\qquad\quad=7(x^2-xy+y^2+2xy)+49$
$\qquad\qquad\qquad\quad=7(x^2+xy+y^2)+49$
$\qquad\qquad\qquad\quad=7\times7+49=98$

219 답 $\dfrac{1}{12}$

모든 순서쌍 (a, b)의 개수는 $6\times6=36$
다항식 x^2-ax+b가 완전제곱식이 되어야 하므로
$b=\left(\dfrac{-a}{2}\right)^2=\dfrac{a^2}{4}$이어야 한다.
즉 $a^2=4b$를 만족하는 순서쌍 (a, b)의 개수는 $(2, 1)$, $(6, 9)$,
$(10, 25)$의 3개이다.
따라서 구하는 확률은 $\dfrac{3}{36}=\dfrac{1}{12}$

220 답 $(-90, -102)$

거북이의 위치를 좌표로 나타내면 첫째 날은 $(2^2, 3^2)$, 둘째 날은
$(2^2-3^2, 3^2-4^2)$, 셋째 날은 $(2^2-3^2+4^2, 3^2-4^2+5^2)$, …이다.
12일 후의 거북이의 위치의 좌표를 (a, b)라고 하면
$a=2^2-3^2+4^2-5^2+\cdots+12^2-13^2$
$\quad=(2+3)(2-3)+(4+5)(4-5)+\cdots+(12+13)(12-13)$
$\quad=-(2+3+4+5+\cdots+12+13)$
$\quad=-90$
$b=3^2-4^2+5^2-6^2+\cdots+13^2-14^2$
$\quad=(3+4)(3-4)+(5+6)(5-6)+\cdots+(13+14)(13-14)$
$\quad=-(3+4+5+6+\cdots+13+14)$
$\quad=-102$
따라서 12일 후 거북이의 위치의 좌표는 $(-90, -102)$이다.

III. 이차방정식

05 이차방정식의 풀이

221 ㄱ, ㅁ	222 -3	223 ④	224 5	225 ⑤
226 27	227 2	228 ⑤	229 8	230 6
231 2	232 ④	233 4	234 9	235 ⑤
236 -4	237 $\frac{1}{4}$	238 ③		

221 답 ㄱ, ㅁ

ㄱ. $\frac{1}{4}x^2-\frac{1}{3}x+\frac{1}{2}=0$은 이차방정식이다.

ㄴ. $\frac{1}{x^2}+\frac{1}{x}-1=0$에서 x가 분모에 있으므로 이차방정식이 아니다.

ㄷ. $x(x+2)=x^2-2x-1$에서 $x^2+2x=x^2-2x-1$, $4x+1=0$이므로 이차방정식이 아니다.

ㄹ. $(x+1)^2=x(x+4)+6$에서 $x^2+2x+1=x^2+4x+6$, $2x+5=0$이므로 이차방정식이 아니다.

ㅁ. $3x^2-x=(3x-1)(3x+1)$에서 $3x^2-x=9x^2-1$, $6x^2+x-1=0$은 이차방정식이다.

따라서 이차방정식인 것은 ㄱ, ㅁ이다.

222 답 -3

$x=-2$를 $2x^2-ax+(a+1)=0$에 대입하면

$8+2a+a+1=0$, $3a=-9$ $\therefore a=-3$

223 답 ④

$ax^2-2x+1=(2-a)x^2+2$에서 $(2a-2)x^2-2x-1=0$

위의 식이 x에 대한 이차방정식이므로 $2a-2\neq0$ $\therefore a\neq1$

따라서 a의 값이 될 수 없는 것은 ④이다.

224 답 5

$x=\alpha$를 $x^2+x-6=0$에 대입하면

$\alpha^2+\alpha-6=0$ $\therefore \alpha^2+\alpha=6$

이때 $\alpha\neq0$이므로 $\alpha^2+\alpha-6=0$의 양변을 α로 나누면

$\alpha+1-\frac{6}{\alpha}=0$ $\therefore \alpha-\frac{6}{\alpha}=-1$

$\therefore \alpha^2+2\alpha-\frac{6}{\alpha}=(\alpha^2+\alpha)+\left(\alpha-\frac{6}{\alpha}\right)=6+(-1)=5$

225 답 ⑤

$x=\alpha$를 $x^2-2x-1=0$에 대입하면

$\alpha^2-2\alpha-1=0$

이때 $\alpha\neq0$이므로 양변을 α로 나누면

$\alpha-2-\frac{1}{\alpha}=0$ $\therefore \alpha-\frac{1}{\alpha}=2$

226 답 27

$x=\alpha$를 $x^2-3x-5=0$에 대입하면

$\alpha^2-3\alpha-5=0$ $\therefore \alpha^2-3\alpha=5$

$x=\beta$를 $2x^2+5x-6=0$에 대입하면

$2\beta^2+5\beta-6=0$ $\therefore 2\beta^2+5\beta=6$

$3\alpha^2+4\beta^2-9\alpha+10\beta=3(\alpha^2-3\alpha)+2(2\beta^2+5\beta)$
$=3\times5+2\times6$
$=15+12=27$

227 답 2

$x=3$을 $x^2-2ax+a-4=0$에 대입하면

$9-6a+a-4=0$, $-5a=-5$ $\therefore a=1$

$a=1$을 $x^2-2ax+a-4=0$에 대입하면

$x^2-2x-3=0$, $(x+1)(x-3)=0$

$\therefore x=-1$ 또는 $x=3$

따라서 $b=-1$이므로

$a-b=1-(-1)=2$

228 답 ⑤

$(x-5)(x-6)=2$에서 $x^2-11x+30=2$

$x^2-11x+28=0$, $(x-4)(x-7)=0$

$\therefore x=4$ 또는 $x=7$

따라서 $\alpha=4$, $\beta=7$ 또는 $\alpha=7$, $\beta=4$이므로

$\alpha^2+\beta^2=4^2+7^2=65$

229 답 8

$x^2-(a+4)x+4a=0$에서 $(x-4)(x-a)=0$

$\therefore x=4$ 또는 $x=a$

이때 $a>4$이므로 두 근 사이에 있는 정수가 3개가 되도록 하는 정수 a의 값은 8이다.

230 답 6

$x=2$를 $x^2-px+16=0$에 대입하면

$4-2p+16=0$, $-2p=-20$ $\therefore p=10$

$p=10$을 $x^2-px+16=0$에 대입하면

$x^2-10x+16=0$, $(x-2)(x-8)=0$

$\therefore x=2$ 또는 $x=8$

따라서 다른 한 근은 $x=8$이므로 $x=8$을 $x^2+(q+4)x-32q=0$에 대입하면

$64+8(q+4)-32q=0$, $-24q=-96$ $\therefore q=4$

$\therefore p-q=10-4=6$

231 답 2

주어진 이차방정식이 중근을 가지려면 $-2(k-6)=\left\{\dfrac{-2(k-2)}{2}\right\}^2$이어야 하므로

$-2k+12=k^2-4k+4$, $k^2-2k-8=0$

$(k+2)(k-4)=0$ $\therefore k=-2$ 또는 $k=4$

따라서 모든 상수 k의 값의 합은 $-2+4=2$

232 답 ④

$x^2-a=6(x+2)$에서 $x^2-6x-a-12=0$

위의 이차방정식이 중근을 가지므로 $-a-12=\left(\dfrac{-6}{2}\right)^2$

$-a-12=9$ $\therefore a=-21$

$a=-21$을 $x^2-6x-a-12=0$에 대입하면

$x^2-6x+9=0$, $(x-3)^2=0$ $\therefore x=3$

따라서 $m=3$이므로 $m-a=3-(-21)=24$

233 답 4

주어진 이차방정식이 중근을 가지므로 $4b=\left(\dfrac{a}{2}\right)^2$

$4b=\dfrac{a^2}{4}$, $a^2=16b$ $\therefore a=4\sqrt{b}$ ($\because a>0$, $b>0$)

이때 a, b는 한 자리 자연수이므로 b는 한 자리 제곱수이어야 하고, a의 값이 최대가 되도록 하려면 b의 값도 최대가 되어야 하므로

$b=4$

따라서 $a=4\sqrt{b}=4\times2=8$이므로

$a-b=8-4=4$

234 답 9

$3(x-2)^2-21=0$에서 $3(x-2)^2=21$

$(x-2)^2=7$ $\therefore x=2\pm\sqrt{7}$

따라서 $a=2$, $b=7$이므로 $a+b=2+7=9$

235 답 ⑤

주어진 이차방정식이 해를 가지려면 $\dfrac{a-1}{5}\geq0$이어야 하므로

$a-1\geq0$ $\therefore a\geq1$

236 답 -4

$x^2-2ax+3a=0$에서 $x^2-2ax=-3a$

$x^2-2ax+a^2=-3a+a^2$, $(x-a)^2=a^2-3a$

$\therefore A=-a$, $4=a^2-3a$

$4=a^2-3a$에서 $a^2-3a-4=0$

$(a+1)(a-4)=0$ $\therefore a=-1$ 또는 $a=4$

그런데 $a>0$이므로 $a=4$

$\therefore A=-a=-4$

237 답 $\dfrac{1}{4}$

$\dfrac{1}{4}x^2+\dfrac{1}{2}x-\dfrac{1}{16}=0$의 양변에 4를 곱하면

$x^2+2x-\dfrac{1}{4}=0$, $x^2+2x=\dfrac{1}{4}$

$x^2+2x+1=\dfrac{1}{4}+1$ $\therefore (x+1)^2=\dfrac{5}{4}$

따라서 $p=-1$, $q=\dfrac{5}{4}$이므로 $p+q=-1+\dfrac{5}{4}=\dfrac{1}{4}$

238 답 ③

③ $-2\pm\sqrt{10}$

STEP 2 실전문제 체화를 위한 심화 유형

본교재 066~068쪽

239 $a\neq2$	**240** ①	**241** ③	**242** 10	**243** 1
244 4	**245** 3	**246** $\dfrac{10}{9}$	**247** -1	**248** 4개
249 -1	**250** ③	**251** ④	**252** 1	
253 $x=\dfrac{2}{3}$	**254** ㄹ, ㅁ	**255** 3개	**256** 9	

239 답 $a\neq2$

$(ax-1)(ax+3)=4(a-1)(x^2-1)$에서

$a^2x^2+2ax-3=4ax^2-4a-4x^2+4$

$\therefore (a^2-4a+4)x^2+2ax+4a-7=0$

위의 식이 x에 대한 이차방정식이 되려면 $a^2-4a+4\neq0$이어야 하므로

$(a-2)^2\neq0$ $\therefore a\neq2$

240 답 ①

$x=1$을 $kx^2+(a+1)x+3bk=0$에 대입하면

$k+a+1+3bk=0$ $\therefore (1+3b)k+a+1=0$

위의 식이 k의 값에 관계없이 항상 성립하므로

$1+3b=0$, $a+1=0$

$\therefore a=-1$, $b=-\dfrac{1}{3}$

$\therefore a+6b=-1+6\times\left(-\dfrac{1}{3}\right)=-3$

241 답 ③

$x=2$를 $(a+1)x^2-(a-b+2)x-3b+1=0$에 대입하면

$4(a+1)-2(a-b+2)-3b+1=0$

$2a-b+1=0$ $\therefore 2a-b=-1$ ⋯⋯ ㉠

$x=-4$를 $(a+1)x^2-(a-b+2)x-3b+1=0$에 대입하면

$16(a+1)+4(a-b+2)-3b+1=0$

$20a-7b+25=0$ $\therefore 20a-7b=-25$ ⋯⋯ ㉡

㉠, ㉡을 연립하여 풀면

$a=-3$, $b=-5$

$\therefore a-b=-3-(-5)=2$

242 답 10

$x=\alpha$를 $x^2+4x+1=0$에 대입하면

$\alpha^2+4\alpha+1=0$

이때 $\alpha\neq0$이므로 양변을 α로 나누면

$\alpha+4+\dfrac{1}{\alpha}=0$ $\therefore \alpha+\dfrac{1}{\alpha}=-4$

$\therefore \alpha^2+\alpha+\dfrac{1}{\alpha}+\dfrac{1}{\alpha^2}=\left(\alpha^2+\dfrac{1}{\alpha^2}\right)+\left(\alpha+\dfrac{1}{\alpha}\right)$

$=\left\{\left(\alpha+\dfrac{1}{\alpha}\right)^2-2\right\}+\alpha+\dfrac{1}{\alpha}$

$=\{(-4)^2-2\}+(-4)$

$=10$

243 답 1

$x=\alpha$를 $3x^2-(5k-2)x-3=0$에 대입하면
$3\alpha^2-(5k-2)\alpha-3=0$
이때 $\alpha\neq0$이므로 양변을 3α로 나누면
$\alpha-\dfrac{5k-2}{3}-\dfrac{1}{\alpha}=0$ $\therefore \alpha-\dfrac{1}{\alpha}=\dfrac{5k-2}{3}$
이때 $\alpha-\dfrac{1}{\alpha}=k$이므로 $\dfrac{5k-2}{3}=k$
$5k-2=3k$, $2k=2$ $\therefore k=1$

244 답 4

$4(x+1)^2-1=(x+2)(7x-3)$에서
$4x^2+8x+4-1=7x^2+11x-6$
$3x^2+3x-9=0$ $\therefore x^2+x-3=0$ ······ 40 %
$x=\alpha$를 $x^2+x-3=0$에 대입하면
$\alpha^2+\alpha-3=0$ $\therefore 3-\alpha^2=\alpha$
$x=\beta$를 $x^2+x-3=0$에 대입하면
$\beta^2+\beta-3=0$ $\therefore \beta-3=-\beta^2$ ······ 40 %
$\therefore \dfrac{2\alpha}{3-\alpha^2}-\dfrac{2\beta^2}{\beta-3}=\dfrac{2\alpha}{\alpha}-\dfrac{2\beta^2}{-\beta^2}=2+2=4$ ······ 20 %

245 답 3

$(x-2)(x-3)-5=0$에서 $x^2-5x+6-5=0$
$\therefore x^2-5x+1=0$
$x=\alpha$를 $x^2-5x+1=0$에 대입하면
$\alpha^2-5\alpha+1=0$ $\therefore \alpha^2=5\alpha-1$, $\alpha^2-5\alpha=-1$
$\therefore \alpha^5-8\alpha^4+16\alpha^3-2\alpha^2-5\alpha+4$
$=\alpha^3(\alpha^2-8\alpha+16)-2(5\alpha-1)-5\alpha+4$
$=\alpha^3\{(5\alpha-1)-8\alpha+16\}-10\alpha+2-5\alpha+4$
$=\alpha^3(-3\alpha+15)-15\alpha+6$
$=-3\alpha^4+15\alpha^3-15\alpha+6$
$=-3\alpha^2(\alpha^2-5\alpha)-3(5\alpha-1)+3$
$=3\alpha^2-3\alpha^2+3=3$

246 답 $\dfrac{10}{9}$

$3x^2+2x-8=0$에서 $(x+2)(3x-4)=0$
$\therefore x=-2$ 또는 $x=\dfrac{4}{3}$

(ⅰ) $x=-2$가 공통의 해일 때,
　$x=-2$를 $x^2-3x+2k=0$에 대입하면
　$4+6+2k=0$, $2k=-10$
　$\therefore k=-5$

(ⅱ) $x=\dfrac{4}{3}$가 공통의 해일 때,
　$x=\dfrac{4}{3}$를 $x^2-3x+2k=0$에 대입하면
　$\dfrac{16}{9}-4+2k=0$, $2k=\dfrac{20}{9}$
　$k=\dfrac{10}{9}$

(ⅰ), (ⅱ)에서 $k>0$이므로 $k=\dfrac{10}{9}$

247 답 -1

일차함수 $y=ax+3$의 그래프가 점 $(1-a,\ a^2)$을 지나므로
$a^2=a(1-a)+3$, $a^2=a-a^2+3$
$2a^2-a-3=0$, $(a+1)(2a-3)=0$
$\therefore a=-1$ 또는 $a=\dfrac{3}{2}$
이때 일차함수의 그래프가 제3사분면을 지나지 않으므로 (기울기)<0, (y절편)≥0이어야 한다.
즉 $a<0$이어야 하므로 $a=-1$

248 답 4개

$<x>^2+2<x>-15=0$에서
$(<x>+5)(<x>-3)=0$
$\therefore <x>=-5$ 또는 $<x>=3$
그런데 약수의 개수는 자연수이므로
$<x>=3$
따라서 약수의 개수가 3개인 자연수는 (소수)^2 꼴이므로 50 이하의 자연수 x는 $2^2=4$, $3^2=9$, $5^2=25$, $7^2=49$의 4개이다.

249 답 -1

$(x+4)\circledcirc(x-6)=(x+4)(x-6)+2(x+4)-3(x-6)$
$\qquad\qquad\qquad\quad=x^2-2x-24+2x+8-3x+18$
$\qquad\qquad\qquad\quad=x^2-3x+2$ ······ 30 %
$(x+4)\circledcirc(x-6)=0$, 즉 $x^2-3x+2=0$에서
$(x-1)(x-2)=0$ $\therefore x=1$ 또는 $x=2$
그런데 $\alpha<\beta$이므로 $\alpha=1$, $\beta=2$ ······ 30 %
따라서 $\alpha-\beta=1-2=-1$이므로
$\alpha-\beta+(\alpha-\beta)^2+(\alpha-\beta)^3+\cdots+(\alpha-\beta)^{123}$
$=-1+(-1)^2+(-1)^3+\cdots+(-1)^{123}$
$=(-1+1)+(-1+1)+\cdots+(-1)$
$=-1$ ······ 40 %

250 답 ③

주어진 이차방정식이 중근을 가지므로 $4b=\left(\dfrac{-12a}{2}\right)^2$
$4b=36a^2$ $\therefore b=9a^2$
따라서 이를 만족하는 100보다 작은 자연수 a, b의 순서쌍 $(a,\ b)$는 $(1,\ 9)$, $(2,\ 36)$, $(3,\ 81)$의 3개이다.

251 답 ④

$(4a-x)(x-1)=bx-b$에서
$(4a-x)(x-1)-b(x-1)=0$
$(x-1)(4a-x-b)=0$ $\therefore (x-1)(x-4a+b)=0$
위의 식이 중근 $x=1$을 가지므로 $4a-b=1$ ······ ㉠
$x=a$를 $x^2-(a+2)x+b=0$에 대입하면
$a^2-(a+2)a+b=0$, $a^2-a^2-2a+b=0$
$-2a+b=0$ $\therefore 2a-b=0$ ······ ㉡
㉠, ㉡을 연립하여 풀면 $a=\dfrac{1}{2}$, $b=1$
$\therefore 2a+b=2\times\dfrac{1}{2}+1=2$

252 답 1

이차방정식 $x^2+ax+a=0$이 중근을 가지므로 $a=\left(\dfrac{a}{2}\right)^2$

$a=\dfrac{a^2}{4}$, $a^2-4a=0$

$a(a-4)=0$ $\therefore a=0$ 또는 $a=4$

그런데 $abx^2+2bx+1=0$이 이차방정식이므로 $a\neq0$, $b\neq0$이다.

$\therefore a=4$ ····· 40 %

$a=4$를 $abx^2+2bx+1=0$에 대입하면 $4bx^2+2bx+1=0$

$4b\neq0$이므로 양변을 $4b$로 나누면 $x^2+\dfrac{1}{2}x+\dfrac{1}{4b}=0$

위의 이차방정식이 중근을 가지므로 $\dfrac{1}{4b}=\left(\dfrac{1}{2}\times\dfrac{1}{2}\right)^2$

$\dfrac{1}{4b}=\dfrac{1}{16}$ $\therefore b=4$ ····· 40 %

$\therefore \dfrac{a}{b}=\dfrac{4}{4}=1$ ····· 20 %

253 답 $x=\dfrac{2}{3}$

이차방정식 $x^2-ax+4b=0$이 중근을 가지므로

$4b=\left(\dfrac{-a}{2}\right)^2$, $4b=\dfrac{a^2}{4}$

$a^2=16b$ $\therefore a=4\sqrt{b}$ $(\because a>0)$

이때 a, b가 자연수이므로 b는 제곱수이어야 하고 a, b의 최대공약수가 3이므로

$a=12$, $b=9$

$ax^2+(b-2)x-(b+1)=0$, 즉 $12x^2+7x-10=0$에서

$(4x+5)(3x-2)=0$ $\therefore x=-\dfrac{5}{4}$ 또는 $x=\dfrac{2}{3}$

$(a+b)x^2-(a-4)x-\dfrac{a}{3}=0$, 즉 $21x^2-8x-4=0$에서

$(7x+2)(3x-2)=0$ $\therefore x=-\dfrac{2}{7}$ 또는 $x=\dfrac{2}{3}$

따라서 구하는 공통의 근은 $x=\dfrac{2}{3}$

254 답 ㄹ, ㅁ

$-5(x+a)^2=b$에서 $(x+a)^2=-\dfrac{b}{5}$

위의 이차방정식은 a의 부호와 관계없이 $b<0$이면 서로 다른 두 근을, $b=0$이면 중근을 갖고 $b>0$이면 근이 없다.

ㄱ, ㄴ. a의 부호는 근의 개수와 관계가 없다.

ㄷ. $b\leq0$이면 근을 갖는다.

따라서 옳은 것은 ㄹ, ㅁ이다.

255 답 3개

$\left(\dfrac{1}{2}x-1\right)^2=24a$에서 $\dfrac{1}{2}x-1=\pm\sqrt{24a}$

$\dfrac{1}{2}x=1\pm\sqrt{24a}$ $\therefore x=2\pm2\sqrt{24a}$

이때 $24a=2^3\times3\times a$이므로 주어진 이차방정식의 해가 유리수가 되려면 a의 값이 0 또는 $2\times3\times$(자연수)^2 꼴이어야 한다.

$\therefore a=0, 2\times3\times1^2, 2\times3\times2^2, 2\times3\times3^2, 2\times3\times4^2, \cdots$

따라서 두 자리 자연수 a의 값은 24, 54, 96의 3개이다.

256 답 9

$x^2-ax+b=0$에서 $x^2-ax=-b$

$x^2-ax+\left(\dfrac{a}{2}\right)^2=-b+\left(\dfrac{a}{2}\right)^2$, $\left(x-\dfrac{a}{2}\right)^2=\dfrac{a^2-4b}{4}$

$\therefore x=\dfrac{a\pm\sqrt{a^2-4b}}{2}$

따라서 $\dfrac{a}{2}=-1$이므로 $a=-2$

또, $\dfrac{\sqrt{a^2-4b}}{2}=2\sqrt{3}$이므로

$\dfrac{\sqrt{(-2)^2-4b}}{2}=2\sqrt{3}$, $\sqrt{4-4b}=4\sqrt{3}$

양변을 제곱하면 $4-4b=48$

$-4b=44$ $\therefore b=-11$

$\therefore a-b=-2-(-11)=9$

STEP **3** 최상위권 굳히기를 위한 **최 고 난 도 유 형**

본교재 **069**~**071**쪽

| 257 ⑤ | 258 3025 | 259 $\dfrac{4}{5}$ | 260 5 | 261 ④ |
| 262 11 | 263 ① | 264 0 | | |

창 의 융 합

265 12   266 $x=7$

257 답 ⑤

$x=a-\sqrt{b}$를 $x^2-ax+b=0$에 대입하면

$(a-\sqrt{b})^2-a(a-\sqrt{b})+b=0$

$a^2-2a\sqrt{b}+b-a^2+a\sqrt{b}+b=0$

$-a\sqrt{b}+2b=0$, $-a\sqrt{b}=-2b$

$\therefore a=2\sqrt{b}$

따라서 이를 만족하는 100 이하의 자연수 a, b의 순서쌍 (a, b)는

$(2, 1)$, $(4, 4)$, $(6, 9)$, $(8, 16)$, $(10, 25)$, $(12, 36)$, $(14, 49)$, $(16, 64)$, $(18, 81)$, $(20, 100)$의 10개이다.

258 답 3025

$(3026x)^2+(3025\times3027)x-1=0$에서

$(3026^2x-1)(x+1)=0$ $\therefore x=\dfrac{1}{3026^2}$ 또는 $x=-1$

이때 두 근 중 더 작은 근은 $x=-1$이므로 $\alpha=-1$

$x^2-3027x+3026=0$에서

$(x-1)(x-3026)=0$ $\therefore x=1$ 또는 $x=3026$

이때 두 근 중 더 큰 근은 $x=3026$이므로 $\beta=3026$

$\therefore \alpha+\beta=-1+3026=3025$

259 답 $\dfrac{4}{5}$

$x^2-ax-x+a=0$에서 $x(x-a)-(x-a)=0$

$(x-a)(x-1)=0$ $\therefore x=a$ 또는 $x=1$

$3x^2-(3b-6)x-6b=0$에서 $(x-b)(3x+6)=0$
$\therefore x=b$ 또는 $x=-2$ ...... ㉠
$x^2-3ax-5bx+15ab=0$에서 $x^2-(3a+5b)x+15ab=0$
$(x-3a)(x-5b)=0$ $\therefore x=3a$ 또는 $x=5b$ ...... ㉡
이때 주어진 세 이차방정식이 음수인 공통의 근을 오직 한 개 가지므로
공통의 근은 $x=a$
㉡에서 $a\neq 3a$이므로 공통의 근은
$x=5b$ $\therefore b<0$
㉠에서 $5b\neq b$이므로 공통의 근은
$x=-2$ $\therefore a=-2$
$5b=-2$ $\therefore b=-\dfrac{2}{5}$
$\therefore ab=-2\times\left(-\dfrac{2}{5}\right)=\dfrac{4}{5}$

[다른 풀이]
$x^2-ax-x+a=0$에서 $x(x-a)-(x-a)=0$
$(x-a)(x-1)=0$ $\therefore x=a$ 또는 $x=1$
이때 주어진 세 이차방정식은 음수인 공통의 근을 오직 한 개 가지므로
공통의 근은 $x=a$
$x=a$를 $3x^2-(3b-6)x-6b=0$에 대입하면
$3a^2-(3b-6)a-6b=0$, $a^2-(b-2)a-2b=0$
$(a+2)(a-b)=0$ $\therefore a=-2$ 또는 $a=b$
$x=a$를 $x^2-3ax-5bx+15ab=0$에 대입하면
$a^2-3a^2-5ab+15ab=0$
$2a^2-10ab=0$, $10ab=2a^2$
$10ab=2a^2$에 $a=b$를 대입하면 성립하지 않으므로
$a\neq b$ $\therefore a=-2$
$\therefore ab=\dfrac{a^2}{5}=\dfrac{(-2)^2}{5}=\dfrac{4}{5}$

260 답 5

$a=\dfrac{1}{1+\sqrt{2}}+\dfrac{1}{\sqrt{2}+\sqrt{3}}+\dfrac{1}{\sqrt{3}+2}+\cdots+\dfrac{1}{\sqrt{99}+10}$
$=-1+\sqrt{2}+(-\sqrt{2}+\sqrt{3})+(-\sqrt{3}+2)+\cdots+(-\sqrt{99}+10)$
$=-1+10$
$=9$
$x=9$를 $(a+2)x^2-(a^2+4a+2)x-18=0$에 대입하면
$81a+162-9a^2-36a-18-18=0$
$9a^2-45a-126=0$, $a^2-5a-14=0$
$(a+2)(a-7)=0$ $\therefore a=-2$ 또는 $a=7$
이때 $(a+2)x^2-(a^2+4a+2)x-18=0$이 이차방정식이므로
$a\neq-2$이다.
$\therefore a=7$
$a=7$을 $(a+2)x^2-(a^2+4a+2)x-18=0$에 대입하면
$9x^2-79x-18=0$, $(9x+2)(x-9)=0$
$\therefore x=-\dfrac{2}{9}$ 또는 $x=9$
따라서 $\beta=-\dfrac{2}{9}$이므로
$a+9\beta=7+9\times\left(-\dfrac{2}{9}\right)=5$

261 답 ④

$x^2+3x+2=0$에서 $(x+2)(x+1)=0$
$\therefore x=-2$ 또는 $x=-1$
그런데 $\alpha>\beta$이므로 $\alpha=-1$, $\beta=-2$
$\therefore f(n)=\alpha^n+\beta^n=(-1)^n+(-2)^n$
$\therefore f(n+1)+f(n+2)+f(n+3)$
$=\{(-1)^{n+1}+(-2)^{n+1}\}+\{(-1)^{n+2}+(-2)^{n+2}\}$
$\qquad\qquad\qquad\qquad +\{(-1)^{n+3}+(-2)^{n+3}\}$
이때 자연수 n의 값에 관계없이 $(-1)^{n+2}=-(-1)^{n+3}$이므로
(주어진 식)$=(-1)^{n+1}+(-2)^{n+1}+(-2)^{n+2}+(-2)^{n+3}$
$=(-1)^{n+1}+(-2)^{n+1}\{1+(-2)+(-2)^2\}$
$=(-1)^{n+1}+3(-2)^{n+1}$
$=\alpha^{n+1}+3\beta^{n+1}$

262 답 11

이차방정식 $x^2-2kx+13p+1=0$이 중근을 가지므로
$13p+1=\left(\dfrac{-2k}{2}\right)^2$, $13p+1=k^2$
$k^2-1=13p$ $\therefore (k+1)(k-1)=13p$ 30%
이때 $k\neq 2$인 자연수이므로 $k+1\neq 1$, $k-1\neq 1$
(i) $k+1=13$일 때, $k=12$
$k=12$를 $(k+1)(k-1)=13p$에 대입하면
$(12+1)(12-1)=13p$ $\therefore p=11$ 30%
(ii) $k-1=13$일 때, $k=14$
$k=14$를 $(k+1)(k-1)=13p$에 대입하면
$(14+1)(14-1)=13p$ $\therefore p=15$ 30%
(i), (ii)에서 p는 소수이므로 $p=11$ 10%

263 답 ①

$(x-6)^2=11k$에서 $x-6=\pm\sqrt{11k}$ $\therefore x=6\pm\sqrt{11k}$
따라서 두 근의 차는
$6+\sqrt{11k}-(6-\sqrt{11k})=2\sqrt{11k}$
이때 두 근의 차가 두 자리 자연수가 되려면
$10\leq 2\sqrt{11k}<100$, $5\leq\sqrt{11k}<50$
$25\leq 11k<2500$ $\therefore \dfrac{25}{11}\leq k<\dfrac{2500}{11}$
$\therefore 2.\times\times\times\leq k<227.\times\times\times$
또, $k=11\times$(자연수)^2 꼴이어야 하므로
$k=11\times 1^2$, 11×2^2, 11×3^2, 11×4^2
따라서 자연수 k의 값은 11, 44, 99, 176의 4개이다.

264 답 0

$x^2-(3a-1)x+2a^2-a=0$에서 $x^2-(3a-1)x+a(2a-1)=0$
$(x-a)(x-2a+1)=0$ $\therefore x=a$ 또는 $x=2a-1$
$\dfrac{1}{2}(x+1)^2=3$에서 $(x+1)^2=6$, $x+1=\pm\sqrt{6}$ $\therefore x=-1\pm\sqrt{6}$
(i) $a\leq 2a-1$, 즉 $a\geq 1$일 때,
$a>-1-\sqrt{6}$이고 $2a-1<-1+\sqrt{6}$이어야 하므로
$-1-\sqrt{6}<a<\dfrac{\sqrt{6}}{2}$
그런데 $a\geq 1$이므로 $1\leq a<\dfrac{\sqrt{6}}{2}$

(ii) $a > 2a-1$, 즉 $a < 1$일 때,

$2a-1 > -1-\sqrt{6}$이고 $a < -1+\sqrt{6}$이어야 하므로

$-\dfrac{\sqrt{6}}{2} < a < -1+\sqrt{6}$

그런데 $a < 1$이므로 $-\dfrac{\sqrt{6}}{2} < a < 1$

(i), (ii)에서 $-\dfrac{\sqrt{6}}{2} < a < \dfrac{\sqrt{6}}{2}$

이때 $2 < \sqrt{6} < 3$이므로

$1 < \dfrac{\sqrt{6}}{2} < \dfrac{3}{2}$, $-\dfrac{3}{2} < -\dfrac{\sqrt{6}}{2} < -1$

따라서 조건을 만족하는 모든 정수 a의 값은 -1, 0, 1이므로 그 합은
$-1+0+1=0$

265 답 12

창 의 융 합

이차방정식 $x^2-x-a=0$이 자연수인 해를 가지려면 a는 차가 1인 두 자연수, 즉 연속하는 두 자연수의 곱이어야 한다.

(i) $a=1\times2=2$일 때,

$x^2-x-2=0$, $(x+1)(x-2)=0$

$\therefore x=-1$ 또는 $x=2$

이때 x는 자연수이므로 $x=2$

따라서 상품을 2개 받을 수 있다.

(ii) $a=2\times3=6$일 때,

$x^2-x-6=0$, $(x+2)(x-3)=0$

$\therefore x=-2$ 또는 $x=3$

이때 x는 자연수이므로 $x=3$

따라서 상품을 3개 받을 수 있다.

(iii) $a=3\times4=12$일 때,

$x^2-x-12=0$, $(x+3)(x-4)=0$

$\therefore x=-3$ 또는 $x=4$

이때 x는 자연수이므로 $x=4$

따라서 상품을 4개 받을 수 있다.

(i)~(iii)에서 원판의 12를 맞힐 때, 가장 많은 상품을 받을 수 있다.

266 답 $x=7$

창 의 융 합

$x^2+10x-119=0$에서 $x^2+10x=119$

❶ $x^2+10x=119$의 좌변 x^2+10x를 [그림 1]과 같이 정사각형과 직사각형의 넓이를 이용하여 나타낸다.

❷ [그림 1]에서 넓이가 $10x$인 직사각형을 합동인 두 개의 직사각형으로 나누어 [그림 2]와 같이 옮겨 붙인다.

❸ [그림 3]과 같이 큰 정사각형이 만들어지도록 넓이가 25인 정사각형을 그린다.

❹ 큰 정사각형의 넓이는 $119+25=144$이고 $144=12^2$이므로 한 변의 길이는 12이다.

❺ $x+5=12$에서 $x=7$

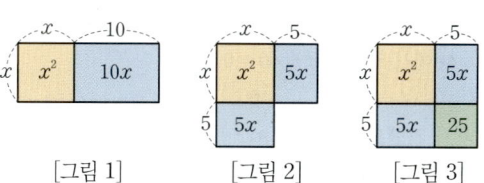

[그림 1]   [그림 2]   [그림 3]

267 ③	268 16	269 4	270 4
271 (1) $x=-\dfrac{4}{3}$ 또는 $x=\dfrac{3}{2}$ (2) $x=1\pm\sqrt{7}$			272 ④
273 3개	274 1	275 ①	276 -9	277 1
278 ㄴ, ㄷ	279 ③	280 6	281 1	282 13
283 2초	284 9 cm		

267 답 ③

$x^2+6x-2=0$에서

$x=-3\pm\sqrt{3^2-1\times(-2)}=-3\pm\sqrt{11}$

이때 $3 < \sqrt{11} < 4$이므로 $-4 < -\sqrt{11} < -3$

$\therefore -7 < -3-\sqrt{11} < -6$, $0 < -3+\sqrt{11} < 1$

따라서 두 근 $-3-\sqrt{11}$, $-3+\sqrt{11}$ 사이에 있는 정수는 -6, -5, -4, ⋯, 0의 7개이다.

268 답 16

$2x^2+Ax+1=0$에서

$x=\dfrac{-A\pm\sqrt{A^2-4\times2\times1}}{2\times2}=\dfrac{-A\pm\sqrt{A^2-8}}{4}$

따라서 $-A=5$, $A^2-8=B$, $4=C$이므로
$A=-5$, $B=17$, $C=4$

$\therefore A+B+C=-5+17+4=16$

269 답 4

$x^2+2x-4=0$에서

$x=-1\pm\sqrt{1^2-1\times(-4)}=-1\pm\sqrt{5}$

$x^2-10x+20=0$에서

$x=-(-5)\pm\sqrt{(-5)^2-1\times20}=5\pm\sqrt{5}$

따라서 $M=-1+\sqrt{5}$, $m=5-\sqrt{5}$이므로
$M+m=(-1+\sqrt{5})+(5-\sqrt{5})=4$

270 답 4

주어진 이차방정식의 양변에 10을 곱하면

$4(x+2)(2x-1)=6x(x-2)$, $2(x+2)(2x-1)-3x(x-2)=0$

$4x^2+6x-4-3x^2+6x=0$, $x^2+12x-4=0$

$\therefore x=-6\pm\sqrt{6^2-1\times(-4)}=-6\pm2\sqrt{10}$

따라서 $p=-6$, $q=10$이므로 $p+q=-6+10=4$

271 답 (1) $x=-\dfrac{4}{3}$ 또는 $x=\dfrac{3}{2}$ (2) $x=1\pm\sqrt{7}$

(1) 주어진 이차방정식의 양변에 100을 곱하면

$6x^2-10=x+2$, $6x^2-x-12=0$

$(3x+4)(2x-3)=0$ $\therefore x=-\dfrac{4}{3}$ 또는 $x=\dfrac{3}{2}$

(2) 주어진 이차방정식의 양변에 12를 곱하면
$4(x-1)^2-3x(x-2)=10,\ 4x^2-8x+4-3x^2+6x-10=0$
$x^2-2x-6=0$
$\therefore x=-(-1)\pm\sqrt{(-1)^2-1\times(-6)}=1\pm\sqrt{7}$

272 답 ④

$x-y=A$로 놓으면 $A(5-A)=-2,\ A^2-5A-2=0$
$\therefore A=\dfrac{-(-5)\pm\sqrt{(-5)^2-4\times1\times(-2)}}{2\times1}=\dfrac{5\pm\sqrt{33}}{2}$
$\therefore x-y=\dfrac{5\pm\sqrt{33}}{2}$

그런데 $x>y$이므로 $x-y=\dfrac{5+\sqrt{33}}{2}$

273 답 3개

이차방정식 $x^2-2x+k-3=0$이 서로 다른 두 근을 가지려면
$(-1)^2-1\times(k-3)>0$이어야 하므로
$1-k+3>0,\ -k+4>0$
$-k>-4$ $\therefore k<4$
따라서 자연수 k의 값은 1, 2, 3의 3개이다.

274 답 1

이차방정식 $(k+3)x^2-(2k+1)x+k=0$의 해가 없으므로
$\{-(2k+1)\}^2-4\times(k+3)\times k<0,\ 4k^2+4k+1-4k^2-12k<0$
$-8k+1<0,\ -8k<-1$ $\therefore k>\dfrac{1}{8}$

따라서 k의 값 중 가장 작은 정수는 1이다.

275 답 ①

이차방정식 $5x^2-ax+2b=0$이 중근을 가지므로
$(-a)^2-4\times5\times2b=0,\ a^2-40b=0$ $\therefore a^2=40b$
이때 a, b는 자연수이고 $40b=2^3\times5\times b$이므로
b의 값이 $2\times5\times(자연수)^2$ 꼴이어야 한다.
따라서 a의 값이 최소가 되려면 b의 값도 최소가 되어야 하므로
$b=2\times5\times1^2=10$

276 답 -9

$x^2-3x+k=0$이 중근을 가지므로
$(-3)^2-4\times1\times k=0,\ 9-4k=0$ $\therefore k=\dfrac{9}{4}$
$k=\dfrac{9}{4}$를 $(2-k)x^2-kx+8=0$에 대입하면
$-\dfrac{1}{4}x^2-\dfrac{9}{4}x+8=0$ $\therefore x^2+9x-32=0$

따라서 구하는 두 근의 합은 $-\dfrac{9}{1}=-9$

277 답 1

주어진 이차방정식의 양변에 6을 곱하면
$3(x+1)^2=2(2x-1),\ 3x^2+6x+3=4x-2$
$\therefore 3x^2+2x+5=0$
따라서 $a=-\dfrac{2}{3}$, $b=\dfrac{5}{3}$이므로 $a+b=-\dfrac{2}{3}+\dfrac{5}{3}=1$

278 답 ㄴ, ㄷ

$x^2-4x+1=0$에서 $\alpha+\beta=4,\ \alpha\beta=1$
ㄱ. $\alpha^2+\beta^2=(\alpha+\beta)^2-2\alpha\beta=4^2-2\times1=14$
ㄴ. $(\alpha-\beta)^2=(\alpha+\beta)^2-4\alpha\beta=4^2-4\times1=12$
ㄷ. $\dfrac{1}{\alpha}+\dfrac{1}{\beta}=\dfrac{\alpha+\beta}{\alpha\beta}=\dfrac{4}{1}=4$
ㄹ. $\dfrac{\beta}{\alpha}+\dfrac{\alpha}{\beta}=\dfrac{\alpha^2+\beta^2}{\alpha\beta}=\dfrac{14}{1}=14$
따라서 옳은 것은 ㄴ, ㄷ이다.

279 답 ③

양수인 두 근을 $\alpha,\ 2\alpha(\alpha>0)$라고 하면 두 근이 $\alpha,\ 2\alpha$이고 x^2의 계수가 1인 이차방정식은
$(x-\alpha)(x-2\alpha)=0$ $\therefore x^2-3\alpha x+2\alpha^2=0$
따라서 $-k=-3\alpha,\ 18=2\alpha^2$이므로
$\alpha=3(\because \alpha>0),\ k=9$

280 답 6

중근이 -1이고 x^2의 계수가 3인 이차방정식은
$3(x+1)^2=0,\ 3(x^2+2x+1)=0$ $\therefore 3x^2+6x+3=0$
따라서 $2a=6,\ -b=3$이므로 $a=3,\ b=-3$
$\therefore a-b=3-(-3)=6$

281 답 1

모든 계수와 상수가 유리수이고 이차방정식의 한 근이 $1+\sqrt{3}$이므로 다른 한 근은 $1-\sqrt{3}$이다.
두 근이 $1+\sqrt{3}$, $1-\sqrt{3}$이고 x^2의 계수가 $\dfrac{1}{2}$인 이차방정식은
$\dfrac{1}{2}\{x-(1+\sqrt{3})\}\{x-(1-\sqrt{3})\}=0$
$\dfrac{1}{2}(x^2-2x-2)=0$ $\therefore \dfrac{1}{2}x^2-x-1=0$
따라서 $a=-1,\ b=-1$이므로 $\dfrac{b}{a}=\dfrac{-1}{-1}=1$

282 답 13

연속하는 세 홀수 중 가운데 수를 x라고 하면 연속하는 세 홀수는 $x-2$, x, $x+2$이므로
$(x+2)^2=(x-2)^2+x^2-33$
$x^2+4x+4=x^2-4x+4+x^2-33$
$x^2-8x-33=0,\ (x+3)(x-11)=0$
$\therefore x=-3$ 또는 $x=11$
그런데 x는 홀수이므로 $x=11$
따라서 구하는 세 홀수는 9, 11, 13이므로 그중 가장 큰 홀수는 13이다.

283 답 2초

$30t-5t^2=40$에서 $5t^2-30t+40=0$
$t^2-6t+8=0,\ (t-2)(t-4)=0$ $\therefore t=2$ 또는 $t=4$
따라서 물체가 지면으로부터 40 m 이상의 높이에 머무는 것은 2초부터 4초까지이므로 $4-2=2$(초) 동안이다.

284 답 9 cm

처음 직사각형의 세로의 길이를 x cm라고 하면 가로의 길이는
$(x+4)$ cm이다.
이때 직육면체의 밑면의 세로의 길이는 $x-2\times2=x-4$(cm),
가로의 길이는 $(x+4)-2\times2=x$(cm)이므로
$2x(x-4)=90$, $2x^2-8x-90=0$, $x^2-4x-45=0$
$(x+5)(x-9)=0$ $\therefore x=-5$ 또는 $x=9$
그런데 $x>4$이므로 $x=9$
따라서 처음 직사각형의 세로의 길이는 9 cm이다.

STEP 2 실전문제 체화를 위한 심화 유형

본교재 078~081쪽

285 ③	286 4개	287 2	288 3	289 $\frac{1}{3}$
290 $x=2$ 또는 $x=5$	291 4개	292 ③	293 ①
294 $\frac{4}{15}$	295 2개	296 ⑤	297 $\frac{13}{4}$	298 ④
299 1	300 ②	301 44
302 $x=-2$ 또는 $x=4$	303 ③	304 28 cm
305 P(2, 9)	306 3 cm	307 50 %
308 $8\sqrt{2}-8$

285 답 ③

$x^2-8x+k=0$에서 $x=-(-4)\pm\sqrt{(-4)^2-1\times k}=4\pm\sqrt{16-k}$
이때 $4+\sqrt{16-k}\geq4$이므로 $2<4-\sqrt{16-k}<3$
$-2<-\sqrt{16-k}<-1$, $1<\sqrt{16-k}<2$
각 변을 제곱하면 $1<16-k<4$
$-15<-k<-12$ $\therefore 12<k<15$
따라서 자연수 k는 13, 14이므로 그 합은 $13+14=27$

286 답 4개

$2x^2+12x+k-1=0$에서
$x=\dfrac{-6\pm\sqrt{6^2-2\times(k-1)}}{2}=-3\pm\dfrac{\sqrt{2(19-k)}}{2}$

이때 해가 모두 정수가 되려면 $19-k$의 값이 0 또는 2×(자연수)² 꼴이
어야 한다.
즉 $19-k=0$, 2×1^2, 2×2^2, 2×3^2, 2×4^2, …이므로
$k=19$, 17, 11, 1, -13, …
따라서 자연수 k의 값은 1, 11, 17, 19의 4개이다.

287 답 2

(i) $x\geq1$일 때, $|x-1|=x-1$이므로
$(x-1)^2+(x-1)+1=6$, $x^2-2x+1+x-1+1=6$
$x^2-x-5=0$
$\therefore x=\dfrac{-(-1)\pm\sqrt{(-1)^2-4\times1\times(-5)}}{2\times1}=\dfrac{1\pm\sqrt{21}}{2}$

그런데 $x\geq1$이므로 $x=\dfrac{1+\sqrt{21}}{2}$

(ii) $x<1$일 때, $|x-1|=-(x-1)$이므로
$(x-1)^2-(x-1)+1=6$, $x^2-2x+1-x+1+1=6$
$x^2-3x-3=0$
$\therefore x=\dfrac{-(-3)\pm\sqrt{(-3)^2-4\times1\times(-3)}}{2\times1}=\dfrac{3\pm\sqrt{21}}{2}$

그런데 $x<1$이므로 $x=\dfrac{3-\sqrt{21}}{2}$

(i), (ii)에서 주어진 이차방정식의 두 근은
$x=\dfrac{1+\sqrt{21}}{2}$ 또는 $x=\dfrac{3-\sqrt{21}}{2}$

따라서 그 합은 $\dfrac{1+\sqrt{21}}{2}+\dfrac{3-\sqrt{21}}{2}=2$

288 답 3

근의 공식을 잘못 적용하여 두 근 $-\dfrac{4}{5}$, $\dfrac{2}{3}$를 얻었으므로
$\dfrac{b-\sqrt{b^2-4ac}}{a}=-\dfrac{4}{5}$, $\dfrac{b+\sqrt{b^2-4ac}}{a}=\dfrac{2}{3}$ …… 20%

$\alpha>\beta$이므로
$\alpha=\dfrac{-b+\sqrt{b^2-4ac}}{2a}=-\dfrac{1}{2}\times\dfrac{b-\sqrt{b^2-4ac}}{a}$

$=-\dfrac{1}{2}\times\left(-\dfrac{4}{5}\right)=\dfrac{2}{5}$ …… 30%

$\beta=\dfrac{-b-\sqrt{b^2-4ac}}{2a}=-\dfrac{1}{2}\times\dfrac{b+\sqrt{b^2-4ac}}{a}$

$=-\dfrac{1}{2}\times\dfrac{2}{3}=-\dfrac{1}{3}$ …… 30%

$\therefore 5\alpha-3\beta=5\times\dfrac{2}{5}-3\times\left(-\dfrac{1}{3}\right)=3$ …… 20%

289 답 $\dfrac{1}{3}$

$x^2-0.\dot{3}x+a=0$에서 $x^2-\dfrac{1}{3}x+a=0$

$x=-0.\dot{6}$, 즉 $x=-\dfrac{2}{3}$를 $x^2-\dfrac{1}{3}x+a=0$에 대입하면

$\dfrac{4}{9}+\dfrac{2}{9}+a=0$ $\therefore a=-\dfrac{2}{3}$

따라서 $x^2-\dfrac{1}{3}x-\dfrac{2}{3}=0$의 양변에 3을 곱하면
$3x^2-x-2=0$, $(3x+2)(x-1)=0$

$\therefore x=-\dfrac{2}{3}$ 또는 $x=1$

즉 $b=1$이므로 $a+b=-\dfrac{2}{3}+1=\dfrac{1}{3}$

290 답 $x=2$ 또는 $x=5$

주어진 이차방정식의 양변에 24를 곱하면
$4x(x+2)-3(x-1)^2=-12$
$4x^2+8x-3x^2+6x-3=-12$
$x^2+14x+9=0$ $\therefore x=-7\pm\sqrt{7^2-1\times9}=-7\pm2\sqrt{10}$
$\therefore a=-7$, $b=10$
따라서 이차방정식 $x^2-7x+10=0$에서
$(x-2)(x-5)=0$ $\therefore x=2$ 또는 $x=5$

291 답 4개

$x^2+2xy+y^2-4x-4y-5=0$에서

$(x+y)^2-4(x+y)-5=0$

$x+y=A$로 놓으면 $A^2-4A-5=0$

$(A+1)(A-5)=0$ ∴ $A=-1$ 또는 $A=5$

∴ $x+y=-1$ 또는 $x+y=5$

그런데 x, y는 자연수이므로 $x+y=5$

따라서 조건을 만족하는 순서쌍 (x, y)는 $(1, 4)$, $(2, 3)$, $(3, 2)$, $(4, 1)$의 4개이다.

292 답 ③

$ax^2+2(a+6)x+a+8=0$에서

$x=\dfrac{-(a+6)\pm\sqrt{(a+6)^2-a\times(a+8)}}{a}$

$\quad=\dfrac{-a-6\pm\sqrt{4a+36}}{a}$

$\quad=\dfrac{-a-6\pm2\sqrt{a+9}}{a}$

(ⅰ) $a+9>0$, 즉 $a>-9$일 때,

주어진 이차방정식은 서로 다른 두 근을 갖는다.

(ⅱ) $a+9=0$, 즉 $a=-9$일 때,

주어진 이차방정식은 중근을 갖는다.

(ⅲ) $a+9<0$, 즉 $a<-9$일 때,

주어진 이차방정식은 근을 갖지 않는다.

①, ④, ⑤ $a>-9$일 때, 서로 다른 두 근을 갖는다.

② $a=-9$일 때, 중근을 갖는다.

따라서 옳은 것은 ③이다.

293 답 ①

이차방정식 $x^2-(2k-5)x+k^2=0$은 근을 가지므로

$\{-(2k-5)\}^2-4\times1\times k^2\geq0$, $4k^2-20k+25-4k^2\geq0$

$-20k+25\geq0$, $-20k\geq-25$ ∴ $k\leq\dfrac{5}{4}$ ……㉠

또, 이차방정식 $4x^2+2\sqrt{3}x+k=0$은 근을 갖지 않으므로

$(\sqrt{3})^2-4\times k<0$, $3-4k<0$

$-4k<-3$ ∴ $k>\dfrac{3}{4}$ ……㉡

㉠, ㉡에서 $\dfrac{3}{4}<k\leq\dfrac{5}{4}$

따라서 k의 값이 될 수 없는 것은 ①이다.

294 답 $\dfrac{4}{15}$

$4x+1=A$로 놓으면 $\dfrac{3}{5}A^2-0.8A+a=0$

$\dfrac{3}{5}A^2-\dfrac{4}{5}A+a=0$

양변에 5를 곱하면 $3A^2-4A+5a=0$

주어진 이차방정식이 중근을 가지려면 위의 이차방정식도 중근을 가져야 한다.

따라서 $(-2)^2-3\times5a=0$이어야 하므로

$4-15a=0$ ∴ $a=\dfrac{4}{15}$

295 답 2개

이차방정식 $x^2-ax+3b=0$이 서로 다른 두 근을 가지려면

$a^2-4\times1\times3b>0$이어야 하므로 $a^2-12b>0$ ……㉠   ……30%

이차방정식 $x^2+(a-4c)x+3b-2ac=0$에서

$(a-4c)^2-4\times1\times(3b-2ac)=a^2-8ac+16c^2-12b+8ac$

$\qquad\qquad\qquad\qquad\qquad\qquad=a^2-12b+16c^2$

이때 ㉠에서 $a^2-12b>0$이고 $16c^2\geq0$이므로

$a^2-12b+16c^2>0$ ……50%

따라서 이차방정식 $x^2+(a-4c)x+3b-2ac=0$은 서로 다른 두 근을 갖는다.   ……20%

296 답 ⑤

두 근의 비가 $1:2$이므로 두 근을 α, 2α라고 하면

(ⅰ) $\alpha>2\alpha$, 즉 $\alpha<0$일 때,

두 근의 차가 3이므로 $\alpha-2\alpha=3$, $-\alpha=3$ ∴ $\alpha=-3$

따라서 두 근은 -3, -6이므로

$-3+(-6)=-\dfrac{b}{a}$, $-3\times(-6)=\dfrac{c}{a}$ ∴ $\dfrac{b}{a}=9$, $\dfrac{c}{a}=18$

∴ $\dfrac{b+c}{a}=9+18=27$

(ⅱ) $\alpha<2\alpha$, 즉 $\alpha>0$일 때,

두 근의 차가 3이므로 $2\alpha-\alpha=3$ ∴ $\alpha=3$

따라서 두 근은 3, 6이므로

$3+6=-\dfrac{b}{a}$, $3\times6=\dfrac{c}{a}$ ∴ $\dfrac{b}{a}=-9$, $\dfrac{c}{a}=18$

∴ $\dfrac{b+c}{a}=-9+18=9$

(ⅰ), (ⅱ)에서 $\dfrac{b+c}{a}$의 값 중 가장 큰 값은 27이다.

297 답 $\dfrac{13}{4}$

$x^2+5x+2=0$에서 $\alpha+\beta=-5$, $\alpha\beta=2$

$x=\alpha$를 $x^2+5x+2=0$에 대입하면

$\alpha^2+5\alpha+2=0$ ∴ $\alpha^2+5\alpha=-2$

$x=\beta$를 $x^2+5x+2=0$에 대입하면

$\beta^2+5\beta+2=0$ ∴ $\beta^2+5\beta=-2$

∴ $\dfrac{\alpha}{\beta^2+6\beta+1}+\dfrac{\beta}{\alpha^2+6\alpha+1}$

$=\dfrac{\alpha}{(\beta^2+5\beta)+\beta+1}+\dfrac{\beta}{(\alpha^2+5\alpha)+\alpha+1}$

$=\dfrac{\alpha}{-2+\beta+1}+\dfrac{\beta}{-2+\alpha+1}=\dfrac{\alpha}{\beta-1}+\dfrac{\beta}{\alpha-1}$

$=\dfrac{\alpha^2-\alpha+\beta^2-\beta}{(\alpha-1)(\beta-1)}=\dfrac{(\alpha+\beta)^2-2\alpha\beta-(\alpha+\beta)}{\alpha\beta-(\alpha+\beta)+1}$

$=\dfrac{(-5)^2-2\times2-(-5)}{2-(-5)+1}=\dfrac{13}{4}$

298 답 ④

x^2의 계수가 1인 이차방정식 $f(x)=0$의 두 근의 합은 5이고 곱은 3이므로 $f(x)=x^2-5x+3$

$f(2x-1)=(2x-1)^2-5(2x-1)+3=0$에서

$4x^2-4x+1-10x+5+3=0$, $4x^2-14x+9=0$

따라서 방정식 $f(2x-1)=0$의 두 근의 합은 $-\dfrac{-14}{4}=\dfrac{7}{2}$

299 답 1

조건 ㈎에 의하여 이차방정식 A의 두 근을 α, $-\alpha$라 하고 x^2의 계수를 a라고 하면 이차방정식 A는

$a(x-\alpha)(x+\alpha)=0$ $\therefore ax^2-a\alpha^2=0$

조건 ㈏에 의하여 $|a|=|-a\alpha^2|$이므로 $a=\pm a\alpha^2$ $\therefore \alpha^2=\pm 1$

그런데 $\alpha^2>0$이므로 $\alpha^2=1$ $\therefore \alpha=\pm 1$ $\therefore ax^2-a=0$

같은 방법으로 이차방정식 B의 x^2의 계수를 $b(a\neq b)$라고 하면 이차방정식 B는 $bx^2-b=0$

따라서 두 이차방정식의 모든 근의 곱은 $\dfrac{-a}{a}\times\dfrac{-b}{b}=1$

300 답 ②

$x+y=A$로 놓으면 $A^2-12A+27=0$

$(A-3)(A-9)=0$ $\therefore A=3$ 또는 $A=9$

따라서 $x+y=3$ 또는 $x+y=9$이므로

$y=3-x$ 또는 $y=9-x$

이때 $xy=-4$이므로

$x(3-x)=-4$ 또는 $x(9-x)=-4$

$\therefore x^2-3x-4=0$ 또는 $x^2-9x-4=0$

따라서 조건을 만족하는 모든 x의 값의 합은 $-\dfrac{-3}{1}+\left(-\dfrac{-9}{1}\right)=12$

301 답 44

$x^2-x-3=0$에서 $\alpha+\beta=1$, $\alpha\beta=-3$

$x=\alpha$를 $x^2-x-3=0$에 대입하면

$\alpha^2-\alpha-3=0$ $\therefore \alpha^2-3=\alpha$

$x=\beta$를 $x^2-x-3=0$에 대입하면

$\beta^2-\beta-3=0$ $\therefore \beta^2-3=\beta$

$(\alpha^2+3\alpha-3)+(\beta^2+3\beta-3)=(3\alpha+\alpha)+(3\beta+\beta)=4\alpha+4\beta$
$=4(\alpha+\beta)=4\times 1=4$

$(\alpha^2+3\alpha-3)(\beta^2+3\beta-3)=(3\alpha+\alpha)(3\beta+\beta)=4\alpha\times 4\beta$
$=16\alpha\beta=16\times(-3)=-48$

따라서 구하는 이차방정식은 $x^2-4x-48=0$이므로 $p=-4$, $q=-48$

$\therefore p-q=-4-(-48)=44$

302 답 $x=-2$ 또는 $x=4$

대수가 x^2의 계수를 a로 잘못 보았다고 하면

$a\{x-(2+2\sqrt{5})\}\{x-(2-2\sqrt{5})\}=0$, $a(x^2-4x-16)=0$

$\therefore ax^2-4ax-16a=0$

기하가 바르게 본 x^2의 계수를 b라고 하면

$b\{x-(-1)\}(x-3)=0$, $b(x^2-2x-3)=0$

$\therefore bx^2-2bx-3b=0$ 30%

이때 대수와 기하는 모두 x의 계수를 바르게 보았으므로

$-4a=-2b$ $\therefore b=2a$ ...... ㉠ 20%

한편, 대수는 상수항을 바르게 보았으므로 (상수항)$=-16a$

기하는 x^2의 계수를 바르게 보았으므로 (x^2의 계수)$=b$

따라서 처음 이차방정식은 $bx^2-4ax-16a=0$ 20%

㉠을 $bx^2-4ax-16a=0$에 대입하면

$2ax^2-4ax-16a=0$

그런데 $a\neq 0$이므로 양변을 $2a$로 나누면 $x^2-2x-8=0$

$(x+2)(x-4)=0$ $\therefore x=-2$ 또는 $x=4$ 30%

303 답 ③

[1단계]의 바둑돌의 개수는 1개

[2단계]의 바둑돌의 개수는 $(1+2)$개

[3단계]의 바둑돌의 개수는 $(1+2+3)$개

[4단계]의 바둑돌의 개수는 $(1+2+3+4)$개

120개의 바둑돌이 놓이는 것은 n단계라고 하면

$$\begin{array}{r} 1+2+3+\cdots+n=120 \\ +)\ n+(n-1)+(n-2)+\cdots+1=120 \\ \hline (n+1)+(n+1)+(n+1)+\cdots+(n+1)=240 \end{array}$$

$\underbrace{\qquad\qquad\qquad\qquad}_{n\text{개}}$

$n(n+1)=240$, $n^2+n-240=0$

$(n+16)(n-15)=0$ $\therefore n=-16$ 또는 $n=15$

그런데 $n>0$이므로 $n=15$

따라서 120개의 바둑돌이 놓이는 것은 15단계이다.

304 답 28 cm

타일 1장의 긴 변의 길이를 a cm, 짧은 변의 길이를 b cm라고 하면

$3a=4b$ $\therefore b=\dfrac{3}{4}a$ ...... ㉠

이때 벽의 넓이가 480 cm²이므로 $3a(a+2b)=480$

㉠을 위의 식에 대입하면 $3a\times\left(a+\dfrac{3}{2}a\right)=480$

$\dfrac{15}{2}a^2=480$, $a^2=64$ $\therefore a=8\,(\because a>0)$

$\therefore b=\dfrac{3}{4}a=\dfrac{3}{4}\times 8=6$

따라서 타일 1장의 둘레의 길이는 $2\times(8+6)=28\,(\text{cm})$

305 답 P(2, 9)

$y=-3x+15$에 $y=0$을 대입하면

$0=-3x+15$, $x=5$ $\therefore$ A$(5, 0)$

$y=-3x+15$에 $x=0$을 대입하면

$y=15$ $\therefore$ B$(0, 15)$

점 P의 좌표를 P$(a, -3a+15)$라고 하면

$\square$BOQP$=\dfrac{1}{2}\times\{15+(-3a+15)\}\times a=24$

$-\dfrac{3}{2}a^2+15a=24$, $a^2-10a+16=0$

$(a-2)(a-8)=0$ $\therefore a=2$ 또는 $a=8$

(ⅰ) $a=2$일 때, $-3a+15=-3\times 2+15=9$ $\therefore$ P$(2, 9)$

(ⅱ) $a=8$일 때, $-3a+15=-3\times 8+15=-9$ $\therefore$ P$(8, -9)$

(ⅰ), (ⅱ)에서 점 P는 제1사분면 위에 있으므로 점 P의 좌표는 P$(2, 9)$이다.

306 답 3 cm

오른쪽 그림과 같이 $\overline{AB}$와 $\overline{O'O}$의 연장선이 만나는 점을 P라고 하자.

$\triangle$PO'A와 $\triangle$POB에서

$\angle$PO'A$=\angle$POB, $\angle$P는 공통

이므로 $\triangle$PO'A$\circ$$\triangle$POB (AA 닮음)

따라서 $\overline{O'A}:\overline{OB}=\overline{PO'}:\overline{PO}$이므로

$1:3=\overline{PO'}:(\overline{PO'}+8)$, $3\overline{PO'}=\overline{PO'}+8$

$2\overline{PO'}=8$ $\therefore \overline{PO'}=4\,(\text{cm})$

$\overline{O'A}=r$, $\overline{OB}=3r$라고 하면 원뿔대의 부피는

$\frac{1}{3}\times\pi\times(3r)^2\times(4+8)-\frac{1}{3}\times\pi\times r^2\times4=312\pi$

$36\pi r^2-\frac{4}{3}\pi r^2=312\pi$, $\frac{104}{3}\pi r^2=312\pi$

$r^2=9$ ∴ $r=3$ (∵ $r>0$)

∴ $\overline{O'A}=3$(cm)

307 달 50 %

버스 요금을 a원, 승객 수를 n명이라고 하면 버스 요금을 x % 인상한 후의 버스 요금은 $a\left(1+\frac{x}{100}\right)$원, 승객 수는 $n\left(1-\frac{2}{300}x\right)$명이므로

$a\left(1+\frac{x}{100}\right)\times n\left(1-\frac{2}{300}x\right)=an$

$a\neq0$, $n\neq0$이므로 양변을 an으로 나누면

$\left(1+\frac{x}{100}\right)\left(1-\frac{2}{300}x\right)=1$, $1-\frac{2}{300}x+\frac{x}{100}-\frac{1}{15000}x^2=1$

$\frac{1}{15000}x^2-\frac{1}{300}x=0$, $x^2-50x=0$

$x(x-50)=0$ ∴ $x=0$ 또는 $x=50$

그런데 $x>0$이므로 $x=50$

따라서 버스 요금을 50 % 인상하면 수입이 변함이 없다.

308 달 $8\sqrt{2}-8$

오른쪽 그림과 같이 $\overline{AB}=\overline{AC}=x$라고 하면 $\overline{BC}=\sqrt{x^2+x^2}=\sqrt{2}x$, $\overline{BD}=8-2x$

······ 20%

이때 정팔각형을 만들었으므로 $\overline{BC}=\overline{BD}$

∴ $\sqrt{2}x=8-2x$ ······ 20%

양변을 제곱하면

$(\sqrt{2}x)^2=(8-2x)^2$, $2x^2=64-32x+4x^2$

$2x^2-32x+64=0$, $x^2-16x+32=0$

∴ $x=-(-8)\pm\sqrt{(-8)^2-1\times32}=8\pm4\sqrt{2}$ ······ 40%

그런데 $x<8$이므로 $x=8-4\sqrt{2}$

따라서 정팔각형의 한 변의 길이는

$\sqrt{2}x=\sqrt{2}(8-4\sqrt{2})=8\sqrt{2}-8$ ······ 20%

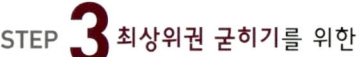

STEP 3 최상위권 굳히기를 위한 최고난도유형

본교재 082~084쪽

| 309 ⑤ | 310 1 | 311 $x=9$ | 312 19 | 313 12 |

314 $x^2-776x-777=0$ 315 50분 후 316 20

창의융합

317 $\frac{3+\sqrt{5}}{2}$ 318 6팀

309 달 ⑤

$x^2-6x+14=n^2$ (n은 정수)이라고 하면 $x^2-6x+14-n^2=0$

∴ $x=-(-3)\pm\sqrt{(-3)^2-1\times(14-n^2)}=3\pm\sqrt{n^2-5}$

이때 x는 정수이므로 n^2-5는 (자연수)^2 꼴이어야 한다.

$n^2-5=k^2$(k는 자연수)이라고 하면 $n^2-k^2=5$

∴ $(n+k)(n-k)=5$

이때 $n+k$, $n-k$는 정수이므로

(i) $n+k=-5$, $n-k=-1$일 때, $n=-3$, $k=-2$

(ii) $n+k=-1$, $n-k=-5$일 때, $n=-3$, $k=2$

(iii) $n+k=1$, $n-k=5$일 때, $n=3$, $k=-2$

(iv) $n+k=5$, $n-k=1$일 때, $n=3$, $k=2$

그런데 k는 자연수이므로

$n=-3$, $k=2$ 또는 $n=3$, $k=2$

이때 $x=3\pm\sqrt{(\pm3)^2-5}=3\pm2$이므로

$x=1$ 또는 $x=5$

따라서 모든 정수 x의 값의 합은 $1+5=6$

310 달 1

$x^2+a^2=27$에서 $x^2=27-a^2$

이때 a는 무리수 x의 소수 부분이므로

$0\leq a<1$, $0\leq a^2<1$, $-1<-a^2\leq0$

$26<27-a^2\leq27$ ∴ $26<x^2\leq27$

그런데 $x>0$이므로 $\sqrt{26}<x\leq\sqrt{27}$

즉 무리수 x의 정수 부분은 5이므로 $x=5+a$

$x=5+a$를 $x^2+a^2=27$에 대입하면

$(5+a)^2+a^2=27$, $25+10a+a^2+a^2=27$

$2a^2+10a-2=0$, $a^2+5a-1=0$

∴ $a=\frac{-5\pm\sqrt{5^2-4\times1\times(-1)}}{2\times1}=\frac{-5\pm\sqrt{29}}{2}$

그런데 $0\leq a<1$이므로 $a=\frac{-5+\sqrt{29}}{2}$

따라서 $x=5+\frac{-5+\sqrt{29}}{2}=\frac{5+\sqrt{29}}{2}$이므로

$xa=\frac{5+\sqrt{29}}{2}\times\frac{-5+\sqrt{29}}{2}=1$

311 달 $x=9$

$1+x(x-1)(x+1)(x+2)=89^2$에서

$\{x(x+1)\}\{(x-1)(x+2)\}-(89^2-1)=0$

$(x^2+x)(x^2+x-2)-(89+1)(89-1)=0$

$x^2+x=A$로 놓으면 $A(A-2)-90\times88=0$

$A^2-2A-90\times88=0$, $(A+88)(A-90)=0$

∴ $A=-88$ 또는 $A=90$

그런데 x는 자연수이므로 $A=x^2+x>0$ ∴ $A=90$

즉 $x^2+x=90$이므로 $x^2+x-90=0$

$(x+10)(x-9)=0$ ∴ $x=-10$ 또는 $x=9$

그런데 x는 자연수이므로 $x=9$

312 달 19

$(\sqrt{n(n+1)}+n)x^2-\sqrt{n}x-1=0$에서

$a_n+\beta_n=-\frac{-\sqrt{n}}{\sqrt{n(n+1)}+n}=\frac{\sqrt{n}}{\sqrt{n}\sqrt{n+1}+\sqrt{n}\sqrt{n}}$

$=\frac{\sqrt{n}}{\sqrt{n}(\sqrt{n+1}+\sqrt{n})}=\frac{1}{\sqrt{n+1}+\sqrt{n}}$

$=\frac{(\sqrt{n+1}-\sqrt{n})}{(\sqrt{n+1}+\sqrt{n})(\sqrt{n+1}-\sqrt{n})}=\sqrt{n+1}-\sqrt{n}$ ······ 50%

$\therefore (\alpha_1+\alpha_2+\alpha_3+\cdots+\alpha_{399})+(\beta_1+\beta_2+\beta_3+\cdots+\beta_{399})$
$=(\alpha_1+\beta_1)+(\alpha_2+\beta_2)+(\alpha_3+\beta_3)+\cdots+(\alpha_{399}+\beta_{399})$
$=(\sqrt{2}-1)+(\sqrt{3}-\sqrt{2})+(\sqrt{4}-\sqrt{3})+\cdots+(\sqrt{400}-\sqrt{399})$
$\qquad\qquad\qquad\qquad\qquad\qquad\qquad\cdots\cdots\ 30\%$
$=\sqrt{400}-1=20-1=19 \qquad\qquad\qquad \cdots\cdots\ 20\%$

313 🔲 12

$ax^2-bx+3c=0$에서 $\alpha+\beta=\dfrac{b}{a}$, $\alpha\beta=\dfrac{3c}{a}$ $\qquad \cdots\cdots$ ㉠

한편 $1<\alpha<2$, $4<\beta<5$에서

$5<\alpha+\beta<7$, $4<\alpha\beta<10$

㉠을 위의 식에 각각 대입하면

$5<\dfrac{b}{a}<7$에서 $5a<b<7a$

이때 a, b는 한 자리 자연수이므로 $a=1$, $b=6$

$4<\dfrac{3c}{a}<10$에서 $4a<3c<10a$

$a=1$을 위의 식에 대입하면 $4<3c<10$

이때 c는 한 자리 자연수이므로 $c=2$ 또는 $c=3$

(i) $a=1$, $b=6$, $c=2$일 때,

$\quad x^2-6x+6=0$ $\qquad \therefore x=-(-3)\pm\sqrt{(-3)^2-1\times6}=3\pm\sqrt{3}$

(ii) $a=1$, $b=6$, $c=3$일 때,

$\quad x^2-6x+9=0$, $(x-3)^2=0$ $\qquad \therefore x=3$

(i), (ii)에서 $1<\alpha<2$, $4<\beta<5$이어야 하므로 $a=1$, $b=6$, $c=2$

$\therefore abc=1\times6\times2=12$

314 🔲 $x^2-776x-777=0$

$x^2+ax-b=0$의 두 근을 α, $\alpha+3$이라고 하면

$(\alpha+3)^2-\alpha^2=15$, $6\alpha-6=0$, $6(\alpha-1)=0$ $\quad \therefore \alpha=1$ $\cdots\cdots$ 20%

이때 두 근이 1, 4이고 x^2의 계수가 1인 이차방정식은

$(x-1)(x-4)=0$ $\qquad \therefore x^2-5x+4=0$

즉 $a=-5$, $-b=4$이므로 $a=-5$, $b=-4$ $\qquad\qquad \cdots\cdots$ 20%

이때 $a-b=-5-(-4)=-1$, $b-a=-4-(-5)=1$이므로

$A=(a-b)+(a-b)^2+\cdots+(a-b)^{777}$

$\quad =(-1)+(-1)^2+\cdots+(-1)^{777}$

$\quad =(-1+1)+(-1+1)+\cdots+(-1)=-1$

$B=(b-a)+(b-a)^2+\cdots+(b-a)^{777}$

$\quad =1+1^2+\cdots+1^{777}=777$ $\qquad\qquad\qquad \cdots\cdots$ 40%

따라서 두 근이 -1, 777이고 x^2의 계수가 1인 이차방정식은

$(x+1)(x-777)=0$ $\qquad \therefore x^2-776x-777=0$ $\qquad \cdots\cdots$ 20%

315 🔲 50분 후

버스와 열차가 동시에 달린 시간을 t분이라 하고 열차가 달린 거리를 at^2 km (a는 상수), 버스가 달린 거리를 bt km (b는 상수)라고 하자.

열차와 버스는 10분 후와 20분 후에 두 번 만나므로

$\begin{cases} 100a+5=10b & \cdots\cdots \text{㉠} \\ 400a+5=20b & \cdots\cdots \text{㉡} \end{cases}$

㉠, ㉡을 연립하여 풀면 $a=\dfrac{1}{40}$, $b=\dfrac{3}{4}$

즉 t분 동안 열차가 달린 거리는 $\dfrac{1}{40}t^2$ km, 버스가 달린 거리는

$\dfrac{3}{4}t$ km이다.

출발한 지 x분 후에 열차가 버스보다 30 km 앞에서 달리게 된다고 하면

$\left(\dfrac{1}{40}x^2+5\right)-\dfrac{3}{4}x=30$, $\dfrac{1}{40}x^2-\dfrac{3}{4}x-25=0$

$x^2-30x-1000=0$, $(x+20)(x-50)=0$

$\therefore x=-20$ 또는 $x=50$

그런데 $x>0$이므로 $x=50$

따라서 출발한 지 50분 후에 열차가 버스보다 30 km 앞에서 달리게 된다.

316 🔲 20

농도가 10 %인 소금물 100 g에 들어 있는 소금의 양은

$100\times\dfrac{10}{100}=10(\text{g})$

주어진 시행을 한 번 한 후의 소금물의 농도를 A %라고 하면

$10-x\times\dfrac{10}{100}+x\times\dfrac{0}{100}=100\times\dfrac{A}{100}$ $\qquad \therefore A=10-\dfrac{1}{10}x$

주어진 시행을 한 번 더 한 후의 소금물의 농도는 6.4 %이므로

$100\times\dfrac{10-\dfrac{1}{10}x}{100}-x\times\dfrac{10-\dfrac{1}{10}x}{100}+x\times\dfrac{0}{100}=100\times\dfrac{6.4}{100}$

$100\left(10-\dfrac{1}{10}x\right)-x\left(10-\dfrac{1}{10}x\right)=640$

$1000-10x-10x+\dfrac{1}{10}x^2=640$

$\dfrac{1}{10}x^2-20x+360=0$, $x^2-200x+3600=0$

$(x-20)(x-180)=0$ $\qquad \therefore x=20$ 또는 $x=180$

그런데 $0<x<100$이므로 $x=20$

317 🔲 $\dfrac{3+\sqrt{5}}{2}$ 창의융합

$\overline{BC}=x$라고 하면 $\overline{AC}:\overline{BC}=\overline{BC}:\overline{AB}$이므로

$(1+x):x=x:1$, $x^2=1+x$, $x^2-x-1=0$

$\therefore x=\dfrac{-(-1)\pm\sqrt{(-1)^2-4\times1\times(-1)}}{2\times1}=\dfrac{1\pm\sqrt{5}}{2}$

그런데 $x>0$이므로 $x=\dfrac{1+\sqrt{5}}{2}$

$\therefore \overline{AC}=1+x=1+\dfrac{1+\sqrt{5}}{2}=\dfrac{3+\sqrt{5}}{2}$

318 🔲 6팀 창의융합

A 그룹에 속한 팀의 수를 x팀이라고 하면

$\dfrac{x(x-1)}{2}+\dfrac{(14-x)(13-x)}{2}+1=44$

$x(x-1)+(14-x)(13-x)+2=88$

$x^2-x+x^2-27x+182+2=88$, $2x^2-28x+96=0$

$x^2-14x+48=0$, $(x-6)(x-8)=0$ $\qquad \therefore x=6$ 또는 $x=8$

그런데 A 그룹에 속한 팀의 수는 B 그룹에 속한 팀의 수보다 적으므로

$x<14-x$, $2x<14$ $\qquad \therefore x<7$

$\therefore x=6$

따라서 A 그룹에 속한 팀은 모두 6팀이다.

풀이 첨삭

> A 그룹에 속한 팀의 수를 x팀이라고 하면 A 그룹에서 치러지는 경기의 수는 x개 중에서 자격이 같은 2개를 고르는 경우의 수와 같으므로 $\dfrac{x(x-1)}{2}$번이다.

IV. 이차함수

07 이차함수와 그래프 (1)

STEP 1 교과서를 정복하는 핵 심 유 형

본교재 087~089쪽

319 ②	320 ③	321 2	322 ②	323 4
324 $\frac{1}{4}$	325 ③	326 11	327 36	
328 $(0, -27)$		329 7	330 ③	331 -3
332 ⑤	333 -2	334 3	335 제3사분면	
336 ⑤				

319 답 ②

ㄱ. $y=2x$는 일차함수이다.

ㄴ. $y=\frac{1}{4}x^2-6$은 이차함수이다.

ㄷ. $y=\frac{1}{x^2}+\frac{1}{x}+2$에서 x가 분모에 있으므로 이차함수가 아니다.

ㄹ. $y=x^2-x(5+x)$에서 $y=x^2-5x-x^2$, $y=-5x$이므로 이차함수가 아니다.

ㅁ. $y=(x-2)(x+3)$에서 $y=x^2+x-6$이므로 이차함수이다.

ㅂ. $y=x(x-1)^2$에서 $y=x(x^2-2x+1)$, $y=x^3-2x^2+x$이므로 이차함수가 아니다.

따라서 이차함수인 것은 ㄴ, ㅁ이다.

320 답 ③

① $y=x^3$ ② $y=3x$ ③ $y=\pi x^2\times 3=3\pi x^2$

④ $y=15+x$ ⑤ $y=60x$

따라서 y가 x에 대한 이차함수인 것은 ③이다.

321 답 2

$f(a)=2a^2-3a-4=-2$이므로 $2a^2-3a-2=0$

$(2a+1)(a-2)=0$ $\therefore a=-\frac{1}{2}$ 또는 $a=2$

그런데 a는 정수이므로 $a=2$

322 답 ②

이차함수 $y=ax^2$의 그래프가 색칠한 부분에만 나타나도록 하는 a의 값의 범위는 $-1<a<0$ 또는 $0<a<\frac{1}{2}$

따라서 a의 값이 될 수 있는 것은 ②이다.

323 답 4

이차함수 $y=3x^2$의 그래프와 x축에 대칭인 그래프를 나타내는 식은 $y=-3x^2$

이차함수 $y=-3x^2$의 그래프가 점 $(k, -48)$을 지나므로

$-48=-3k^2$, $k^2=16$ $\therefore k=\pm 4$

그런데 $k>0$이므로 $k=4$

324 답 $\frac{1}{4}$

$y=x^2$에 $y=4$를 대입하면 $4=x^2$ $\therefore x=\pm 2$

$\therefore$ B$(-2, 4)$, D$(2, 4)$

이때 $\overline{AB}=\overline{BC}=\overline{CD}=\overline{DE}$이어야 하므로

A$(-4, 4)$, E$(4, 4)$

따라서 이차함수 $y=ax^2$의 그래프가 점 A$(-4, 4)$를 지나므로

$4=a\times(-4)^2$ $\therefore a=\frac{1}{4}$

325 답 ③

이차함수 $y=ax^2+q$의 그래프가 점 $(1, -2)$를 지나므로

$-2=a+q$ …… ㉠

이차함수 $y=ax^2+q$의 그래프가 점 $(-2, 7)$을 지나므로

$7=4a+q$ …… ㉡

㉠, ㉡을 연립하여 풀면 $a=3$, $q=-5$

따라서 이차함수 $y=3x^2-5$의 그래프의 꼭짓점의 좌표는 $(0, -5)$이다.

326 답 11

이차함수 $y=ax^2+6$의 그래프를 y축의 방향으로 q만큼 평행이동하면

$y=ax^2+6+q$

따라서 $a=4$, $6+q=-1$이므로

$a=4$, $q=-7$

$\therefore a-q=4-(-7)=11$

327 답 36

오른쪽 그림에서 빗금 친 두 부분의 넓이는 서로 같으므로 구하는 넓이는 □ABCD의 넓이와 같다.

따라서 구하는 넓이는

$\{2-(-2)\}\times\{0-(-9)\}=36$

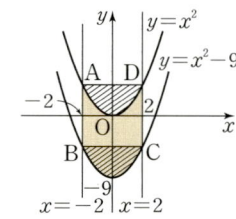

328 답 $(0, -27)$

$y=-2x^2+18$에 $y=0$을 대입하면 $0=-2x^2+18$

$2x^2=18$, $x^2=9$ $\therefore x=\pm 3$

그런데 $a<b$이므로 $a=-3$, $b=3$

$y=-3(x-3)^2$에 $x=0$을 대입하면

$y=-3\times(-3)^2=-27$

따라서 구하는 점의 좌표는 $(0, -27)$이다.

329 답 7

$\overline{AB}$의 길이는 두 이차함수 $y=\frac{1}{3}(x+3)^2$, $y=\frac{1}{3}(x-4)^2$의 그래프의 꼭짓점 $(-3, 0)$, $(4, 0)$ 사이의 거리와 같으므로

$\overline{AB}=4-(-3)=7$

330 답 ③

$y=5x^2+1$ ······ ㉠
$y=5(x+1)^2$ ······ ㉡

① ㉠, ㉡의 그래프의 꼭짓점의 좌표는 각각 $(0, 1)$, $(-1, 0)$이다.

② ㉠, ㉡의 그래프의 축의 방정식은 각각 $x=0$, $x=-1$이다.

③ ㉠, ㉡의 x^2의 계수의 절댓값이 같으므로 그래프의 폭이 서로 같다.

④ ㉠의 그래프는 제1, 2 사분면을 지나고, ㉡의 그래프는 제3, 4 사분면을 지난다.

⑤ ㉠의 그래프는 이차함수 $y=5x^2$의 그래프를 평행이동한 것이고, ㉡의 그래프는 이차함수 $y=-5x^2$의 그래프를 평행이동한 것이다.

따라서 옳은 것은 ③이다.

331 답 -3

이차함수 $y=-(x-1)^2+4$의 그래프를 x축의 방향으로 -3만큼, y축의 방향으로 -1만큼 평행이동하면

$y=-(x+3-1)^2+4-1$ ∴ $y=-(x+2)^2+3$

이때 축의 방정식은 $x=-2$이므로 $m=-2$

$y=-(x+2)^2+3$에 $x=0$을 대입하면

$y=-2^2+3=-1$ ∴ $n=-1$

∴ $m+n=-2+(-1)=-3$

332 답 ⑤

①, ② x축과 원점 $(0, 0)$에서 만난다.

③ 꼭짓점의 좌표가 $(0, -1)$이고 아래로 볼록하므로 x축과 서로 다른 두 점에서 만난다.

④ x축과 점 $(3, 0)$에서 만난다.

⑤ 꼭짓점의 좌표가 $(-2, -5)$이므로 제3 사분면 위에 있고, 위로 볼록하므로 x축과 만나지 않는다.

따라서 x축과 만나지 않는 것은 ⑤이다.

333 답 -2

이차함수 $y=3(x-p)^2+2p^2$의 그래프의 꼭짓점의 좌표는 $(p, 2p^2)$이다.

이때 점 $(p, 2p^2)$이 직선 $y=-x+6$ 위에 있으므로

$2p^2=-p+6$, $2p^2+p-6=0$

$(p+2)(2p-3)=0$ ∴ $p=-2$ 또는 $p=\dfrac{3}{2}$

그런데 $p<0$이므로 $p=-2$

334 답 3

이차함수 $y=-2(x+p)^2+p+5$의 그래프의 꼭짓점의 좌표는 $(-p, p+5)$이므로 $A(-p, p+5)$

이때 $-p<0$에서 $p>0$이므로

$\overline{OH}=p$, $\overline{AH}=p+5$

이때 $\triangle AHO$의 넓이가 12이므로

$\triangle AHO=\dfrac{1}{2}\times p\times(p+5)=12$, $p^2+5p-24=0$

$(p+8)(p-3)=0$ ∴ $p=-8$ 또는 $p=3$

그런데 $p>0$이므로 $p=3$

335 답 제3 사분면

그래프가 위로 볼록하므로 $a<0$

꼭짓점 $(-p, q)$가 제1 사분면 위에 있으므로

$-p>0$, $q>0$ ∴ $p<0$, $q>0$

따라서 일차함수 $y=ax-pq$의 그래프는

(기울기)$=a<0$, (y절편)$=-pq>0$이므로 오른쪽 그림과 같이 제3 사분면을 지나지 않는다.

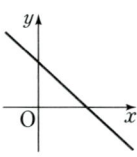

336 답 ⑤

그래프가 아래로 볼록하므로 $a>0$

꼭짓점 $(p, -q)$가 제3 사분면 위에 있으므로

$p<0$, $-q<0$ ∴ $p<0$, $q>0$

⑤ $a+p+q$의 부호는 알 수 없다.

STEP 2 실전문제 체화를 위한 심화 유형

본교재 092~094쪽

337 ②	338 3	339 ②	340 ④
341 $\dfrac{1}{3}\le a<\dfrac{3}{2}$	342 $\dfrac{4}{5}$	343 1	344 63
345 60	346 20	347 $-2+\sqrt{3}$	348 $\dfrac{1}{4}$
349 4	350 10	351 ①	352 $\dfrac{4}{25}<a<\dfrac{2}{3}$
353 제3, 4 사분면		354 제1 사분면	

337 답 ②

$y=2x^2-x(ax-1)+5$에서

$y=2x^2-ax^2+x+5$ ∴ $y=(2-a)x^2+x+5$ ······ ㉠

ㄱ. ㉠에 $a=1$을 대입하면 $y=x^2+x+5$이므로 y는 x에 대한 이차함수이다.

ㄴ. ㉠에 $a=2$를 대입하면 $y=x+5$이므로 y는 x에 대한 일차함수이다.

ㄷ. ㉠에 $x=0$을 대입하면 $y=5$

ㄹ. ㉠에 $x=1$, $y=3$을 대입하면 $3=2-a+1+5$

$8-a=3$ ∴ $a=5$

따라서 옳은 것은 ㄱ, ㄷ이다.

338 답 3

$f(a)=\dfrac{a^2-13}{2}-\dfrac{a}{3}=-1$이므로

$3(a^2-13)-2a=-6$, $3a^2-39-2a=-6$

$3a^2-2a-33=0$, $(a+3)(3a-11)=0$

∴ $a=-3$ 또는 $a=\dfrac{11}{3}$

그런데 $a<0$이므로 $a=-3$

$f(3)=\dfrac{3^2-13}{2}-\dfrac{3}{3}=-2-1=-3$이므로 $b=-3$

∴ $a-2b=-3-2\times(-3)=3$

339 답 ②

이차함수 $y=ax^2$의 그래프와 x축에 대칭인 그래프를 나타내는 식은
$y=-ax^2$
즉 $-a=-\dfrac{1}{4}$이므로 $a=\dfrac{1}{4}$
이차함수 $y=\dfrac{1}{4}x^2$의 그래프가 점 $(m,\ m-1)$을 지나므로
$m-1=\dfrac{1}{4}m^2,\ m^2-4m+4=0$
$(m-2)^2=0$　　$\therefore m=2$

340 답 ④

두 이차함수 $y=ax^2$과 $y=dx^2$의 그래프가 x축에 대칭이므로 $d=-a$
두 이차함수 $y=bx^2$과 $y=cx^2$의 그래프도 x축에 대칭이므로 $c=-b$
또, 아래로 볼록한 두 포물선 $y=ax^2$, $y=bx^2$ 중 $y=ax^2$의 폭이 더 좁으므로 $0<b<a$
위로 볼록한 두 포물선 $y=cx^2$, $y=dx^2$ 중 $y=dx^2$의 폭이 더 좁으므로 $d<c<0$
$\therefore d<c<0<b<a$
③ $|d|=|a|$이고 $a>b$이므로 $|d|>|b|$
④ $ad<0$, $bc<0$이고 $|ad|>|bc|$이므로 $ad<bc$
⑤ $a+b+c+d=a+b+(-b)+(-a)=0$

341 답 $\dfrac{1}{3}\le a<\dfrac{3}{2}$

오른쪽 그림과 같이 이차함수 $y=ax^2$의 그래프가 $\overline{AB}$와 한 점에서 만나려면 점 A를 지날 때보다 폭이 넓고, 점 B를 지날 때보다 폭이 좁아야 한다.

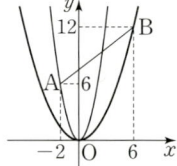

(i) 이차함수 $y=ax^2$의 그래프가 점 A$(-2,\ 6)$
　을 지날 때, $6=4a$　　$\therefore a=\dfrac{3}{2}$
(ii) 이차함수 $y=ax^2$의 그래프가 점 B$(6,\ 12)$를 지날 때,
　　$12=36a$　　$\therefore a=\dfrac{1}{3}$
(i), (ii)에서 $\dfrac{1}{3}\le a\le\dfrac{3}{2}$
그런데 이차함수 $y=ax^2$의 그래프가 점 A를 지날 때에는 $\overline{AB}$와 두 점에서 만나게 되므로 $a\ne\dfrac{3}{2}$이어야 한다.　　$\therefore \dfrac{1}{3}\le a<\dfrac{3}{2}$

342 답 $\dfrac{4}{5}$

점 A의 x좌표를 k라고 하면 A$(k,\ 3k^2)$
이때 두 점 A, B는 y축에 대칭이므로 B$(-k,\ 3k^2)$
또, 두 점 A, D의 x좌표가 서로 같으므로 D$(k,\ -2k^2)$　……30%
이때 □ABCD가 정사각형이므로 $\overline{AB}=\overline{AD}$
즉 $k-(-k)=3k^2-(-2k^2)$이므로 $2k=5k^2$
$5k^2-2k=0$, $k(5k-2)=0$　　$\therefore k=0$ 또는 $k=\dfrac{2}{5}$
그런데 점 A는 제1사분면 위에 있으므로 $k=\dfrac{2}{5}$　……50%
따라서 정사각형 ABCD의 한 변의 길이는
$2k=2\times\dfrac{2}{5}=\dfrac{4}{5}$　……20%

343 답 1

이차함수 $y=f(x)$의 그래프는 이차함수 $y=ax^2$의 그래프를 y축의 방향으로 평행이동한 것이고 점 $(0,\ -2)$를 지나므로
$f(x)=ax^2-2$
또, 이차함수 $y=ax^2-2$의 그래프가 점 $(3,\ 1)$을 지나므로
$1=9a-2,\ 9a=3$　　$\therefore a=\dfrac{1}{3}$
따라서 $f(x)=\dfrac{1}{3}x^2-2$이므로
$f(-2)=\dfrac{1}{3}\times(-2)^2-2=-\dfrac{2}{3}$, $f(1)=\dfrac{1}{3}\times1^2-2=-\dfrac{5}{3}$
$\therefore f(-2)-f(1)=-\dfrac{2}{3}-\left(-\dfrac{5}{3}\right)=1$

344 답 63

이차함수 $y=-\dfrac{4}{3}x^2+m$의 그래프가 점 C$(-3,\ 0)$을 지나므로
$0=-\dfrac{4}{3}\times(-3)^2+m$　　$\therefore m=12$
이때 이차함수 $y=-\dfrac{4}{3}x^2+12$의 그래프의 꼭짓점의 좌표는 $(0,\ 12)$이므로 A$(0,\ 12)$
또, 이차함수 $y=x^2+n$의 그래프가 점 C$(-3,\ 0)$을 지나므로
$0=(-3)^2+n$　　$\therefore n=-9$
이때 이차함수 $y=x^2-9$의 그래프의 꼭짓점의 좌표는 $(0,\ -9)$이므로 B$(0,\ -9)$
$\therefore \square ACBD=\triangle ACD+\triangle CBD$
$=\dfrac{1}{2}\times6\times12+\dfrac{1}{2}\times6\times9=63$

345 답 60

$y=-\dfrac{1}{2}x^2+k$에 $y=0$을 대입하면 $0=-\dfrac{1}{2}x^2+k$
$\dfrac{1}{2}x^2=k$, $x^2=2k$　　$\therefore x=\pm\sqrt{2k}$
즉 x축과 만나는 두 점의 좌표는 $(\sqrt{2k},\ 0)$, $(-\sqrt{2k},\ 0)$이므로
$\overline{AB}=\sqrt{2k}-(-\sqrt{2k})=2\sqrt{2k}$
이때 $\overline{AB}$의 길이가 자연수가 되려면 k는 $2\times$(자연수)^2 꼴이어야 한다.
그런데 $0<k<50$이므로 $k=2\times1^2,\ 2\times2^2,\ 2\times3^2,\ 2\times4^2$
$\therefore k=2,\ 8,\ 18,\ 32$
따라서 모든 정수 k의 값의 합은
$2+8+18+32=60$

346 답 20

$y=-\dfrac{1}{4}x^2+4$에 $x=k,\ y=0$을 대입하면 $0=-\dfrac{1}{4}k^2+4$
$\dfrac{1}{4}k^2=4,\ k^2=16$　　$\therefore k=\pm4$
그런데 $k>0$이므로 $k=4$
오른쪽 그림에서 빗금 친 두 부분의 넓이는 서로 같으므로 구하는 넓이는 직사각형 OABC의 넓이와 같다.
따라서 구하는 넓이는
$(4-0)\times\{4-(-1)\}=20$

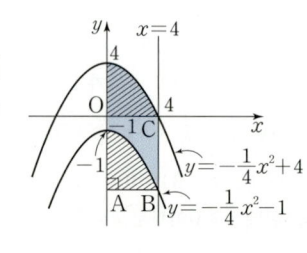

347 답 $-2+\sqrt{3}$

이차함수 $y=2x^2-6$의 그래프가 이차함수 $y=a(x-p)^2$의 그래프의 꼭짓점 $(p, 0)$을 지나므로
$0=2p^2-6$, $2p^2=6$, $p^2=3$ $\quad \therefore p=\pm\sqrt{3}$
그런데 $p>0$이므로 $p=\sqrt{3}$
또, 이차함수 $y=a(x-\sqrt{3})^2$의 그래프가 이차함수 $y=2x^2-6$의 그래프의 꼭짓점 $(0, -6)$을 지나므로
$-6=a\times(-\sqrt{3})^2$ $\quad \therefore a=-2$
$\therefore a+p=-2+\sqrt{3}$

348 답 $\frac{1}{4}$

$y=a(x-2)^2$에 $x=0$을 대입하면 $y=a\times(-2)^2=4a$
$\therefore \mathrm{A}(0, 4a)$
이때 이차함수 $y=a(x-2)^2$의 그래프는 직선 $x=2$에 대칭이므로
$\mathrm{B}(4, 4a)$ $\qquad\qquad\qquad\qquad$ …… 40%
또, $\overline{\mathrm{AB}}=4$이고 $\overline{\mathrm{AB}}:\overline{\mathrm{CD}}=2:1$이므로
$4:\overline{\mathrm{CD}}=2:1$, $2\overline{\mathrm{CD}}=4$ $\quad \therefore \overline{\mathrm{CD}}=2$
이차함수 $y=(x-2)^2$의 그래프도 직선 $x=2$에 대칭이므로
$\mathrm{C}(1, 4a)$, $\mathrm{D}(3, 4a)$ $\qquad\qquad\qquad$ …… 40%
$y=(x-2)^2$에 $x=1$, $y=4a$를 대입하면
$4a=1$ $\quad \therefore a=\frac{1}{4}$ $\qquad\qquad\qquad$ …… 20%

349 답 4

이차함수 $y=a(x+1)^2$의 그래프를 x축에 대칭이동하면
$y=-a(x+1)^2$
또, 이 그래프를 x축의 방향으로 3만큼, y축의 방향으로 $4b$만큼 평행이동하면
$y=-a(x-3+1)^2+4b$, $y=-a(x-2)^2+4b$
$\therefore y=-ax^2+4ax-4a+4b$
따라서 $-a=2$, $4a=k$, $-4a+4b=k^2$이므로
$a=-2$, $b=14$, $k=-8$
$\therefore a+b+k=-2+14+(-8)=4$

350 답 10

이차함수 $y=3x^2+2$의 그래프의 꼭짓점의 좌표는 $(0, 2)$이므로
$\mathrm{A}(0, 2)$
이차함수 $y=-5(x-3)^2$의 그래프의 꼭짓점의 좌표는 $(3, 0)$이므로
$\mathrm{B}(3, 0)$
이차함수 $y=\frac{1}{4}(x-4)^2+6$의 그래프의 꼭짓점의 좌표는 $(4, 6)$이므로 $\mathrm{C}(4, 6)$
오른쪽 그림과 같이 점 C에서 x축에 내린 수선의 발을 D라고 하면 $\mathrm{D}(4, 0)$
$\therefore \triangle\mathrm{ABC}=\square\mathrm{AODC}-\triangle\mathrm{AOB}-\triangle\mathrm{BDC}$
$\qquad = \frac{1}{2}\times(2+6)\times4-\frac{1}{2}\times3\times2$
$\qquad\qquad -\frac{1}{2}\times1\times6$
$\qquad = 16-3-3=10$

351 답 ①

이차함수 $y=2(x+3)^2+k-5$의 그래프는 아래로 볼록하므로 제4사분면만을 지나지 않으려면 그래프가 오른쪽 그림의 색칠한 부분에 위치해야 한다.

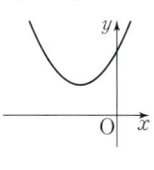

(i) 이차함수 $y=2(x+3)^2+k-5$의 그래프의 꼭짓점이 제3사분면 위에 위치해야 하므로
(꼭짓점의 y좌표)<0이어야 한다.
이차함수 $y=2(x+3)^2+k-5$의 그래프의 꼭짓점의 좌표는 $(-3, k-5)$이므로 $k-5<0$ $\quad \therefore k<5$
(ii) 이차함수 $y=2(x+3)^2+k-5$의 그래프와 y축과의 교점이 x축 또는 x축의 위쪽에 위치해야 하므로 $x=0$일 때, (y의 값)≥0이어야 한다.
$y=2(x+3)^2+k-5$에 $x=0$을 대입하면
$y=2\times3^2+k-5=13+k\geq0$ $\quad \therefore k\geq-13$
(i), (ii)에서 $-13\leq k<5$

352 답 $\frac{4}{25}<a<\frac{2}{3}$

이차함수 $y=a(x-p)^2+q$의 그래프의 꼭짓점의 좌표가 $(1, -1)$이므로 $y=a(x-1)^2-1$ $\qquad$ …… 10%
이차함수 $y=a(x-1)^2-1$의 그래프가 정사각형 ABCD와 두 점에서 만나려면 그래프가 점 B를 지날 때보다 폭이 좁고 점 D를 지날 때보다 폭이 넓어야 한다. $\qquad\qquad\qquad$ …… 20%
(i) 이차함수 $y=a(x-1)^2-1$의 그래프가 점 $\mathrm{B}(-4, 3)$을 지날 때,
$\qquad 3=25a-1$, $25a=4$ $\quad \therefore a=\frac{4}{25}$ $\qquad$ …… 30%
(ii) 이차함수 $y=a(x-1)^2-1$의 그래프가 점 $\mathrm{D}(-2, 5)$를 지날 때,
$\qquad 5=9a-1$, $9a=6$ $\quad \therefore a=\frac{2}{3}$ $\qquad\qquad$ …… 30%
(i), (ii)에서 $\frac{4}{25}<a<\frac{2}{3}$ $\qquad\qquad\qquad\qquad$ …… 10%

353 답 제3, 4사분면

그래프가 위로 볼록하므로 $\frac{a}{b}<0$
꼭짓점 $\left(\frac{b}{c}, -\frac{c}{d}\right)$가 제2사분면 위에 있으므로
$\frac{b}{c}<0$, $-\frac{c}{d}>0$ $\quad \therefore \frac{b}{c}<0$, $\frac{c}{d}<0$
이때 $a>0$이면 $b<0$, $c>0$, $d<0$이고, $a<0$이면 $b>0$, $c<0$, $d>0$
따라서 이차함수 $y=ac(x+bd)^2-ad$의 그래프는 $ac>0$이므로 아래로 볼록하고, $-bd<0$, $-ad>0$에서 꼭짓점 $(-bd, -ad)$가 제2사분면 위에 있으므로 오른쪽 그림과 같이 제3, 4사분면을 지나지 않는다.

354 답 제1사분면

이차함수 $y=a(x+p)^2-pq$의 그래프가 위로 볼록하므로 $a<0$
또, 꼭짓점 $(-p, -pq)$는 제2사분면 위에 있으므로
$-p<0$, $-pq>0$ $\quad \therefore p>0$, $q<0$
따라서 $p>0$, $-(a+q)>0$이므로 이차함수
$y=-q(x-p)^2-(a+q)$의 그래프의 꼭짓점 $(p, -(a+q))$는 제1사분면 위에 있다.

정답과 풀이

STEP 3 최상위권 굳히기를 위한 최고난도 유형

본교재 095~097쪽

355 $-\dfrac{1}{4991}$	**356** ③	**357** 90
358 $P\left(2, \dfrac{9}{2}\right)$	**359** ④	**360** 4
361 D(2, 18)	**362** 5	

창의융합

363 $\dfrac{2}{9}$	**364** 10

355 답 $-\dfrac{1}{4991}$

이차함수 $f(x)=-\dfrac{1}{2}(x-4)^2+9$의 그래프는 이차함수

$g(x)=-\dfrac{1}{2}(x-5)^2+9$의 그래프를 x축의 방향으로 $5-4=1$만큼

평행이동한 것이므로

$f(x)=g(x+1)$

$\therefore \dfrac{f(-95)f(-94)f(-93)\cdots f(0)}{g(-95)g(-94)g(-93)\cdots g(0)}$

$=\dfrac{g(-94)g(-93)g(-92)\cdots g(1)}{g(-95)g(-94)g(-93)\cdots g(0)}$

$=\dfrac{g(1)}{g(-95)}$

이때 $g(1)=-\dfrac{1}{2}\times(-4)^2+9=1$,

$g(-95)=-\dfrac{1}{2}\times(-100)^2+9=-4991$이므로

$\dfrac{g(1)}{g(-95)}=-\dfrac{1}{4991}$

356 답 ③

$N(1)=0$, $N(2)=3$, $N(3)=8$, $N(4)=15$, $\cdots$이므로 a가 자연수

일 때,

$N(a)=a^2-1$

그런데 이차함수 $y=x^2$의 그래프는 y축에 대칭이므로 a가 음의 정수일

때에도 $N(a)=a^2-1$이 성립한다.

$\therefore N(-41)=(-41)^2-1=41^2-1^2$

$=(41+1)(41-1)=42\times40$

$=(2\times3\times7)(2^3\times5)=2^4\times3\times5\times7$

357 답 90

$y=\dfrac{1}{3}x^2$에 $y=12$를 대입하면

$12=\dfrac{1}{3}x^2$, $x^2=36$ $\therefore x=\pm6$

$\therefore A(-6, 12)$, $D(6, 12)$ 35%

이때 $\overline{BC}=\overline{ED}=6$이므로 점 B의 x좌표는 -3, 점 C의 x좌표는 3이다.

$y=\dfrac{1}{3}x^2$에 $x=-3$을 대입하면

$y=\dfrac{1}{3}\times(-3)^2=3$

$\therefore B(-3, 3)$, $C(3, 3)$ 35%

$\therefore$ (오각형 ABOCD의 넓이)$=\square ABCD+\triangle BOC$

$=\dfrac{1}{2}\times(12+6)\times(12-3)+\dfrac{1}{2}\times6\times3$

$=81+9=90$ 30%

358 답 $P\left(2, \dfrac{9}{2}\right)$

$y=-\dfrac{3}{4}x+k$에 $y=0$을 대입하면

$0=-\dfrac{3}{4}x+k$, $\dfrac{3}{4}x=k$

$\therefore x=\dfrac{4}{3}k$ $\therefore A\left(\dfrac{4}{3}k, 0\right)$

$y=-\dfrac{3}{4}x+k$에 $x=0$을 대입하면

$y=k$ $\therefore B(0, k)$

오른쪽 그림과 같이 점 P에서 x축에 내린

수선의 발을 $C(c, 0)$이라고 하면

$\overline{AP}:\overline{PB}=\overline{AC}:\overline{CO}$이므로

$3:1=\left(\dfrac{4}{3}k-c\right):c$

$3c=\dfrac{4}{3}k-c$, $4c=\dfrac{4}{3}k$ $\therefore c=\dfrac{1}{3}k$

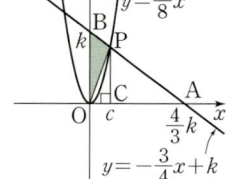

즉 점 P의 x좌표는 $\dfrac{1}{3}k$이고 직선 $y=-\dfrac{3}{4}x+k$와 이차함수 $y=\dfrac{9}{8}x^2$

의 그래프가 모두 점 P를 지나므로

$-\dfrac{3}{4}\times\dfrac{1}{3}k+k=\dfrac{9}{8}\times\left(\dfrac{1}{3}k\right)^2$, $\dfrac{1}{8}k^2-\dfrac{3}{4}k=0$

$k^2-6k=0$, $k(k-6)=0$ $\therefore k=0$ 또는 $k=6$

그런데 $k>0$이므로 $k=6$

$\therefore c=\dfrac{1}{3}k=\dfrac{1}{3}\times6=2$

$y=\dfrac{9}{8}x^2$에 $x=2$를 대입하면

$y=\dfrac{9}{8}\times2^2=\dfrac{9}{2}$

따라서 점 P의 좌표는 $P\left(2, \dfrac{9}{2}\right)$이다.

359 답 ④

이차함수 $y=ax^2+3$의 그래프가 이차함수 $y=b(x-3)^2$의 그래프의

꼭짓점 $(3, 0)$을 지나므로

$0=9a+3$, $9a=-3$ $\therefore a=-\dfrac{1}{3}$

이때 $y=-\dfrac{1}{3}x^2+3$에 $x=1$을 대입하면

$y=-\dfrac{1}{3}\times1^2+3=\dfrac{8}{3}$ $\therefore A\left(1, \dfrac{8}{3}\right)$

또, 이차함수 $y=b(x-3)^2$의 그래프가 이차함수 $y=ax^2+3$의 그래프

의 꼭짓점 $(0, 3)$을 지나므로

$3=9b$ $\therefore b=\dfrac{1}{3}$

이때 $y=\dfrac{1}{3}(x-3)^2$에 $x=1$을 대입하면

$y=\dfrac{1}{3}\times(1-3)^2=\dfrac{4}{3}$ $\therefore B\left(1, \dfrac{4}{3}\right)$

$\therefore \overline{AB}=\dfrac{8}{3}-\dfrac{4}{3}=\dfrac{4}{3}$

360 답 4

두 이차함수 $y=-2x^2$, $y=-2(x+2)^2$의 그래프가 만나는 점의 x좌표는 $-2x^2=-2(x+2)^2$, $x^2=x^2+4x+4$

$4x=-4$ ∴ $x=-1$

$y=-2x^2$에 $x=-1$을 대입하면

$y=-2\times(-1)^2=-2$

즉 두 이차함수 $y=-2x^2$, $y=-2(x+2)^2$의 그래프가 만나는 점의 좌표는 $(-1, -2)$이다.

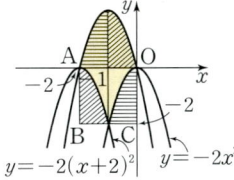

오른쪽 그림에서 빗금 친 두 부분의 넓이는 각각 같으므로 구하는 넓이는 직사각형 OABC의 넓이와 같다.

따라서 구하는 넓이는

$\{0-(-2)\}\times\{0-(-2)\}=4$

361 답 D(2, 18)

$y=\dfrac{1}{2}(x+4)^2$에 $y=0$을 대입하면

$0=\dfrac{1}{2}(x+4)^2$ ∴ $x=-4$

∴ $A(-4, 0)$

$y=\dfrac{1}{2}(x+4)^2$에 $x=0$을 대입하면

$y=\dfrac{1}{2}\times 4^2=8$ ∴ $B(0, 8)$

$\triangle ABC=\triangle ABD$이므로 $\overline{AB}/\!/\overline{CD}$

$\overline{AB}$의 기울기는 $\dfrac{8-0}{0-(-4)}=2$

점 D의 좌표를 $D\left(a, \dfrac{1}{2}(a+4)^2\right)$이라고 하면 $\overline{CD}$의 기울기는

$\dfrac{\dfrac{1}{2}(a+4)^2-2}{a-(-6)}=2$, $\dfrac{1}{2}(a+4)^2-2=2a+12$

$\dfrac{1}{2}a^2+4a+8-2=2a+12$, $\dfrac{1}{2}a^2+2a-6=0$

$a^2+4a-12=0$, $(a+6)(a-2)=0$ ∴ $a=-6$ 또는 $a=2$

그런데 $a=-6$이면 두 점 C, D가 일치하므로 $a=2$

∴ $\dfrac{1}{2}(a+4)^2=\dfrac{1}{2}\times(2+4)^2=18$

따라서 점 D의 좌표는 $D(2, 18)$이다.

362 답 5

이차함수 $y=(x-1)^2+q$의 그래프의 축의 방정식은 $x=1$이므로

$\overline{BC}=2$

∴ $\overline{AB}=4\overline{BC}=4\times 2=8$

이차함수 $y=(x-p)^2-19$의 그래프의 축의 방정식은 $x=p$이므로

$2|p|=8$ ∴ $p=\pm 4$

그런데 $p<0$이므로 $p=-4$ 30%

$y=(x+4)^2-19$에 $x=0$을 대입하면

$y=4^2-19=-3$ ∴ $k=-3$ 30%

∴ $B(0, -3)$

이차함수 $y=(x-1)^2+q$의 그래프가 $B(0, -3)$을 지나므로

$-3=(-1)^2+q$ ∴ $q=-4$ 30%

∴ $k-p-q=-3-(-4)-(-4)=5$ 10%

363 답 $\dfrac{2}{9}$

모든 경우의 수는 $6\times 6=36$

이차함수 $y=-\dfrac{1}{2}x^2$의 그래프를 x축의 방향으로 p만큼, y축의 방향으로 q만큼 평행이동하면 $y=-\dfrac{1}{2}(x-p)^2+q$

이차함수 $y=-\dfrac{1}{2}(x-p)^2+q$의 그래프는 위로 볼록하므로 모든 사분면을 지나려면 그래프가 다음 [그림 1] 또는 [그림 2]의 색칠한 부분에 위치해야 한다.

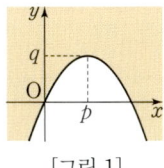 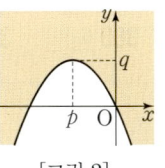

[그림 1]　　　　　[그림 2]

(i) 이차함수 $y=-\dfrac{1}{2}(x-p)^2+q$의 그래프의 꼭짓점이 x축의 위쪽에 위치해야 하므로 (꼭짓점의 y좌표)>0이어야 한다.

　이차함수 $y=-\dfrac{1}{2}(x-p)^2+q$의 그래프의 꼭짓점의 좌표는 (p, q)이므로 $q>0$

　이를 만족하는 순서쌍 (p, q)는

　$(-3, 1)$, $(-3, 2)$, $(-3, 3)$, $(-2, 1)$, $(-2, 2)$, $(-2, 3)$,
　$(-1, 1)$, $(-1, 2)$, $(-1, 3)$, $(1, 1)$, $(1, 2)$, $(1, 3)$,
　$(2, 1)$, $(2, 2)$, $(2, 3)$, $(3, 1)$, $(3, 2)$, $(3, 3)$ ...... ㉠

(ii) 이차함수 $y=-\dfrac{1}{2}(x-p)^2+q$의 그래프와 y축과의 교점이 x축의 위쪽에 위치해야 하므로 $x=0$일 때, (y의 값)>0이어야 한다.

　$y=-\dfrac{1}{2}(x-p)^2+q$에 $x=0$을 대입하면

　$y=-\dfrac{1}{2}\times(-p)^2+q=-\dfrac{1}{2}p^2+q>0$

　∴ $q>\dfrac{1}{2}p^2$

　㉠에서 $q>\dfrac{1}{2}p^2$을 만족하는 순서쌍 (p, q)는

　$(-2, 3)$, $(-1, 1)$, $(-1, 2)$, $(-1, 3)$, $(1, 1)$, $(1, 2)$, $(1, 3)$,
　$(2, 3)$의 8가지

따라서 구하는 확률은 $\dfrac{8}{36}=\dfrac{2}{9}$

364 답 10

오른쪽 그림과 같이 n개의 계단 형태로 나열된 직사각형을 가장 오른쪽에 있는 직사각형 아래로 모두 밀어 보내면 도형 A는 가로의 길이가

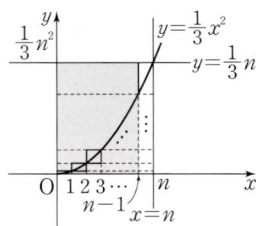

$n-(n-1)=1$, 세로의 길이가 $\dfrac{1}{3}n^2$인 직사각형이 된다.

따라서 두 직선 $x=n$, $y=\dfrac{1}{3}n^2$과 x축, y축으로 둘러싸인 직사각형의 넓이는 도형 A를 제외한 부분은 가로의 길이가 $n-1$, 세로의 길이가 $\dfrac{1}{3}n^2$인 직사각형의 넓이와 같으므로

$(n-1)\times\dfrac{1}{3}n^2=300$, $n^2(n-1)=900=10^2\times 9$

∴ $n=10$

08 이차함수와 그래프 (2)

STEP 1 교과서를 정복하는 핵심 유형

365 ②	366 ⑤	367 1	368 ④	369 4
370 1	371 8	372 30	373 제4 사분면	
374 ⑤	375 ㄷ, ㄹ	376 ③	377 18	378 ③
379 13	380 6	381 5		

365 답 ②

이차함수 $y=-(x-3)^2$의 그래프를 x축의 방향으로 p만큼, y축의 방향으로 q만큼 평행이동하면 $y=-(x-p-3)^2+q$
이때 $y=-x^2-8x-15=-(x+4)^2+1$이므로
$-p-3=4$, $q=1$ ∴ $p=-7$, $q=1$
∴ $p+q=-7+1=-6$

366 답 ⑤

$y=x^2-2ax-b=(x-a)^2-a^2-b$이므로
$a=2$, $-a^2-b=-1$ ∴ $a=2$, $b=-3$
즉 $y=x^2-4x+3$에 $x=0$을 대입하면 $y=3$
따라서 이 그래프와 y축과의 교점의 y좌표는 3이다.

367 답 1

$y=\frac{1}{4}x^2+kx-1=\frac{1}{4}(x+2k)^2-k^2-1$의 그래프의 축의 방정식이 $x=-2$이므로
$-2k=-2$ ∴ $k=1$

368 답 ④

①, ② $y=\frac{1}{2}x^2-4x-10$에 $y=0$을 대입하면 $0=\frac{1}{2}x^2-4x-10$
$x^2-8x-20=0$, $(x+2)(x-10)=0$
∴ $x=-2$ 또는 $x=10$
∴ A$(-2, 0)$, B$(10, 0)$
③ $y=\frac{1}{2}x^2-4x-10$에 $x=0$을 대입하면 $y=-10$
∴ C$(0, -10)$
④ $\overline{AB}/\!/\overline{CD}$이므로 두 점 C, D의 y좌표가 같다.
즉 $y=\frac{1}{2}x^2-4x-10$에 $y=-10$을 대입하면
$-10=\frac{1}{2}x^2-4x-10$, $\frac{1}{2}x^2-4x=0$
$\frac{1}{2}x(x-8)=0$ ∴ $x=0$ 또는 $x=8$
∴ D$(8, -10)$
⑤ $y=\frac{1}{2}x^2-4x-10=\frac{1}{2}(x-4)^2-18$이므로 E$(4, -18)$
따라서 점 A ~ E의 좌표로 옳지 않은 것은 ④이다.

369 답 4

이차함수 $y=3x^2-6ax=3(x-a)^2-3a^2$의 그래프의 꼭짓점의 좌표는 $(a, -3a^2)$이므로 $-3a^2=-12$, $a^2=4$ ∴ $a=\pm2$
따라서 두 포물선의 꼭짓점의 좌표는 각각 $(-2, -12)$, $(2, -12)$이므로 두 점 사이의 거리는 $2-(-2)=4$

370 답 1

$y=-x^2+4x+1=-(x-2)^2+5$이므로 A$(2, 5)$
$y=-x^2+4x+1$에 $x=0$을 대입하면 $y=1$ ∴ B$(0, 1)$
∴ $\triangle ABO=\frac{1}{2}\times1\times2=1$

371 답 8

$y=-x^2-2x+3=-(x+1)^2+4$이므로 A$(-1, 4)$
$y=-x^2-2x+3$에 $y=0$을 대입하면 $0=-x^2-2x+3$
$x^2+2x-3=0$, $(x+3)(x-1)=0$ ∴ $x=-3$ 또는 $x=1$
∴ B$(-3, 0)$, C$(1, 0)$
∴ $\triangle ABC=\frac{1}{2}\times\{1-(-3)\}\times4=8$

372 답 30

$y=-\frac{1}{2}x^2-2x+6=-\frac{1}{2}(x+2)^2+8$이므로 A$(-2, 8)$
$y=-\frac{1}{2}x^2-2x+6$에 $y=0$을 대입하면 $0=-\frac{1}{2}x^2-2x+6$
$x^2+4x-12=0$, $(x+6)(x-2)=0$ ∴ $x=-6$ 또는 $x=2$
그런데 점 B는 그래프가 x축의 음의 방향과 만나는 점이므로
$x=-6$ ∴ B$(-6, 0)$
$y=-\frac{1}{2}x^2-2x+6$에 $x=0$을 대입하면 $y=6$ ∴ C$(0, 6)$
오른쪽 그림과 같이 $\overline{AO}$를 그으면
$\square ABOC=\triangle ABO+\triangle AOC$
$\quad=\frac{1}{2}\times6\times8+\frac{1}{2}\times6\times2=30$

373 답 제4 사분면

(기울기)>0이므로 $a>0$
(y절편)<0이므로 $b<0$
$a>0$이므로 그래프는 아래로 볼록하고, $ab<0$이므로 축이 y축의 오른쪽에 있고, $-a+b<0$이므로 y축과 만나는 점이 x축의 아래쪽에 있다.
따라서 이차함수 $y=ax^2+bx-a+b$의 그래프의 꼭짓점은 오른쪽 그림과 같이 제4 사분면 위에 있다.

374 답 ⑤

그래프가 위로 볼록하므로 $a<0$
축이 y축의 오른쪽에 있으므로 $ab<0$ ∴ $b>0$
y축과 만나는 점이 x축의 위쪽에 있으므로 $c>0$
⑤ $a+b+c$의 부호는 알 수 없다.

375 답 ㄷ, ㄹ

ㄱ. $x=-1$일 때, (y의 값)<0이므로 $a+b-c<0$

ㄴ. $x=1$일 때, (y의 값)>0이므로 $a-b-c>0$

ㄷ. $x=2$일 때, (y의 값)>0이므로 $4a-2b-c>0$

ㄹ. 그래프가 x축과 서로 다른 두 점에서 만나므로

$(-b)^2-4\times a\times(-c)>0$ ∴ $b^2+4ac>0$

따라서 옳은 것은 ㄷ, ㄹ이다.

376 답 ③

$y=-2x^2+12x-3=-2(x-3)^2+15$이므로 그래프의 꼭짓점의 좌표는 $(3, 15)$이다.

따라서 구하는 이차함수의 식을 $y=a(x-3)^2+15$라고 하면 이 그래프가 점 $(-1, -1)$을 지나므로

$-1=16a+15$, $16a=-16$ ∴ $a=-1$

∴ $y=-(x-3)^2+15=-x^2+6x+6$

377 답 18

꼭짓점의 좌표가 $(2, 4)$이므로 구하는 이차함수의 식을 $y=a(x-2)^2+4$라고 하자.

이 그래프가 점 $(0, -2)$를 지나므로

$-2=4a+4$, $4a=-6$ ∴ $a=-\dfrac{3}{2}$

∴ $y=-\dfrac{3}{2}(x-2)^2+4=-\dfrac{3}{2}x^2+6x-2$

따라서 $a=-\dfrac{3}{2}$, $b=6$, $c=-2$이므로

$abc=-\dfrac{3}{2}\times6\times(-2)=18$

378 답 ③

축의 방정식이 $x=-1$이므로 구하는 이차함수의 식을 $y=a(x+1)^2+q$라고 하자.

이 그래프가 점 $(-2, 1)$을 지나므로 $1=a+q$ ······ ㉠

또, 그래프가 점 $(1, 10)$을 지나므로 $10=4a+q$ ······ ㉡

㉠, ㉡을 연립하여 풀면 $a=3$, $q=-2$

즉 $y=3(x+1)^2-2$에 $x=0$을 대입하면 $y=1$

따라서 주어진 그래프와 y축과의 교점의 좌표는 $(0, 1)$이다.

379 답 13

그래프가 점 $(0, 1)$을 지나므로 구하는 이차함수의 식을 $y=ax^2+bx+1$이라고 하자.

이 그래프가 점 $(-4, 13)$을 지나므로

$13=16a-4b+1$ ∴ $4a-b=3$ ······ ㉠

또, 그래프가 점 $(-2, 5)$를 지나므로

$5=4a-2b+1$ ∴ $2a-b=2$ ······ ㉡

㉠, ㉡을 연립하여 풀면 $a=\dfrac{1}{2}$, $b=-1$

따라서 이차함수 $y=\dfrac{1}{2}x^2-x+1$의 그래프가 점 $(6, k)$를 지나므로

$k=\dfrac{1}{2}\times6^2-6+1=13$

380 답 6

그래프가 x축과 만나는 두 점의 x좌표가 -2, 1이므로 구하는 이차함수의 식을 $y=a(x+2)(x-1)$이라고 하자.

이 그래프가 점 $(0, -4)$를 지나므로 $-2a=-4$ ∴ $a=2$

∴ $y=2(x+2)(x-1)=2(x^2+x-2)=2\left(x+\dfrac{1}{2}\right)^2-\dfrac{9}{2}$

따라서 $a=2$, $b=-\dfrac{1}{2}$, $c=-\dfrac{9}{2}$이므로

$a+b-c=2+\left(-\dfrac{1}{2}\right)-\left(-\dfrac{9}{2}\right)=6$

381 답 5

그래프가 점 $(0, 4)$를 지나므로 구하는 이차함수의 식을 $y=ax^2+bx+4$라고 하자.

이 그래프가 점 $(-2, -6)$을 지나므로

$-6=4a-2b+4$ ∴ $2a-b=-5$ ······ ㉠

또, 그래프가 점 $(1, 6)$을 지나므로

$6=a+b+4$ ∴ $a+b=2$ ······ ㉡

㉠, ㉡을 연립하여 풀면 $a=-1$, $b=3$

즉 $y=-x^2+3x+4$에 $y=0$을 대입하면 $0=-x^2+3x+4$

$x^2-3x-4=0$, $(x+1)(x-4)=0$ ∴ $x=-1$ 또는 $x=4$

따라서 x축과 만나는 두 점의 좌표가 $(-1, 0)$, $(4, 0)$이므로

$\overline{AB}=4-(-1)=5$

---

382 답 9

주어진 이차함수 중 그래프의 폭이 가장 좁은 것은 x^2의 계수의 절댓값이 가장 큰 것이므로 $y=-4x^2+8x+3$이다.

$y=-4x^2+8x+3=-4(x-1)^2+7$이므로 그래프의 꼭짓점의 좌표는 $(1, 7)$이다. ∴ $p=1$, $q=7$

또, 각 이차함수의 그래프의 축의 방정식을 구하면 다음과 같다.

$y=(x-3)^2+4$에서 $x=3$

$y=-\dfrac{1}{3}(x+2)^2-5$에서 $x=-2$

$y=2x^2-2x+1=2\left(x-\dfrac{1}{2}\right)^2+\dfrac{1}{2}$에서 $x=\dfrac{1}{2}$

$y=-4x^2+8x+3=-4(x-1)^2+7$에서 $x=1$

따라서 그래프의 축이 y축과 가장 가까운 것은 $y=2x^2-2x+1$이다.

$y=2x^2-2x+1$에 $x=0$을 대입하면 $y=1$ ∴ $c=1$

∴ $p+q+c=1+7+1=9$

383 답 ①

$y=\dfrac{1}{3}x^2+2x+3=\dfrac{1}{3}(x+3)^2$이므로 A$(-3,\ 0)$

$y=\dfrac{1}{3}x^2+2x+3$에 $x=0$을 대입하면 $y=3$ $\quad\therefore$ B$(0,\ 3)$

$\triangle$AOB에서 $\overline{AB}=\sqrt{3^2+3^2}=3\sqrt{2}$

이때 $\overline{AB}=\overline{AC}$이므로 점 C의 x좌표는 $-3+3\sqrt{2}$

384 답 1

$f(x)=x^2-6x-3=(x-3)^2-12$이므로 이 그래프는 직선 $x=3$에 대하여 대칭이다.

즉 $f(4)=f(2)$, $f(5)=f(1)$, $f(6)=f(0)$, $f(7)=f(-1)$, $f(8)=f(-2)$이므로

$\dfrac{f(4)\times f(5)\times f(6)\times f(7)\times f(8)}{f(2)\times f(1)\times f(0)\times f(-1)\times f(-2)}$

$=\dfrac{f(2)\times f(1)\times f(0)\times f(-1)\times f(-2)}{f(2)\times f(1)\times f(0)\times f(-1)\times f(-2)}=1$

385 답 5개

$y=-x^2-10x+5k=-(x+5)^2+5k+25$이므로 그래프는 위로 볼록한 포물선이고, 꼭짓점의 좌표는 $(-5,\ 5k+25)$이다.

이 그래프가 제2, 3, 4사분면만을 지나려면 꼭짓점이 제2사분면 위에 있어야 하므로

$5k+25>0,\ 5k>-25$ $\quad\therefore k>-5$ $\qquad\cdots\cdots\ \bigcirc$

또, y축과 만나는 점이 x축 또는 x축의 아래쪽에 있어야 하므로

$5k\le0$ $\quad\therefore k\le0$ $\qquad\cdots\cdots\ \bigcirc$

$\bigcirc$, $\bigcirc$에서 $-5<k\le0$

따라서 이를 만족하는 정수 k의 값은 -4, -3, -2, -1, 0의 5개이다.

386 답 -3

$y=x^2-8x+15$에 $y=0$을 대입하면 $0=x^2-8x+15$

$(x-3)(x-5)=0$ $\quad\therefore x=3$ 또는 $x=5$

즉 이차함수 $y=x^2-8x+15$의 그래프가 x축과 만나는 두 점의 좌표는 각각 $(3,\ 0)$, $(5,\ 0)$이므로 두 점 사이의 거리는 $5-3=2$이다.

또, 이차함수 $y=x^2-8x+15=(x-4)^2-1$의 그래프를 y축의 방향으로 k만큼 평행이동하면

$y=(x-4)^2-1+k$

이때 이 그래프의 축의 방정식은 $x=4$이고 이 그래프가 x축과 만나는 두 점 사이의 거리는 $2\times2=4$이어야 하므로 두 점의 좌표는

$\left(4-\dfrac{4}{2},\ 0\right)=(2,\ 0)$, $\left(4+\dfrac{4}{2},\ 0\right)=(6,\ 0)$

따라서 $y=(x-4)^2-1+k$에 $x=2$, $y=0$을 대입하면

$0=4-1+k$ $\quad\therefore k=-3$

387 답 6

주어진 두 이차함수의 그래프의 교점은 이차함수 $y=2x^2-5$의 그래프와 직선 $y=3x+4$의 교점과 같으므로

$2x^2-5=3x+4,\ 2x^2-3x-9=0$

$(2x+3)(x-3)=0$ $\quad\therefore x=-\dfrac{3}{2}$ 또는 $x=3$

$x=-\dfrac{3}{2}$을 $y=3x+4$에 대입하면 $y=-\dfrac{1}{2}$

$x=3$을 $y=3x+4$에 대입하면 $y=13$

즉 두 이차함수의 그래프의 교점의 좌표는 $\left(-\dfrac{3}{2},\ -\dfrac{1}{2}\right)$, $(3,\ 13)$이다.

$\qquad\cdots\cdots\ 50\%$

이차함수 $y=ax^2+bx-1$의 그래프가 점 $\left(-\dfrac{3}{2},\ -\dfrac{1}{2}\right)$을 지나므로

$-\dfrac{1}{2}=\dfrac{9}{4}a-\dfrac{3}{2}b-1$ $\quad\therefore 9a-6b=2$ $\qquad\cdots\cdots\ \bigcirc$

또, 이차함수 $y=ax^2+bx-1$의 그래프가 점 $(3,\ 13)$을 지나므로

$13=9a+3b-1$ $\quad\therefore 9a+3b=14$ $\qquad\cdots\cdots\ \bigcirc$

$\bigcirc$, $\bigcirc$을 연립하여 풀면 $a=\dfrac{10}{9}$, $b=\dfrac{4}{3}$ $\qquad\cdots\cdots\ 40\%$

$\therefore 9a-3b=9\times\dfrac{10}{9}-3\times\dfrac{4}{3}=6$ $\qquad\cdots\cdots\ 10\%$

388 답 ②

$y=2x^2-8x+11=2(x-2)^2+3$이므로 A$(2,\ 3)$

이차함수 $y=2(x-2)^2+3$의 그래프를 y축의 방향으로 -5만큼 평행이동하면 $y=2(x-2)^2+3-5=2(x-2)^2-2$

위의 식에 $y=0$을 대입하면 $0=2(x-2)^2-2$

$(x-2)^2=1,\ x-2=\pm1$ $\quad\therefore x=1$ 또는 $x=3$

따라서 B$(1,\ 0)$, C$(3,\ 0)$ 또는 B$(3,\ 0)$, C$(1,\ 0)$이므로

$\triangle$ABC$=\dfrac{1}{2}\times(3-1)\times3=3$

389 답 27

$y=-x^2-2x+k=-(x+1)^2+k+1$이므로 그래프의 축의 방정식은 $x=-1$

이때 $\overline{BC}=6$이므로

B$\left(-1-\dfrac{6}{2},\ 0\right)=B(-4,\ 0)$, C$\left(-1+\dfrac{6}{2},\ 0\right)=C(2,\ 0)$ $\qquad\cdots\cdots\ 40\%$

즉 이차함수 $y=-x^2-2x+k$의 그래프가 점 B$(-4,\ 0)$을 지나므로

$0=-16+8+k$ $\quad\therefore k=8$

따라서 $y=-(x+1)^2+9$이므로 A$(-1,\ 9)$ $\qquad\cdots\cdots\ 40\%$

$\therefore \triangle$ABC$=\dfrac{1}{2}\times6\times9=27$ $\qquad\cdots\cdots\ 20\%$

390 답 0

$y=ax^2+bx+6$에 $x=0$을 대입하면

$y=6$ $\quad\therefore$ A$(0,\ 6)$

$\triangle$AOC는 이등변삼각형이고 $\angle$AOC$=90°$이므로

$\overline{OA}=\overline{OC}$ $\quad\therefore$ C$(6,\ 0)$

$\triangle$ABO$=\dfrac{1}{2}\triangle$AOC에서 $\triangle$ABO : $\triangle$AOC$=1:2$이므로

$\overline{BO}:\overline{OC}=1:2$ $\quad\therefore$ B$(-3,\ 0)$

즉 이차함수 $y=ax^2+bx+6$의 그래프가 점 B$(-3,\ 0)$을 지나므로

$0=9a-3b+6$ $\quad\therefore 3a-b=-2$ $\qquad\cdots\cdots\ \bigcirc$

또, 이차함수 $y=ax^2+bx+6$의 그래프가 점 C$(6,\ 0)$을 지나므로

$0=36a+6b+6$ $\quad\therefore 6a+b=-1$ $\qquad\cdots\cdots\ \bigcirc$

$\bigcirc$, $\bigcirc$을 연립하여 풀면 $a=-\dfrac{1}{3}$, $b=1$

$\therefore 3a+b=3\times\left(-\dfrac{1}{3}\right)+1=0$

391 답 64

오른쪽 그림과 같이 점 A에서 x축에 내린 수선의 발을 P라고 하면

$y=-x^2+6x+k=-(x-3)^2+9+k$

$\therefore$ A$(3, 9+k)$, P$(3, 0)$

$\overline{AD}:\overline{DB}=3:1$이므로 $\overline{PO}:\overline{OB}=3:1$

$\therefore$ B$(-1, 0)$

즉 이차함수 $y=-x^2+6x+k$의 그래프가 B$(-1, 0)$을 지나므로

$0=-1-6+k$ $\therefore k=7$ $\therefore$ A$(3, 16)$

또, $y=-x^2+6x+7$에 $y=0$을 대입하면 $0=-x^2+6x+7$

$x^2-6x-7=0$, $(x+1)(x-7)=0$ $\therefore x=-1$ 또는 $x=7$

따라서 C$(7, 0)$이므로

$\triangle ABC=\dfrac{1}{2}\times\{7-(-1)\}\times16=64$

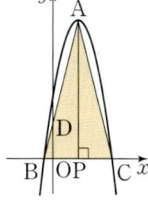

392 답 $66-10\sqrt{41}$

$y=\dfrac{1}{5}x(x+4)=\dfrac{1}{5}x^2+\dfrac{4}{5}x=\dfrac{1}{5}(x+2)^2-\dfrac{4}{5}$이므로 그래프의 축의 방정식은 $x=-2$

$y=-\dfrac{1}{5}x(x+4)=-\dfrac{1}{5}x^2-\dfrac{4}{5}x=-\dfrac{1}{5}(x+2)^2+\dfrac{4}{5}$이므로 그래프의 축의 방정식은 $x=-2$

즉 두 그래프의 축의 방정식이 같으므로 점 D의 좌표를

D$\left(-2+a, -\dfrac{1}{5}a^2+\dfrac{4}{5}\right)$ $(a>0)$라고 하면

A$\left(-2-a, -\dfrac{1}{5}a^2+\dfrac{4}{5}\right)$, C$\left(-2+a, \dfrac{1}{5}a^2-\dfrac{4}{5}\right)$

이때 $\square$ABCD는 정사각형이므로 $\overline{AD}=\overline{CD}$

$-2+a-(-2-a)=-\dfrac{1}{5}a^2+\dfrac{4}{5}-\left(\dfrac{1}{5}a^2-\dfrac{4}{5}\right)$

$2a=-\dfrac{2}{5}a^2+\dfrac{8}{5}$, $a^2+5a-4=0$

$\therefore a=\dfrac{-5\pm\sqrt{5^2-4\times1\times(-4)}}{2\times1}=\dfrac{-5\pm\sqrt{41}}{2}$

그런데 $a>0$이므로 $a=\dfrac{-5+\sqrt{41}}{2}$

따라서 정사각형 ABCD의 한 변의 길이는

$\overline{AD}=2a=2\times\dfrac{-5+\sqrt{41}}{2}=-5+\sqrt{41}$

$\therefore \square ABCD=(-5+\sqrt{41})^2=66-10\sqrt{41}$

393 답 제2, 3, 4 사분면

그래프가 위로 볼록하므로 $a<0$

축이 y축의 왼쪽에 있으므로 $ab>0$ $\therefore b<0$

y축과 만나는 점이 x축의 위쪽에 있으므로 $c>0$

$ac<0$이므로 그래프는 위로 볼록하고, $bc<0$에서 $ac\times bc>0$이므로 축이 y축의 왼쪽에 있고, $y=acx^2+bcx$에 $x=0$을 대입하면 $y=0$이므로 y축과 원점에서 만난다.

따라서 이차함수 $y=acx^2+bcx$의 그래프는 오른쪽 그림과 같이 제2, 3, 4 사분면을 지난다.

394 답 ④

$y=ax^2-bx=a\left(x-\dfrac{b}{2a}\right)^2-\dfrac{b^2}{4a}$의 그래프의 꼭짓점이 제4 사분면 위에 있으므로

$\dfrac{b}{2a}>0$, $-\dfrac{b^2}{4a}<0$ $\therefore a>0$, $b>0$

④ 이차함수 $y=ax^2-b$의 그래프는 모든 사분면을 지난다.

395 답 $-\dfrac{3}{8}<a<0$

꼭짓점의 좌표가 $(-4, 6)$이므로 구하는 이차함수의 식을

$y=a(x+4)^2+6$이라고 하면

$y=a(x+4)^2+6=ax^2+8ax+16a+6$

꼭짓점이 제2 사분면 위에 있으므로 이 그래프가 모든 사분면을 지나려면 위로 볼록해야 한다.

$\therefore a<0$ ...... ㉠

또, y축과 만나는 점이 x축의 위쪽에 있어야 하므로

$16a+6>0$, $16a>-6$ $\therefore a>-\dfrac{3}{8}$ ...... ㉡

㉠, ㉡에서 $-\dfrac{3}{8}<a<0$

396 답 ㄴ, ㄷ

조건 ㈎에서 축의 방정식은 $x=-1$이고, 조건 ㈏에서 $a=2$이므로 주어진 이차함수의 식을 $y=2(x+1)^2+q$라고 하자.

ㄱ. $y=2(x+1)^2+q=2x^2+4x+2+q$이므로 $b=4$

ㄴ. $f(-1)=q$, $f(1)=8+q$이므로 $f(-1)<f(1)$

ㄷ. (ⅰ) $q\geq0$일 때, 오른쪽 [그림 1]과 같이 제3, 4 사분면을 지나지 않는다.

    (ⅱ) $q<0$일 때, 오른쪽 [그림 2]와 같이 제4 사분면을 지나지 않는다.

    (ⅰ), (ⅱ)에서 그래프는 제4 사분면을 지나지 않는다.

따라서 옳은 것은 ㄴ, ㄷ이다.

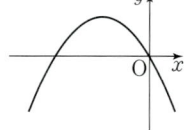

[그림 1]   [그림 2]

397 답 ①

그래프가 두 점 $(1, 0)$, $(5, 0)$을 지나므로 주어진 이차함수의 식을

$y=a(x-1)(x-5)$라고 하자.

이 그래프의 축의 방정식은 $\dfrac{1+5}{2}$, 즉 $x=3$이고 꼭짓점의 y좌표가 12이므로 꼭짓점의 좌표는 $(3, 12)$이다.

$12=a\times2\times(-2)$에서 $-4a=12$ $\therefore a=-3$

$\therefore y=-3(x-1)(x-5)=-3x^2+18x-15$

따라서 이 그래프를 y축에 대칭이동하면

$y=-3x^2-18x-15$

398 답 5

$y=2x-6$에 $y=0$을 대입하면 $0=2x-6$ $\therefore x=3$ $\therefore$ B$(3, 0)$

$y=2x-6$에 $x=0$을 대입하면 $y=-6$ $\therefore$ C$(0, -6)$

이차함수 $y=x^2+ax+b$의 그래프가 점 B$(3, 0)$을 지나므로

$0=9+3a+b$ $\therefore 3a+b=-9$ ...... ㉠

또, 이차함수 $y=x^2+ax+b$의 그래프가 점 $C(0, -6)$을 지나므로
$b=-6$
$b=-6$을 ㉠에 대입하면 $3a-6=-9$, $3a=-3$ ∴ $a=-1$
∴ $a-b=-1-(-6)=5$

399 답 5

$f(0)=-1$이므로 $c=-1$ 10%
즉 $f(x)=ax^2+bx-1$에서 $f(-1)=-4$이므로
$a-b-1=-4$ ∴ $a-b=-3$ ...... ㉠
또, $f(1)=8$이므로 $a+b-1=8$ ∴ $a+b=9$ ...... ㉡
㉠, ㉡을 연립하여 풀면 $a=3$, $b=6$
∴ $y=3x^2+6x-1=3(x+1)^2-4$ 40%
이때 이차함수 $y=3(x+1)^2-4$의 그래프를 x축의 방향으로 p만큼, y축의 방향으로 q만큼 평행이동하면 $y=3(x-p+1)^2-4+q$
이 그래프가 $y=3x^2-12x+10=3(x-2)^2-2$의 그래프와 일치하므로 $-p+1=-2$, $-4+q=-2$ ∴ $p=3$, $q=2$ 40%
∴ $p+q=3+2=5$ 10%

STEP **3** 최상위권 굳히기를 위한 최고난도 유형

본교재 106~108쪽

400 $\frac{4}{9}$	401 5	402 D(1, 4)	403 36	404 -4
405 제2사분면		406 $\left(0, 1-\frac{\sqrt{3}}{3}\right)$		
407 $(-3, 3)$				
창의융합				
408 $20\sqrt{5}$ m		409 630만 원		

400 답 $\frac{4}{9}$

모든 경우의 수는 $6\times6=36$
$y=-x^2+2(a-b)x-4=-\{x-(a-b)\}^2+(a-b)^2-4$의 그래프는 위로 볼록한 포물선이고 꼭짓점의 좌표는 $(a-b, (a-b)^2-4)$이다.
이 그래프가 x축과 만나지 않으려면 꼭짓점의 y좌표가 0보다 작아야 하므로 $(a-b)^2-4<0$, $(a-b)^2<4$
∴ $-2<a-b<2$
이를 만족하는 순서쌍 (a, b)는
(i) $a-b=-1$일 때,
  $(1, 2), (2, 3), (3, 4), (4, 5), (5, 6)$의 5개
(ii) $a-b=0$일 때,
  $(1, 1), (2, 2), (3, 3), (4, 4), (5, 5), (6, 6)$의 6개
(iii) $a-b=1$일 때,
  $(2, 1), (3, 2), (4, 3), (5, 4), (6, 5)$의 5개
(i)~(iii)에서 순서쌍 (a, b)의 개수는 $5+6+5=16$(개)
따라서 구하는 확률은 $\frac{16}{36}=\frac{4}{9}$

401 답 5

$y=x^2-10x+21$에 $y=0$을 대입하면 $0=x^2-10x+21$
$(x-3)(x-7)=0$ ∴ $x=3$ 또는 $x=7$
즉 그래프가 x축과 만나는 두 점의 좌표는 $(3, 0)$, $(7, 0)$이므로 두 점 사이의 거리는 $7-3=4$
오른쪽 그림과 같이 이차함수 $y=x^2-10x+21=(x-5)^2-4$의 그래프를 꼭짓점을 중심으로 시계 방향으로 $180°$만큼 회전하면 $y=-(x-5)^2-4$
또, 이 그래프를 y축의 방향으로 q만큼 평행이동하면 $y=-(x-5)^2-4+q$
이 그래프가 x축과 만나는 두 점 사이의 거리가 $4\times\frac{1}{2}=2$이므로 x축과 만나는 두 점의 좌표는 각각
$\left(5-\frac{2}{2}, 0\right)=(4, 0)$, $\left(5+\frac{2}{2}, 0\right)=(6, 0)$
따라서 이차함수 $y=-(x-5)^2-4+q$의 그래프가 점 $(4, 0)$을 지나므로 $0=-1-4+q$ ∴ $q=5$

402 답 D(1, 4)

$y=\frac{2}{3}x^2-\frac{2}{3}x-4$에 $y=0$을 대입하면 $0=\frac{2}{3}x^2-\frac{2}{3}x-4$
$x^2-x-6=0$, $(x+2)(x-3)=0$ ∴ $x=-2$ 또는 $x=3$
∴ $A(-2, 0)$, $C(3, 0)$
$y=\frac{2}{3}x^2-\frac{2}{3}x-4$에 $x=0$을 대입하면 $y=-4$ ∴ $B(0, -4)$
□ABCD가 평행사변형이 되려면 $\overline{AB}/\!/\overline{DC}$, $\overline{AD}/\!/\overline{BC}$이어야 하므로 점 D의 좌표를 $D(a, b)$라고 하면
$(\overline{AB}$의 기울기$)=\frac{-4-0}{0-(-2)}=-2$
$(\overline{DC}$의 기울기$)=\frac{b-0}{a-3}=\frac{b}{a-3}$
즉 $\frac{b}{a-3}=-2$이므로 $b=-2(a-3)$ ∴ $2a+b=6$ ...... ㉠
$(\overline{AD}$의 기울기$)=\frac{b-0}{a-(-2)}=\frac{b}{a+2}$
$(\overline{BC}$의 기울기$)=\frac{0-(-4)}{3-0}=\frac{4}{3}$
즉 $\frac{b}{a+2}=\frac{4}{3}$이므로 $3b=4(a+2)$ ∴ $4a-3b=-8$ ...... ㉡
㉠, ㉡을 연립하여 풀면 $a=1$, $b=4$
따라서 점 D의 좌표는 $D(1, 4)$이다.

403 답 36

$y=-3x^2+6x+9=-3(x-1)^2+12$이므로 $A(1, 12)$
$y=-3x^2+6x+9$에 $x=0$을 대입하면 $y=9$ ∴ $B(0, 9)$
$y=-3x^2+6x+9$에 $y=0$을 대입하면 $0=-3x^2+6x+9$
$x^2-2x-3=0$, $(x+1)(x-3)=0$ ∴ $x=-1$ 또는 $x=3$
이때 점 C는 그래프가 x축의 양의 부분과 만나는 점이므로
$C(3, 0)$ 40%
이차함수 $y=-3x^2+6x+9$의 그래프와 x축에 대칭인 그래프는
$y=3x^2-6x-9$
위의 식에 $x=0$을 대입하면 $y=-9$ ∴ $D(0, -9)$ 20%

오른쪽 그림과 같이 점 A에서 x축에 내린
수선의 발을 H라고 하면

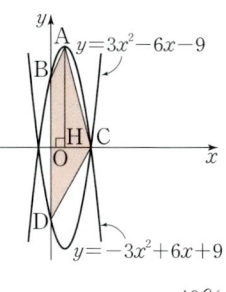

$\square ABDC$

$=\square ABOH+\triangle AHC+\triangle ODC$

$=\dfrac{1}{2}\times(9+12)\times1+\dfrac{1}{2}\times(3-1)\times12$

$\qquad\qquad\qquad\qquad +\dfrac{1}{2}\times3\times9$

$=\dfrac{21}{2}+12+\dfrac{27}{2}=36$ $\qquad$ …… 40%

404 답 -4

$y=-x^2+2x+8=-(x-1)^2+9$이므로 A$(1,\,9)$

$y=-x^2+2x+8$에 $y=0$을 대입하면 $0=-x^2+2x+8$

$x^2-2x-8=0,\ (x+2)(x-4)=0$ $\qquad\therefore x=-2$ 또는 $x=4$

$\therefore$ B$(-2,\,0)$, C$(4,\,0)$

직선 $y=ax+b$와 $\overline{AB}$의 교점을 P$(p,\,q)$라고 하면

$\triangle PBC=\dfrac{1}{2}\triangle ABC$이므로

$\dfrac{1}{2}\times6\times q=\dfrac{1}{2}\times\left(\dfrac{1}{2}\times6\times9\right),\ 3q=\dfrac{27}{2}$ $\qquad\therefore q=\dfrac{9}{2}$

직선 AB의 방정식을 $y=mx+n$이라고 하면 직선 $y=mx+n$은 점

A$(1,\,9)$를 지나므로 $9=m+n$ $\qquad$ …… ㉠

또, 직선 $y=mx+n$은 점 B$(-2,\,0)$을 지나므로

$0=-2m+n$ $\qquad\therefore 2m-n=0$ $\qquad$ …… ㉡

㉠, ㉡을 연립하여 풀면 $m=3$, $n=6$

이때 직선 $y=3x+6$이 점 P$\left(p,\,\dfrac{9}{2}\right)$를 지나므로

$\dfrac{9}{2}=3p+6,\ -3p=\dfrac{3}{2}$ $\qquad\therefore p=-\dfrac{1}{2}$ $\qquad\therefore$ P$\left(-\dfrac{1}{2},\,\dfrac{9}{2}\right)$

따라서 직선 $y=ax+b$는 점 P$\left(-\dfrac{1}{2},\,\dfrac{9}{2}\right)$를 지나므로

$\dfrac{9}{2}=-\dfrac{1}{2}a+b$ $\qquad\therefore a-2b=-9$ $\qquad$ …… ㉢

또, 직선 $y=ax+b$는 점 C$(4,\,0)$을 지나므로 $0=4a+b$ …… ㉣

㉢, ㉣을 연립하여 풀면 $a=-1$, $b=4$ $\qquad\therefore ab=-1\times4=-4$

405 답 제2사분면

일차함수 $y=ax+b$의 그래프에서 $a>0$, $b<0$

일차함수 $y=cx+d$의 그래프에서 $c<0$, $d>0$

$y=(ax-b)(cx-d)$에서 $y=0$일 때,

이 이차함수의 그래프는 x축과 두 점에서 만난다.

이때 $y=(ax-b)(cx-d)=acx^2-(ad+bc)x+bd$에서

$ac<0$이므로 그래프는 위로 볼록하다.

$-(ad+bc)<0$이므로 축은 y축의 왼쪽에 있다.

$bd<0$이므로 y축과 만나는 점은 x축의 아래쪽

에 있다.

따라서 $y=(ax-b)(cx-d)$의 그래프는

오른쪽 그림과 같으므로

꼭짓점의 좌표는 제2사분면 위에 있다.

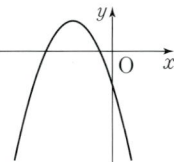

406 답 $\left(0,\,1-\dfrac{\sqrt{3}}{3}\right)$

오른쪽 그림과 같이 점 A에서 $\overline{BC}$에 내린 수선의 발을 H라고 하면

$\overline{AH}=\dfrac{\sqrt{3}}{2}\times2\sqrt{3}=3$

또, 점 G가 $\triangle ABC$의 무게중심이므로

$\overline{AG}:\overline{GH}=2:1$

즉 점 A의 x좌표는 -2이고 점 H의 x좌표는

1이므로 점 B의 x좌표도 1이다.

이차함수의 그래프의 꼭짓점의 좌표가

$(-1,\,1)$이므로 주어진 이차함수의 식을 $y=a(x+1)^2+1$이라고 하자.

$y=a(x+1)^2+1$에 $x=-2$를 대입하면

$y=a+1$ $\qquad\therefore$ A$(-2,\,a+1)$

$y=a(x+1)^2+1$에 $x=1$을 대입하면

$y=4a+1$ $\qquad\therefore$ B$(1,\,4a+1)$

이때 점 H의 좌표는 H$(1,\,a+1)$이고 $\overline{HB}=\dfrac{1}{2}\overline{BC}$이므로

$a+1-(4a+1)=\dfrac{1}{2}\times2\sqrt{3},\ -3a=\sqrt{3}$ $\qquad\therefore a=-\dfrac{\sqrt{3}}{3}$

따라서 구하는 점 G의 좌표는 $\left(0,\,1-\dfrac{\sqrt{3}}{3}\right)$이다.

407 답 $(-3,\,3)$

$f(x)=-(x+4)(x+3)=-x^2-7x-12$

$g(x)=-(x+4)(x+2)=-x^2-6x-8$

$h(x)=-(x+4)(x+1)=-x^2-5x-4$

$\therefore f(x)+g(x)+h(x)$

$\quad=-x^2-7x-12+(-x^2-6x-8)+(-x^2-5x-4)$

$\quad=-3x^2-18x-24=-3(x+3)^2+3$

따라서 이차함수 $y=f(x)+g(x)+h(x)$의 그래프의 꼭짓점의 좌표

는 $(-3,\,3)$이다.

408 답 $20\sqrt{5}$ m 〔창 의 융 합〕

오른쪽 그림과 같이 터널을 좌표평면 위에 나

타내고 터널을 나타내는 이차함수의 식을

$y=ax^2+25$라고 하자.

이 그래프가 점 $(10,\,20)$을 지나므로

$20=100a+25,\ 100a=-5$ $\qquad\therefore a=-\dfrac{1}{20}$

이때 $y=-\dfrac{1}{20}x^2+25$에 $y=0$을 대입하면 $0=-\dfrac{1}{20}x^2+25$

$\dfrac{1}{20}x^2=25,\ x^2=500$ $\qquad\therefore x=\pm10\sqrt{5}$

따라서 터널 바닥의 폭은 $10\sqrt{5}-(-10\sqrt{5})=20\sqrt{5}$ (m)

409 답 630만 원 〔창 의 융 합〕

추가 예약자 수가 x명이라고 하면 총 예약자 수는 $(30+x)$명이고 여행

상품의 가격은 1인당 $(100-2x)$만 원이다.

이때 여행사의 예상 경비는 $\{2100+12(30+x)\}$만 원이므로 여행사가

여행 상품 A로 얻는 이익을 y만 원이라고 하면

$y=(30+x)(100-2x)-\{2100+12(30+x)\}$

$\quad=-2x^2+40x+3000-2100-360-12x=-2x^2+28x+540$

위의 식에 $x=5$를 대입하면

$y=-2\times5^2+28\times5+540=630$

따라서 추가 예약자 수가 5명일 때, 여행사의 이익은 630만 원이다.

01 제곱근과 실수　　　워크북 002~003쪽

01 ①	**02** $\sqrt{48}$ cm	**03** $3a$	**04** $\dfrac{8}{3}$	**05** 25
06 13	**07** 21개	**08** 6	**09** ⑤	**10** 36
11 ③	**12** 15			

01 답 ①

$x^2=225$이므로 $x=\pm\sqrt{225}=\pm15$

y의 음의 제곱근은 $-\sqrt{y}$이므로 $(-\sqrt{y})^2=64$　∴ $y=64$

(i) $x=15$, $y=64$일 때, $x-y=15-64=-49$

(ii) $x=-15$, $y=64$일 때, $x-y=-15-64=-79$

(i), (ii)에서 $x-y$의 값 중 가장 작은 값은 -79이다.

02 답 $\sqrt{48}$ cm

오른쪽 그림과 같이 $\overline{OQ}$를 그으면

$\overline{OQ}=\overline{OA}=8$ cm

$\triangle OPQ$에서 $\overline{PQ}=\sqrt{8^2-5^2}=\sqrt{39}$ (cm)

$\overline{PB}=\overline{OB}-\overline{OP}=8-5=3$ (cm)

따라서 $\triangle PBQ$에서

$\overline{BQ}=\sqrt{(\sqrt{39})^2+3^2}=\sqrt{48}$ (cm)

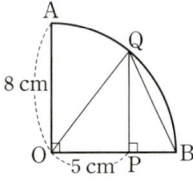

03 답 $3a$

$a<0<b$이고 $|a|>|b|$이므로 $a+b<0$, $4a<0$

∴ $\sqrt{(a+b)^2}+\sqrt{b^2}-|4a|=-(a+b)+b-(-4a)$
$=-a-b+b+4a=3a$

04 답 $\dfrac{8}{3}$

(i) $\dfrac{3}{4}k-1\geq0$, 즉 $k\geq\dfrac{4}{3}$일 때

　$\dfrac{3}{4}k-1=8$이므로 $\dfrac{3}{4}k=9$　∴ $k=12$

(ii) $\dfrac{3}{4}k-1<0$, 즉 $k<\dfrac{4}{3}$일 때

　$-\left(\dfrac{3}{4}k-1\right)=8$이므로 $-\dfrac{3}{4}k+1=8$

　$-\dfrac{3}{4}k=7$　∴ $k=-\dfrac{28}{3}$

(i), (ii)에서 모든 유리수 k의 값의 합은 $12+\left(-\dfrac{28}{3}\right)=\dfrac{8}{3}$

05 답 25

$y=\sqrt{\dfrac{45x}{2}}=\sqrt{\dfrac{3^2\times5\times x}{2}}$가 자연수가 되려면 $x=2\times5\times$ (자연수)^2 꼴이어야 한다.

x의 값이 가장 작을 때 y의 값이 가장 작고, $x+y$의 값도 가장 작다.

x의 값 중 가장 작은 값은 $2\times5=10$

y의 값 중 가장 작은 값은 $\sqrt{3^2\times5^2}=3\times5=15$

따라서 $x+y$의 값 중 가장 작은 값은 $10+15=25$

06 답 13

두 색종이의 넓이가 각각 $51+x$, $38-x$이므로 한 변의 길이는 각각 $\sqrt{51+x}$, $\sqrt{38-x}$이다.

(i) $\sqrt{51+x}$가 자연수가 되려면 $51+x$는 51보다 큰 제곱수이어야 하므로
　$51+x=64, 81, 100, \cdots$　∴ $x=13, 30, 49, \cdots$

(ii) $\sqrt{38-x}$가 자연수가 되려면 $38-x$는 38보다 작은 제곱수이어야 하므로 $38-x=1, 4, 9, 16, 25, 36$　∴ $x=37, 34, 29, 22, 13, 2$

(i), (ii)에서 $x=13$

07 답 21개

$f(x)=10$, 즉 $\sqrt{x}$ 이하의 자연수가 10개인 경우는 $10\leq\sqrt{x}<11$이므로 $100\leq x<121$

따라서 자연수 x의 개수는 $121-100=21$(개)

08 답 6

$3<\sqrt{3ab}<4$의 각 변을 제곱하면

$9<3ab<16$, $3<ab<\dfrac{16}{3}$　∴ $ab=4, 5$

(i) $ab=4$를 만족하는 순서쌍 (a, b)는 $(1, 4)$, $(2, 2)$, $(4, 1)$

(ii) $ab=5$를 만족하는 순서쌍 (a, b)는 $(1, 5)$, $(5, 1)$

(i), (ii)에서 $a+b$의 값은 4, 5, 6이므로 가장 큰 값은 6이다.

09 답 ⑤

① $a=\sqrt{2}$이면 $a^2=(\sqrt{2})^2=2$ (유리수)

② $a=\sqrt{2}$, $b=\sqrt{2}$이면 $ab=\sqrt{2}\times\sqrt{2}=2$ (유리수)

③ $a=\sqrt{2}$, $b=\sqrt{2}$이면 $a-b=\sqrt{2}-\sqrt{2}=0$ (유리수)

④ $a=\sqrt{2}$, $b=-\sqrt{2}$이면 $\dfrac{a+b}{2}=\dfrac{\sqrt{2}+(-\sqrt{2})}{2}=0$ (유리수)

따라서 항상 무리수인 것은 ⑤이다.

10 답 36

1과 2 사이의 무리수는 $\sqrt{2}$, $\sqrt{3}$의 2개

2와 3 사이의 무리수는 $\sqrt{5}$, $\sqrt{6}$, $\sqrt{7}$, $\sqrt{8}$의 4개

3과 4 사이의 무리수는 $\sqrt{10}$, $\sqrt{11}$, $\sqrt{12}$, $\sqrt{13}$, $\sqrt{14}$, $\sqrt{15}$의 6개
　　　　　⋮

즉 두 자연수 k와 $k+1$ 사이의 무리수는 $2k$개이다.

이때 $2+4+6+8+10=30$이므로 $k=5$

따라서 1과 6 사이에서 $\sqrt{n}$ 이하의 무리수의 개수가 30개가 되는 자연수 n의 값은 35 또는 36, 이중 가장 큰 값은 36이다.

11 답 ③

$-\sqrt{7}$, $1-\sqrt{7}$은 음수이고 $\sqrt{7}-1$, $\sqrt{7}+1$, $\sqrt{7}$은 양수이다.

이때 $-\sqrt{7}<1-\sqrt{7}<\sqrt{7}-1<\sqrt{7}<\sqrt{7}+1$이므로 수직선 위에 나타내었을 때, 왼쪽에서 두 번째에 위치하는 점에 대응하는 수는 ③ $1-\sqrt{7}$이다.

12 답 15

$5<\sqrt{29}<6$이므로 $a+5<a+\sqrt{29}<a+6$

$-6<-\sqrt{29}<-5$이므로 $b-6<b-\sqrt{29}<b-5$

이때 $a+\sqrt{29}<b-\sqrt{29}$이고, $a+\sqrt{29}$와 $b-\sqrt{29}$ 사이에 있는 정수의 개수가 4개이므로 $(b-6)-(a+6)+1=4$　∴ $b-a=15$

02 근호를 포함한 식의 계산

01 ⑤　　　02 60　　　03 2　　　04 $-\dfrac{4\sqrt{2}}{3}$

05 $\dfrac{2\sqrt{3}}{3}$ cm　　　06 41.24　　　07 ③

08 $\sqrt{2}+2\sqrt{7}-7$　　　09 $a=-\dfrac{4}{15}$, $b=\dfrac{4}{15}$

10 $25-13\sqrt{5}$　　　11 $36\sqrt{3}$ cm³　　　12 ④

---

01 답 ⑤

$$\sqrt{0.18}=\sqrt{\frac{18}{100}}=\sqrt{\frac{2\times3^2}{100}}=\frac{\sqrt{2}\times(\sqrt{3})^2}{10}=\frac{ab^2}{10}$$

02 답 60

모눈종이 한 칸의 한 변의 길이를 x라고 하면

$$\square\text{ABEF}=5x\times3x-2\times\left(\frac{1}{2}\times4x\times x\right)-2\times\left(\frac{1}{2}\times x\times2x\right)$$
$$=15x^2-4x^2-2x^2=9x^2$$

즉 $9x^2=108$이므로 $x^2=12$　∴ $x=\sqrt{12}=2\sqrt{3}$ ($\because x>0$)

∴ $\overline{\text{AB}}=\sqrt{x^2+(2x)^2}=\sqrt{5}x=\sqrt{5}\times2\sqrt{3}=2\sqrt{15}$

따라서 $\square$ABCD는 정사각형이므로

$\square\text{ABCD}=\overline{\text{AB}}^2=(2\sqrt{15})^2=60$

03 답 2

$$\frac{8}{\sqrt{20}}\times\sqrt{\frac{5}{3}}\div\frac{4\sqrt{6}}{3}=\frac{8}{2\sqrt{5}}\times\frac{\sqrt{5}}{\sqrt{3}}\times\frac{3}{4\sqrt{6}}$$
$$=\frac{1}{\sqrt{2}}=\frac{\sqrt{2}}{2}$$

∴ $a=2$

04 답 $-\dfrac{4\sqrt{2}}{3}$

a의 양의 제곱근이 $\sqrt{8}$이므로 $\sqrt{a}=\sqrt{8}$　∴ $a=8$

b는 18의 음의 제곱근이므로 $b=-\sqrt{18}=-3\sqrt{2}$

∴ $a\div b=\dfrac{a}{b}=\dfrac{8}{-3\sqrt{2}}=-\dfrac{8\sqrt{2}}{6}=-\dfrac{4\sqrt{2}}{3}$

05 답 $\dfrac{2\sqrt{3}}{3}$ cm

D의 한 변의 길이를 x cm라고 하면 넓이는 x^2 cm²이므로 A의 넓이는
$x^2\times3\times3\times3=27x^2$ (cm²)

이때 $27x^2=36$이므로 $x^2=\dfrac{36}{27}=\dfrac{4}{3}$

∴ $x=\sqrt{\dfrac{4}{3}}=\dfrac{2}{\sqrt{3}}=\dfrac{2\sqrt{3}}{3}$ ($\because x>0$)

따라서 D의 한 변의 길이는 $\dfrac{2\sqrt{3}}{3}$ cm이다.

06 답 41.24

$$\sqrt{1700}=\sqrt{2^2\times425}=2\sqrt{425}$$
$$=2\sqrt{100\times4.25}=20\sqrt{4.25}$$
$$=20\times2.062=41.24$$

07 답 ③

$a>0$, $b>0$이고 $ab=4$이므로

$$\text{(주어진 식)}=\sqrt{3ab}+\sqrt{a^2\times\frac{b}{3a}}-\sqrt{\frac{3b}{ab^2}}=\sqrt{3ab}+\sqrt{\frac{ab}{3}}-\sqrt{\frac{3}{ab}}$$
$$=\sqrt{12}+\sqrt{\frac{4}{3}}-\sqrt{\frac{3}{4}}=2\sqrt{3}+\frac{2}{\sqrt{3}}-\frac{\sqrt{3}}{2}$$
$$=2\sqrt{3}+\frac{2\sqrt{3}}{3}-\frac{\sqrt{3}}{2}=\frac{13\sqrt{3}}{6}$$

08 답 $\sqrt{2}+2\sqrt{7}-7$

$3\sqrt{2}-4=\sqrt{18}-\sqrt{16}>0$, $\sqrt{7}-2\sqrt{2}=\sqrt{7}-\sqrt{8}<0$,

$3-\sqrt{7}=\sqrt{9}-\sqrt{7}>0$

∴ $\sqrt{(3\sqrt{2}-4)^2}-\sqrt{(\sqrt{7}-2\sqrt{2})^2}-\sqrt{(3-\sqrt{7})^2}$

$=3\sqrt{2}-4-\{-(\sqrt{7}-2\sqrt{2})\}-(3-\sqrt{7})$

$=3\sqrt{2}-4+\sqrt{7}-2\sqrt{2}-3+\sqrt{7}$

$=\sqrt{2}+2\sqrt{7}-7$

09 답 $a=-\dfrac{4}{15}$, $b=\dfrac{4}{15}$

$<2a,\ -b>=<3b,\ a>-8$에서 $12a+\sqrt{6}b=18b-\sqrt{6}a-8$

$(12a-18b+8)+(a+b)\sqrt{6}=0$

이때 a, b는 유리수이므로 $12a-18b+8=0$, $a+b=0$

두 식을 연립하여 풀면 $a=-\dfrac{4}{15}$, $b=\dfrac{4}{15}$

10 답 $25-13\sqrt{5}$

$A=\sqrt{20}-3=2\sqrt{5}-3$

$B=A\sqrt{5}+2=(2\sqrt{5}-3)\sqrt{5}+2=10-3\sqrt{5}+2=12-3\sqrt{5}$

$C=1-B\sqrt{5}=1-(12-3\sqrt{5})\sqrt{5}=1-12\sqrt{5}+15=16-12\sqrt{5}$

∴ $A+B+C=(2\sqrt{5}-3)+(12-3\sqrt{5})+(16-12\sqrt{5})$

$=25-13\sqrt{5}$

11 답 $36\sqrt{3}$ cm³

(밑면의 가로의 길이)$=\sqrt{108}-2\times\sqrt{3}=6\sqrt{3}-2\sqrt{3}=4\sqrt{3}$ (cm)

(밑면의 세로의 길이)$=\sqrt{75}-2\times\sqrt{3}=5\sqrt{3}-2\sqrt{3}=3\sqrt{3}$ (cm)

(높이)$=\sqrt{3}$ cm

∴ (직육면체의 부피)$=4\sqrt{3}\times3\sqrt{3}\times\sqrt{3}=36\sqrt{3}$ (cm³)

12 답 ④

$4\sqrt{3}=\sqrt{48}$이고 $6<4\sqrt{3}<7$이므로 $5<4\sqrt{3}-1<6$

즉 $4\sqrt{3}-1$의 소수 부분은 $a=(4\sqrt{3}-1)-5=4\sqrt{3}-6$

$\dfrac{ax-2y}{a+6}=a+4$에서 $\dfrac{(4\sqrt{3}-6)x-2y}{(4\sqrt{3}-6)+6}=(4\sqrt{3}-6)+4$

$\dfrac{(4\sqrt{3}-6)x-2y}{4\sqrt{3}}=4\sqrt{3}-2$

$(-6x-2y)+4\sqrt{3}x=48-8\sqrt{3}$

∴ $-6x-2y=48$, $4x=-8$

$4x=-8$에서 $x=-2$

$-6x-2y=48$에서 $12-2y=48$

$-2y=36$　∴ $y=-18$

∴ $3x-y=3\times(-2)-(-18)=12$

03 다항식의 곱셈   워크북 006~007쪽

01 50	**02** ④	**03** 558	**04** 13	**05** 1
06 13	**07** $x^4-8x^3-50x^2+264x+951$			
08 $1+a^4+a^8$		**09** ③	**10** $\dfrac{9+4\sqrt{2}}{7}$	
11 64	**12** ⑤			

01 답 50

x항이 나오는 부분만 전개하면
$ax\times b+(-4)\times(-2x)=(ab+8)x$
즉 $ab+8=15$이므로 $ab=7$
이때 a, b는 한 자리의 자연수이므로
$a=1$, $b=7$ 또는 $a=7$, $b=1$
$\therefore a^2+b^2=50$

02 답 ④

$(x+y)^2-(x-y)^2=24$에서 $(x^2+2xy+y^2)-(x^2-2xy+y^2)=24$
$4xy=24$ $\therefore xy=6$
$(2x-5y)(5x-2y)=16$에서 $10x^2-29xy+10y^2=16$
$10(x^2+y^2)-29xy=16$, $10(x^2+y^2)-174=16$
$10(x^2+y^2)=190$ $\therefore x^2+y^2=19$

03 답 558

$(ax+b)(6x-c)=6ax^2+(6b-ac)x-bc=dx^2+8x-14$이므로
$6a=d$, $6b-ac=8$, $bc=14$
(i) $b=1$, $c=14$일 때, $a=-\dfrac{1}{7}$이므로 자연수가 아니다.
(ii) $b=2$, $c=7$일 때, $a=\dfrac{4}{7}$이므로 자연수가 아니다.
(iii) $b=7$, $c=2$일 때, $a=17$이므로 $d=102$
(iv) $b=14$, $c=1$일 때, $a=76$이므로 $d=456$
(i)~(iv)에서 가능한 d의 값은 102, 456이므로
$102+456=558$

04 답 13

$(6+1)(6^2+1)(6^4+1)(6^8+1)$
$=\dfrac{1}{6-1}(6-1)(6+1)(6^2+1)(6^4+1)(6^8+1)$
$=\dfrac{1}{5}(6^2-1)(6^2+1)(6^4+1)(6^8+1)$
$=\dfrac{1}{5}(6^4-1)(6^4+1)(6^8+1)$
$=\dfrac{1}{5}(6^8-1)(6^8+1)$
$=\dfrac{1}{5}(6^{16}-1)=\dfrac{36^8-1}{5}$
따라서 $a=5$, $b=8$이므로
$a+b=5+8=13$

05 답 1

$\sqrt{2}-\dfrac{1}{\sqrt{2}-1}=\sqrt{2}-\dfrac{\sqrt{2}+1}{(\sqrt{2}-1)(\sqrt{2}+1)}$
$\qquad\qquad\quad =\sqrt{2}-(\sqrt{2}+1)=-1$
$\sqrt{2}-\dfrac{1}{\sqrt{2}+1}=\sqrt{2}-\dfrac{\sqrt{2}-1}{(\sqrt{2}+1)(\sqrt{2}-1)}$
$\qquad\qquad\quad =\sqrt{2}-(\sqrt{2}-1)=1$
$\therefore \dfrac{1}{\sqrt{2}-\dfrac{1}{\sqrt{2}-\dfrac{1}{\sqrt{2}-\dfrac{1}{\sqrt{2}-1}}}}=\dfrac{1}{\sqrt{2}-\dfrac{1}{\sqrt{2}-\dfrac{1}{-1}}}$
$\qquad\qquad =\dfrac{1}{\sqrt{2}-\dfrac{1}{\sqrt{2}+1}}=\dfrac{1}{1}=1$

06 답 13

$f(x)=\dfrac{3}{\sqrt{x+2}+\sqrt{x-1}}=\dfrac{3(\sqrt{x+2}-\sqrt{x-1})}{(\sqrt{x+2}+\sqrt{x-1})(\sqrt{x+2}-\sqrt{x-1})}$
$\qquad =\dfrac{3(\sqrt{x+2}-\sqrt{x-1})}{x+2-x+1}=\dfrac{3(\sqrt{x+2}-\sqrt{x-1})}{3}$
$\qquad =\sqrt{x+2}-\sqrt{x-1}$
$\therefore f(2)+f(3)+f(4)+\cdots+f(48)$
$\quad =(\sqrt{4}-\sqrt{1})+(\sqrt{5}-\sqrt{2})+(\sqrt{6}-\sqrt{3})+(\sqrt{7}-\sqrt{4})+\cdots$
$\qquad\qquad\qquad +(\sqrt{48}-\sqrt{45})+(\sqrt{49}-\sqrt{46})+(\sqrt{50}-\sqrt{47})$
$\quad =-\sqrt{1}-\sqrt{2}-\sqrt{3}+\sqrt{48}+\sqrt{49}+\sqrt{50}$
$\quad =-1-\sqrt{2}-\sqrt{3}+4\sqrt{3}+7+5\sqrt{2}$
$\quad =6+4\sqrt{2}+3\sqrt{3}$
따라서 $a=6$, $b=4$, $c=3$이므로
$a+b+c=6+4+3=13$

07 답 $x^4-8x^3-50x^2+264x+951$

$(x+3)(x+5)(x-7)(x-9)+6$
$=\{(x+3)(x-7)\}\{(x+5)(x-9)\}+6$
$=(x^2-4x-21)(x^2-4x-45)+6$
$x^2-4x=A$로 놓으면
$(A-21)(A-45)+6=A^2-66A+945+6$
$\qquad\qquad\qquad\quad =(x^2-4x)^2-66(x^2-4x)+951$
$\qquad\qquad\qquad\quad =x^4-8x^3+16x^2-66x^2+264x+951$
$\qquad\qquad\qquad\quad =x^4-8x^3-50x^2+264x+951$

08 답 $1+a^4+a^8$

$1+a^2=A$로 놓으면
$(1+a+a^2)(1-a+a^2)=(A+a)(A-a)=A^2-a^2$
$\qquad\qquad\qquad\qquad\quad =(1+a^2)^2-a^2=1+2a^2+a^4-a^2$
$\qquad\qquad\qquad\qquad\quad =1+a^2+a^4$
$1+a^4=B$로 놓으면
$(1+a^2+a^4)(1-a^2+a^4)=(B+a^2)(B-a^2)=B^2-(a^2)^2$
$\qquad\qquad\qquad\qquad\qquad =(1+a^4)^2-a^4=1+2a^4+a^8-a^4$
$\qquad\qquad\qquad\qquad\qquad =1+a^4+a^8$

09 답 ③

$(x+2):(y-2)=(x-2):(y+2)$에서

$(x+2)(y+2)=(x-2)(y-2)$

$xy+2x+2y+4=xy-2x-2y+4$

$4x+4y=0$ ∴ $x+y=0$

$x^2+y^2=(x+y)^2-2xy$에서

$8=0-2xy$ ∴ $xy=-4$

$∴ (x-y)^2=(x+y)^2-4xy$
$\qquad\qquad =0-4\times(-4)=16$

10 답 $\dfrac{9+4\sqrt{2}}{7}$

$x^2+y^2=(x-y)^2+2xy$에서

$65=7^2+2xy,\ 2xy=16$ ∴ $xy=8$

$(x+y)^2=(x-y)^2+4xy=7^2+4\times8=81$이므로

$x+y=\sqrt{81}=9\ (∵\ x>0,\ y>0)$

$∴ \dfrac{\sqrt{x}+\sqrt{y}}{\sqrt{x}-\sqrt{y}}=\dfrac{(\sqrt{x}+\sqrt{y})^2}{(\sqrt{x}-\sqrt{y})(\sqrt{x}+\sqrt{y})}=\dfrac{x+2\sqrt{xy}+y}{x-y}$

$\qquad =\dfrac{9+2\sqrt{8}}{7}=\dfrac{9+4\sqrt{2}}{7}$

11 답 64

$\left(\dfrac{1}{x}+\dfrac{1}{y}\right)^2-\left(\dfrac{1}{x}-\dfrac{1}{y}\right)^2=\dfrac{1}{x^2}+\dfrac{2}{xy}+\dfrac{1}{y^2}-\left(\dfrac{1}{x^2}-\dfrac{2}{xy}+\dfrac{1}{y^2}\right)$

$\qquad\qquad\qquad\qquad\qquad\qquad =\dfrac{4}{xy}$

이때 $xy=\dfrac{\sqrt{7}+\sqrt{6}}{4}\times\dfrac{\sqrt{7}-\sqrt{6}}{4}=\dfrac{1}{16}$이므로

$\dfrac{4}{xy}=4\times16=64$

12 답 ⑤

$x=\sqrt{13}-2$에서 $x+2=\sqrt{13}$

양변을 제곱하면 $(x+2)^2=13$

$x^2+4x+4=13$ ∴ $x^2+4x=9$

$∴ x^3+4x^2-2x+14=x(x^2+4x)-2x+14$
$\qquad\qquad\qquad\qquad =9x-2x+14$
$\qquad\qquad\qquad\qquad =7x+14$
$\qquad\qquad\qquad\qquad =7(\sqrt{13}-2)+14$
$\qquad\qquad\qquad\qquad =7\sqrt{13}$

04 다항식의 인수분해

워크북 008~009쪽

01 ②	02 50	03 ③	04 $7x$	05 ②
06 $7\sqrt{5}$	07 504	08 ①		
09 $(b-c)(a^2+b^2+c^2)$	10 ①	11 -4	12 112	

01 답 ②

$5xy(x+y)-4xy(x-2y)=xy\{5(x+y)-4(x-2y)\}$
$\qquad\qquad\qquad\qquad\qquad =xy(5x+5y-4x+8y)$
$\qquad\qquad\qquad\qquad\qquad =xy(x+13y)$

따라서 인수가 아닌 것은 ②이다.

02 답 50

$ax+(5x-1)(20x-1)=ax+100x^2-25x+1$
$\qquad\qquad\qquad\qquad\qquad =100x^2+(a-25)x+1$
$\qquad\qquad\qquad\qquad\qquad =(10x)^2+(a-25)x+1^2$

이 식이 완전제곱식이 되려면

$a-25=\pm2\times10\times1=\pm20$

$a-25=20$에서 $a=45$

$a-25=-20$에서 $a=5$

따라서 모든 상수 a의 값의 합은

$45+5=50$

03 답 ③

$n^2-6n-27=(n+3)(n-9)$가 소수가 되려면 $n+3=1$ 또는 $n-9=1$이어야 한다.

(ⅰ) $n+3=1$일 때, $n=-2$이므로 조건을 만족하지 않는다.

(ⅱ) $n-9=1$일 때, $n=10$이므로
$\qquad (n+3)(n-9)=(10+3)\times(10-9)=13$

(ⅰ), (ⅱ)에서 구하는 소수는 13이다.

04 답 $7x$

$x>0,\ x-2<0,\ x+2>0$이므로

$\sqrt{x^2}-3\sqrt{(x-1)^2-2x+3}+3\sqrt{(x+1)^2+2x+3}$
$=\sqrt{x^2}-3\sqrt{x^2-2x+1-2x+3}+3\sqrt{x^2+2x+1+2x+3}$
$=\sqrt{x^2}-3\sqrt{x^2-4x+4}+3\sqrt{x^2+4x+4}$
$=\sqrt{x^2}-3\sqrt{(x-2)^2}+3\sqrt{(x+2)^2}$
$=x-\{-3(x-2)\}+3(x+2)$
$=x+3x-6+3x+6$
$=7x$

05 답 ②

점 D는 $\overline{AC}$의 중점이므로

$\overline{AD}=\overline{CD}=\dfrac{a+b}{2}$

즉 $\overline{CD}$를 지름으로 하는 원의 넓이는

$S_2=\pi\left(\dfrac{a+b}{4}\right)^2$

$\overline{BD}=\overline{AD}-\overline{AB}=\dfrac{a+b}{2}-a=\dfrac{b-a}{2}$이므로 $\overline{BD}$를 지름으로 하는 원의 넓이는

$S_1=\pi\left(\dfrac{b-a}{4}\right)^2$

$$\therefore S_2-S_1=\pi\left(\frac{a+b}{4}\right)^2-\pi\left(\frac{b-a}{4}\right)^2$$
$$=\pi\left(\frac{a+b}{4}+\frac{b-a}{4}\right)\left(\frac{a+b}{4}-\frac{b-a}{4}\right)$$
$$=\pi\times\frac{b}{2}\times\frac{a}{2}$$
$$=\frac{ab}{4}\pi$$

06 답 $7\sqrt{5}$

길의 폭이 $2b$이므로 꽃밭은 한 변의 길이가 $a-4b$인 정사각형 모양이다.

이때 길의 둘레의 길이는 $4a+4(a-4b)=32\sqrt{5}$이므로

$8a-16b=32\sqrt{5}$

$\therefore a-2b=4\sqrt{5}$ ······ ㉠

또, 길의 넓이는 $a^2-(a-4b)^2=160$이므로

$\{a+(a-4b)\}\{a-(a-4b)\}=160$

$(2a-4b)\times 4b=160$

$8b(a-2b)=160$

$\therefore b(a-2b)=20$ ······ ㉡

㉡에 ㉠을 대입하면

$4\sqrt{5}b=20$ $\therefore b=\sqrt{5}$

㉠에 $b=\sqrt{5}$를 대입하면

$a-2\sqrt{5}=4\sqrt{5}$ $\therefore a=6\sqrt{5}$

$\therefore a+b=6\sqrt{5}+\sqrt{5}=7\sqrt{5}$

07 답 504

$64n^3-4n=4n(16n^2-1)$
$=4n(4n+1)(4n-1)$
$=(4n-1)\times 4n\times(4n+1)$

즉 $64n^3-4n$은 연속한 세 자연수의 곱으로 나타낼 수 있다.

$n=1$일 때, $3\times 4\times 5=60$

$n=2$일 때, $7\times 8\times 9=504$

$n=3$일 때, $11\times 12\times 13=1716$

따라서 구하는 세 자리의 자연수는 504이다.

08 답 ①

$x-3y=A$로 놓으면

$3(x-3y-2)(2x-6y+1)+4(x-3y)$
$=3(x-3y-2)\{2(x-3y)+1\}+4(x-3y)$
$=3(A-2)(2A+1)+4A$
$=3(2A^2-3A-2)+4A$
$=6A^2-9A-6+4A$
$=6A^2-5A-6$
$=(2A-3)(3A+2)$
$=\{2(x-3y)-3\}\{3(x-3y)+2\}$
$=(2x-6y-3)(3x-9y+2)$

따라서 $a=-6$, $b=-3$, $c=-9$, $d=2$이므로

$a+b+c+d=-6+(-3)+(-9)+2$
$=-16$

09 답 $(b-c)(a^2+b^2+c^2)$

$b^3-c^3+a^2b-a^2c-b^2c+bc^2=a^2(b-c)+b^2(b-c)+c^2(b-c)$
$=(b-c)(a^2+b^2+c^2)$

10 답 ①

$10=x$라고 하면

$11\times 12\times 15\times 16+4=(x+1)(x+2)(x+5)(x+6)+4$
$=\{(x+1)(x+6)\}\{(x+2)(x+5)\}+4$
$=(x^2+7x+6)(x^2+7x+10)+4$

이때 $x^2+7x=A$로 놓으면

$(x^2+7x+6)(x^2+7x+10)+4$
$=(A+6)(A+10)+4$
$=A^2+16A+64$
$=(A+8)^2$
$=(x^2+7x+8)^2$
$=(10^2+7\times 10+8)^2$
$=178^2$

$85^2+680+16=85^2+2\times 85\times 4+4^2$
$=(85+4)^2$
$=89^2$

$\therefore \sqrt{\dfrac{11\times 12\times 15\times 16+4}{85^2+680+16}}=\sqrt{\dfrac{178^2}{89^2}}$
$=\sqrt{2^2}=2$

11 답 -4

$(x^{7n}+y^{7n})^2-(x^{7n}-y^{7n})^2$
$=\{(x^{7n}+y^{7n})+(x^{7n}-y^{7n})\}\{(x^{7n}+y^{7n})-(x^{7n}-y^{7n})\}$
$=2x^{7n}\times 2y^{7n}$
$=4x^{7n}y^{7n}$
$=4(xy)^{7n}$
$=4\{(2\sqrt{2}-3)(2\sqrt{2}+3)\}^{7n}$
$=4\times(-1)^{7n}$
$=-4$ ($\because n$은 홀수)

12 답 112

$(x+3)(y+3)=xy+3(x+y)+9$

이때 $xy=-6$이므로 $15=-6+3(x+y)+9$

$3(x+y)=12$ $\therefore x+y=4$

$x^2+y^2=(x+y)^2-2xy$
$=4^2-2\times(-6)=28$

$\therefore x^3+y^3+x^2y+xy^2=x^2(x+y)+y^2(x+y)$
$=(x+y)(x^2+y^2)$
$=4\times 28$
$=112$

05 이차방정식의 풀이

워크북 010~011쪽

01 ③, ④	02 ④	03 ③	04 $5\sqrt{21}$	05 ③
06 ②	07 ②	08 $\dfrac{1}{18}$	09 ⑤	10 2
11 ③	12 -4			

01 탑 ③, ④

① 이차식이다.

② $x^2+\dfrac{1}{x^2}=1$에서 $x^2+\dfrac{1}{x^2}-1=0$

즉 x가 분모에 있으므로 이차방정식이 아니다.

③ $5x^2-2=5(x-2)$에서 $5x^2-2=5x-10$, $5x^2-5x+8=0$이므로 이차방정식이다.

④ $x^2(x-4)=x^3+4x$에서 $x^3-4x^2=x^3+4x$, $-4x^2-4x=0$이므로 이차방정식이다.

⑤ $3x^2-8=(x-1)(3x+1)$에서 $3x^2-8=3x^2-2x-1$, $2x-7=0$이므로 일차방정식이다.

따라서 이차방정식인 것은 ③, ④이다.

02 탑 ④

$ax^2-6=4x(x-1)-1$에서

$ax^2-6=4x^2-4x-1$ ∴ $(a-4)x^2+4x-5=0$

위의 식이 x에 대한 이차방정식이므로

$a-4\ne0$ ∴ $a\ne4$

따라서 a의 값이 될 수 없는 것은 ④이다.

03 탑 ③

$x=a$를 $x^2+3x-2=0$에 대입하면

$a^2+3a-2=0$ ∴ $a^2+3a=2$

∴ $a^5+3a^4-2a^3-a^2-3a+4=a^3(a^2+3a-2)-(a^2+3a)+4$
$=a^3\times0-2+4=2$

04 탑 $5\sqrt{21}$

$x=a$를 $x^2-5x+1=0$에 대입하면

$a^2-5a+1=0$

이때 $a\ne0$이므로 양변을 a로 나누면

$a-5+\dfrac{1}{a}=0$ ∴ $a+\dfrac{1}{a}=5$

이때 $\left(a-\dfrac{1}{a}\right)^2=\left(a+\dfrac{1}{a}\right)^2-4=5^2-4=21$이므로

$a-\dfrac{1}{a}=\pm\sqrt{21}$

그런데 $a>\dfrac{1}{a}$이므로 $a-\dfrac{1}{a}=\sqrt{21}$

∴ $a^2-\dfrac{1}{a^2}=\left(a+\dfrac{1}{a}\right)\left(a-\dfrac{1}{a}\right)$
$=5\times\sqrt{21}=5\sqrt{21}$

05 탑 ③

$x=1$을 $(a-5)x^2+(6a+1)x-a^2-6=0$에 대입하면

$(a-5)+(6a+1)-a^2-6=0$, $-a^2+7a-10=0$

$a^2-7a+10=0$, $(a-2)(a-5)=0$

∴ $a=2$ 또는 $a=5$

그런데 주어진 방정식이 이차방정식이므로 $a-5\ne0$, 즉 $a\ne5$이어야 한다. ∴ $a=2$

따라서 20보다 작은 자연수 중 약수의 개수가 2개인 수, 즉 소수는 2, 3, 5, 7, 11, 13, 17, 19의 8개이다.

06 탑 ②

$2<\sqrt{6}<3$이므로 $4<2+\sqrt{6}<5$

∴ $a=4$, $b=(2+\sqrt{6})-4=\sqrt{6}-2$

따라서 이차방정식

$4x^2+(4-\sqrt{6}+2+\sqrt{6})x-9(4-2+\sqrt{6})(\sqrt{6}-2)=0$, 즉

$4x^2+6x-18=0$에서

$2x^2+3x-9=0$, $(x+3)(2x-3)=0$

∴ $x=-3$ 또는 $x=\dfrac{3}{2}$

07 탑 ②

이차방정식 $x^2+(1-k)x+\dfrac{k^2-7}{2}=0$이 중근을 가지려면

$\dfrac{k^2-7}{2}=\left(\dfrac{1-k}{2}\right)^2$이어야 하므로

$\dfrac{k^2-7}{2}=\dfrac{1-2k+k^2}{4}$, $2k^2-14=1-2k+k^2$

$k^2+2k-15=0$, $(k+5)(k-3)=0$

∴ $k=-5$ 또는 $k=3$

따라서 모든 상수 k의 값의 합은

$-5+3=-2$

08 탑 $\dfrac{1}{18}$

모든 경우의 수는 $6\times6=36$

이차방정식 $x^2+2ax+b=0$이 중근을 가지려면 $b=\left(\dfrac{2a}{2}\right)^2=a^2$이어야 한다.

이를 만족하는 순서쌍 (a, b)는 $(1, 1)$, $(2, 4)$의 2개

따라서 구하는 확률은 $\dfrac{2}{36}=\dfrac{1}{18}$

09 탑 ⑤

이차방정식 $x^2-2\sqrt{10ab}x-(5a-2b)(5a-8b)=0$이 중근을 가지므로

$-(5a-2b)(5a-8b)=\left(\dfrac{-2\sqrt{10ab}}{2}\right)^2$

$-(25a^2-50ab+16b^2)=10ab$

$25a^2-40ab+16b^2=0$

$(5a-4b)^2=0$

즉 $5a-4b=0$이므로 $5a=4b$

∴ $a:b=4:5$

10 답 2

$\frac{1}{30}(x+4)^2-0.2=0$에서 $\frac{1}{30}(x+4)^2=0.2$

$(x+4)^2=6$ $\quad\therefore x=-4\pm\sqrt{6}$

따라서 $a=-4$, $b=6$이므로 $a+b=-4+6=2$

11 답 ③

$2(x-p)^2=q-1$에서 $(x-p)^2=\dfrac{q-1}{2}$

위의 이차방정식은 p의 값에 관계없이 $q>1$이면 서로 다른 두 근을, $q=1$이면 중근을 갖고 $q<1$이면 근이 없다.

ㄱ. p의 값은 근의 개수와 관계가 없다.

ㄴ. $p=0$, $q>1$이면 $x^2=\dfrac{q-1}{2}$ $\quad\therefore x=\pm\sqrt{\dfrac{q-1}{2}}$

　　즉 두 근의 합은 $\sqrt{\dfrac{q-1}{2}}+\left(-\sqrt{\dfrac{q-1}{2}}\right)=0$

ㄷ, ㄹ. $q=1$이면 중근을 갖고 $0<q<1$이면 근이 없다.

따라서 옳은 것은 ㄴ, ㄹ이다.

12 답 −4

$x^2-3ax+2b=0$에서 $x^2-3ax=-2b$

$x^2-3ax+\left(\dfrac{-3a}{2}\right)^2=-2b+\left(\dfrac{-3a}{2}\right)^2$

$\left(x-\dfrac{3}{2}a\right)^2=\dfrac{9a^2-8b}{4}$ $\quad\therefore x=\dfrac{3a\pm\sqrt{9a^2-8b}}{2}$

따라서 $\dfrac{3a}{2}=-3$이므로 $a=-2$

또 $\dfrac{\sqrt{9a^2-8b}}{2}=\sqrt{5}$이므로 $\dfrac{\sqrt{9\times(-2)^2-8b}}{2}=\sqrt{5}$, $\sqrt{36-8b}=2\sqrt{5}$

양변을 제곱하면 $36-8b=20$, $-8b=-16$ $\quad\therefore b=2$

$\therefore a-b=-2-2=-4$

---

06 이차방정식의 활용   워크북 012~013쪽

01 22	02 ③	03 ④	04 37	05 ②
06 5	07 ①	08 ㄷ, ㄹ	09 $-\dfrac{4}{3}$	10 ⑤
11 3초	12 −4			

01 답 22

$Ax^2-3x-1=0$에서

$x=\dfrac{-(-3)\pm\sqrt{(-3)^2-4\times A\times(-1)}}{2A}=\dfrac{3\pm\sqrt{9+4A}}{2A}$

따라서 $2A=4$, $3=B$, $9+4A=C$이므로 $A=2$, $B=3$, $C=17$

$\therefore A+B+C=2+3+17=22$

02 답 ③

$f(a+1)=(a+1)^2-6(a+1)+3=1$에서 $a^2-4a-3=0$

$\therefore a=-(-2)\pm\sqrt{(-2)^2-1\times(-3)}=2\pm\sqrt{7}$

그런데 $a>2$이므로 $a=2+\sqrt{7}$

03 답 ④

$x^2+4x-k=0$에서

$x=-2\pm\sqrt{2^2-1\times(-k)}=-2\pm\sqrt{4+k}$

이때 해가 모두 정수가 되려면 $4+k$의 값이 0 또는 (자연수)^{2}의 꼴이어야 한다.

또, k가 두 자리 자연수이어야 하므로 $4+k=16$, 25, 36, $\cdots$, 100

$\therefore k=12$, 21, 32, $\cdots$, 96

따라서 두 자리 자연수 k의 값은 모두 7개이다.

04 답 37

주어진 이차방정식의 양변에 6을 곱하면

$2x(x+1)-(2x-1)=3x(x+2)$

$2x^2+2x-2x+1=3x^2+6x$

$x^2+6x-1=0$

$\therefore x=-3\pm\sqrt{3^2-1\times(-1)}=-3\pm\sqrt{10}$

그런데 $a>\beta$이므로

$a=-3+\sqrt{10}$, $\beta=-3-\sqrt{10}$

$\therefore a^2-6\beta=(-3+\sqrt{10})^2-6(-3-\sqrt{10})$

$\qquad\qquad=9-6\sqrt{10}+10+18+6\sqrt{10}=37$

05 답 ②

주어진 방정식의 양변에 24를 곱하면

$6(x-y)^2+2(x-y)-1=0$

$x-y=A$로 놓으면 $6A^2+2A-1=0$

$\therefore A=\dfrac{-1\pm\sqrt{1^2-6\times(-1)}}{6}=\dfrac{-1\pm\sqrt{7}}{6}$

$\therefore x-y=\dfrac{-1\pm\sqrt{7}}{6}$

그런데 $x<y$이므로 $x-y=\dfrac{-1-\sqrt{7}}{6}$

06 답 5

이차방정식 $x^2-5x+k+1=0$이 서로 다른 두 근을 가지려면

$(-5)^2-4\times1\times(k+1)>0$이어야 하므로

$25-4k-4>0$, $-4k+21>0$

$-4k>-21$ $\quad\therefore k<\dfrac{21}{4}$

따라서 정수 k의 값 중 가장 큰 수는 5이다.

07 답 ①

이차방정식 $x^2-(3-4k)x+4k^2=0$은 근을 가지므로

$\{-(3-4k)\}^2-4\times1\times4k^2\geq0$, $9-24k+16k^2-16k^2\geq0$

$9-24k\geq0$, $-24k\geq-9$ $\quad\therefore k\leq\dfrac{3}{8}$ ……㉠

이차방정식 $x^2-\sqrt{3}x+9k=0$은 근을 갖지 않으므로

$(-\sqrt{3})^2-4\times1\times9k<0$, $3-36k<0$

$-36k<-3$ $\quad\therefore k>\dfrac{1}{12}$ ……㉡

㉠, ㉡에서 $\dfrac{1}{12}<k\leq\dfrac{3}{8}$

따라서 k의 값이 될 수 없는 것은 ①이다.

08 답 ㄷ, ㄹ

$x^2-2x-7=0$에서 $\alpha+\beta=2$, $\alpha\beta=-7$

ㄱ. $\alpha^2+\beta^2=(\alpha+\beta)^2-2\alpha\beta=2^2-2\times(-7)=18$

ㄴ. $\dfrac{1}{\alpha}+\dfrac{1}{\beta}=\dfrac{\alpha+\beta}{\alpha\beta}=-\dfrac{2}{7}$

ㄷ. $(\alpha-\beta)^2=(\alpha+\beta)^2-4\alpha\beta=2^2-4\times(-7)=32$

$\therefore \alpha-\beta=\pm4\sqrt{2}$

그런데 $\alpha>\beta$이므로 $\alpha-\beta=4\sqrt{2}$

ㄹ. $\alpha^2-\beta^2=(\alpha+\beta)(\alpha-\beta)=2\times4\sqrt{2}=8\sqrt{2}$

따라서 옳은 것은 ㄷ, ㄹ이다.

09 답 $-\dfrac{4}{3}$

두 근의 차가 6이므로 두 근을 α, $\alpha+6$이라고 하자.

$\alpha+(\alpha+6)=4$이므로 $2\alpha=-2$ $\therefore \alpha=-1$

$\alpha(\alpha+6)=3k-1$이므로 $3k-1=-5$

$3k=-4$ $\therefore k=-\dfrac{4}{3}$

10 답 ⑤

$x^2+5x+4=0$에서 $(x+4)(x+1)=0$ $\therefore x=-4$ 또는 $x=-1$

그런데 $\alpha>\beta$이므로 $\alpha=-1$, $\beta=-4$

따라서 $\dfrac{\alpha}{2}=-\dfrac{1}{2}$, $\dfrac{\beta}{3}=-\dfrac{4}{3}$를 두 근으로 하고 x^2의 계수가 6인 이차

방정식은 $6\left(x+\dfrac{1}{2}\right)\left(x+\dfrac{4}{3}\right)=0$

$6\left(x^2+\dfrac{11}{6}x+\dfrac{2}{3}\right)=0$ $\therefore 6x^2+11x+4=0$

11 답 3초

$45t-5t^2=90$이므로 $5t^2-45t+90=0$

$t^2-9t+18=0$, $(t-3)(t-6)=0$ $\therefore t=3$ 또는 $t=6$

따라서 공이 지면으로부터 90 m 이상의 높이에 머무는 것은 3초부터 6초까지이므로 $6-3=3$(초) 동안이다.

12 답 -4

$y=-\dfrac{3}{4}x+k-2$에 $y=0$을 대입하면

$0=-\dfrac{3}{4}x+k-2$, $\dfrac{3}{4}x=k-2$

$\therefore x=\dfrac{4(k-2)}{3}$ $\therefore \mathrm{A}\left(\dfrac{4(k-2)}{3}, 0\right)$

그런데 점 A는 y축의 왼쪽에 있으므로

$\dfrac{4(k-2)}{3}<0$, $k-2<0$ $\therefore k<2$

$y=-\dfrac{3}{4}x+k-2$에 $x=0$을 대입하면

$y=k-2$ $\therefore \mathrm{B}(0, k-2)$

이때 점 A의 x좌표와 점 B의 y좌표는 음수이고 $\triangle\mathrm{ABO}$의 넓이는 24이므로

$\dfrac{1}{2}\times\left\{-\dfrac{4(k-2)}{3}\right\}\times\{-(k-2)\}=24$, $\dfrac{2}{3}(k-2)^2=24$

$(k-2)^2=36$, $k-2=\pm6$ $\therefore k=-4$ 또는 $k=8$

그런데 $k<2$이므로 $k=-4$

---

07 이차함수와 그래프 (1)
워크북 014~015쪽

01 ③, ⑤	02 5	03 ④	04 ④	05 ⑤
06 $\dfrac{8}{3}$	07 -8	08 4	09 ④	
10 $-5+\sqrt{2}$		11 27	12 ③	

01 답 ③, ⑤

③ $y=\dfrac{3}{x^2}-\dfrac{2}{x}+1$에서 x가 분모에 있으므로 이차함수가 아니다.

④ $y=(x-2)(x+2)-4x$에서 $y=x^2-4-4x$, $y=x^2-4x-4$이므로 이차함수이다.

⑤ $y=x^2-(x+4)(x-3)$에서 $y=x^2-(x^2+x-12)$, $y=-x+12$이므로 이차함수가 아니다.

따라서 이차함수가 아닌 것은 ③, ⑤이다.

02 답 5

$f(a)=a^2-3a-7=3$이므로 $a^2-3a-10=0$

$(a+2)(a-5)=0$ $\therefore a=-2$ 또는 $a=5$

그런데 a는 양수이므로 $a=5$

03 답 ④

① 위로 볼록한 포물선인 것은 ㄹ, ㅁ, ㅂ이다.

② ㄱ과 ㅂ의 그래프는 폭이 다르므로 x축에 대칭이 아니다.

③ ㄹ의 그래프가 ㅁ의 그래프보다 폭이 넓다.

⑤ 원점을 지나는 것은 ㄱ, ㄴ, ㄷ, ㄹ, ㅁ, ㅂ이다.

따라서 옳은 것은 ④이다.

04 답 ④

이차함수 $y=ax^2$의 그래프가 점 $(2, -8)$을 지나므로

$-8=a\times2^2$, $4a=-8$ $\therefore a=-2$

이때 이차함수 $y=-2x^2$의 그래프가 점 $(b, -18)$을 지나므로

$-18=-2b^2$, $b^2=9$ $\therefore b=\pm3$

그런데 $b>0$이므로 $b=3$

$\therefore a+b=-2+3=1$

05 답 ⑤

이차함수 $y=5x^2$의 그래프 위의 점을 $\mathrm{A}(a, 5a^2)$이라고 하면 이차함수

$y=\dfrac{4}{5}x^2$의 그래프가 이차함수 $y=5x^2$의 그래프보다 폭이 넓고

$\overline{\mathrm{AB}}=3$이므로 $\mathrm{B}(a+3, 5a^2)$

이때 이차함수 $y=\dfrac{4}{5}x^2$의 그래프가 점 $\mathrm{B}(a+3, 5a^2)$을 지나므로

$5a^2=\dfrac{4}{5}(a+3)^2$, $25a^2=4(a^2+6a+9)$

$21a^2-24a-36=0$, $7a^2-8a-12=0$

$(a-2)(7a+6)=0$ $\therefore a=2$ 또는 $a=-\dfrac{6}{7}$

이때 두 점 A, B는 제1사분면 위의 점이므로 $a=2$

$\therefore k=5a^2=5\times 2^2=20$

06 답 $\dfrac{8}{3}$

점 A의 x좌표를 k라고 하면 $A(k, k^2)$

이때 두 점 A, B는 y축에 대칭이므로 $B(-k, k^2)$

또, 두 점 A, D의 x좌표가 서로 같으므로 $D\left(k, -\dfrac{1}{2}k^2\right)$

이때 □ABCD가 정사각형이므로 $\overline{AB}=\overline{AD}$

즉 $k-(-k)=k^2-\left(-\dfrac{1}{2}k^2\right)$이므로

$2k=\dfrac{3}{2}k^2,\ \dfrac{3}{2}k^2-2k=0$

$\dfrac{3}{2}k\left(k-\dfrac{4}{3}\right)=0 \quad \therefore k=0$ 또는 $k=\dfrac{4}{3}$

그런데 점 A는 제1사분면 위에 있으므로 $k=\dfrac{4}{3}$

따라서 정사각형 ABCD의 한 변의 길이는

$2k=2\times\dfrac{4}{3}=\dfrac{8}{3}$

07 답 -8

오른쪽 그림에서 빗금 친 두 부분의 넓이는 서로 같으므로 구하는 넓이는 □ABCD의 넓이와 같다.

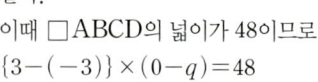

이때 □ABCD의 넓이가 48이므로

$\{3-(-3)\}\times(0-q)=48$

$\therefore q=-8$

08 답 4

이차함수 $y=f(x)$의 그래프는 이차함수 $y=ax^2$의 그래프를 y축의 방향으로 평행이동한 것이고 점 $(0, 3)$을 지나므로

$f(x)=ax^2+3$

또, 이차함수 $y=ax^2+3$의 그래프가 점 $(-2, -5)$를 지나므로

$-5=4a+3,\ 4a=-8$

$\therefore a=-2$

따라서 $f(x)=-2x^2+3$이므로

$f\left(\dfrac{1}{2}\right)=-2\times\left(\dfrac{1}{2}\right)^2+3=\dfrac{5}{2}$

$f(-1)=-2\times(-1)^2+3=1$

$\therefore 2f\left(\dfrac{1}{2}\right)-f(-1)=2\times\dfrac{5}{2}-1=4$

09 답 ④

이차함수 $y=(x-2)^2$의 그래프의 축의 방정식은 $x=2$

두 점 $P(a, b)$, $Q(c, d)$가 직선 $x=2$에 대하여 대칭이고 두 점 P, Q 사이의 거리가 6이므로

$a=2-\dfrac{6}{2}=-1,\ c=2+\dfrac{6}{2}=5$

$\therefore b=(-3)^2=9,\ d=3^2=9$

$\therefore a+b+c+d=-1+9+5+9=22$

10 답 $-5+\sqrt{2}$

이차함수 $y=5x^2-10$의 그래프가 이차함수 $y=a(x+p)^2$의 그래프의 꼭짓점 $(-p, 0)$을 지나므로

$0=5\times(-p)^2-10,\ 5p^2=10$

$p^2=2 \quad \therefore p=\pm\sqrt{2}$

그런데 $p>0$이므로 $p=\sqrt{2}$

또, 이차함수 $y=a(x+\sqrt{2})^2$의 그래프가 이차함수 $y=5x^2-10$의 그래프의 꼭짓점 $(0, -10)$을 지나므로

$-10=a\times(\sqrt{2})^2,\ 2a=-10 \quad \therefore a=-5$

$\therefore a+p=-5+\sqrt{2}$

11 답 27

이차함수 $y=(x-3)^2-9$의 그래프의 축의 방정식은 $x=3$이므로 직선 l의 방정식은 $x=3$이다.

오른쪽 그림과 같이 이차함수 $y=x^2$의 그래프와 직선 $x=3$의 교점을 A라 하고 점 A에서 x축, y축에 내린 수선의 발을 각각 B, C라고 하자.

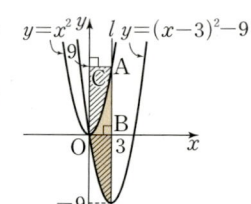

$y=x^2$에 $x=3$을 대입하면

$y=9 \quad \therefore A(3, 9)$

이때 빗금 친 두 부분의 넓이는 서로 같으므로 구하는 넓이는 □ACOB의 넓이와 같다.

따라서 구하는 넓이는 $3\times 9=27$

12 답 ③

이차함수 $y=-a(x-p)^2-q$의 그래프가 아래로 볼록하므로

$-a>0 \quad \therefore a<0$

또, 꼭짓점 $(p, -q)$는 제3사분면 위에 있으므로

$p<0, -q<0 \quad \therefore p<0, q>0$

따라서 $-q<0,\ a+p<0$이므로 이차함수 $y=ap(x+q)^2+a+p$의 그래프의 꼭짓점 $(-q, a+p)$는 제3사분면 위에 있다.

---

08 이차함수와 그래프 (2)
워크북 016~017쪽

01 ⑤	02 ③	03 ⑤	04 3	05 64
06 124	07 제1사분면		08 ④	09 -4
10 ④	11 -5	12 7		

01 답 ⑤

이차함수 $y=2(x+1)^2-5$의 그래프를 x축의 방향으로 p만큼, y축의 방향으로 q만큼 평행이동하면

$y=2(x-p+1)^2-5+q$

이때 $y=2x^2-8x-4=2(x-2)^2-12$이므로

$-p+1=-2,\ -5+q=-12 \quad \therefore p=3,\ q=-7$

$\therefore p-q=3-(-7)=10$

02 답 ③

$y=x^2-4ax+7a^2+a-1=(x-2a)^2+3a^2+a-1$의 그래프의 꼭짓점의 좌표는 $(2a,\ 3a^2+a-1)$

따라서 점 $(2a,\ 3a^2+a-1)$이 직선 $y=x+1$ 위에 있으므로
$3a^2+a-1=2a+1,\ 3a^2-a-2=0$

$(3a+2)(a-1)=0$ $\quad\therefore a=-\dfrac{2}{3}$ 또는 $a=1$

그런데 a는 정수이므로 $a=1$

03 답 ⑤

① 제1, 2 사분면
② 제3, 4 사분면
③ 제2, 3, 4 사분면
④ $y=x^2+2x+5=(x+1)^2+4$이므로 제1, 2 사분면을 지난다.
⑤ $y=-3x^2+12x+1=-3(x-2)^2+13$이므로 제1, 2, 3, 4 사분면을 지난다.

따라서 모든 사분면을 지나는 것은 ⑤이다.

04 답 3

$y=-x^2-2x+3$에 $y=0$을 대입하면
$0=-x^2-2x+3,\ x^2+2x-3=0$
$(x+3)(x-1)=0$ $\quad\therefore x=-3$ 또는 $x=1$
$\therefore \mathrm{A}(-3,\ 0),\ \mathrm{B}(1,\ 0)$
$y=-x^2-2x+3$에 $x=0$을 대입하면
$y=3$ $\quad\therefore \mathrm{C}(0,\ 3)$
$y=-x^2-2x+3=-(x+1)^2+4$이므로 그래프의 축의 방정식은
$x=-1$ $\quad\therefore \mathrm{D}(-1,\ 0)$
$\therefore \triangle \mathrm{ADC}=\dfrac{1}{2}\times\{-1-(-3)\}\times 3$
$\qquad\qquad=\dfrac{1}{2}\times 2\times 3=3$

05 답 64

$y=x^2-4x-10=(x-2)^2-14$이므로
$\mathrm{A}(2,\ -14)$
$y=x^2-4x-10$에 $y=2$를 대입하면
$2=x^2-4x-10,\ x^2-4x-12=0$
$(x+2)(x-6)=0$ $\quad\therefore x=-2$ 또는 $x=6$
$\therefore \mathrm{B}(-2,\ 2),\ \mathrm{C}(6,\ 2)$ 또는 $\mathrm{B}(6,\ 2),\ \mathrm{C}(-2,\ 2)$
따라서 오른쪽 그림에서
$\triangle \mathrm{ABC}$
$=\dfrac{1}{2}\times\{6-(-2)\}\times\{2-(-14)\}$
$=\dfrac{1}{2}\times 8\times 16$
$=64$

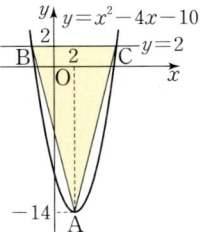

06 답 124

$y=x^2-6x-16=(x-3)^2-25$이므로
$\mathrm{A}(3,\ -25)$
$y=x^2-6x-16$에 $y=0$을 대입하면
$0=x^2-6x-16,\ (x+2)(x-8)=0$
$\therefore x=-2$ 또는 $x=8$
그런데 점 B는 그래프가 x축의 양의 방향과 만나는 점이므로
$x=8$ $\quad\therefore \mathrm{B}(8,\ 0)$
$y=x^2-6x-16$에 $x=0$을 대입하면
$y=-16$ $\quad\therefore \mathrm{C}(0,\ -16)$
오른쪽 그림과 같이 $\overline{\mathrm{OA}}$를 그으면
$\square \mathrm{ABOC}=\triangle \mathrm{OCA}+\triangle \mathrm{OAB}$

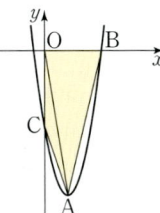

$\qquad\qquad=\dfrac{1}{2}\times 16\times 3+\dfrac{1}{2}\times 8\times 25$
$\qquad\qquad=24+100$
$\qquad\qquad=124$

07 답 제1 사분면

(기울기)<0이므로 $a<0$
(y절편)<0이므로 $-b<0$ $\quad\therefore b>0$
$a<0$이므로 그래프는 위로 볼록하고, $ab<0$이므로 축이 y축의 오른쪽에 있고, $-ab>0$이므로 y축과 만나는 점이 x축의 위쪽에 있다.
따라서 이차함수 $y=ax^2+bx-ab$의 그래프의 꼭짓점은 오른쪽 그림과 같이 제1 사분면 위에 있다.

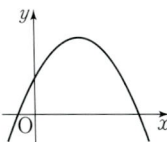

08 답 ④

꼭짓점의 좌표가 $(-3,\ 0)$이므로 구하는 이차함수의 식을
$y=a(x+3)^2$이라고 하자.
이 그래프가 점 $(0,\ 6)$을 지나므로
$6=a\times 3^2$ $\quad\therefore a=\dfrac{2}{3}$
$\therefore y=\dfrac{2}{3}(x+3)^2=\dfrac{2}{3}x^2+4x+6$
따라서 $a=\dfrac{2}{3},\ b=4,\ c=6$이므로
$ac+b=\dfrac{2}{3}\times 6+4=8$

09 답 -4

$y=3x^2+ax+b$에 $x=0$을 대입하면
$y=b$ $\quad\therefore \mathrm{B}(0,\ b)$
$\overline{\mathrm{OA}}:\overline{\mathrm{OB}}=2:3$이므로
$\overline{\mathrm{OA}}:b=2:3,\ 3\overline{\mathrm{OA}}=2b$
$\overline{\mathrm{OA}}=\dfrac{2}{3}b$ $\quad\therefore \mathrm{A}\left(\dfrac{2}{3}b,\ 0\right)$
따라서 $y=3\left(x-\dfrac{2}{3}b\right)^2=3x^2-4bx+\dfrac{4}{3}b^2$이므로
$a=-4b,\ b=\dfrac{4}{3}b^2$

$b=\dfrac{4}{3}b^2$에서 $4b^2-3b=0$, $b(4b-3)=0$

$\therefore b=0$ 또는 $b=\dfrac{3}{4}$

그런데 $b\neq0$이므로 $b=\dfrac{3}{4}$

$\therefore a=-4b=-4\times\dfrac{3}{4}=-3$

$\therefore \dfrac{a}{b}=-3\times\dfrac{4}{3}=-4$

10 답 ④

직선 $x=1$이 축이므로 구하는 이차함수의 식을 $y=a(x-1)^2+q$라고 하자.

$y=-2x+5$에 $x=-1$을 대입하면 $y=7$

즉 포물선 $y=a(x-1)^2+q$가 점 $(-1,7)$을 지나므로

$7=4a+q$ ······ ㉠

또, $y=-2x+5$에 $x=2$를 대입하면 $y=1$

즉 포물선 $y=a(x-1)^2+q$가 점 $(2,1)$을 지나므로

$1=a+q$ ······ ㉡

㉠, ㉡을 연립하여 풀면

$a=2$, $q=-1$

따라서 구하는 이차함수의 식은

$y=2(x-1)^2-1=2x^2-4x+1$

11 답 -5

그래프가 점 $(0,3)$을 지나므로 구하는 이차함수의 식을 $y=ax^2+bx+3$이라고 하자.

이 그래프가 점 $(1,4)$를 지나므로

$4=a+b+3$ $\therefore a+b=1$ ······ ㉠

또, 그래프가 점 $(-3,-12)$를 지나므로

$-12=9a-3b+3$ $\therefore 3a-b=-5$ ······ ㉡

㉠, ㉡을 연립하여 풀면 $a=-1$, $b=2$

따라서 이차함수 $y=-x^2+2x+3$의 그래프가 점 $(-2,k)$를 지나므로 $k=-4-4+3=-5$

12 답 7

조건 ㈏에서 구하는 이차함수의 식을 $y=a(x+2)(x-3)$이라고 하자.

조건 ㈎에서 그래프가 점 $(-1,-8)$을 지나므로

$-8=a\times1\times(-4)$, $-4a=-8$ $\therefore a=2$

$\therefore y=2(x+2)(x-3)=2x^2-2x-12$

$\qquad =2\left(x-\dfrac{1}{2}\right)^2-\dfrac{25}{2}$

이 이차함수의 그래프를 x축의 방향으로 $-\dfrac{3}{2}$만큼, y축의 방향으로 $\dfrac{17}{2}$만큼 평행이동하면

$y=2\left(x+\dfrac{3}{2}-\dfrac{1}{2}\right)^2-\dfrac{25}{2}+\dfrac{17}{2}$

$\quad =2(x+1)^2-4$

따라서 $a=2$, $p=-1$, $q=-4$이므로

$a-p-q=2-(-1)-(-4)=7$

Ⅰ. 실수와 그 계산

워크북 018~021쪽

01 $\pm\sqrt{6}$	**02** $a-b+c$	**03** ㄱ, ㄴ	**04** 21	**05** $\dfrac{1}{6}$
06 $35-2x$	**07** ④	**08** $\dfrac{11}{30}$	**09** ①, ③	**10** 83개
11 ④	**12** 1209	**13** ⑤	**14** $54\sqrt{2}$ cm²	
15 $\sqrt{2}$배	**16** $\dfrac{\sqrt{6}}{6}$	**17** ③	**18** ①	
19 $x=10$, $y=32$		**20** $\dfrac{13\sqrt{6}}{6}$	**21** $5\sqrt{3}-\sqrt{5}$	
22 $\dfrac{14-3\sqrt{3}}{6}$		**23** 313	**24** $-\dfrac{4}{7}$	

01 답 $\pm\sqrt{6}$

169의 제곱근은 $\pm\sqrt{169}=\pm13$

이때 $m>n$이므로 $m=13$, $n=-13$

$\therefore \sqrt{2m-n-3}=\sqrt{26-(-13)-3}=\sqrt{36}=6$

따라서 6의 제곱근은 $\pm\sqrt{6}$이다.

02 답 $a-b+c$

조건 ㈎에서 $a-b>0$, $b-c<0$

조건 ㈏에서 $a(b-c)<0$이므로 $a>0$

이때 조건 ㈎에서 $a<c$이므로 $c>0$

조건 ㈐에서 $ac=-b$이므로 $b<0$

따라서 $a-b>0$, $b<0$, $b-c<0$이므로

(주어진 식)$=(a-b)-(-b)+\{-(b-c)\}$

$\qquad =a-b+b-b+c$

$\qquad =a-b+c$

03 답 ㄱ, ㄴ

ㄱ. $x<-3$이면 $x-3<0$, $x+3<0$이므로

$A=-(x-3)-\{-(x+3)\}$

$\quad =-x+3+x+3=6$

ㄴ. $-3<x<1$이면 $x-3<0$, $x+3>0$이므로

$A=-(x-3)-(x+3)$

$\quad =-x+3-x-3=-2x$

ㄷ. $x>3$이면 $x-3>0$, $x+3>0$이므로

$A=(x-3)-(x+3)$

$\quad =x-3-x-3=-6$

따라서 옳은 것은 ㄱ, ㄴ이다.

04 답 21

직사각형 ABCD의 넓이는 $84x$이므로 정사각형 EFGH의 한 변의 길이는 $\sqrt{84x}$이다.

$\sqrt{84x}=\sqrt{2^2\times3\times7\times x}$가 자연수가 되려면 $x=3\times7\times(\text{자연수})^2$ 꼴이어야 한다.

따라서 가장 작은 자연수 x는

$3\times7=21$

05 🔲 $\dfrac{1}{6}$

모든 경우의 수는 $6 \times 6 = 36$

$\sqrt{\dfrac{27}{ab}} = \sqrt{\dfrac{3^3}{ab}}$ 이 유리수가 되려면 $ab = 3 \times ($자연수$)^2$ 꼴이어야 한다.

$\therefore ab = 3 \times 1^2$, 3×2^2, 3×3^2 ($\because 1 \leq ab \leq 36$)

(i) $ab = 3 \times 1^2 = 3$일 때, 순서쌍 (a, b)는 $(1, 3)$, $(3, 1)$의 2가지

(ii) $ab = 3 \times 2^2 = 12$일 때, 순서쌍 (a, b)는 $(2, 6)$, $(3, 4)$, $(4, 3)$, $(6, 2)$의 4가지

(iii) $ab = 3 \times 3^2 = 27$일 때, 순서쌍 (a, b)는 없다.

(i) ~ (iii)에서 $\sqrt{\dfrac{27}{ab}}$ 이 유리수가 되는 경우의 수는 $2 + 4 = 6$

따라서 구하는 확률은 $\dfrac{6}{36} = \dfrac{1}{6}$

06 🔲 $35 - 2x$

$\sqrt{20} < x < \sqrt{23}$에서 $\sqrt{16} < \sqrt{20} < x < \sqrt{23} < \sqrt{25}$이므로
$4 < x < 5$

$\therefore$ (주어진 식)
$= (x-1) + (x-2) + (x-3) + (x-4) + \{-(x-5)\}$
$\quad + \{-(x-6)\} + \{-(x-7)\} + \{-(x-8)\} + \{-(x-9)\}$
$\qquad\qquad\qquad\qquad\qquad\qquad\qquad + \{-(x-10)\}$
$= (x-1) + (x-2) + (x-3) + (x-4) + (5-x) + (6-x)$
$\qquad\qquad\qquad\qquad + (7-x) + (8-x) + (9-x) + (10-x)$
$= 35 - 2x$

07 🔲 ④

$8 < \sqrt{70} < 9$이고 $-\sqrt{k} \leq x < \sqrt{70}$을 만족하는 정수 x의 개수가 13개이므로 정수 x는 $-4, -3, -2, \cdots, 8$이다.

즉 $-5 < -\sqrt{k} \leq -4$이므로
$4 \leq \sqrt{k} < 5$ $\therefore 16 \leq k < 25$

따라서 자연수 k의 개수는
$25 - 16 = 9$(개)

08 🔲 $\dfrac{11}{30}$

$\dfrac{\sqrt{3}}{5}$ 과 $\dfrac{\sqrt{5}}{6}$ 사이에 있는 수 중에서 분모가 30인 기약분수를 $\dfrac{x}{30}$ (x는 자연수)라고 하면

$\dfrac{\sqrt{3}}{5} < \dfrac{x}{30} < \dfrac{\sqrt{5}}{6}$이므로 $\left(\dfrac{\sqrt{3}}{5}\right)^2 < \left(\dfrac{x}{30}\right)^2 < \left(\dfrac{\sqrt{5}}{6}\right)^2$

$\dfrac{3}{25} < \dfrac{x^2}{900} < \dfrac{5}{36}$ $\therefore 108 < x^2 < 125$

따라서 이 식을 만족하는 자연수 x는 11이므로 구하는 기약분수는 $\dfrac{11}{30}$ 이다.

09 🔲 ①, ③

② $a = \sqrt{3}$이면 $\sqrt{3}a = \sqrt{3} \times \sqrt{3} = 3$ (유리수)

④ $a = \sqrt{7}$이면 $a - \sqrt{7} = \sqrt{7} - \sqrt{7} = 0$ (유리수)

⑤ $a = \sqrt{2}$이면 $a^2 - 1 = (\sqrt{2})^2 - 1 = 2 - 1 = 1$ (유리수)

따라서 항상 무리수인 것은 ①, ③이다.

10 🔲 83개

(i) $\sqrt{3n}$이 유리수가 되도록 하는 두 자리의 자연수 n은 3×2^2, 3×3^2, 3×4^2, 3×5^2의 4개이다.

(ii) $\sqrt{5n}$이 유리수가 되도록 하는 두 자리의 자연수 n은 5×2^2, 5×3^2, 5×4^2의 3개이다.

(iii) $\sqrt{12n} = \sqrt{2^2 \times 3 \times n}$이 유리수가 되도록 하는 자연수 n의 값은 $\sqrt{3n}$이 유리수가 되도록 하는 자연수 n의 값과 같다.

(i) ~ (iii)에서 $\sqrt{3n}$, $\sqrt{5n}$, $\sqrt{12n}$이 모두 무리수가 되도록 하는 두 자리의 자연수 n의 개수는
$90 - (4 + 3) = 83$(개)

11 🔲 ④

$a - b = (\sqrt{31} - 2) - (-4) = \sqrt{31} + 2 > 0$

$a + b = (\sqrt{31} - 2) + (-4) = \sqrt{31} - 6 = \sqrt{31} - \sqrt{36} < 0$

$\therefore \sqrt{(a-b)^2} - \sqrt{(a+b)^2} = (a - b) - \{-(a+b)\}$
$\qquad\qquad\qquad\qquad\qquad\quad = a - b + a + b$
$\qquad\qquad\qquad\qquad\qquad\quad = 2a$

12 🔲 1209

$\sqrt{1} \times \sqrt{2} \times \sqrt{3} \times \cdots \times \sqrt{12}$
$= \sqrt{1 \times 2 \times 3 \times 2^2 \times 5 \times (2 \times 3) \times 7 \times 2^3 \times 3^2 \times (2 \times 5) \times 11 \times (2^2 \times 3)}$
$= \sqrt{2^{10} \times 3^5 \times 5^2 \times 7 \times 11}$
$= \sqrt{(2^5 \times 3^2 \times 5)^2 \times 3 \times 7 \times 11}$
$= 1440\sqrt{231}$

따라서 $a = 1440$, $b = 231$이므로
$a - b = 1440 - 231 = 1209$

13 🔲 ⑤

$\sqrt{0.243} = \sqrt{\dfrac{243}{1000}} = \sqrt{\dfrac{3^5}{2^3 \times 5^3}}$
$\qquad\quad = \dfrac{(\sqrt{3})^5}{(\sqrt{2})^3 \times (\sqrt{5})^3} = \dfrac{b^5}{a^3 c^3}$

14 🔲 $54\sqrt{2}\,\text{cm}^2$

정육면체의 한 모서리의 길이를 $x\,\text{cm}$라고 하면
$\triangle \text{FGH}$에서 $\overline{\text{FH}} = \sqrt{x^2 + x^2} = \sqrt{2x^2} = \sqrt{2}x$ (cm)

$\triangle \text{BFH}$는 $\angle \text{BFH} = 90°$인 직각삼각형이므로
$\overline{\text{BH}} = \sqrt{x^2 + (\sqrt{2}x)^2} = \sqrt{3x^2} = \sqrt{3}x$ (cm)

이때 $\sqrt{3}x = 18$이므로 $x = \dfrac{18}{\sqrt{3}} = 6\sqrt{3}$

따라서 $\overline{\text{FH}} = \sqrt{2}x = \sqrt{2} \times 6\sqrt{3} = 6\sqrt{6}$ (cm)이므로
$\triangle \text{BFH} = \dfrac{1}{2} \times 6\sqrt{6} \times 6\sqrt{3} = 54\sqrt{2}$ (cm^2)

15 🔲 $\sqrt{2}$배

A4 종이와 A5 종이의 넓이의 비가 2 : 1이므로 닮음비는 $\sqrt{2}$: 1이다.

A5 종이의 짧은 변의 길이를 a라고 하면 A4 종이의 짧은 변의 길이는 $\sqrt{2}a$이다.

이때 A5 종이의 짧은 변의 길이의 2배가 A4 종이의 긴 변의 길이와 같으므로 A4 종이의 긴 변의 길이는 $2a$이다.

따라서 A4 종이의 긴 변의 길이는 짧은 변의 길이의

$$\frac{2a}{\sqrt{2}a}=\sqrt{2}\,(\text{배})$$

16 답 $\dfrac{\sqrt{6}}{6}$

$$\sqrt{\frac{9^4+9^4+9^4}{8^3+8^3+8^3+8^3}}\div\sqrt{\frac{27^3+27^3+27^3}{16^2+16^2+16^2+16^2}}$$

$$=\sqrt{\frac{3\times(3^2)^4}{4\times(2^3)^3}}\div\sqrt{\frac{3\times(3^3)^3}{4\times(2^4)^2}}$$

$$=\sqrt{\frac{3\times3^8}{2^2\times2^9}}\div\sqrt{\frac{3\times3^9}{2^2\times2^8}}$$

$$=\sqrt{\frac{3^9}{2^{11}}\times\frac{2^{10}}{3^{10}}}=\sqrt{\frac{1}{6}}$$

$$=\frac{1}{\sqrt{6}}=\frac{\sqrt{6}}{6}$$

17 답 ③

③ $\sqrt{841}=\sqrt{29^2}=29$이므로

$$\sqrt{8.41}=\sqrt{\frac{841}{100}}=\frac{\sqrt{841}}{10}=\frac{29}{10}=2.9$$

18 답 ①

$(4-5\sqrt{6})a-(2\sqrt{6}-3)b=4a-5\sqrt{6}a-2\sqrt{6}b+3b$

$\qquad\qquad\qquad\qquad\quad=(4a+3b)+(-5a-2b)\sqrt{6}$

즉 $4a+3b=-2$, $-5a-2b=6$이므로 두 식을 연립하여 풀면

$a=-2$, $b=2$

$\therefore a+b=-2+2=0$

19 답 $x=10$, $y=32$

$\sqrt{y}=\sqrt{5x}-\sqrt{2}$에서 우변을 계산할 수 있어야 하므로 $\sqrt{5x}=a\sqrt{2}$ (a는 자연수) 꼴이어야 한다.

즉 $\sqrt{5x}=\sqrt{2a^2}$이므로 $5x=2a^2$

이때 위의 식을 만족하는 자연수 x의 값 중 가장 작은 값은 $a=5$일 때이므로

$5x=2\times5^2$ $\quad\therefore x=10$

또, x의 값이 가장 작을 때 y의 값도 가장 작으므로

$\sqrt{y}=\sqrt{5\times10}-\sqrt{2}=5\sqrt{2}-\sqrt{2}=4\sqrt{2}=\sqrt{32}$

$\therefore y=32$

20 답 $\dfrac{13\sqrt{6}}{6}$

$$A=\frac{5\sqrt{3}-2\sqrt{2}}{\sqrt{2}}=\frac{(5\sqrt{3}-2\sqrt{2})\times\sqrt{2}}{\sqrt{2}\times\sqrt{2}}=\frac{5\sqrt{6}-4}{2}$$

$$B=\frac{2\sqrt{3}-\sqrt{2}}{\sqrt{3}}=\frac{(2\sqrt{3}-\sqrt{2})\times\sqrt{3}}{\sqrt{3}\times\sqrt{3}}=\frac{6-\sqrt{6}}{3}$$

$$\therefore A+B=\frac{5\sqrt{6}-4}{2}+\frac{6-\sqrt{6}}{3}=\frac{3(5\sqrt{6}-4)+2(6-\sqrt{6})}{6}$$

$$=\frac{15\sqrt{6}-12+12-2\sqrt{6}}{6}=\frac{13\sqrt{6}}{6}$$

21 답 $5\sqrt{3}-\sqrt{5}$

$2\sqrt{5}x+5\sqrt{3}=\sqrt{5}x+2\sqrt{5}$에서 $\sqrt{5}x=2\sqrt{5}-5\sqrt{3}$

$\therefore x=\dfrac{2\sqrt{5}-5\sqrt{3}}{\sqrt{5}}=2-\sqrt{15}$

$\sqrt{3}(x+1)-(k-3\sqrt{5})=\sqrt{5}(x-1)+3\sqrt{3}$에 $x=2-\sqrt{15}$를 대입하면

$\sqrt{3}(2-\sqrt{15}+1)-(k-3\sqrt{5})=\sqrt{5}(2-\sqrt{15}-1)+3\sqrt{3}$

$3\sqrt{3}-3\sqrt{5}-k+3\sqrt{5}=\sqrt{5}-5\sqrt{3}+3\sqrt{3}$

$\therefore k=5\sqrt{3}-\sqrt{5}$

22 답 $\dfrac{14-3\sqrt{3}}{6}$

$S_1=3$, $S_2=\dfrac{1}{3}S_1=1$, $S_3=\dfrac{1}{3}S_2=\dfrac{1}{3}$이므로

$S_1+S_2+S_3=3+1+\dfrac{1}{3}=\dfrac{13}{3}$

$S_1=3$에서 $\overline{\mathrm{OB}}=\sqrt{3}$, $S_2=1$에서 $\overline{\mathrm{BB_1}}=1$,

$S_3=\dfrac{1}{3}$에서 $\overline{\mathrm{B_1B_2}}=\sqrt{\dfrac{1}{3}}=\dfrac{1}{\sqrt{3}}=\dfrac{\sqrt{3}}{3}$

즉 $\overline{\mathrm{OB_2}}=\overline{\mathrm{OB}}+\overline{\mathrm{BB_1}}+\overline{\mathrm{B_1B_2}}=\sqrt{3}+1+\dfrac{\sqrt{3}}{3}=\dfrac{3+4\sqrt{3}}{3}$이므로

$\triangle\mathrm{AOB_2}=\dfrac{1}{2}\times\overline{\mathrm{OB_2}}\times\overline{\mathrm{OA}}=\dfrac{1}{2}\times\dfrac{3+4\sqrt{3}}{3}\times\sqrt{3}=\dfrac{3\sqrt{3}+12}{6}$

따라서 색칠한 부분의 넓이는

$S_1+S_2+S_3-\triangle\mathrm{AOB_2}=\dfrac{13}{3}-\dfrac{3\sqrt{3}+12}{6}$

$\qquad\qquad\qquad\qquad\qquad=\dfrac{14-3\sqrt{3}}{6}$

23 답 313

$f(n)=(\sqrt{n}-2$의 정수 부분)이므로

$f(50)=f(51)=f(52)=\cdots=f(63)=7-2=5$

$f(64)=f(65)=f(66)=\cdots=f(80)=8-2=6$

$f(81)=f(82)=f(83)=\cdots=f(99)=9-2=7$

$f(100)=10-2=8$

$\therefore f(50)+f(51)+f(52)+\cdots+f(100)$

$\quad=5\times14+6\times17+7\times19+8\times1$

$\quad=313$

24 답 $-\dfrac{4}{7}$

$6=\sqrt{36}$과 $8=\sqrt{64}$ 사이에 있는 무리수 중 자연수 n에 대하여 $\sqrt{n}$ 꼴로 나타낼 수 있는 가장 큰 수는 $\sqrt{63}$이다.

$7<\sqrt{63}<8$이므로 $x=7$, $y=\sqrt{63}-7$

$\therefore \dfrac{y}{x}=\dfrac{\sqrt{63}-7}{7}=\dfrac{3\sqrt{7}-7}{7}=\dfrac{3}{7}\sqrt{7}-1$

따라서 $a=\dfrac{3}{7}$, $b=-1$이므로

$a+b=\dfrac{3}{7}+(-1)=-\dfrac{4}{7}$

01 ②	**02** 5	**03** $20x^2+6x-2$
04 $47x^2-112x-87$	**05** ⑤	**06** 98　**07** $\sqrt{51}$
08 -45	**09** -36	**10** 880　**11** ④　**12** 160
13 3	**14** $(47,\ 7),\ (-37,\ -7)$	**15** $2a-2$
16 12π cm² **17** ②	**18** ④	**19** 6　　**20** $\dfrac{5}{36}$
21 60	**22** 900	**23** $\dfrac{\sqrt{190}}{10}$　**24** ①

01 답 ②

$(3x-1)^2(ax^2+bx+c)=(9x^2-6x+1)(ax^2+bx+c)$

x^2항이 나오는 부분만 전개하면

$9x^2\times c+(-6x)\times bx+1\times ax^2=(a-6b+9c)x^2$

x항이 나오는 부분만 전개하면

$(-6x)\times c+1\times bx=(b-6c)x$

상수항이 나오는 부분만 전개하면

$1\times c=c$

이때 상수항이 -3이므로 $c=-3$

x의 계수가 16이므로 $b-6c=16$

$b+18=16$ 　∴ $b=-2$

x^2의 계수가 -11이므로 $a-6b+9c=-11$

$a+12-27=-11$ 　∴ $a=4$

∴ $a+b+c=4+(-2)+(-3)=-1$

02 답 5

$x\diamond(-y)+(2x)\diamond y=(x-2y)(3x+y)+(2x+2y)(6x-y)$
$\qquad\qquad\qquad =3x^2-5xy-2y^2+12x^2+10xy-2y^2$
$\qquad\qquad\qquad =15x^2+5xy-4y^2$

따라서 xy의 계수는 5이다.

03 답 $20x^2+6x-2$

$(ax-1)(4x+b)=4ax^2+(ab-4)x-b$

지현이가 a를 p로 잘못 보았다고 하면 $4p=12$ 　∴ $p=3$

즉 $12x^2+(3b-4)x-b=12x^2+2x+c$이므로

$3b-4=2,\ -b=c$ 　∴ $b=2,\ c=-2$

숙영이가 b를 q로 잘못 보았다고 하면 $-q=-3$ 　∴ $q=3$

즉 $4ax^2+(3a-4)x-3=20x^2+11x-3$이므로

$4a=20,\ 3a-4=11$ 　∴ $a=5$

따라서 바르게 전개한 식은

$(5x-1)(4x+2)=20x^2+6x-2$

04 답 $47x^2-112x-87$

$\overline{BC}=\overline{AD}=5x+1$이므로

$\overline{FC}=\overline{BC}-\overline{BF}=(5x+1)-(3x+2)=2x-1$

15개의 직사각형을 일렬로 배열할 때, 큰 직사각형의 가로의 길이는

$15\overline{BC}-14\overline{FC}=15(5x+1)-14(2x-1)$
$\qquad\qquad\qquad =75x+15-28x+14$
$\qquad\qquad\qquad =47x+29$

∴ (큰 직사각형의 넓이)$=(47x+29)(x-3)$
$\qquad\qquad\qquad\qquad\quad =47x^2-112x-87$

05 답 ⑤

$\dfrac{1}{9+1}\times\dfrac{1}{9^2+1}\times\dfrac{1}{9^4+1}\times\dfrac{1}{9^8+1}$

$=(9-1)\times\dfrac{1}{9-1}\times\dfrac{1}{9+1}\times\dfrac{1}{9^2+1}\times\dfrac{1}{9^4+1}\times\dfrac{1}{9^8+1}$

$=8\times\dfrac{1}{9^2-1}\times\dfrac{1}{9^2+1}\times\dfrac{1}{9^4+1}\times\dfrac{1}{9^8+1}$

$=8\times\dfrac{1}{9^4-1}\times\dfrac{1}{9^4+1}\times\dfrac{1}{9^8+1}$

$=8\times\dfrac{1}{9^8-1}\times\dfrac{1}{9^8+1}$

$=8\times\dfrac{1}{9^{16}-1}=\dfrac{8}{3^{32}-1}$

따라서 $a=32,\ b=8$이므로 $a-b=32-8=24$

06 답 98

$6.95^2+7.05^2=(7-0.05)^2+(7+0.05)^2$
$\qquad\qquad\quad =7^2-2\times7\times0.05+0.05^2+7^2+2\times7\times0.05+0.05^2$
$\qquad\qquad\quad =2(7^2+0.05^2)=98.005$

∴ $[6.95^2+7.05^2]=[98.005]=98$

07 답 $\sqrt{51}$

$f(x)=\dfrac{1}{\sqrt{x+1}+\sqrt{x}}=\dfrac{\sqrt{x+1}-\sqrt{x}}{(\sqrt{x+1}+\sqrt{x})(\sqrt{x+1}-\sqrt{x})}$

$\qquad =\dfrac{\sqrt{x+1}-\sqrt{x}}{x+1-x}=\sqrt{x+1}-\sqrt{x}$

∴ $f(0)+f(1)+f(2)+\cdots+f(50)$

$\quad =(\sqrt{1}-0)+(\sqrt{2}-\sqrt{1})+(\sqrt{3}-\sqrt{2})+\cdots+(\sqrt{51}-\sqrt{50})$

$\quad =\sqrt{51}$

08 답 -45

$2<\sqrt{6}<3$이므로 $\sqrt{6}$의 소수 부분은 $f(1)=\sqrt{6}-2$

$\dfrac{1}{f(1)}=\dfrac{1}{\sqrt{6}-2}=\dfrac{\sqrt{6}+2}{(\sqrt{6}-2)(\sqrt{6}+2)}=\dfrac{\sqrt{6}+2}{2}$

$4<\sqrt{6}+2<5$에서 $2<\dfrac{\sqrt{6}+2}{2}<\dfrac{5}{2}$이므로 $\dfrac{1}{f(1)}$의 소수 부분은

$f(2)=\dfrac{\sqrt{6}+2}{2}-2=\dfrac{\sqrt{6}-2}{2}$

$\dfrac{1}{f(2)}=\dfrac{2}{\sqrt{6}-2}=\dfrac{2(\sqrt{6}+2)}{(\sqrt{6}-2)(\sqrt{6}+2)}=\sqrt{6}+2$

$4<\sqrt{6}+2<5$이므로 $\dfrac{1}{f(2)}$의 소수 부분은

$f(3)=(\sqrt{6}+2)-4=\sqrt{6}-2$

같은 방법으로 계속 하면

$f(1)=f(3)=f(5)=\cdots=f(59)=\sqrt{6}-2$

$f(2)=f(4)=f(6)=\cdots=f(60)=\dfrac{\sqrt{6}-2}{2}$

$$\therefore f(1)+f(2)+f(3)+\cdots+f(60)=30\times(\sqrt6-2)+30\times\frac{\sqrt6-2}{2}$$
$$=30\sqrt6-60+15\sqrt6-30$$
$$=45\sqrt6-90$$

따라서 $a=-90$, $b=45$이므로
$a+b=-90+45=-45$

09 답 -36

$x+\dfrac{4}{x}=-5$의 양변에 x를 곱하면

$x^2+4=-5x$ $\therefore x^2+5x=-4$

$\therefore (x-2)(x+2)(x+3)(x+7)$
$=\{(x-2)(x+7)\}\{(x+2)(x+3)\}$
$=(x^2+5x-14)(x^2+5x+6)$
$=(-4-14)\times(-4+6)$
$=-18\times2=-36$

10 답 880

$(x-7)(y-7)=xy-7(x+y)+49$이므로
$5=96-7(x+y)+49$, $7(x+y)=140$
$\therefore x+y=20$
$\therefore x^2+7xy+y^2=(x+y)^2+5xy$
$\qquad\qquad\qquad=20^2+5\times96=880$

11 답 ④

$(x+2)^2+(y+3)^2=20$에서 $x+2=A$, $y+3=B$로 놓으면
$A^2+B^2=20$
한편 $x+2=A$, $y+3=B$에서
$x=A-2$, $y=B-3$
$x+y=1$에 $x=A-2$, $y=B-3$을 대입하면
$(A-2)+(B-3)=1$ $\therefore A+B=6$
$A^2+B^2=(A+B)^2-2AB$에서 $20=6^2-2AB$
$2AB=16$ $\therefore AB=8$
$\therefore 4(x+2)(y+3)=4AB=4\times8=32$

12 답 160

$y=\dfrac{1}{x}=\dfrac{1}{3-2\sqrt2}=\dfrac{3+2\sqrt2}{(3-2\sqrt2)(3+2\sqrt2)}=3+2\sqrt2$
이때 $x+y=(3-2\sqrt2)+(3+2\sqrt2)=6$,
$xy=(3-2\sqrt2)(3+2\sqrt2)=1$이므로
$x^2+y^2=(x+y)^2-2xy=6^2-2\times1=34$
$\therefore 5x(x-y)+2y(x-y)-y(x-7y)-6$
$=5x^2-5xy+2xy-2y^2-xy+7y^2-6$
$=5x^2-4xy+5y^2-6$
$=5(x^2+y^2)-4xy-6$
$=5\times34-4\times1-6$
$=160$

13 답 3

$(x-2)^2-(ax-8)=x^2-4x+4-ax+8$
$\qquad\qquad\qquad\qquad=x^2-(a+4)x+12$
이 식이 $x-4$를 인수로 가지므로
$x^2-(a+4)x+12=(x-4)(x+m)$ (m은 상수)라고 하면
$x^2-(a+4)x+12=x^2+(m-4)x-4m$
따라서 $-(a+4)=m-4$, $12=-4m$이므로
$m=-3$, $a=3$

14 답 $(47,\ 7)$, $(-37,\ -7)$

$9x^2+(m-5)xy+49y^2=(3x)^2+(m-5)xy+(7y)^2$에서
$m-5=\pm2\times3\times7=\pm42$
(i) $m-5=42$에서 $m=47$일 때,
$\qquad9x^2+42xy+49y^2=(3x+7y)^2$ $\therefore n=7$
(ii) $m-5=-42$에서 $m=-37$일 때,
$\qquad9x^2-42xy+49y^2=(3x-7y)^2$ $\therefore n=-7$
(i), (ii)에서 구하는 순서쌍 $(m,\ n)$은 $(47,\ 7)$, $(-37,\ -7)$이다.

15 답 $2a-2$

$\sqrt{x}=a-2$의 양변을 제곱하면
$x=(a-2)^2=a^2-4a+4$
이때 $1<a<4$에서 $a+2>0$, $a-4<0$이므로
$\sqrt{x+8a}-\sqrt{x-4a+12}=\sqrt{a^2-4a+4+8a}-\sqrt{a^2-4a+4-4a+12}$
$\qquad\qquad\qquad\qquad\qquad=\sqrt{a^2+4a+4}-\sqrt{a^2-8a+16}$
$\qquad\qquad\qquad\qquad\qquad=\sqrt{(a+2)^2}-\sqrt{(a-4)^2}$
$\qquad\qquad\qquad\qquad\qquad=a+2-\{-(a-4)\}$
$\qquad\qquad\qquad\qquad\qquad=a+2+a-4=2a-2$

16 답 12π cm^2

큰 원과 작은 원의 반지름의 길이를 각각 R cm, r cm라고 하면
$\overline{AB}-\overline{CD}=3$에서 $2R-2r=3$, $2(R-r)=3$
$\therefore R-r=\dfrac{3}{2}$
또, 색칠한 부분의 둘레의 길이가 16π cm이므로
$2\pi R+2\pi r=16\pi$, $2\pi(R+r)=16\pi$
$\therefore R+r=8$
따라서 색칠한 부분의 넓이는
$\pi R^2-\pi r^2=\pi(R^2-r^2)=\pi(R+r)(R-r)$
$\qquad\qquad\qquad=\pi\times8\times\dfrac{3}{2}=12\pi\,(\text{cm}^2)$

17 답 ②

$\overline{AB}=\overline{BF}=4b$이므로 $\overline{ED}=\overline{EG}=a-4b$
$\therefore \overline{GF}=4b-(a-4b)=-a+8b$
이때 $\overline{IH}=\overline{HC}=\overline{GF}=-a+8b$이므로
$\overline{GI}=a-4b-(-a+8b)=2a-12b$
$\therefore \overline{GF}^2-\overline{GI}^2=(-a+8b)^2-(2a-12b)^2$
$\qquad\qquad\qquad=(-a+8b+2a-12b)(-a+8b-2a+12b)$
$\qquad\qquad\qquad=(a-4b)(20b-3a)$

18 답 ④

$$(x^2-x)(x^2+7x+12)+3=x(x-1)(x+3)(x+4)+3$$
$$=\{x(x+3)\}\{(x-1)(x+4)\}+3$$
$$=(x^2+3x)(x^2+3x-4)+3$$

$x^2+3x=A$로 놓으면
$$(x^2+3x)(x^2+3x-4)+3=A(A-4)+3$$
$$=A^2-4A+3$$
$$=(A-1)(A-3)$$
$$=(x^2+3x-1)(x^2+3x-3)$$

19 답 6

$x^2=A$로 놓으면
$$9x^4-85x^2+36=9(x^2)^2-85x^2+36$$
$$=9A^2-85A+36$$
$$=(A-9)(9A-4)$$
$$=(x^2-9)(9x^2-4)$$
$$=(x+3)(x-3)(3x+2)(3x-2)$$

따라서 $a=3$, $b=-3$, $c=2$, $d=-2$이므로
$$a-b-c-d=3-(-3)-2-(-2)=6$$

20 답 $\dfrac{5}{36}$

모든 경우의 수는 $6\times6=36$
$$xy-3x-3y+9=x(y-3)-3(y-3)$$
$$=(x-3)(y-3)$$

이때 $1\le x\le6$, $1\le y\le6$이므로 x, y의 순서쌍 (x, y)는 다음과 같다.

(ⅰ) $(x-3)(y-3)=1$일 때, 순서쌍 (x, y)는 $(2, 2)$, $(4, 4)$

(ⅱ) $(x-3)(y-3)=4$일 때, 순서쌍 (x, y)는 $(1, 1)$, $(5, 5)$

(ⅲ) $(x-3)(y-3)=9$일 때, 순서쌍 (x, y)는 $(6, 6)$

(ⅰ)~(ⅲ)에서 $xy-3x-3y+9$가 제곱수가 되는 경우는 5가지이므로 구하는 확률은

$$\dfrac{5}{36}$$

21 답 60

$$\left(\dfrac{3^2}{2}+\dfrac{5^2}{4}+\dfrac{7^2}{6}+\cdots+\dfrac{31^2}{30}\right)-\left(\dfrac{1^2}{2}+\dfrac{3^2}{4}+\dfrac{5^2}{6}+\cdots+\dfrac{29^2}{30}\right)$$
$$=\left(\dfrac{3^2}{2}-\dfrac{1^2}{2}\right)+\left(\dfrac{5^2}{4}-\dfrac{3^2}{4}\right)+\left(\dfrac{7^2}{6}-\dfrac{5^2}{6}\right)+\cdots+\left(\dfrac{31^2}{30}-\dfrac{29^2}{30}\right)$$
$$=\dfrac{3^2-1^2}{2}+\dfrac{5^2-3^2}{4}+\dfrac{7^2-5^2}{6}+\cdots+\dfrac{31^2-29^2}{30}$$
$$=\dfrac{(3+1)(3-1)}{2}+\dfrac{(5+3)(5-3)}{4}+\dfrac{(7+5)(7-5)}{6}+\cdots$$
$$+\dfrac{(31+29)(31-29)}{30}$$
$$=\dfrac{4\times2}{2}+\dfrac{8\times2}{4}+\dfrac{12\times2}{6}+\cdots+\dfrac{60\times2}{30}$$
$$=2^2+2^2+2^2+\cdots+2^2$$
$$=2^2\times15$$
$$=60$$

22 답 900

$$2^{16}-1=(2^8+1)(2^8-1)$$
$$=(2^8+1)(2^4+1)(2^4-1)$$
$$=(2^8+1)(2^4+1)(2^2+1)(2^2-1)$$
$$=(2^8+1)(2^4+1)(2^2+1)(2+1)(2-1)$$
$$=257\times17\times5\times3$$

따라서 $x=17$이므로
$$x^2+26x+169=(x+13)^2=(17+13)^2$$
$$=30^2=900$$

23 답 $\dfrac{\sqrt{190}}{10}$

$$f(x)=\sqrt{\dfrac{x^3+x^2}{x^3+x^2-x-1}}$$
$$=\sqrt{\dfrac{x^2(x+1)}{x^2(x+1)-(x+1)}}$$
$$=\sqrt{\dfrac{x^2(x+1)}{(x+1)(x^2-1)}}$$
$$=\sqrt{\dfrac{x^2}{(x-1)(x+1)}}$$

$\therefore f(2)\times f(3)\times f(4)\times\cdots\times f(19)$
$$=\sqrt{\dfrac{2^2}{1\times3}\times\dfrac{3^2}{2\times4}\times\dfrac{4^2}{3\times5}\times\cdots\times\dfrac{19^2}{18\times20}}$$
$$=\sqrt{2\times\dfrac{2}{3}\times\dfrac{3}{2}\times\dfrac{3}{4}\times\dfrac{4}{3}\times\dfrac{4}{5}\times\cdots\times\dfrac{19}{18}\times\dfrac{19}{20}}$$
$$=\sqrt{2\times\dfrac{19}{20}}$$
$$=\sqrt{\dfrac{19}{10}}$$
$$=\dfrac{\sqrt{190}}{10}$$

24 답 ①

$$x=\dfrac{1-\sqrt2}{1+\sqrt2}=\dfrac{(1-\sqrt2)^2}{(1+\sqrt2)(1-\sqrt2)}$$
$$=-(1-\sqrt2)^2=-(1-2\sqrt2+2)=-3+2\sqrt2$$
$$y=\dfrac{1+\sqrt2}{1-\sqrt2}=\dfrac{(1+\sqrt2)^2}{(1-\sqrt2)(1+\sqrt2)}$$
$$=-(1+\sqrt2)^2=-(1+2\sqrt2+2)$$
$$=-3-2\sqrt2$$
$$x+y=(-3+2\sqrt2)+(-3-2\sqrt2)=-6$$
$$x-y=(-3+2\sqrt2)-(-3-2\sqrt2)=4\sqrt2$$
$$xy=(-3+2\sqrt2)(-3-2\sqrt2)=1$$

$\therefore x^2(x-y)+y^2(x-y)-xy(y-x)$
$$=x^2(x-y)+y^2(x-y)+xy(x-y)$$
$$=(x-y)(x^2+y^2+xy)$$
$$=(x-y)\{(x+y)^2-xy\}$$
$$=4\sqrt2\times\{(-6)^2-1\}$$
$$=140\sqrt2$$

대단원 TEST

III. 이차방정식
워크북 026~029쪽

01 ②	02 ③	03 ②	04 ③	05 3개
06 ④	07 8	08 ②	09 37	10 ①, ④
11 ②	12 -6	13 ④	14 2	15 ②
16 4	17 6	18 ③	19 ②	20 6
21 ④	22 $x=-2\pm2\sqrt{3}$	23 20	24 ⑤	

01 답 ②

$(ax+2)(ax-3)=(a+1)(a+4)x^2$에서
$a^2x^2-ax-6=(a^2+5a+4)x^2$
$\therefore (5a+4)x^2+ax+6=0$
위의 식이 x에 대한 이차방정식이므로
$5a+4\neq0$ $\therefore a\neq-\dfrac{4}{5}$
따라서 a의 값이 될 수 없는 것은 ②이다.

02 답 ③

$x=-1$을 $(2a+b-4)x^2+(b-3)x-(2c-1)=0$에 대입하면
$(2a+b-4)-(b-3)-(2c-1)=0$
$2a-2c=0$
$\therefore a=c$
따라서 $a=c$인 이등변삼각형이다.

03 답 ②

$x=\alpha$를 $5x^2-(3k+4)x-5=0$에 대입하면
$5\alpha^2-(3k+4)\alpha-5=0$
이때 $\alpha\neq0$이므로 양변을 5α로 나누면
$\alpha-\dfrac{3k+4}{5}-\dfrac{1}{\alpha}=0$ $\therefore \alpha-\dfrac{1}{\alpha}=\dfrac{3k+4}{5}$
따라서 $\dfrac{3k+4}{5}=k$이므로
$3k+4=5k,\ -2k=-4$
$\therefore k=2$

04 답 ③

$(x+2)^2-5=x(2x+1)$에서
$x^2+4x+4-5=2x^2+x$ $\therefore x^2-3x+1=0$
$x=\alpha$를 $x^2-3x+1=0$에 대입하면
$\alpha^2-3\alpha+1=0$ $\therefore \alpha^2+1=3\alpha$
$x=\beta$를 $x^2-3x+1=0$에 대입하면
$\beta^2-3\beta+1=0$ $\therefore \beta^2+1=3\beta$
$\therefore \dfrac{3\alpha}{\alpha^2+1}-\dfrac{3\beta}{\beta^2+1}=\dfrac{3\alpha}{3\alpha}-\dfrac{3\beta}{3\beta}$
$\qquad\qquad\qquad\qquad =1-1=0$

05 답 3개

$<x>^2+<x>=12$에서 $<x>^2+<x>-12=0$
$(<x>+4)(<x>-3)=0$
$\therefore <x>=-4$ 또는 $<x>=3$
그런데 약수의 개수는 자연수이므로 $<x>=3$
따라서 30 이하의 자연수 중 약수의 개수가 3개인 수는 (소수)^2 꼴이므로
$2^2=4,\ 3^2=9,\ 5^2=25$의 3개이다.

06 답 ④

$x^2+(a-3)x-3a=0$에서
$(x+a)(x-3)=0$ $\therefore x=-a$ 또는 $x=3$
$2x^2+(-2a+1)x+(a-1)=0$에서
$(x-a+1)(2x-1)=0$ $\therefore x=a-1$ 또는 $x=\dfrac{1}{2}$
이때 두 이차방정식이 공통인 근을 가지려면 $-a=a-1$ 또는 $-a=\dfrac{1}{2}$
또는 $3=a-1$이어야 하므로
$a=-\dfrac{1}{2}$ 또는 $a=\dfrac{1}{2}$ 또는 $a=4$
따라서 모든 a의 값의 합은
$-\dfrac{1}{2}+\dfrac{1}{2}+4=4$

07 답 8

$x=3$을 $2x^2-(2k+5)x+(k^2+6)=0$에 대입하면
$18-3(2k+5)+(k^2+6)=0$
$18-6k-15+k^2+6=0$
$k^2-6k+9=0,\ (k-3)^2=0$
$\therefore k=3$
따라서 이차방정식 $2x^2-11x+15=0$에서
$(2x-5)(x-3)=0$ $\therefore x=\dfrac{5}{2}$ 또는 $x=3$
이때 $\alpha=\dfrac{5}{2}$이므로
$k+2\alpha=3+2\times\dfrac{5}{2}=8$

08 답 ②

이차방정식 $x^2-(3k-4)x+(k-1)=0$이 중근을 가지므로
$\{-(3k-4)\}^2-4\times1\times(k-1)=0$
$9k^2-24k+16-4k+4=0,\ 9k^2-28k+20=0$
$(9k-10)(k-2)=0$ $\therefore k=\dfrac{10}{9}$ 또는 $k=2$
(i) $k=\dfrac{10}{9}$일 때, $x^2+\dfrac{2}{3}x+\dfrac{1}{9}=0$
$\qquad\left(x+\dfrac{1}{3}\right)^2=0$ $\therefore x=-\dfrac{1}{3}$
(ii) $k=2$일 때, $x^2-2x+1=0$
$\qquad(x-1)^2=0$ $\therefore x=1$
(i), (ii)에서 중근이 양수이므로 $k=2$
따라서 처음 이차방정식 $x^2+x-2=0$을 풀면
$(x+2)(x-1)=0$ $\therefore x=-2$ 또는 $x=1$

09 답 37

이차방정식 $x^2+2kx+17p+1=0$이 중근을 가지므로

$17p+1=\left(\dfrac{2k}{2}\right)^2$, $k^2-17p-1=0$

$k^2-1=17p$ $\therefore (k+1)(k-1)=17p$

이때 $k\neq2$인 자연수이므로 $k+1\neq1$, $k-1\neq1$

(i) $k+1=17$일 때, $k=16$

　$k=16$을 $(k+1)(k-1)=17p$에 대입하면

　$(16+1)(16-1)=17p$ $\therefore p=15$

(ii) $k-1=17$일 때, $k=18$

　$k=18$을 $(k+1)(k-1)=17p$에 대입하면

　$(18+1)(18-1)=17p$ $\therefore p=19$

(i), (ii)에서 p는 소수이므로 $p=19$

이때 $k=18$이므로 $p+k=19+18=37$

10 답 ①, ④

$(x+p)^2=|3-q|$에서 $|3-q|\geq0$이므로 이 이차방정식은 p의 값에 관계없이 $q\neq3$이면 서로 다른 두 근을, $q=3$이면 중근을 갖는다.

① p의 값은 근의 개수와 관계가 없다.

③ $p=0$이면 $x^2=|3-q|$ $\therefore x=\pm\sqrt{3-q}$

　즉 두 근의 절댓값이 같다.

④ $q=0$이면 $(x+p)^2=3$ $\therefore x=-p\pm\sqrt{3}$

　즉 두 근의 부호는 알 수 없다.

⑤ $q=12$이면 $(x+p)^2=9$ $\therefore x=-p\pm3$

　즉 두 근이 모두 유리수이다.

따라서 옳지 않은 것은 ①, ④이다.

11 답 ②

$(x+3)^2=\dfrac{1}{2}k$에서 $x+3=\pm\sqrt{\dfrac{1}{2}k}$ $\therefore x=-3\pm\sqrt{\dfrac{1}{2}k}$

따라서 두 근의 차는 $\left(-3+\sqrt{\dfrac{1}{2}k}\right)-\left(-3-\sqrt{\dfrac{1}{2}k}\right)=2\sqrt{\dfrac{1}{2}k}$

이때 두 근의 차가 자연수가 되려면 k의 값은 $2\times(\text{자연수})^2$ 꼴이어야 한다.

또, 두 근의 차가 한 자리 자연수가 되려면

$1\leq2\sqrt{\dfrac{1}{2}k}<10$, $\dfrac{1}{2}\leq\sqrt{\dfrac{1}{2}k}<5$

각 변을 제곱하면 $\dfrac{1}{4}\leq\dfrac{1}{2}k<25$ $\therefore \dfrac{1}{2}\leq k<50$

$\therefore k=2\times1^2,\ 2\times2^2,\ 2\times3^2,\ 2\times4^2$

따라서 자연수 k의 값은 모두 4개이다.

12 답 -6

$4x^2-2x-1=0$의 양변을 4로 나누면

$x^2-\dfrac{1}{2}x-\dfrac{1}{4}=0$, $x^2-\dfrac{1}{2}x=\dfrac{1}{4}$

$x^2-\dfrac{1}{2}x+\dfrac{1}{16}=\dfrac{1}{4}+\dfrac{1}{16}$ $\therefore \left(x-\dfrac{1}{4}\right)^2=\dfrac{5}{16}$

위의 이차방정식의 양변에 -5를 곱하면

$-5\left(x-\dfrac{1}{4}\right)^2=-\dfrac{25}{16}$ $\therefore p=\dfrac{1}{4}$, $q=-\dfrac{25}{16}$

$\therefore p+4q=\dfrac{1}{4}+4\times\left(-\dfrac{25}{16}\right)=-6$

13 답 ④

$(a-4)\odot(2a+1)=-2$에서

$(a-4)^2-2(a-4)(2a+1)-(2a+1)^2=-2$

$a^2-8a+16-2(2a^2-7a-4)-(4a^2+4a+1)=-2$

$7a^2-2a-25=0$

$\therefore a=\dfrac{-(-1)\pm\sqrt{(-1)^2-7\times(-25)}}{7}=\dfrac{1\pm4\sqrt{11}}{7}$

14 답 2

$x^2-6x-3=0$에서

$x=-(-3)\pm\sqrt{(-3)^2-1\times(-3)}=3\pm2\sqrt{3}$

$3x^2-6x-1=0$에서

$x=\dfrac{-(-3)\pm\sqrt{(-3)^2-3\times(-1)}}{3}=\dfrac{3\pm2\sqrt{3}}{3}$

이때 $3-2\sqrt{3}<\dfrac{3-2\sqrt{3}}{3}<\dfrac{3+2\sqrt{3}}{3}<3+2\sqrt{3}$이므로

$a=3-2\sqrt{3}$, $b=\dfrac{3-2\sqrt{3}}{3}$, $c=\dfrac{3+2\sqrt{3}}{3}$, $d=3+2\sqrt{3}$

$\therefore b-\dfrac{1}{a}=\dfrac{3-2\sqrt{3}}{3}-\dfrac{1}{3-2\sqrt{3}}$

$=\dfrac{3-2\sqrt{3}}{3}-\left(-\dfrac{3+2\sqrt{3}}{3}\right)=2$

15 답 ②

$x^2+\dfrac{1}{x^2}=\left(x+\dfrac{1}{x}\right)^2-2=3$에서

$\left(x+\dfrac{1}{x}\right)^2=5$ $\therefore x+\dfrac{1}{x}=\pm\sqrt{5}$

그런데 $0<x<1$이므로 $x+\dfrac{1}{x}=\sqrt{5}$

양변에 x를 곱하면

$x^2+1=\sqrt{5}x$, $x^2-\sqrt{5}x+1=0$

$\therefore x=\dfrac{-(-\sqrt{5})\pm\sqrt{(-\sqrt{5})^2-4\times1\times1}}{2\times1}=\dfrac{\sqrt{5}\pm1}{2}$

그런데 $0<x<1$이므로

$x=\dfrac{\sqrt{5}-1}{2}$

16 답 4

주어진 이차방정식의 양변에 12를 곱하면

$3(x^2-1)+4(x+2)-6=0$

$3x^2-3+4x+8-6=0$

$3x^2+4x-1=0$

$\therefore x=\dfrac{-2\pm\sqrt{2^2-3\times(-1)}}{3}=\dfrac{-2\pm\sqrt{7}}{3}$

따라서 $\alpha=\dfrac{-2+\sqrt{7}}{3}$, $\beta=\dfrac{-2-\sqrt{7}}{3}$ 또는 $\alpha=\dfrac{-2-\sqrt{7}}{3}$, $\beta=\dfrac{-2+\sqrt{7}}{3}$이므로

$\dfrac{1}{\alpha}+\dfrac{1}{\beta}=\dfrac{3}{-2+\sqrt{7}}+\dfrac{3}{-2-\sqrt{7}}$

$=(2+\sqrt{7})+(2-\sqrt{7})=4$

17 답 6

$x=a$를 $x^4-5x^3-4x^2-5x+1=0$에 대입하면

$a^4-5a^3-4a^2-5a+1=0$

이때 $a\neq0$이므로 양변을 a^2으로 나누면

$a^2-5a-4-\dfrac{5}{a}+\dfrac{1}{a^2}=0$, $\left(a+\dfrac{1}{a}\right)^2-5\left(a+\dfrac{1}{a}\right)-6=0$

$a+\dfrac{1}{a}=A$로 놓으면 $A^2-5A-6=0$

$(A+1)(A-6)=0$ $\quad\therefore A=-1$ 또는 $A=6$

$\therefore a+\dfrac{1}{a}=-1$ 또는 $a+\dfrac{1}{a}=6$

그런데 $a>0$이므로 $a+\dfrac{1}{a}=6$

18 답 ③

주어진 이차방정식이 중근을 가지므로 $(-a)^2-4\times3\times5b=0$

$a^2-60b=0$ $\quad\therefore a^2=60b=2^2\times3\times5\times b$

이때 a, b가 자연수이므로 $b=3\times5\times(\text{자연수})^2$ 꼴이어야 한다.

따라서 a의 값이 최소가 되게 하는 b의 값은 $b=3\times5\times1^2=15$이므로

$a^2=60\times15=900$ $\quad\therefore a=30\,(\because a>0)$

$\therefore a+b=30+15=45$

19 답 ②

이차방정식 $ax^2-b=0$이 서로 다른 두 근을 가지므로

$-4\times a\times(-b)>0$ $\quad\therefore ab>0$

이차방정식 $(x+b)^2+a=0$, 즉 $(x+b)^2=-a$가 서로 다른 두 근을

가지므로

$-a>0$ $\quad\therefore a<0$

이때 $ab>0$이므로 $b<0$

$\therefore \sqrt{25a^2}+\sqrt{(a-b)^2+4ab}-\sqrt{b^2}=\sqrt{(5a)^2}+\sqrt{(a+b)^2}-\sqrt{b^2}$

$=-5a+\{-(a+b)\}-(-b)$

$=-5a-a-b+b$

$=-6a$

20 답 6

$x^2-(2a-3)x+6=0$에서

$a+\beta=2a-3$ ...... ㉠

$a\beta=6$ ...... ㉡

$3x^2-6ax+b=0$에서

$a+\gamma=-\dfrac{-6a}{3}=2a$ ...... ㉢

$a\gamma=\dfrac{b}{3}$ ...... ㉣

㉠$-$㉢을 하면 $\beta-\gamma=-3$

이때 $a+\gamma=\beta$에서 $\beta-\gamma=a$

$\therefore a=-3$

$a=-3$을 ㉠, ㉡, ㉢, ㉣에 각각 대입하여 풀면

$\beta=-2$, $\gamma=1$, $a=-1$, $b=-9$

$\therefore a+\beta+\gamma-(a+b)=-3+(-2)+1-\{(-1)+(-9)\}$

$=6$

21 답 ④

두 근이 1, 4이고 x^2의 계수가 $[A, B]$인 이차방정식은

$[A, B](x-1)(x-4)=0$, $[A, B](x^2-5x+4)=0$

$[A, B]x^2-5[A, B]x+4[A, B]=0$

이때 $-(A, B)=-5[A, B]$, $8=4[A, B]$이므로

$[A, B]=2$, $(A, B)=10$

즉 A, B의 최대공약수가 2이므로 $A=2a$, $B=2b\,(a, b$는 서로소)라고

하면

$2\times10=2a\times2b$ $\quad\therefore ab=5$

따라서 두 자연수 a, b는 1, 5이므로 A, B는 2, 10이다.

$\therefore A+B=2+10=12$

22 답 $x=-2\pm2\sqrt{3}$

다훈이가 푼 이차방정식은

$(x+7)(x-3)=0$ $\quad\therefore x^2+4x-21=0$

이때 다훈이는 x의 계수를 제대로 보았으므로 처음 이차방정식의 x의

계수는 4이다.

성규가 푼 이차방정식은

$(x+4)(x-2)=0$ $\quad\therefore x^2+2x-8=0$

이때 성규는 상수항을 제대로 보았으므로 처음 이차방정식의 상수항은

-8이다.

따라서 처음 이차방정식 $x^2+4x-8=0$을 풀면

$x=-2\pm\sqrt{2^2-1\times(-8)}=-2\pm2\sqrt{3}$

23 답 20

(판매 금액)$=3000\left(1+\dfrac{x}{100}\right)\left(1-\dfrac{x}{100}\right)$

$=3000-\dfrac{3}{10}x^2$(원)

이때 120원의 손해를 보았으므로

$\left(3000-\dfrac{3}{10}x^2\right)-3000=-120$

$\dfrac{3}{10}x^2=120$, $x^2=400$ $\quad\therefore x=20\,(\because x>0)$

24 답 ⑤

$\triangle\text{ABC}$에서

$\angle\text{CAB}=\angle\text{CBA}=\dfrac{1}{2}\times(180°-36°)=72°$

$\therefore \angle\text{CAD}=\dfrac{1}{2}\angle\text{CAB}=\dfrac{1}{2}\times72°=36°$

이때 $\angle\text{CAD}=\angle\text{C}$이므로 $\overline{\text{AD}}=\overline{\text{CD}}$

$\triangle\text{ADC}$에서 $\angle\text{ADB}=36°+36°=72°$

이때 $\angle\text{B}=\angle\text{ADB}$이므로 $\overline{\text{AB}}=\overline{\text{AD}}$

$\overline{\text{AB}}=x$라고 하면 $\overline{\text{AD}}=\overline{\text{DC}}=\overline{\text{AB}}=x$

또, $\triangle\text{CAB}\backsim\triangle\text{ABD}$ (AA 닮음)이므로

$\overline{\text{CA}}:\overline{\text{AB}}=\overline{\text{AB}}:\overline{\text{BD}}$에서 $6:x=x:(6-x)$

$x^2=6(6-x)$, $x^2+6x-36=0$

$\therefore x=-3\pm\sqrt{3^2-1\times(-36)}=-3\pm3\sqrt{5}$

그런데 $x>0$이므로 $x=-3+3\sqrt{5}$

$\therefore \overline{\text{AB}}=-3+3\sqrt{5}$

IV. 이차함수

워크북 030~033쪽

01 ②, ⑤	**02** ③	**03** -1	**04** $\dfrac{4}{3}$	**05** 24
06 $\dfrac{5}{8} \le a < 2$		**07** ④	**08** 4개	**09** -2
10 $0 < a < \dfrac{2}{3}$		**11** $\dfrac{2}{9} < a < 4$		**12** ⑤
13 ④	**14** ⑤	**15** ②	**16** 2	**17** 6
18 24	**19** 제1 사분면		**20** ④	**21** 6
22 17	**23** ⑤	**24** $(2, -6)$		

01 답 ②, ⑤

$y = (a-2)(a+1)x^2 - 4x(x-1) + 2$
$\quad = (a^2 - a - 2)x^2 - 4x^2 + 4x + 2$
$\quad = (a^2 - a - 6)x^2 + 4x + 2$

위의 식이 x에 대한 이차함수가 되려면 $a^2 - a - 6 \neq 0$이어야 하므로
$(a+2)(a-3) \neq 0$ $\quad \therefore a \neq -2, a \neq 3$
따라서 a의 값이 될 수 없는 것은 ②, ⑤이다.

02 답 ③

$f(-3) = (-3)^2 - a \times (-3) + 6 = 3$이므로
$3a = -12$ $\quad \therefore a = -4$
따라서 $f(x) = x^2 + 4x + 6$이므로
$f(2) = 2^2 + 4 \times 2 + 6 = 18$ $\quad \therefore b = 18$
$\therefore a + b = -4 + 18 = 14$

03 답 -1

모든 실수 x에 대하여 이차함수 $y = ax^2$의 함숫값은 이차함수 $y = x^2$의 함숫값의 4배이므로 $a = 4$
이때 이차함수 $y = 4x^2$의 그래프와 x축에 대칭인 그래프를 나타내는 이차함수의 식은 $y = -4x^2$
따라서 이차함수 $y = -4x^2$의 그래프가 점 $\left(-\dfrac{1}{2}, b\right)$를 지나므로
$b = -4 \times \left(-\dfrac{1}{2}\right)^2 = -1$

04 답 $\dfrac{4}{3}$

점 A는 직선 $y = 12$와 y축과의 교점이므로 A$(0, 12)$
$y = \dfrac{1}{3}x^2$에 $y = 12$를 대입하면
$12 = \dfrac{1}{3}x^2$, $x^2 = 36$ $\quad \therefore x = \pm 6$
그런데 점 B는 제1 사분면 위에 있으므로
$x = 6$ $\quad \therefore$ B$(6, 12)$
따라서 이차함수 $y = ax^2$의 그래프가 $\overline{AB}$의 중점 M$(3, 12)$를 지나므로
$12 = 9a$ $\quad \therefore a = \dfrac{4}{3}$

05 답 24

점 A는 y축 위에 있으므로 x좌표가 0이고, $\overline{AD}$는 x축과 평행하고 길이가 4이므로 점 D의 x좌표는 4이다.
$y = \dfrac{1}{2}x^2$에 $x = 4$를 대입하면 $y = 8$ $\quad \therefore$ D$(4, 8)$, A$(0, 8)$
또, □ABCD가 평행사변형이므로 $\overline{BC} = \overline{AD} = 4$
이때 이차함수 $y = \dfrac{1}{2}x^2$의 그래프는 y축에 대칭이므로 두 점 B, C의 x좌표는 각각 -2, 2이다.
$y = \dfrac{1}{2}x^2$에 $x = -2$를 대입하면 $y = 2$ $\quad \therefore$ B$(-2, 2)$, C$(2, 2)$
$\therefore$ □ABCD $= 4 \times (8 - 2) = 24$

06 답 $\dfrac{5}{8} \le a < 2$

이차함수 $y = ax^2$의 그래프가 $\overline{AB}$와 한 점에서 만나려면 오른쪽 그림과 같이 그래프가 점 A를 지날 때보다 폭이 좁고, 점 B를 지날 때보다 폭이 넓어야 한다.

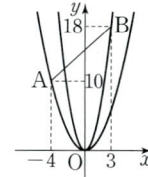

(ⅰ) 이차함수 $y = ax^2$의 그래프가 점 A$(-4, 10)$을 지날 때,
$\quad 10 = 16a$ $\quad \therefore a = \dfrac{5}{8}$
(ⅱ) 이차함수 $y = ax^2$의 그래프가 점 B$(3, 18)$을 지날 때,
$\quad 18 = 9a$ $\quad \therefore a = 2$
(ⅰ), (ⅱ)에서 $\dfrac{5}{8} \le a \le 2$
그런데 이차함수 $y = ax^2$의 그래프가 점 B를 지날 때에는 위의 그림과 같이 $\overline{AB}$와 두 점에서 만나게 되므로 $a \neq 2$이어야 한다.
$\therefore \dfrac{5}{8} \le a < 2$

07 답 ④

이차함수 $y = ax^2 + q$의 그래프가 점 $(-2, -4)$를 지나므로
$-4 = 4a + q$ $\quad\quad\quad\quad$ …… ㉠
또, 이차함수 $y = ax^2 + q$의 그래프가 점 $(1, 2)$를 지나므로
$2 = a + q$ $\quad\quad\quad\quad$ …… ㉡
㉠, ㉡을 연립하여 풀면 $a = -2$, $q = 4$
따라서 이차함수 $y = -2x^2 + 4$의 그래프의 꼭짓점의 좌표는 $(0, 4)$이다.

08 답 4개

$y = -\dfrac{1}{12}x^2 + k$에 $y = 0$을 대입하면 $0 = -\dfrac{1}{12}x^2 + k$
$\dfrac{1}{12}x^2 = k$, $x^2 = 12k$ $\quad \therefore x = \pm 2\sqrt{3k}$
즉 A$(-2\sqrt{3k}, 0)$, B$(2\sqrt{3k}, 0)$ 또는 A$(2\sqrt{3k}, 0)$, B$(-2\sqrt{3k}, 0)$이므로
$\overline{AB} = 2\sqrt{3k} - (-2\sqrt{3k}) = 4\sqrt{3k}$
이때 $\overline{AB}$의 길이가 자연수가 되려면 k는 $3 \times$ (자연수)^2 꼴이어야 한다.
$0 < k < 50$이므로 $k = 3 \times 1^2, 3 \times 2^2, 3 \times 3^2, 3 \times 4^2$
$\therefore k = 3, 12, 27, 48$
따라서 자연수 k의 값은 모두 4개이다.

09 답 -2

이차함수 $y=-4\left(x-\dfrac{1}{2}\right)^2$의 그래프의 꼭짓점의 좌표는 $\left(\dfrac{1}{2},\ 0\right)$이므로

$A\left(\dfrac{1}{2},\ 0\right)$

$y=-4\left(x-\dfrac{1}{2}\right)^2$에 $x=0$을 대입하면

$y=-1$ $\quad \therefore B(0,\ -1)$

이때 직선 $y=ax+b$는 두 점 $A\left(\dfrac{1}{2},\ 0\right)$, $B(0,\ -1)$을 지나므로

$a=\dfrac{-1-0}{0-\dfrac{1}{2}}=\dfrac{-1}{-\dfrac{1}{2}}=2,\ b=-1$

$\therefore ab=2\times(-1)=-2$

10 답 $0<a<\dfrac{2}{3}$

이차함수 $y=a(x+3)^2-6$의 그래프의 꼭짓점 $(-3,\ -6)$은 제3사분면 위에 있다.

이 그래프가 모든 사분면을 지나려면

(ⅰ) 그래프는 아래로 볼록해야 하므로

$a>0$

(ⅱ) y축과 만나는 점이 x축의 아래쪽에 있어야 하므로

$y=a(x+3)^2-6$에 $x=0$을 대입하면

$y=9a-6<0,\ 9a<6$ $\quad \therefore a<\dfrac{2}{3}$

(ⅰ), (ⅱ)에서 $0<a<\dfrac{2}{3}$

11 답 $\dfrac{2}{9}<a<4$

이차함수 $y=a(x-p)^2+q$의 그래프의 꼭짓점의 좌표가 $(2,\ 1)$이므로

$y=a(x-2)^2+1$

이차함수 $y=a(x-2)^2+1$의 그래프가 정사각형 ABCD와 두 점에서 만나려면 그래프가 점 A를 지날 때보다 폭이 넓고 점 C를 지날 때보다 폭이 좁아야 한다.

(ⅰ) 이차함수 $y=a(x-2)^2+1$의 그래프가 점 $A(3,\ 5)$를 지날 때,

$5=a+1$ $\quad \therefore a=4$

(ⅱ) 이차함수 $y=a(x-2)^2+1$의 그래프가 점 $C(5,\ 3)$을 지날 때,

$3=9a+1,\ 9a=2$ $\quad \therefore a=\dfrac{2}{9}$

(ⅰ), (ⅱ)에서 $\dfrac{2}{9}<a<4$

12 답 ⑤

이차함수 $y=(x+a)^2+ab$의 꼭짓점 $(-a,\ ab)$가 제3사분면 위에 있으므로

$-a<0,\ ab<0$ $\quad \therefore a>0,\ b<0$

따라서 이차함수 $y=a\left(x+\dfrac{b}{a}\right)^2-b$의 그래프는

$a>0$이므로 아래로 볼록하고, $-\dfrac{b}{a}>0,\ -b>0$에서

꼭짓점 $\left(-\dfrac{b}{a},\ -b\right)$가 제1사분면 위에 있으므로

오른쪽 그림과 같이 제3, 4사분면을 지나지 않는다.

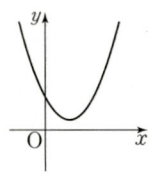

13 답 ④

$y=x^2-6x+a+8=(x-3)^2+a-1$이므로 꼭짓점의 좌표는 $(3,\ a-1)$

$y=-\dfrac{1}{2}x^2+2bx+1=-\dfrac{1}{2}(x-2b)^2+2b^2+1$이므로 꼭짓점의 좌표는 $(2b,\ 2b^2+1)$

이때 $3=2b,\ a-1=2b^2+1$이므로 $a=\dfrac{13}{2},\ b=\dfrac{3}{2}$

$\therefore a-b=\dfrac{13}{2}-\dfrac{3}{2}=5$

14 답 ⑤

$y=-x^2-6kx-9k^2-k+2=-(x+3k)^2-k+2$의 그래프의 꼭짓점 $(-3k,\ -k+2)$가 제2사분면 위에 있으므로

$-3k<0,\ -k+2>0$ $\quad \therefore k>0,\ k<2$

$\therefore 0<k<2$

15 답 ②

$y=3x^2-6x+7+k=3(x-1)^2+k+4$의 그래프가 x축과 두 점에서 만나려면

$k+4<0$ $\quad \therefore k<-4$

이차함수 $y=3x^2-6x+7+k$의 그래프가 점 $(k,\ 4k^2+1)$을 지나므로

$4k^2+1=3k^2-6k+7+k,\ k^2+5k-6=0$

$(k+6)(k-1)=0$ $\quad \therefore k=-6$ 또는 $k=1$

그런데 $k<-4$이므로 $k=-6$

16 답 2

주어진 두 이차함수의 그래프의 교점은 이차함수 $y=x^2-x+4$의 그래프와 직선 $y=-2x+6$의 교점과 같으므로

$x^2-x+4=-2x+6,\ x^2+x-2=0$

$(x+2)(x-1)=0$ $\quad \therefore x=-2$ 또는 $x=1$

$x=-2$를 $y=-2x+6$에 대입하면 $y=10$

$x=1$을 $y=-2x+6$에 대입하면 $y=4$

즉 두 이차함수의 그래프의 교점의 좌표는 $(-2,\ 10),\ (1,\ 4)$이다.

이차함수 $y=ax^2+bx+3$의 그래프가 점 $(-2,\ 10)$을 지나므로

$10=4a-2b+3$ $\quad \therefore 4a-2b=7$ $\quad\quad\quad \cdots\cdots \ \ ㉠$

또, 이차함수 $y=ax^2+bx+3$의 그래프가 점 $(1,\ 4)$를 지나므로

$4=a+b+3$ $\quad \therefore a+b=1$ $\quad\quad\quad\quad\quad \cdots\cdots \ \ ㉡$

㉠, ㉡을 연립하여 풀면 $a=\dfrac{3}{2},\ b=-\dfrac{1}{2}$

$\therefore a-b=\dfrac{3}{2}-\left(-\dfrac{1}{2}\right)=2$

17 답 6

$y=-\dfrac{1}{4}x^2+2x-3=-\dfrac{1}{4}(x-4)^2+1$이므로 $A(4,\ 1)$

$y=-\dfrac{1}{4}x^2+2x-3$에 $x=0$을 대입하면 $y=-3$ $\quad \therefore B(0,\ -3)$

$y=-\dfrac{1}{4}x^2+2x-3$에 $y=0$을 대입하면 $0=-\dfrac{1}{4}x^2+2x-3$

$x^2-8x+12=0,\ (x-2)(x-6)=0$

$\therefore x=2$ 또는 $x=6$

그런데 점 C는 그래프가 x축과 만나는 두 점 중 원점으로부터 멀리 떨어져 있는 점이므로 C$(6, 0)$

오른쪽 그림과 같이 점 A에서 y축에 내린 수선의 발을 D라 하고 점 C에서 $\overline{AD}$의 연장선에 내린 수선의 발을 E라고 하면

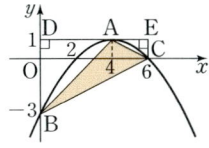

$\triangle ABC = \square DBCE - \triangle ADB - \triangle ACE$

$\qquad = \dfrac{1}{2} \times (1+4) \times 6 - \dfrac{1}{2} \times 4 \times 4 - \dfrac{1}{2} \times 2 \times 1$

$\qquad = 15 - 8 - 1 = 6$

18 답 24

오른쪽 그림과 같이 이차함수 $y = -x^2 + 6x + 9$의 그래프에서 꼭짓점을 A, y축과의 교점을 B라 하고, 이차함수 $y = -x^2 + 6x + 1$의 그래프에서 꼭짓점을 C, y축과의 교점을 D라고 하자.

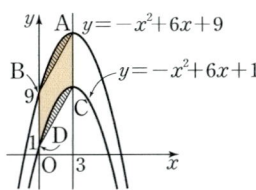

$y = -x^2 + 6x + 9 = -(x-3)^2 + 18$이므로 A$(3, 18)$

$y = -x^2 + 6x + 9$에 $x=0$을 대입하면

$y = 9$　∴ B$(0, 9)$

$y = -x^2 + 6x + 1 = -(x-3)^2 + 10$이므로 C$(3, 10)$

$y = -x^2 + 6x + 1$에 $x=0$을 대입하면

$y = 1$　∴ D$(0, 1)$

이때 빗금 친 두 부분의 넓이는 서로 같으므로 색칠한 부분의 넓이는 평행사변형 ABDC의 넓이와 같다.

따라서 구하는 넓이는 $(9-1) \times (3-0) = 24$

19 답 제1사분면

일차함수 $y = ax - b$의 그래프에서

$a > 0$, $-b > 0$　∴ $a > 0$, $b < 0$

일차함수 $y = cx - d$의 그래프에서

$c > 0$, $-d > 0$　∴ $c > 0$, $d < 0$

$y = (ax+b)(cx+d) = acx^2 + (ad+bc)x + bd$에서 $ac > 0$이므로 그래프는 아래로 볼록하고, $ad+bc < 0$에서 $ac \times (ad+bc) < 0$이므로 축이 y축의 오른쪽에 있고, $bd > 0$이므로 y축과 만나는 점이 x축의 위쪽에 있다.

이때 그래프가 x축과 만나지 않으므로 그래프는 오른쪽 그림과 같다.

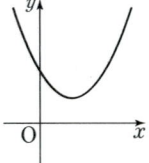

따라서 꼭짓점은 제1사분면 위에 있다.

20 답 ④

그래프가 위로 볼록하므로 $a < 0$

축이 y축의 오른쪽에 있으므로 $ab < 0$　∴ $b > 0$

y축과 만나는 점이 x축의 위쪽에 있으므로 $c > 0$

③ 축의 방정식이 $x = \dfrac{1}{2}$이므로

$\quad y = a\left(x - \dfrac{1}{2}\right)^2 + q = ax^2 - ax + \dfrac{1}{4}a + q$라고 하면

$\quad b = -a$　∴ $a + b = 0$

④, ⑤ 축의 방정식이 $x = \dfrac{1}{2}$이고 그래프가 x축과 만나는 점과 축 사이의 거리는 $\dfrac{1}{2} - (-1) = \dfrac{3}{2}$이므로 그래프와 x축의 다른 한 교점의 좌표는 $\left(\dfrac{1}{2} + \dfrac{3}{2}, 0\right) = (2, 0)$이다.

즉 $x = 2$일 때의 (y의 값)$= 0$이므로 $4a + 2b + c = 0$

또, $x = 1$일 때의 (y의 값)> 0이므로 $a + b + c > 0$

따라서 옳지 않은 것은 ④이다.

21 답 6

꼭짓점의 좌표가 $(6, -9)$이므로 구하는 이차함수의 식을 $y = a(x-6)^2 - 9$라고 하자.

이 그래프가 점 $(4, -5)$를 지나므로

$-5 = 4a - 9$, $4a = 4$　∴ $a = 1$

∴ $y = (x-6)^2 - 9 = x^2 - 12x + 27$

위의 식에 $y = 0$을 대입하면 $0 = x^2 - 12x + 27$

$(x-3)(x-9) = 0$　∴ $x = 3$ 또는 $x = 9$

따라서 구하는 두 점 사이의 거리는 $9 - 3 = 6$

22 답 17

$y = \dfrac{1}{2}(x+2)^2 + 1$에 $x = 0$을 대입하면

$y = \dfrac{1}{2} \times 2^2 + 1 = 3$　∴ B$(0, 3)$

점 A는 제1사분면 위에 있고 $\triangle ABO$의 넓이가 6이므로 오른쪽 그림에서

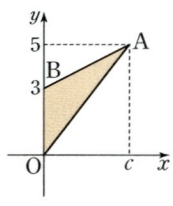

$\triangle ABO = \dfrac{1}{2} \times 3 \times c = 6$　∴ $c = 4$

따라서 $y = (x-4)^2 + 5 = x^2 - 8x + 21$이므로

$a = -8$, $b = 21$

∴ $a + b + c = -8 + 21 + 4 = 17$

23 답 ⑤

축의 방정식이 $x = -2$이고 x축과 만나는 두 점 사이의 거리가 2이므로 포물선이 x축과 만나는 두 점의 좌표는

$\left(-2 - \dfrac{2}{2}, 0\right) = (-3, 0)$, $\left(-2 + \dfrac{2}{2}, 0\right) = (-1, 0)$

이때 구하는 이차함수의 식을 $y = a(x+3)(x+1)$이라고 하면 이 그래프가 점 $(-4, 12)$를 지나므로

$12 = a \times (-1) \times (-3)$, $3a = 12$　∴ $a = 4$

따라서 구하는 이차함수의 식은

$y = 4(x+3)(x+1) = 4x^2 + 16x + 12$

24 답 $(2, -6)$

$f(x) = 2(x-1)(x-2) = 2x^2 - 6x + 4$

$g(x) = 2(x-1)(x-3) = 2x^2 - 8x + 6$

$h(x) = 2(x-1)(x-4) = 2x^2 - 10x + 8$

∴ $f(x) + g(x) + h(x)$

$\quad = 2x^2 - 6x + 4 + (2x^2 - 8x + 6) + (2x^2 - 10x + 8)$

$\quad = 6x^2 - 24x + 18 = 6(x-2)^2 - 6$

따라서 이차함수 $y = f(x) + g(x) + h(x)$의 그래프의 꼭짓점의 좌표는 $(2, -6)$이다.

I. 실수와 그 계산

01 제곱근과 실수

STEP 1 본교재 007~010쪽

001 -60 002 ㄷ, ㄹ 003 $\sqrt{15}$ cm 004 $\dfrac{15}{4}$

005 $2x-1$ 006 0 007 1 008 63

009 $2, 11, 14$ 010 15 011 11

012 $\sqrt{1.5}, 1, \sqrt{\dfrac{1}{16}}, -\sqrt{2}, -\dfrac{5}{3}$ 013 1 014 3개

015 34 016 3 017 3개 018 ②

019 90개 020 ㄱ, ㄴ, ㅁ 021 $C<B<A$

022 10 023 $2-\sqrt{13}$ 024 P$(4-\sqrt{8})$, Q$(4+\sqrt{8})$

025 ⑤

STEP 2 본교재 013~016쪽

026 $\dfrac{9}{2}$ 027 15 028 40 029 4

030 $2a$ 031 $-a-b-1$ 032 $-bc$

033 ㄴ, ㄷ 034 $\dfrac{1}{6}$ 035 6개 036 8

037 ① 038 3개 039 22 040 15

041 108 042 6개 043 ㄷ 044 162개

045 8 046 $-1-\sqrt{5}$ 047 ⑤ 048 $5+\sqrt{10}$

049 $2-6\sqrt{2}\pi$

STEP 3 본교재 017~019쪽

050 30 051 -20 052 6개 053 7

054 105 055 $23, 27$ 056 81개 057 10

창의융합

058 16 059 275 m²

02 근호를 포함한 식의 계산

STEP 1 본교재 021~024쪽

060 13 061 7 062 ③ 063 ④, ⑤

064 $\dfrac{1}{2}$ 065 $12\sqrt{2}$ cm 066 1 067 7

068 $\dfrac{5\sqrt{2}}{2}$ 069 28 070 0.0861 071 ⑤

072 -2 073 $4\sqrt{7}-10$ 074 $18\sqrt{6}$ cm 075 3

076 $\sqrt{3}+1$ 077 $\dfrac{1}{12}$ 078 -15

079 $\dfrac{11\sqrt{6}}{2}-\dfrac{38}{5}$ 080 $\dfrac{10}{3}$ 081 $\sqrt{3}-2$

082 $4p-1$ 083 13개

STEP 2 본교재 026~029쪽

084 43 085 17 086 45 087 ④

088 6 089 $3\sqrt{11}$ cm² 090 10 091 $\dfrac{\sqrt{5}}{5}$

092 $5\sqrt{30}$ 093 -0.2449 094 1.572 095 11

096 $\dfrac{5\sqrt{6}}{24}$ 097 $\dfrac{7+2\sqrt{2}}{3}$ 098 $(20+30\sqrt{2})$ cm

099 $-\dfrac{1}{2}$ 100 $(3+\sqrt{2})\pi$ 101 $3\sqrt{3}-14$ 102 $3+\dfrac{2\sqrt{3}}{3}$

103 -1 104 $-\dfrac{\sqrt{30}}{3}$ 105 $\dfrac{3\sqrt{3}-\sqrt{6}}{4}$ 106 $\dfrac{4\sqrt{5}}{5}-1$

107 $7\sqrt{7}-18$

STEP 3 본교재 030~032쪽

108 8 109 $(2+\sqrt{2})\pi$ 110 4 111 4개

112 $6\sqrt{2}+10\sqrt{3}$ 113 $\dfrac{5\sqrt{2}}{4}$ 114 16

115 5

창의융합

116 27 117 [그림 1]

II. 다항식의 곱셈과 인수분해

03 다항식의 곱셈

STEP 1 본교재 035~038쪽

118 3 119 $12x^2+7x-10$ 120 $\dfrac{1}{8}$

121 18 122 -15 123 $-16a^2+36ab-18b^2$

124 2051 125 $\dfrac{8}{3}$ 126 16 127 -3

128 1 129 21 130 $\dfrac{6+2\sqrt{6}}{3}$ 131 $5\sqrt{2}-1$

132 $33-18\sqrt{3}$ 133 $x^2-4y^2-4yz-z^2$ 134 $24-8\sqrt{3}$

135 18 136 $\dfrac{4}{5}$ 137 $-\dfrac{26}{11}$ 138 47

139 13 140 $\sqrt{3}-\sqrt{2}$ 141 40

STEP 2 본교재 040~042쪽

142 7 143 15 144 ④ 145 $\dfrac{36}{25}$

146 $-208+112\sqrt{7}$ 147 32 148 11

149 4 150 6 151 $(6\sqrt{3}-9)$배

152 360 153 $x^6-x^4-x^2+1$ 154 -6

155 249 156 $\dfrac{257}{16}$ 157 140 158 $\dfrac{\sqrt{6}+\sqrt{2}}{2}$

159 $75-30\sqrt{6}$

STEP 3
본교재 043~045쪽

160 $465\ cm^3$　**161** 31　**162** 16　**163** $\dfrac{3\sqrt{2}-4}{2}$

164 $-32+32\sqrt{2}$　　**165** $-4,\ 4$　**166** 12

167 4

창의융합

168 10개　**169** $2400a^2-600$

III. 이차방정식

05 이차방정식의 풀이

STEP 1
본교재 061~063쪽

221 ㄱ, ㅁ　**222** -3　**223** ④　**224** 5
225 ⑤　**226** 27　**227** 2　**228** ⑤
229 8　**230** 6　**231** 2　**232** ④
233 4　**234** 9　**235** ⑤　**236** -4
237 $\dfrac{1}{4}$　**238** ③

STEP 2
본교재 066~068쪽

239 $a\neq2$　**240** ①　**241** ③　**242** 10
243 1　**244** 4　**245** 3　**246** $\dfrac{10}{9}$
247 -1　**248** 4개　**249** -1　**250** ③
251 ④　**252** 1　**253** $x=\dfrac{2}{3}$　**254** ㄹ, ㅁ
255 3개　**256** 9

STEP 3
본교재 069~071쪽

257 ⑤　**258** 3025　**259** $\dfrac{4}{5}$　**260** 5
261 ④　**262** 11　**263** ①　**264** 0

창의융합

265 12　**266** $x=7$

---

04 다항식의 인수분해

STEP 1
본교재 047~050쪽

170 ①, ③　**171** ⑤　**172** ㄱ, ㄴ, ㄹ　**173** 22
174 $(x+4)(5x-3)$　**175** 29　**176** ④
177 $2x$　**178** 68　**179** $3x+9$　**180** $3x+4$
181 5개　**182** 10　**183** ⑤　**184** -1
185 $6x$　**186** -1　**187** 208　**188** 985
189 ④　**190** $64\sqrt{2}$　**191** $14\sqrt{3}-35$　**192** $2\sqrt{2}$

STEP 2
본교재 053~055쪽

193 $(y-z)(3x-2y-z)$　**194** 10개　**195** 9
196 7개　**197** 26　**198** $2x+1$　**199** 4 cm
200 $\dfrac{1}{6}$　**201** 5개　**202** 100　**203** 1
204 $\dfrac{7}{10}$　**205** 136　**206** 1721　**207** 13
208 4　**209** 55　**210** 50

STEP 3
본교재 056~058쪽

211 $\dfrac{4}{3}$　**212** $a=6,\ b=5$
213 $(xy+3x+2y-6)(xy-3x-2y-6)$　**214** 67
215 132　**216** 41　**217** 15　**218** 98

창의융합

219 $\dfrac{1}{12}$　**220** $(-90,\ -102)$

---

06 이차방정식의 활용

STEP 1
본교재 073~075쪽

267 ③　**268** 16　**269** 4　**270** 4
271 (1) $x=-\dfrac{4}{3}$ 또는 $x=\dfrac{3}{2}$　(2) $x=1\pm\sqrt{7}$　**272** ④
273 3개　**274** 1　**275** ①　**276** -9
277 1　**278** ㄴ, ㄷ　**279** ③　**280** 6
281 1　**282** 13　**283** 2초　**284** 9 cm

STEP 2
본교재 078 ~ 081쪽

285 ③   286 4개   287 2   288 3

289 $\frac{1}{3}$ 290 $x=2$ 또는 $x=5$ 291 4개

292 ③   293 ①   294 $\frac{4}{15}$ 295 2개

296 ⑤   297 $\frac{13}{4}$ 298 ④   299 1

300 ②   301 44   302 $x=-2$ 또는 $x=4$

303 ③   304 28 cm   305 P(2, 9)   306 3 cm

307 50 %   308 $8\sqrt{2}-8$

STEP 3
본교재 082 ~ 084쪽

309 ⑤   310 1   311 $x=9$ 312 19

313 12   314 $x^2-776x-777=0$ 315 50분 후

316 20

창의융합

317 $\frac{3+\sqrt{5}}{2}$ 318 6팀

Ⅳ. 이차함수

07 이차함수와 그래프 (1)

STEP 1
본교재 087 ~ 089쪽

319 ②   320 ③   321 2   322 ②

323 4   324 $\frac{1}{4}$ 325 ③   326 11

327 36   328 (0, −27)   329 7   330 ③

331 −3   332 ⑤   333 −2   334 3

335 제3 사분면   336 ⑤

STEP 2
본교재 092 ~ 094쪽

337 ②   338 3   339 ②   340 ④

341 $\frac{1}{3} \leq a < \frac{3}{2}$ 342 $\frac{4}{5}$ 343 1

344 63   345 60   346 20   347 $-2+\sqrt{3}$

348 $\frac{1}{4}$ 349 4   350 10   351 ①

352 $\frac{4}{25} < a < \frac{2}{3}$ 353 제3, 4 사분면

354 제1 사분면

STEP 3
본교재 095 ~ 097쪽

355 $-\frac{1}{4991}$ 356 ③   357 90   358 P$\left(2, \frac{9}{2}\right)$

359 ④   360 4   361 D(2, 18)   362 5

창의융합

363 $\frac{2}{9}$ 364 10

08 이차함수와 그래프 (2)

STEP 1
본교재 099 ~ 101쪽

365 ②   366 ⑤   367 1   368 ④

369 4   370 1   371 8   372 30

373 제4 사분면   374 ⑤   375 ㄷ, ㄹ   376 ③

377 18   378 ③   379 13   380 6

381 5

STEP 2
본교재 103 ~ 105쪽

382 9   383 ①   384 1   385 5개

386 −3   387 6   388 ②   389 27

390 0   391 64   392 $66-10\sqrt{41}$

393 제2, 3, 4 사분면   394 ④

395 $-\frac{3}{8} < a < 0$ 396 ㄴ, ㄷ   397 ①

398 5   399 5

STEP 3
본교재 106 ~ 108쪽

400 $\frac{4}{9}$ 401 5   402 D(1, 4)   403 36

404 −4   405 제2 사분면

406 $\left(0, 1-\frac{\sqrt{3}}{3}\right)$ 407 (−3, 3)

창의융합

408 $20\sqrt{5}$ m   409 630만 원

WORKBOOK

III. 이차방정식

워크북 026~029쪽

01 ②　　02 ③　　03 ②　　04 ③

05 3개　　06 ④　　07 8　　08 ②

09 37　　10 ①, ④　　11 ②　　12 −6

13 ④　　14 2　　15 ②　　16 4

17 6　　18 ③　　19 ②　　20 6

21 ④　　22 $x=-2\pm2\sqrt{3}$　　23 20

24 ⑤

IV. 이차함수

워크북 030~033쪽

01 ②, ⑤　　02 ③　　03 −1　　04 $\dfrac{4}{3}$

05 24　　06 $\dfrac{5}{8}\le a<2$　　07 ④　　08 4개

09 −2　　10 $0<a<\dfrac{2}{3}$　　11 $\dfrac{2}{9}<a<4$　　12 ⑤

13 ④　　14 ⑤　　15 ②　　16 2

17 6　　18 24　　19 제1 사분면　　20 ④

21 6　　22 17　　23 ⑤　　24 $(2, -6)$

memo

memo

memo

memo

유형+심화
고쟁이

✔ 수학 잘하는 학생들이 보는 중등 수학 심화서

유형 + 심화

고쟁이

고 득점
쟁 취를
이 루자

정답 및 해설

A7
(8~9세)

입체도형

Chapter 1

모양과 공간

① 부분과 전체

할머니와 함께 숲 속 작은 집에 살고 있는 빨간 모자는 마을에서 돌아오시지 않는 할머니가 걱정되었습니다. 그때 누군가 문을 두드리는 소리가 들렸습니다.
"할머니 오셨어요?"
"그래, 할머니란다. 오늘은 좀 늦었구나. 어서 문을 열어 주렴."
그런데 그 목소리는 평소 할머니와 너무나 다른, 아주 거칠고 무서운 목소리였습니다. 겁이 잔뜩 난 빨간 모자는 문의 걸쇠를 걸고 살짝만 열었습니다.
"정말로 할머니가 맞다면 이 문 틈으로 손을 보여 주세요."
그러자 문 틈으로 쑤욱하고 커다란 손이 들어왔습니다.

빨간 모자는 문 밖을 확인하지 않고도 어떻게 할머니가 아닌 것을 알았을까요?
예 문 틈으로 보인 손 모양을 보고 알았습니다.

⑩ 왼쪽 그림의 부분이 아닌 것을 찾아 ╳ 표 하시오.

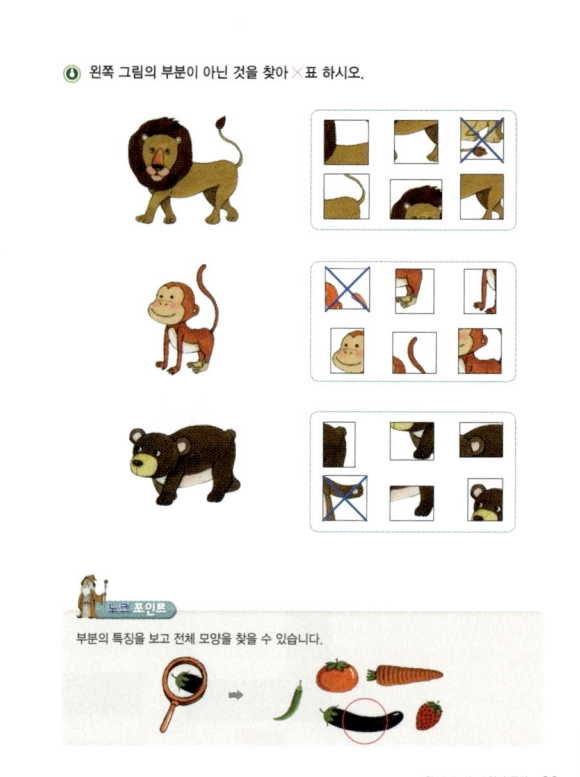

모드 포인트
부분의 특징을 보고 전체 모양을 찾을 수 있습니다.

돋보기 관찰

꼬마 요괴들이 돋보기로 본 동물을 찾아 선으로 이어 봅시다.

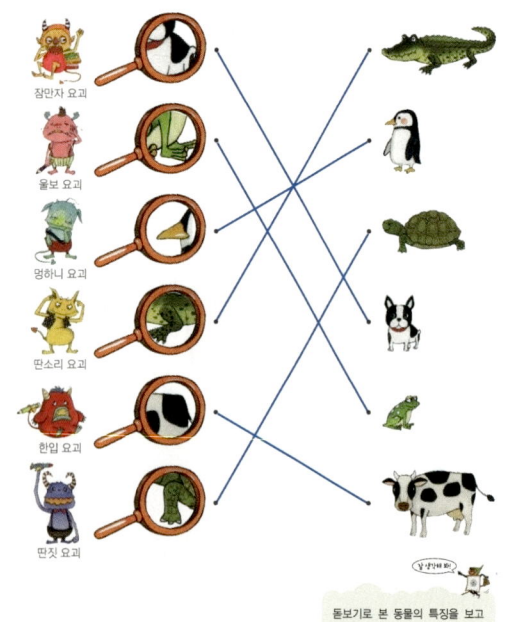

돋보기로 본 동물의 특징을 보고 동물을 찾을 수 있어.

[무슨 모양일까?]
1 돋보기로 본 것은 무엇입니까? 예 자동차

[돋보기로 본 모양]
2 돋보기로 본 모양을 보고 알맞은 인형의 기호를 쓰시오.

가   나   다   라   마   바

마   가   라

🦉 뚝딱뚝딱 조립

주어진 조각으로 만들 수 있는 선풍기를 찾아봅시다.

 가 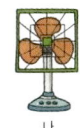 나  다  라

❶ 선풍기 조각 중 선풍기를 컸을 때 돌아가는 선풍기 날개의 색깔이 올바른 것을 모두 찾아 기호를 쓰시오. **가, 다, 라**

❷ ❶에서 찾은 선풍기 중 선풍기 날개를 덮는 모양이 올바른 것을 모두 찾아 기호를 쓰시오. **가, 다**

❸ 주어진 조각으로 만들 수 있는 선풍기를 찾아 기호를 쓰시오. **가**

올바른 조각을 찾을 때에는 전체를 여러 부분으로 나누어 살펴야 해.

[로봇 만들기]
1 다음 로봇을 만드는 데 필요한 조각을 모두 찾아 ○표 하시오.

머리, 몸통, 팔, 다리 등으로 나누어 로봇 조각을 찾아봅니다.

[사용하지 않은 조각]
2 배를 만드는 데 사용하지 않는 조각을 모두 찾아 ×표 하시오.

앞 돛, 뒷 돛, 깃발, 기둥, 선체로 나누어 조각을 찾아봅니다.

---

② 모양 그림자

태경이는 손전등을 이용하여 재미있는 동물 그림자를 만들었습니다.

손 모양을 손전등으로 벽에 비추면 이렇게 그림자가 만들어지지.

손 모양과 그림자를 알맞게 선으로 이어 보시오.

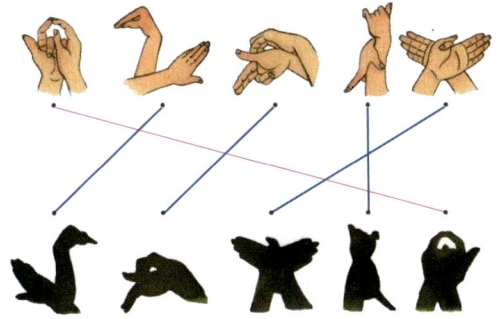

커튼 뒤에 동물들이 숨어 있습니다. 커튼 뒤에 있지 않은 동물을 모두 찾아 ×표 하시오.

🦉 노크 포인트

여러 가지 물건이 겹쳐진 그림자를 보고 그림자 속에 있는 물건을 알 수 있습니다.

정답 및 해설 **3**

🐨 그림자 맞히기

그림자의 일부분을 보고 어떤 동물인지 찾아 선으로 이어 봅시다.

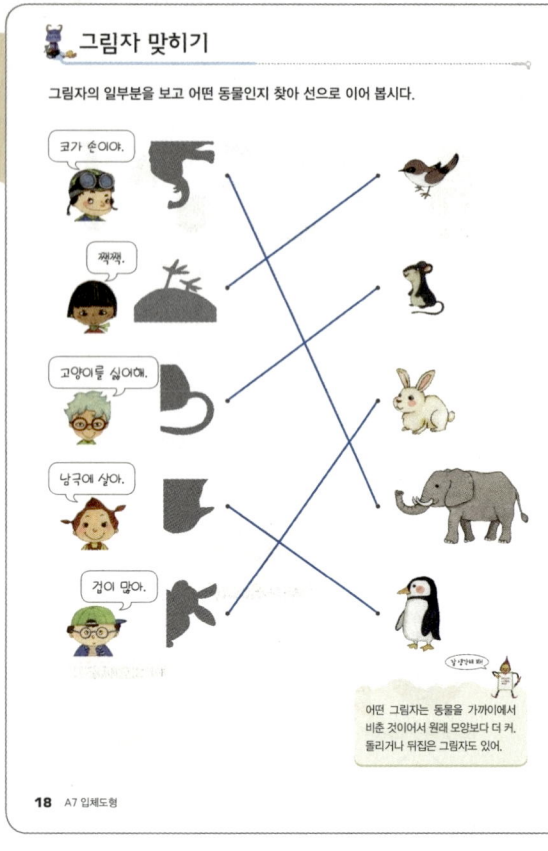

코가 손이야.

째째.

고양이를 싫어해.

남극에 살아.

겁이 많아.

어떤 그림자는 동물을 가까이에서 비춘 것이어서 원래 모양보다 더 커. 돌리거나 뒤집은 그림자도 있어.

[모양 젤리 그림자]

1 그림자의 일부분을 보고 어떤 모양 젤리인지 찾아 기호를 쓰시오. 가

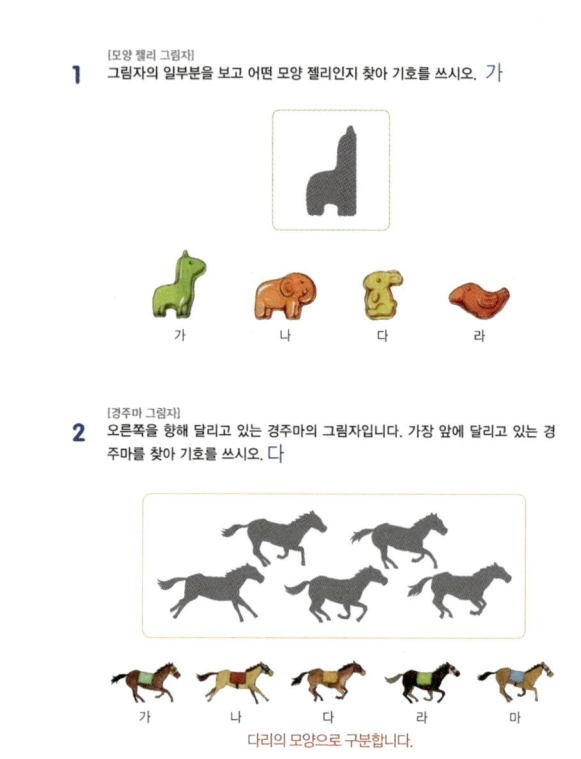

가 나 다 라

[경주마 그림자]

2 오른쪽을 향해 달리고 있는 경주마의 그림자입니다. 가장 앞에 달리고 있는 경주마를 찾아 기호를 쓰시오. 다

가 나 다 라 마

다리의 모양으로 구분합니다.

🐨 겹쳐진 그림자

그림자를 만드는 데 필요하지 않은 물건을 찾아봅시다.

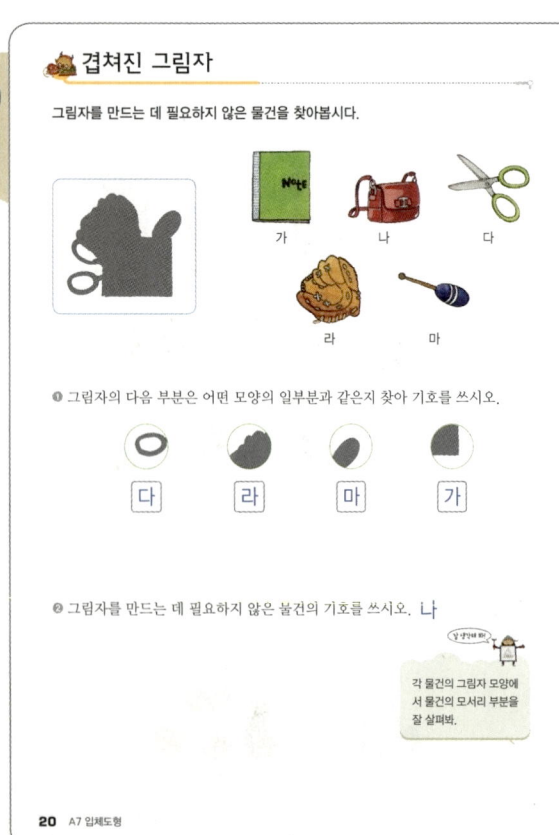

Note

가 나 다

라 마

❶ 그림자의 다음 부분은 어떤 모양의 일부분과 같은지 찾아 기호를 쓰시오.

다 라 마 가

❷ 그림자를 만드는 데 필요하지 않은 물건의 기호를 쓰시오. 나

각 물건의 그림자 모양에서 물건의 모서리 부분을 잘 살펴봐.

[필요하지 않은 물건]

1 그림자를 만드는 데 필요하지 않은 것을 찾아 ✕표 하시오.

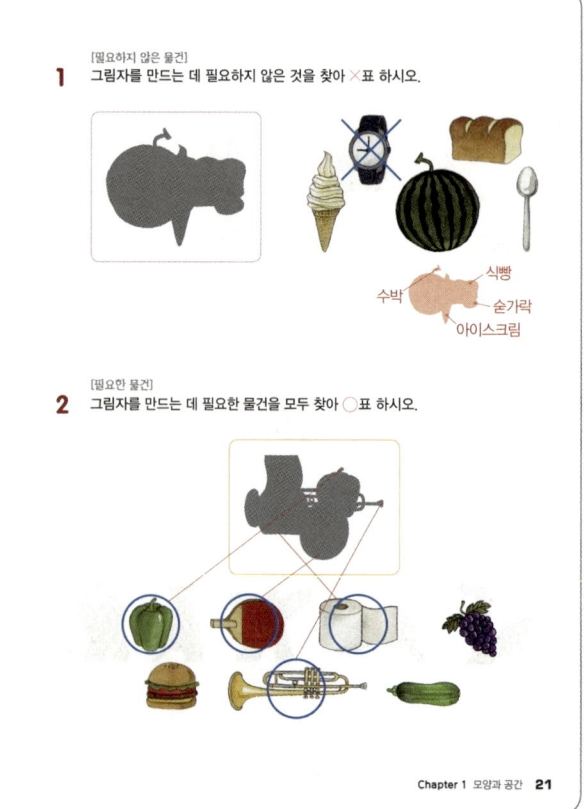

식빵
수박
숟가락
아이스크림

[필요한 물건]

2 그림자를 만드는 데 필요한 물건을 모두 찾아 ◯표 하시오.

4   A7 입체도형

③ 투명 그림 겹치기

지오는 텔레비전을 보다가 뉴스를 진행하는 앵커가 항상 화면의 같은 위치에 나오는 것을 보고 재미있는 장난이 떠올랐습니다.

텔레비전에 이렇게 재미있는 붙임 딱지를 붙여놓으면 뉴스 앵커의 얼굴이 정말 웃길 거야!

앵커의 얼굴과 지오가 붙인 붙임 딱지를 보고, 뉴스가 시작할 때 화면에 나오게 될 모습을 찾아 ○표 하시오.

🅐 투명 종이 두 장을 겹쳤을 때 나오는 모양을 찾아 ○표 하시오.

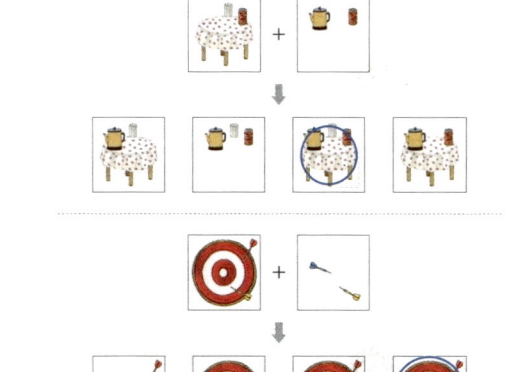

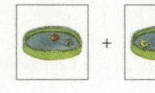 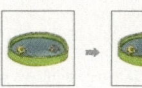 

도코 포인트

투명 종이를 겹치면 다른 위치에 있는 모양은 함께 보이고, 같은 위치에 있는 모양은 겹쳐서 하나로 보입니다.

🎓 그림을 완성하라

투명 그림 2장을 겹쳐서 오른쪽 물고기 그림을 만들려고 합니다. 겹쳐야 하는 투명 그림 2장을 찾아봅시다.

가   나

다   라

❶ 빨간색 물고기를 만들려면 투명 그림 **가**와 다른 투명 그림 하나를 겹쳐야 합니다. **가**와 함께 겹쳐야 하는 투명 그림을 모두 찾아 기호를 쓰시오.   **다, 라**

물고기를 머리, 몸통, 꼬리, 지느러미 등 여러 부분으로 나누어서 빠짐없이 만들어야 해.

❷ ❶에서 찾은 투명 그림 중 과란색 물고기를 만들 수 있는 것을 찾아 기호를 쓰시오.   **라**

❸ 겹쳐야 하는 투명 그림 2장을 찾아 기호를 쓰시오.   **가, 라**

[식탁 차림 완성]

1 오른쪽 투명 그림 2장을 겹쳐서 왼쪽 그림을 만들려고 합니다. 겹쳐야 하는 투명 그림 2장을 찾아 기호를 쓰시오.   **나, 라**

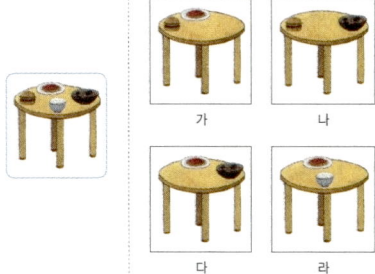
가   나
다   라

[겹쳐야 할 그림]

2 투명 그림 2장을 겹쳐서 새로운 그림을 만들려고 합니다. 나머지 투명 그림으로 알맞은 것을 찾아 기호를 쓰시오.   **라**

가   나   다   라

오른쪽 그림과 비교했을 때, 왼쪽 그림에 없는 것은 모자, 코, 목도리입니다. 이 세 가지가 모두 있는 그림을 찾아봅니다.

🐷 투명 모눈 접기

다음과 같은 투명한 모눈 종이를 점선을 따라 접었을 때, 초이가 들게 되는 풍선은 무슨 색인지 알아봅시다.

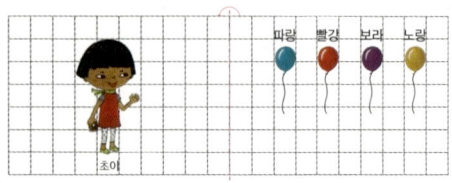

❶ 종이를 접으면 접는 선에서 양쪽으로 같은 거리에 있는 칸끼리 겹쳐집니다. 초이의 손이 있는 칸과 겹쳐지는 반대쪽 칸을 선으로 연결해 보시오.

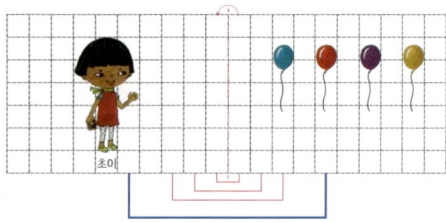

❷ 초이가 들게 되는 풍선은 무슨 색입니까? 빨강

[꿀벌과 꽃]

1 다음과 같은 투명한 모눈 종이를 점선을 따라 접었을 때, 꿀벌이 찾아가지 않는 꽃은 무슨 색입니까? 보라

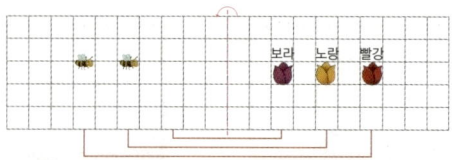

두 꿀벌은 점선에서 각각 5칸, 7칸 떨어져 있고, 보라색 꽃은 점선에서 3칸 떨어져 있습니다.

[채소 담기]

2 다음과 같은 투명한 모눈 종이를 점선을 따라 접었을 때, 바구니에 들어가는 채소를 모두 찾아 ◯표 하시오.

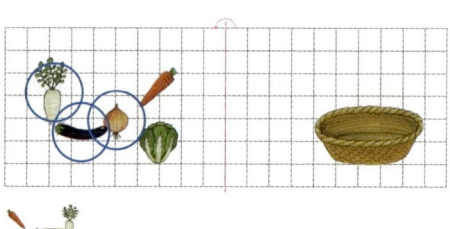

🧒 창의적 문제해결력

1 과일을 자른 모양을 보고 어떤 과일인지 찾아 선으로 이어 보시오.

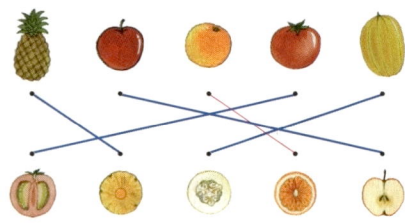

2 돋보기로 본 모양을 보고 알맞은 수학 요정을 찾아 쓰시오.

수학 요정의 모자, 신발, 카드의 테두리를 보고 찾아봅니다.

3 그림자를 만드는 데 필요하지 않은 단추를 찾아 ✕표 하시오.

📍동영상 특강
QR 코드를 찍어 보세요!

4 다음과 같은 투명한 모눈 종이를 접었을 때, 과녁의 중심에 다트가 꽂히려면 몇 번 점선을 따라 접어야 합니까? ②번

① ② ③ ④ ⑤

다트 끝에서 과녁의 중심까지는 모눈 14칸 거리이므로 다트 끝에서 7칸 떨어져 있는 점선을 따라 접으면 됩니다.

여러 가지 모양

④ 입체 모양 관찰

아인이네 반 친구들이 교실에 여러 가지 물건들을 모아 놓았습니다. 물건의 모양을 관찰해 봅시다.

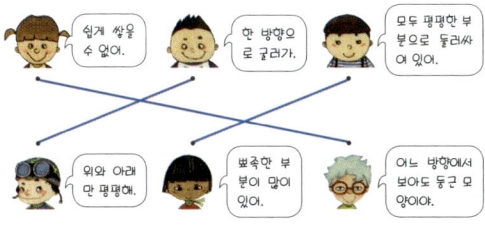

물건을 모양에 따라 다음과 같은 세 가지로 분류해 보시오.

① 상자 모양	② 둥근기둥 모양	③ 공 모양
책 지우개 주사위 필통	음료수 캔 비커 딱풀 보온병	구슬 축구공 지구본 탁구공

닭이 상자 모양, 둥근기둥 모양, 공 모양의 순서를 되풀이하며 달걀이 있는 곳으로 가려고 합니다. 닭이 지나가는 길을 선으로 이어 보시오.

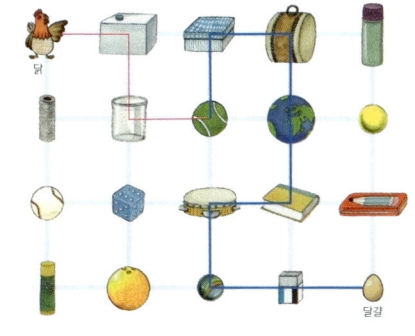

배우는 포인트

주변에서 찾을 수 있는 물건을 모양에 따라 나눌 수 있습니다.

① 상자 모양
② 둥근기둥 모양
③ 공 모양

모양의 성질

초이와 친구들이 상자 모양, 둥근기둥 모양, 공 모양에 대하여 이야기하고 있습니다. 같은 모양을 말한 친구끼리 선으로 이어 봅시다.

❶ 오른쪽 모양 중 하나는 쉽게 쌓을 수 없습니다. 쉽게 쌓을 수 없는 모양을 말한 친구끼리 선으로 이어 보시오.

❷ 오른쪽 모양 중 하나는 한 방향으로만 굴러갑니다. 한 방향으로만 굴러가는 모양을 말한 친구끼리 선으로 이어 보시오.

❸ 나머지 모양을 말한 친구끼리 선으로 이어 보시오.

[곰의 겨울집]

1 곰이 겨울잠을 잘 집을 지으려고 합니다. 곰이 지으려는 집의 모양을 찾아 ○표 하시오.

쌓기 좋게 평평한 부분이 있어야 하지만, 다치지 않게 뾰족한 부분은 없으면 좋겠어.

평평한 부분이 있지만 뾰족한 부분이 없는 모양은 둥근기둥 모양입니다.

[쌓을 수 있는 모양]

2 똑같은 것 2개를 쉽게 쌓을 수 있는 모양을 모두 찾아 기호를 쓰시오.

가, 라, 마

| 가 | 나 | 다 | 라 | 마 |

블처럼 생긴 모양 위에 같은 모양을 쌓으면 어떻게 될지 뻔하지 않아?

🐢 입체 엿보기

다음은 입체 모양을 종이에 뚫린 구멍으로 본 것입니다. 어떤 입체 모양인지 찾아 선으로 이어 봅시다.

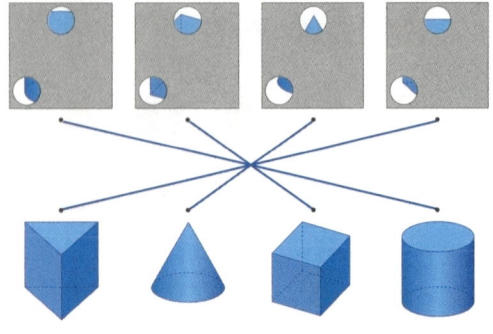

❶ 구멍으로 보이는 부분을 찾아 ◯표 하시오.

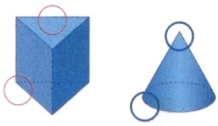 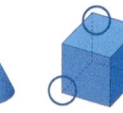 

❷ 종이에 뚫린 구멍으로 본 모양과 입체 모양을 알맞게 선으로 이어 보시오.

[돋보기로 본 부분]

1 다음은 세 입체 모양을 돋보기로 크게 본 것입니다. 어떤 입체 모양을 크게 본 것인지 찾아 기호를 쓰시오.

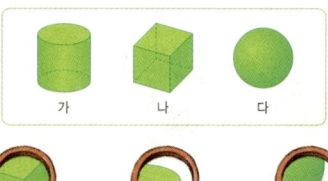

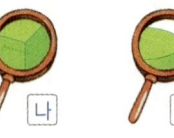  

[두 입체 모양]

2 다음은 두 입체 모양을 종이에 뚫린 구멍으로 본 것입니다. 어떤 입체 모양인지 모두 찾아 ◯표 하시오.

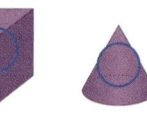 

앞쪽에 있는 모양은 뿔처럼 보이는 부분이 있습니다.
뒤쪽에 있는 모양은 평평한 부분이 세모 모양입니다.

⑤ 모양 만들기

지오는 상자 모양, 둥근기둥 모양, 공 모양 블록을 사용하여 재미있는 모양을 만들었습니다.

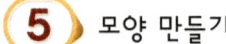

상자 모양, 공 모양은 각각 1개, 둥근기둥 모양은 4개를 사용했어.

➡

다음 모양을 만드는 데 사용한 상자 모양, 둥근기둥 모양, 공 모양 블록의 수를 각각 세어 보시오.

상자 모양: 2 개
둥근기둥 모양: 4 개
공 모양: 1 개

상자 모양: 6 개
둥근기둥 모양: 2 개
공 모양: 3 개

① 다음 입체 모양 블록을 모두 사용하여 만들 수 있는 모양의 기호를 쓰시오. 나

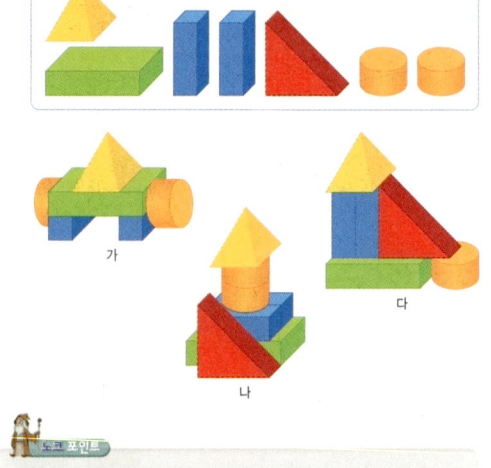

가

나

다

🧙 도도 포인트

여러 가지 입체 모양 블록으로 재미있는 모양을 만들 수 있습니다.

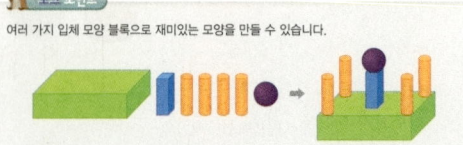

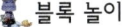 블록 놀이

왼쪽 모양을 만드는 데 사용한 블록의 종류와 그 수가 다른 모양을 찾아봅시다.

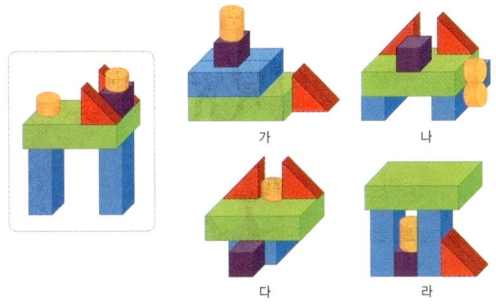

가   나

다   라

❶ 왼쪽 모양에 있는 블록을 종류별로 세어 보시오.

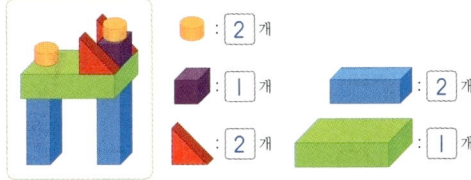

: 2 개

: 1 개   : 2 개

: 2 개   : 1 개

❷ 왼쪽 모양을 만드는 데 사용한 블록의 종류와 그 수가 다른 모양의 기호를 쓰시오. 다

40 A7 입체도형

[다른 블록 찾기]

1 왼쪽 모양에는 있지만 오른쪽 모양에는 없는 블록을 찾아 ○표 하시오.

> 같은 블록을 찾아 하나씩 지워 봐.

[만들고 남는 블록]

2 왼쪽 블록으로 오른쪽 모양을 만들고 남는 블록을 찾아 ○표 하시오.

오른쪽 모양을 만드는 데 둥근기둥 모양 블록 2개, 상자 모양 블록 5개, 나사 모양 블록 1개가 필요합니다.

Chapter 2 여러 가지 모양 **41**

 뚝딱뚝딱 블록 건축

지오가 블록으로 쌓은 여러 가지 모양을 그리다가 블록 1개씩을 빠뜨렸습니다. 쌓은 모양이 무너지거나 비뚤게 서 있지 않기 위해 필요한 블록을 찾아 선으로 이어 봅시다.

> 빠뜨린 블록을 찾아봐.

42 A7 입체도형

[맞게 만든 모양]

1 태경이와 초이의 말에 맞게 만든 모양의 기호를 쓰시오. 다

> 먼저 둥근기둥 모양 2개 위에 넓적한 상자 모양 1개를 올려.

> 넓적한 상자 모양 위에 공 모양 2개와 피라미드 모양 1개를 올려.

 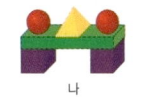  

가   나   다

피라미드는 돌이나 벽돌을 쌓아 만든 ▲ 모양의 거대한 건축물로 이집트 등지에서 주로 왕이나 왕족의 무덤으로 만들어졌어.

[튼튼한 모양]

2 입체 모양 블록으로 쌓은 다음 모양 중 손으로 앞이나 옆으로 밀었을 때 구르지 않는 모양을 찾아 ○표 하시오.

둥근기둥 모양의 평평한 부분이 바닥에 닿으면 손으로 앞이나 옆으로 밀었을 때 구르지 않습니다.

> 손으로 밀었을 때 구르는 모양은 어떤 모양일까요?

Chapter 2 여러 가지 모양 **43**

정답 및 해설 **9**

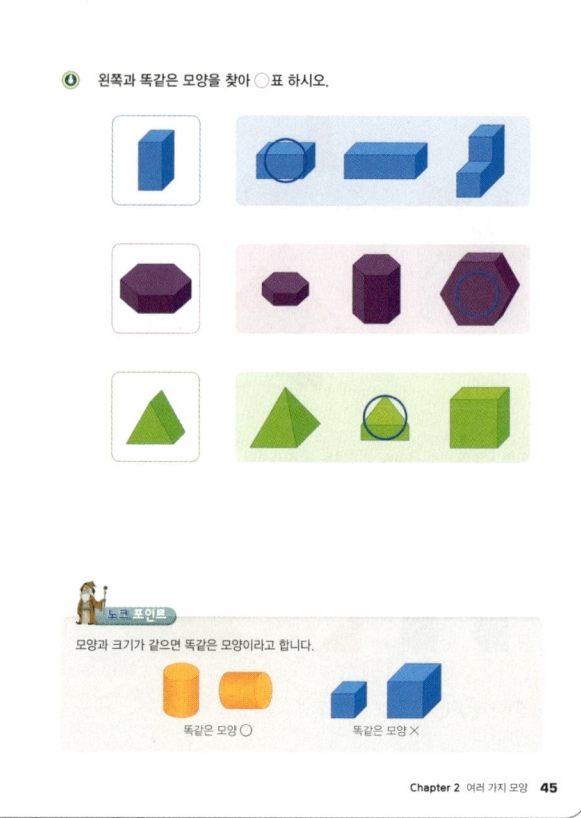

6 입체 모양 조립

초이, 지오, 아인이가 '똑같아요' 노래를 각자 가지고 온 물건들로 가사를 바꾸어 부르고 있습니다.

무엇이 무엇이 똑같을까? 장갑의 양쪽이 똑같아요.

무엇이 무엇이 똑같을까? 악기의 양쪽이 똑같아요.

무엇이 무엇이 똑같을까? 스키의 양쪽이 똑같아요.

똑같은 모양끼리 선으로 이어 보시오.

○ 왼쪽과 똑같은 모양을 찾아 ○표 하시오.

노크 포인트
모양과 크기가 같으면 똑같은 모양이라고 합니다.

똑같은 모양 ○   똑같은 모양 ✕

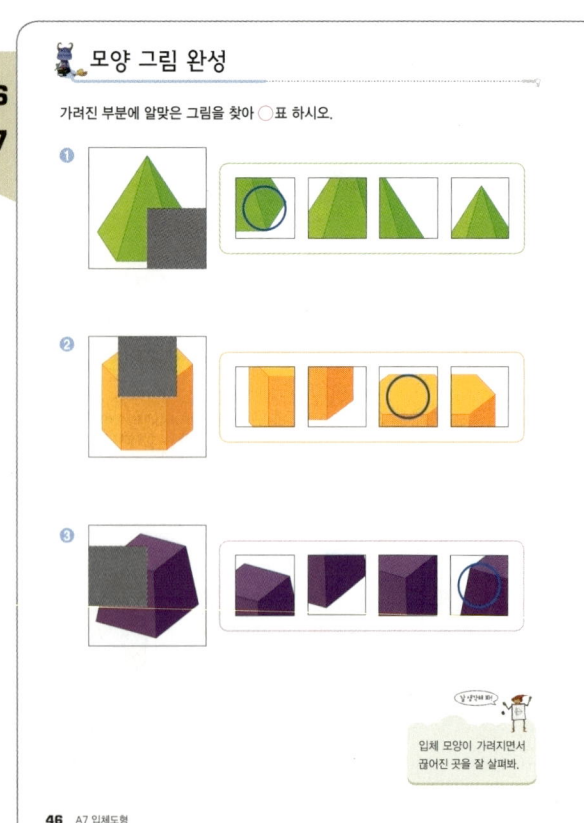

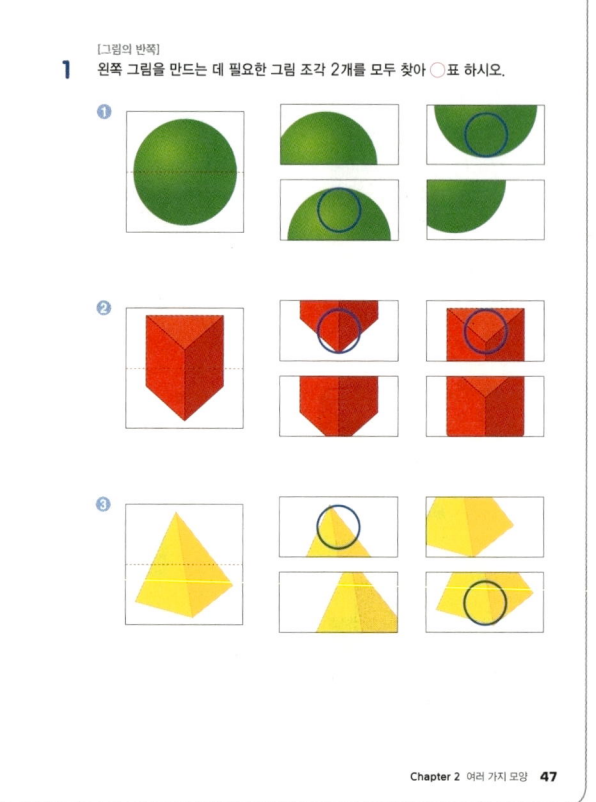

🔱 모양 그림 완성

가려진 부분에 알맞은 그림을 찾아 ○표 하시오.

① ② ③

입체 모양이 가려지면서 끊어진 곳을 잘 살펴봐.

[그림의 반쪽]

1 왼쪽 그림을 만드는 데 필요한 그림 조각 2개를 모두 찾아 ○표 하시오.

① ② ③

자르고 붙이고

왼쪽 2조각을 이어 붙여서 오른쪽 모양을 만든 것입니다.

같은 방법으로 왼쪽 조각 2개를 이어 붙여서 만들 수 있는 모양을 찾아 선으로 이어 봅시다.

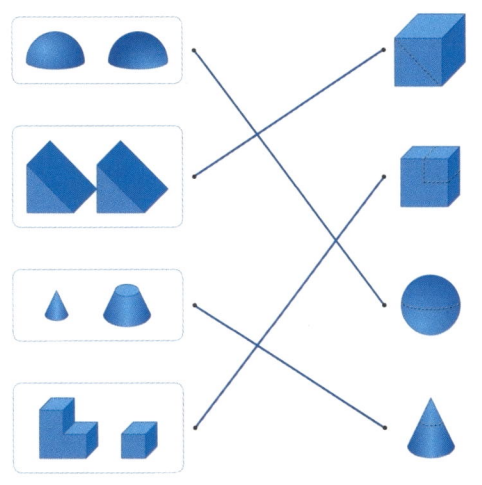

[필요없는 조각]

1 오른쪽 조각 중 3조각을 이어 붙여서 왼쪽 모양을 만들려고 합니다. 필요없는 조각에 ×표 하시오.

[똑같이 둘로 나누기]

2 다음과 같은 상자 모양을 여러 가지 방법으로 똑같은 2조각으로 나누었습니다. 나누어진 조각이 아닌 것을 찾아 기호를 쓰시오. 나

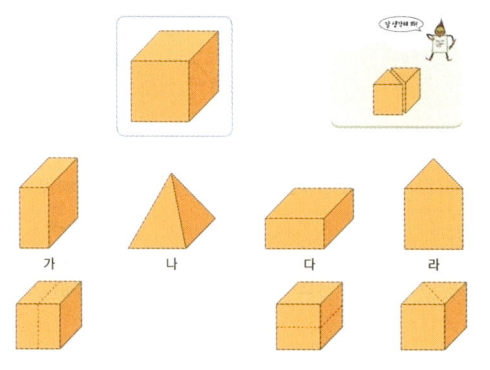

가   나   다   라

창의적 문제해결력

1 친구들이 말하고 있는 모양을 찾아 선으로 이어 보시오.

여러 방향으로 잘 굴러가.

평평한 부분이 6개나 있어.

쉽게 쌓을 수 있고, 한 방향으로 굴러가.

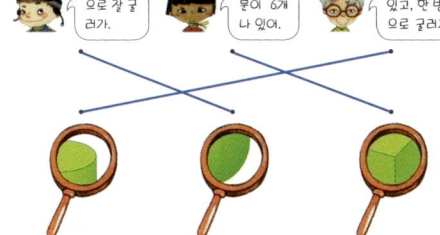

2 다음 로봇 모양을 만들 때, 반드시 접착제를 사용하여 블록을 붙여야 하는 곳은 모두 몇 곳입니까? 4곳

접착제로 붙이지 않으면 떨어져버리는 곳을 모두 찾아봅니다.

동영상 특강
QR 코드를 찍어 보세요!!!

3 다음은 입체 모양 카드를 여러 조각으로 나눈 것 중 일부입니다. 입체 모양 카드의 어느 부분인지 찾아 색칠해 보시오.

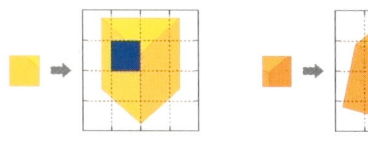

4 왼쪽 모양을 보고 맨 앞에 있는 모양부터 순서대로 번호를 써넣으시오.

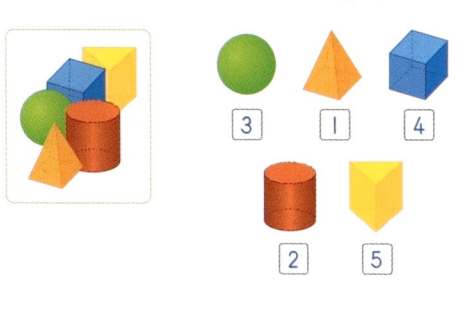

3 1 4

2 5

정답 및 해설 **11**

7 쌓기나무 모양 만들기

태경이가 쌓기나무로 모양을 만들고 있습니다. 처음에는 쌓기나무 2개를 쌓고, 3개, 4개, 5개, 6개로 쌓기나무를 1개씩 늘리면서 모양을 만듭니다.

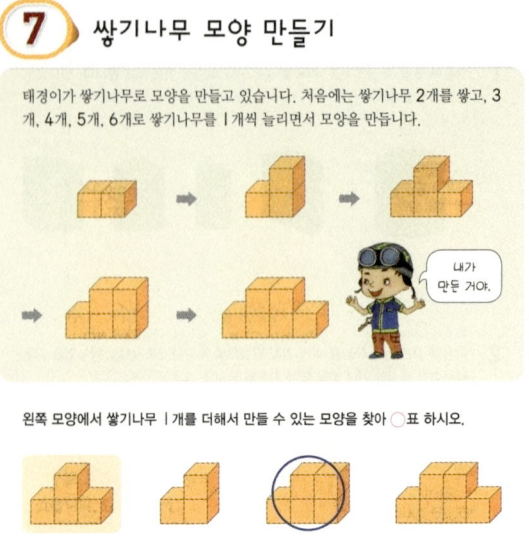

내가 만든 거야.

왼쪽 모양에서 쌓기나무 1개를 더해서 만들 수 있는 모양을 찾아 ○표 하시오.

왼쪽 모양에서 쌓기나무 1개를 빼서 만들 수 있는 모양을 찾아 ○표 하시오.

다음은 쌓기나무를 1개씩 옮겨서 만든 모양을 섞어 놓은 것입니다. 만든 순서에 맞게 번호를 써넣으시오.

1   3   5

4   2

도코 포인트

쌓기나무 1개를 더하거나 빼거나 옮겨서 새로운 모양을 만들 수 있습니다.

1개 빼기   1개 더하기   1개 옮기기

🔷 쌓기나무 옮기기

왼쪽 모양에서 쌓기나무를 1개씩 2번 옮겨서 오른쪽 모양을 만들었습니다. 빈 곳에 알맞은 모양을 찾아봅시다.

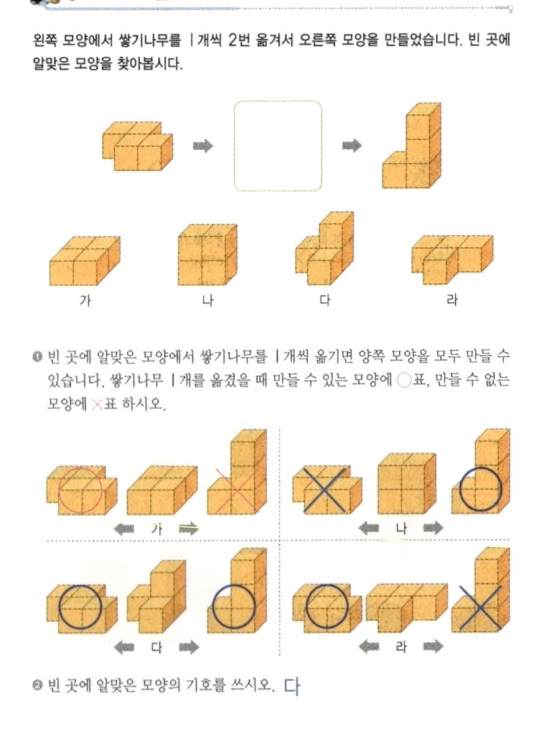

가   나   다   라

❶ 빈 곳에 알맞은 모양에서 쌓기나무를 1개씩 옮기면 양쪽 모양을 모두 만들 수 있습니다. 쌓기나무 1개를 옮겼을 때 만들 수 있는 모양에 ○표, 만들 수 없는 모양에 ×표 하시오.

⇦ 가 ⇨   ⇦ 나 ⇨

⇦ 다 ⇨   ⇦ 라 ⇨

❷ 빈 곳에 알맞은 모양의 기호를 쓰시오. 다

[만들 수 없는 모양]

1 주어진 모양에서 쌓기나무 1개를 옮겨서 만들 수 없는 모양의 기호를 쓰시오. 다

가   나   다   라

[옮긴 쌓기나무 찾기]

2 주어진 모양에서 쌓기나무 1개를 옮겨서 여러 가지 모양을 만들었습니다. 만든 모양 가, 나, 다에서 옮긴 쌓기나무를 찾아 각각 ○표 하시오.

가   나

다

옮긴 쌓기나무는 없던 자리에 생긴 쌓기나무야.

더하거나 뺀 쌓기나무

주어진 모양에 쌓기나무 1개를 더하거나 빼서 여러 가지 모양을 만들었습니다. 만든 모양 가, 나, 다, 라에서 쌓기나무가 새로 생기거나 없어진 부분을 찾아 각각 ○표 해 봅시다.

①

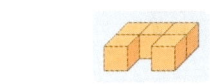

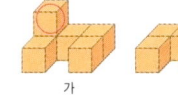

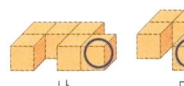 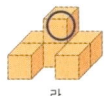

가　　나　　다　　라

②

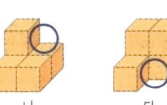 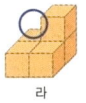

가　　나　　다　　라

다른 그림을 찾을 때처럼 어디가 달라졌는지 잘 관찰해 봐.

[만들 수 없는 모양]

1 주어진 모양에 쌓기나무 1개를 더 쌓아서 만들 수 없는 모양의 기호를 쓰시오. 라

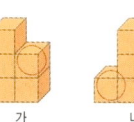 

가　　나　　다　　라

[더하거나 빼거나 옮기거나]

2 주어진 모양에서 쌓기나무 1개를 더한 것은 ○표, 1개를 뺀 것은 □표, 1개를 옮긴 것은 △표 하시오.

쌓기나무를 옮긴 것은 원래 모양에서 쌓기나무의 수가 변하지 않아.

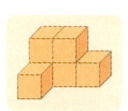 

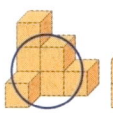 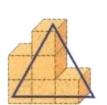

주어진 모양은 쌓기나무 6개로 만든 모양이고, 왼쪽 모양은 쌓기나무 7개, 가운데 모양은 쌓기나무 6개, 오른쪽 모양은 쌓기나무 5개로 만든 모양입니다.

---

8 같은 모양, 다른 모양

태경이 엄마는 태경이가 동생에게 책을 읽어 주는 모습을 사진으로 찍었습니다. 그리고 엄마는 사진을 조금씩 바꾼 합성 사진도 한 장 만들었습니다. 두 사진을 보고 다른 부분을 모두 찾아 ○표 하시오.

다른 부분을 찾아 봐.

---

① 모양이 다른 하나를 찾아 ×표 하시오.

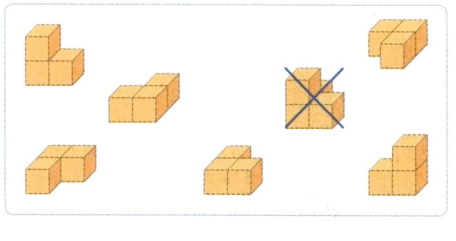

톡톡 포인트

쌓기나무를 놓은 위치와 바라 본 방향이 달라도 돌렸을 때 모양이 같으면 서로 같은 모양입니다.

똑같은 모양으로 쌓으려면 쌓기나무를 쌓은 모양, 위치, 수를 잘 살펴보아야 합니다.

　→　

 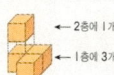

←2층에 1개

←1층에 3개

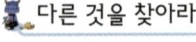 다른 것을 찾아라

초이는 쌓기나무 5개로 모양을 만든 후, 떨어지지 않게 목공풀로 붙였습니다. 똑같은 모양이 아닌 것을 찾아봅시다.

풀로 붙여서 이리저리 뒤집고 돌려도 모양이 변하지 않아.

❶ 주어진 모양에서 'ㄱ'자 모양을 찾아 색칠하였습니다. 나머지 1개의 쌓기나무가 'ㄱ'자 모양의 몇 번과 붙어 있는지 번호를 써넣으시오.

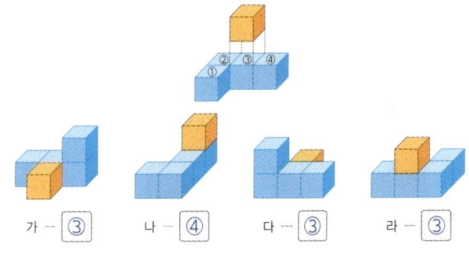

가 — ③　　나 — ④　　다 — ③　　라 — ③

❷ 나머지 모양과 다른 것의 기호를 쓰시오. 나

[다른 모양 찾기]
1 주어진 모양과 똑같이 쌓은 모양이 아닌 것의 기호를 쓰시오. 가

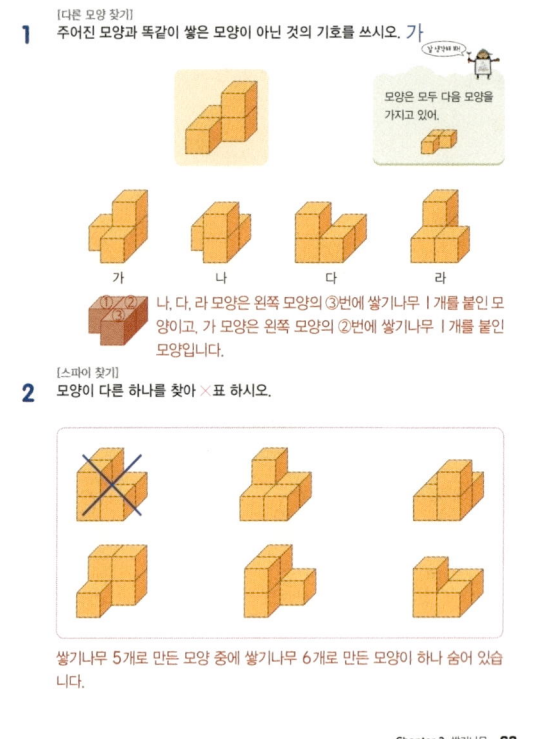

모양은 모두 다음 모양을 가지고 있어.

가　나　다　라

나, 다, 라 모양은 왼쪽 모양의 ③번에 쌓기나무 1개를 붙인 모양이고, 가 모양은 왼쪽 모양의 ②번에 쌓기나무 1개를 붙인 모양입니다.

[스파이 찾기]
2 모양이 다른 하나를 찾아 ✕표 하시오.

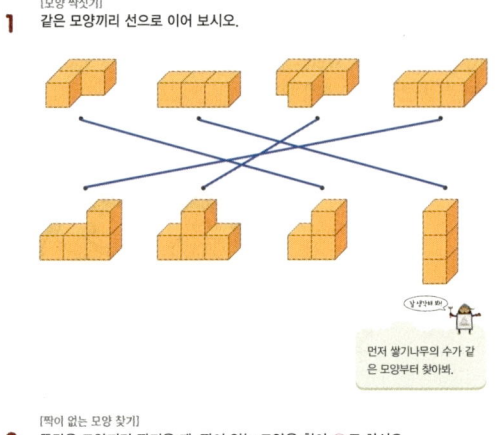

쌓기나무 5개로 만든 모양 중에 쌓기나무 6개로 만든 모양이 하나 숨어 있습니다.

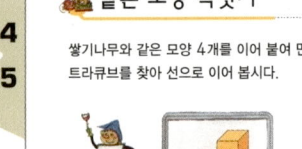 같은 모양 짝짓기

쌓기나무와 같은 모양 4개를 이어 붙여 만든 도형을 테트라큐브라고 합니다. 같은 테트라큐브를 찾아 선으로 이어 봅시다.

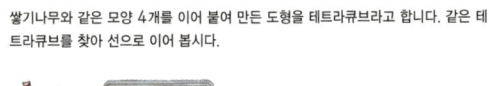

피타고라스 요정

유클리드 요정

오일러 요정

페르마 요정

가우스 요정

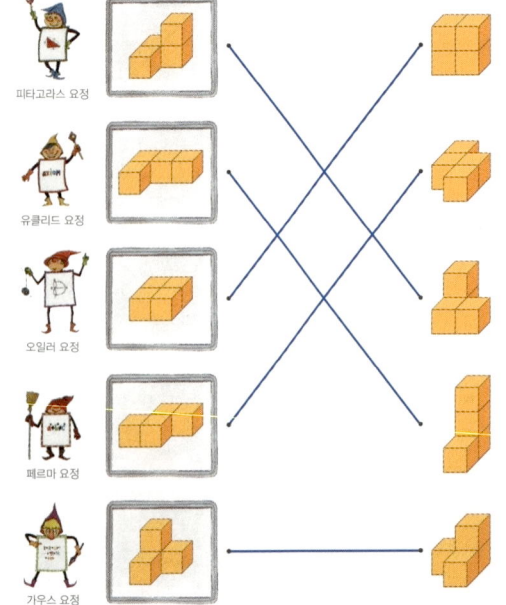

[모양 짝짓기]
1 같은 모양끼리 선으로 이어 보시오.

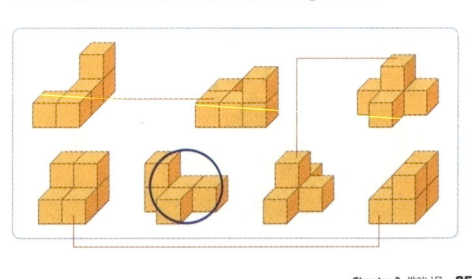

먼저 쌓기나무의 수가 같은 모양부터 찾아봐.

[짝이 없는 모양 찾기]
2 똑같은 모양끼리 짝지을 때, 짝이 없는 모양을 찾아 ◯표 하시오.

14　A7 입체도형

9 쌓기나무의 수

태경이와 지오가 과자가 들어 있는 상자를 정리하고 있습니다. 태경이는 상자를 편한대로 여기저기에 흩어놓았고, 지오는 가지런히 쌓아놓았습니다.

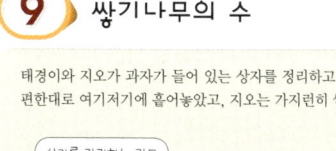

상자를 정리하는 것도 힘든데 어느 세월에 정리까지 해. 그냥 편한대로 놓는 게 낫지.

아냐, 태경아. 이렇게 정리해서 놓으면 공간 도 절약되고 상자의 수를 세기도 쉬워.

태경   지오

지오가 말한 대로 쌓기나무를 쌓은 모양을 찾아 ◯표 하시오.

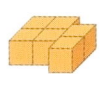 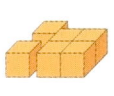 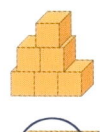

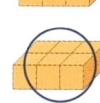

초이는 쌓기나무로 다음과 같은 재미있는 모양을 만들려고 합니다. 접착제로 붙이지 않으면 절대로 만들 수 없는 모양을 모두 찾아 ✕표 하시오.

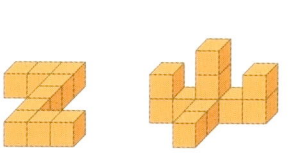 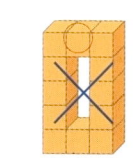

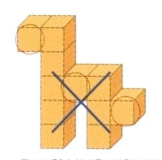  

◯표 한 부분은 접착제 등으로 붙이지 않으면 아래로 떨어집니다.

도르 포인트

쌓기나무로 모양을 쌓을 때는 항상 면과 면이 서로 겹치게 쌓아야 하고, 바닥부터 차근차근 쌓아야 합니다.

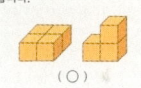   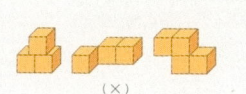

(◯)   (✕)

층별로 세기

각 층에 쌓인 쌓기나무의 수를 세어 모양을 만드는 데 사용된 쌓기나무는 모두 몇 개인지 구해 봅시다.

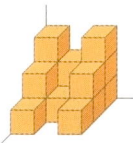

❶ 맨 밑에 있는 쌓기나무를 1층이라고 할 때, 주어진 모양은 모두 몇 층입니까?
3층

❷ 모양을 층별로 나누어 나타내었습니다. 각 층에 있는 쌓기나무의 수를 세어 ☐ 안에 써넣으시오.

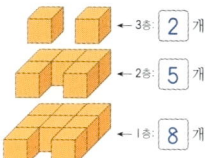

─ 3층 : 2 개
─ 2층 : 5 개
─ 1층 : 8 개

❸ 위 모양을 만드는 데 사용된 쌓기나무는 모두 몇 개입니까? 15개
2+5+8=15(개)

[2층에 있는 쌓기나무]

1 다음 모양에서 2층에 있는 쌓기나무의 수를 구하시오.

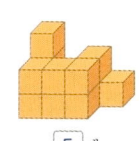   

5 개   4 개

[쌓기나무 탑 쌓기]

2 다음과 같은 규칙으로 쌓기나무를 쌓았습니다. 3층에 있는 쌓기나무가 5개일 때, 사용된 쌓기나무는 모두 몇 개입니까? 25개

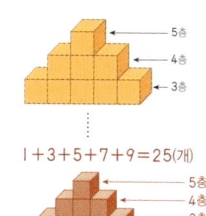

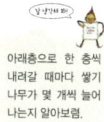
아래층으로 한 층씩 내려갈 때마다 쌓기나무가 몇 개씩 늘어나는지 알아보렴.

─ 5층
─ 4층
─ 3층

1+3+5+7+9=25(개)

─ 5층
─ 4층
─ 3층
─ 2층
─ 1층

정답 및 해설 **15**

🌰 자리별로 세기

각 자리에 쌓인 쌓기나무의 수를 세어 모양을 만드는 데 사용된 쌓기나무는 모두 몇 개인지 구해 봅시다.

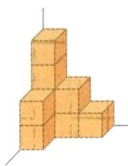

❶ 모양을 자리별로 나누어 나타내었습니다. 각 자리에 있는 쌓기나무의 수를 세어 ☐ 안에 써넣으시오.

| 2 | 4 | 2 | 1 |

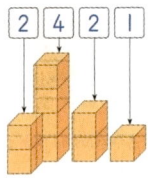

❷ 위 모양을 만드는 데 사용된 쌓기나무는 모두 몇 개입니까? **9개**

$2+4+2+1=9(개)$

바닥이 넓게 퍼져 있지 않고 높게 쌓인 모양은 층별로 세는 것보다 자리별로 세는 것이 더 간단해.

[밑바닥에 쓴 개수]

1 각 자리에 쌓인 쌓기나무의 수를 바닥에 나타내었습니다. 다음 중 쌓기나무의 수에 맞는 모양의 기호를 쓰시오. **가**

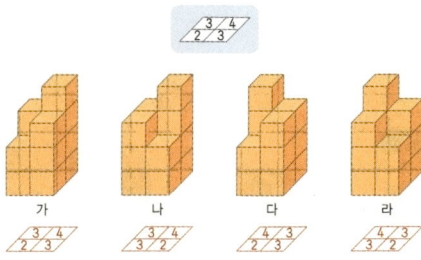

| 가 | 나 | 다 | 라 |

[쌓기나무의 최소 개수]

2 다음 모양을 만들려면 쌓기나무가 적어도 몇 개 필요합니까? **9개**

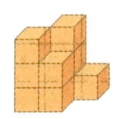

맨 왼쪽 뒤 칸에는 쌓기나무가 없을 수도 있고, 1개나 2개일 수도 있지!

보이는 부분의 쌓기나무만 자리별로 세어 봅니다.
$3+2+3+1=9(개)$

🧒 창의적 문제해결력

1 왼쪽 모양에서 쌓기나무를 1개씩 2번 옮겨서 오른쪽 모양을 만들었습니다. 빈 곳에 알맞은 모양을 모두 찾아 기호를 쓰시오. **가, 다**

가   다

2 모양이 다른 하나를 찾아 ◯표 하시오.

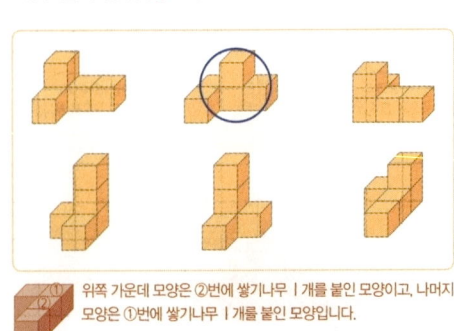

위쪽 가운데 모양은 ②번에 쌓기나무 1개를 붙인 모양이고, 나머지 모양은 ①번에 쌓기나무 1개를 붙인 모양입니다.

📹 동영상 특강
QR 코드를 찍어 보세요!!

3 다음 모양을 만들려면 쌓기나무가 적어도 몇 개 필요합니까? **20개**

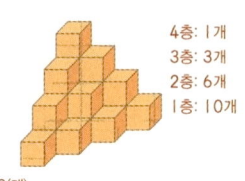

4층: 1개
3층: 3개
2층: 6개
1층: 10개

$1+3+6+10=20(개)$

4 다음 중 쌓기나무의 수가 다른 모양의 기호를 쓰시오. **마**

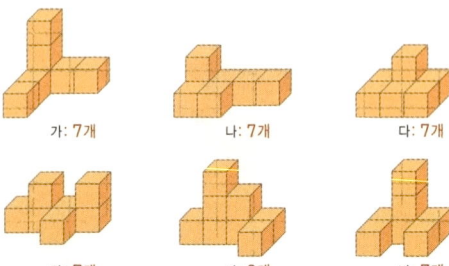

가: 7개   나: 7개   다: 7개

라: 7개   마: 8개   바: 7개

여러 방향 관찰

⑩ 발자국 추적

사람이나 동물이 진흙, 눈 등을 밟고 지나갈 때 생기는 발바닥의 모양을 발자국이라고 합니다.

땅 위에 남은 발자국을 보고 발자국의 주인공인 동물을 찾아 선으로 이으시오.

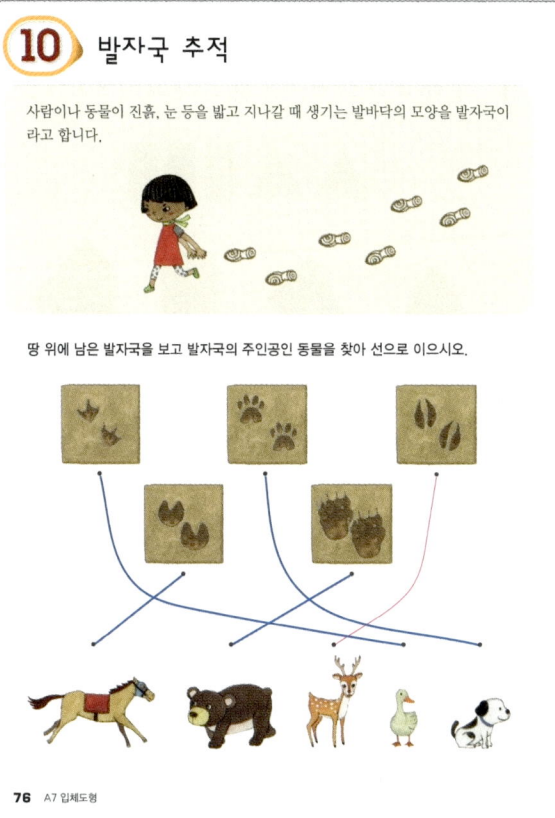

다음은 입체 모양의 아래쪽 면에 물감을 칠한 다음 종이에 찍은 모습입니다.

같은 방법으로 입체 모양을 종이에 찍은 모습의 기호를 쓰시오.

도크 포인트

발자국과 같이 입체 모양을 바닥에 본뜬 모양을 그릴 수 있습니다.

여러 방향 발자국

다음은 입체 모양을 두 가지 방법으로 본 뜬 것입니다.

세우고 눕혀서 붙을 또니 완전히 다른 모양이 나오는군.

같은 방법으로 입체 모양의 두 면을 본뜬 모양과 입체 모양을 선으로 이어 보시오.

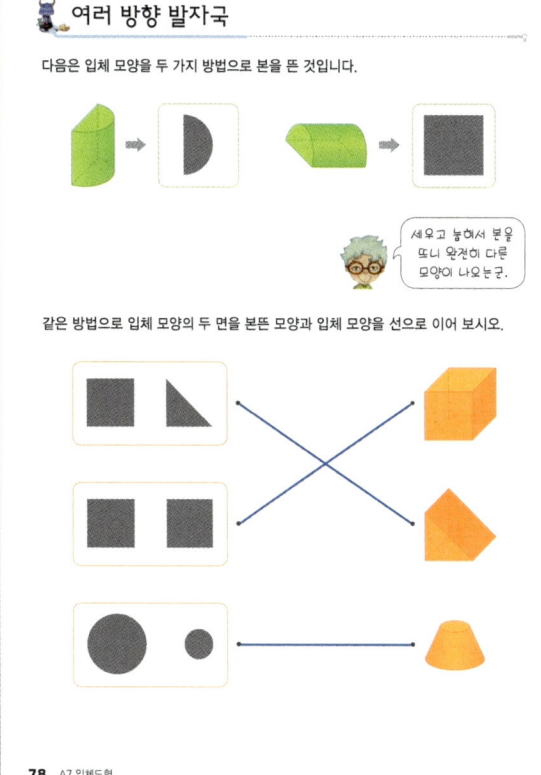

[발자국 찍기]

1 다음 입체 모양의 아래쪽에 있는 면으로 도장을 찍었을 때 나오는 모양의 기호를 쓰시오.

[나올 수 없는 본뜬 모양]

2 왼쪽 입체 모양을 여러 방향으로 본뜰 때 나올 수 없는 모양을 찾아 ×표 하시오.

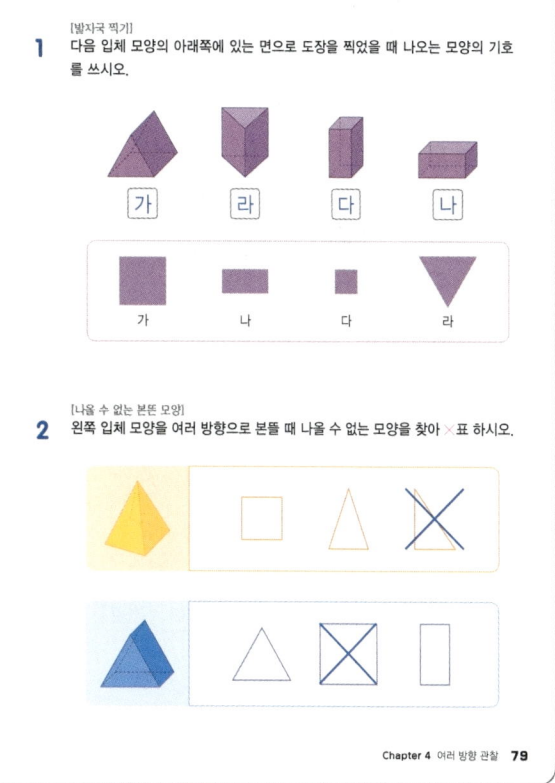

🐝 면 붙이기

나무 도막의 모든 면을 색종이로 빈틈없이 붙이려고 합니다. 필요한 색종이의 종류와 수를 각각 구해 봅시다.

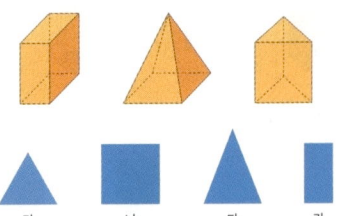

가　나　다　라

❶ 🟦 모양은 똑같은 모양의 색종이가 4장과 또다른 똑같은 모양의 색종이 2장이 필요합니다. 두 종류의 색종이를 각각 찾아 기호를 쓰시오.

라 : 4장　　　나 : 2장

❷ 🔺 모양은 똑같은 모양의 색종이가 4장과 또다른 똑같은 모양의 색종이 1장이 필요합니다. 두 종류의 색종이를 각각 찾아 기호를 쓰시오.

다 : 4장　　　나 : 1장

❸ 🏠 모양은 똑같은 모양의 색종이가 3장과 또다른 똑같은 모양의 색종이 2장이 필요합니다. 두 종류의 색종이를 각각 찾아 기호를 쓰시오.

나 : 3장　　　가 : 2장

[모든 면 붙이기]

1 다음 색종이로 모든 면을 붙일 수 있는 입체 모양의 기호를 쓰시오. 가

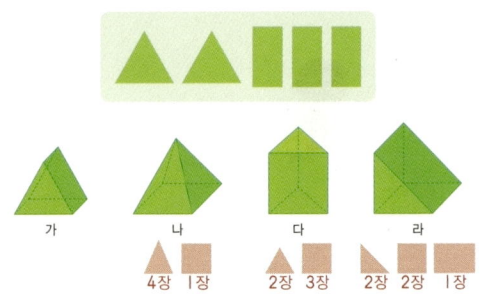

가　　나　　다　　라

4장 1장　2장 3장　2장 2장 1장

[면 붙이기 미로]

2 나무 도막의 모든 면을 붙일 수 있는 색종이가 있는 칸을 모두 지나면서 미로를 빠져나가 보시오.

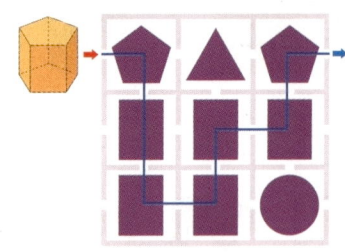

---

⑪ 그림자 단서

태경이와 친구들이 벽에 비치는 자신들의 그림자를 보며 즐거워합니다.

태경　초이　지오　아인

다음은 두 명이 겹쳐 있는 그림자입니다. 누구의 그림자인지 이름을 써넣으시오.

태경 초이　　　초이 지오

⭐ 손전등으로 여러 입체 모양을 앞에서 비추었을 때 만들어진 그림자를 그려 보시오.

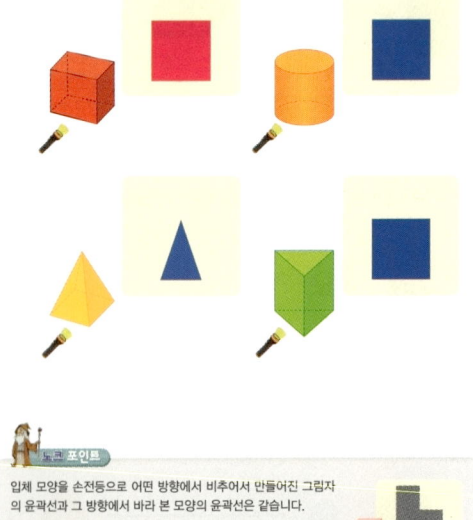

🧙 포인트

입체 모양을 손전등으로 어떤 방향에서 비추어서 만들어진 그림자의 윤곽선과 그 방향에서 바라 본 모양의 윤곽선은 같습니다.

18　A7 입체도형

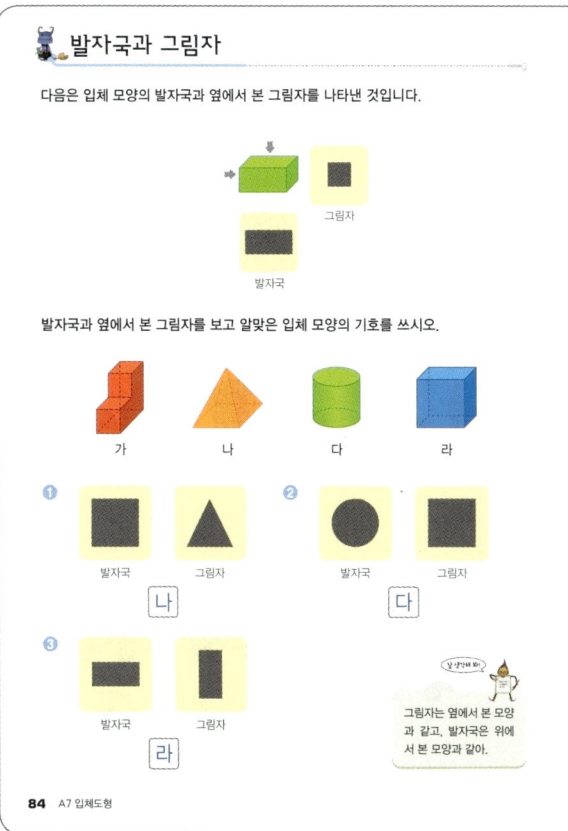

발자국과 그림자

다음은 입체 모양의 발자국과 옆에서 본 그림자를 나타낸 것입니다.

그림자

발자국

발자국과 옆에서 본 그림자를 보고 알맞은 입체 모양의 기호를 쓰시오.

가   나   다   라

❶ 발자국 그림자   **나**
❷ 발자국 그림자   **다**
❸ 발자국 그림자   **라**

그림자는 옆에서 본 모양과 같고, 발자국은 위에서 본 모양과 같아.

[항상 같은 그림자]
1 다음 중 손전등으로 어느 방향에서 비추어도 그림자의 모양과 크기가 항상 같은 입체 모양의 기호를 쓰시오. **나**

가   나   다   라

나 모양은 손전등으로 어느 방향에서 비추어도 그림자가 모두 ○ 모양입니다.

[발자국과 그림자]
2 다음 입체 모양의 발자국과 옆에서 본 그림자를 각각 그려 보시오.

그림자

발자국

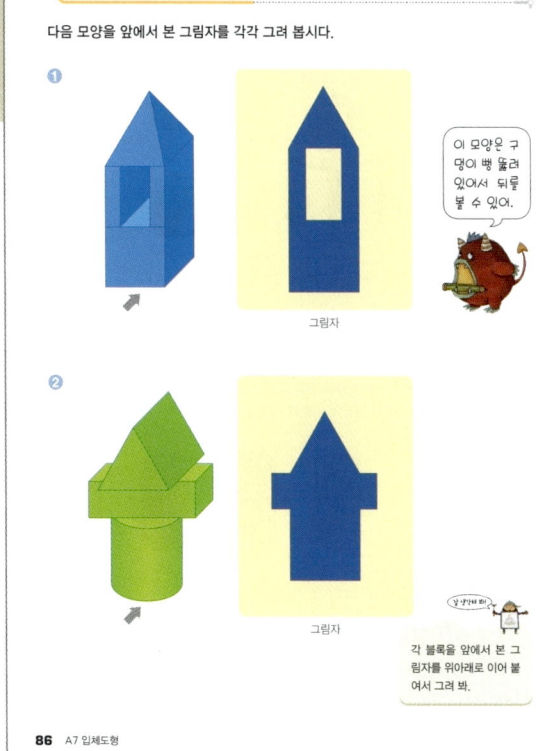

그림자 쌓기

다음 모양을 앞에서 본 그림자를 각각 그려 봅시다.

❶
그림자

이 모양은 구멍이 뻥 뚫려 있어서 뒤를 볼 수 있어.

❷
그림자

각 블록을 앞에서 본 그림자를 위아래로 이어 붙여서 그려 봐.

[옆에서 본 그림자]
1 다음 모양을 옆에서 본 그림자의 기호를 쓰시오. **다**

가   나   다   라

[그림자가 다른 모양]
2 다음 중 앞에서 본 그림자와 옆에서 본 그림자가 서로 다른 모양의 기호를 쓰시오.
다

가   나   다   라

다 모양을 앞과 옆에서 본 그림자 모양

앞   옆

정답 및 해설 **19**

12 여러 방향에서 본 모양

아인이가 친구들의 사진을 찍어 주고 있습니다.

다음 중 아인이가 찍은 사진으로 알맞은 것을 찾아 ◯표 하시오.

아인이가 바라보았을 때 왼쪽은 초이, 가운데는 태경이, 오른쪽은 지오입니다.

🔵 모자를 다음과 같이 여섯 방향에서 본 모습을 찾아 ☐ 안에 기호를 써넣으시오.

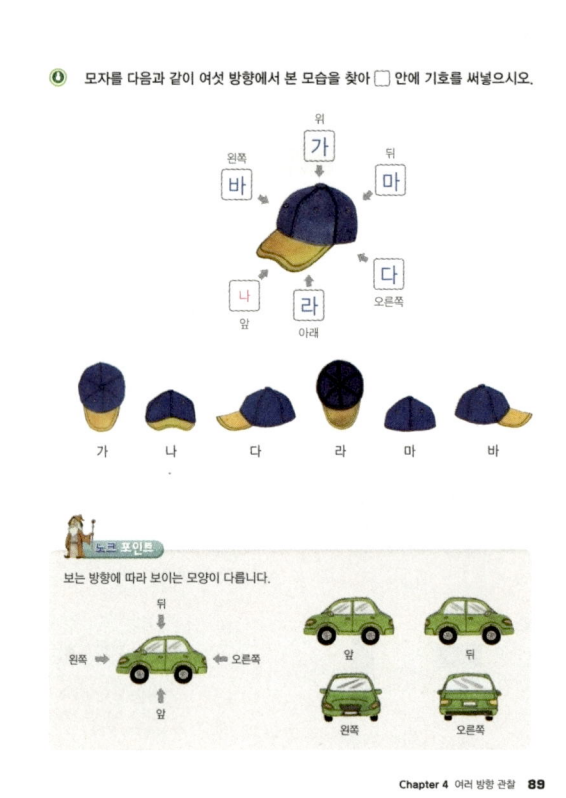

똑똑 포인트

보는 방향에 따라 보이는 모양이 다릅니다.

🛡️ 4면 관찰

초이가 여러 방향에서 돼지를 보고 있습니다. 초이가 보는 돼지의 모습을 찾아 ◯표 해 봅시다.

[주전자 관찰]

1 아인이가 보는 주전자 모양의 기호를 쓰시오. 나

아인이가 보는 방향에서는 주전자의 손잡이가 보이지 않습니다.

[음료수 캔이 놓인 방향]

2 음료수 캔을 위에서 본 모양이 왼쪽과 같습니다. 이 음료수 캔을 정면에서 보았을 때, 약간 위에서 본 모양의 기호를 쓰시오. 다

캔 따개의 손가락을 넣는 곳이 뒤에 있습니다.

캔 따개의 모양을 잘 살펴 보렴.

멀거나 가깝거나

아인이와 친구들이 여러 방향에서 탁자 위에 있는 물건을 보고 있습니다. 친구들이 본 모양을 찾아 선으로 이어 봅시다.

태경

아인

초이

지오

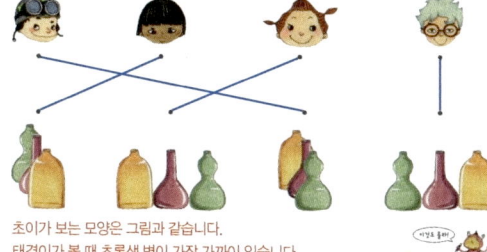

초이가 보는 모양은 그림과 같습니다.
태경이가 볼 때 초록색 병이 가장 가까이 있습니다.
지오가 볼 때 왼쪽에 노란색 병이 있습니다.
아인이가 볼 때 왼쪽에 초록색 병이 있습니다.

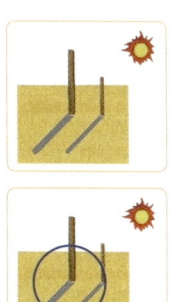

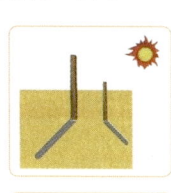

초이가 보는 모양은 그림의 모양과 같아.

[오른쪽에서 본 모양]

1 지오가 탁자 위에 있는 물건을 본 모양의 기호를 쓰시오. 라

가 나

다 라

지오가 보는 방향에서는 컵이 왼쪽, 식빵이 오른쪽에 있고, 컵의 손잡이 부분과 식빵의 잘린 면이 앞에 있습니다.

[관찰 방향 찾기]

2 다음과 같은 입체 모양을 탁자 위에 올려놓고 본 모양입니다. 어느 방향에서 본 것인지 알맞은 방향의 화살표를 찾아 ◯표 하시오.

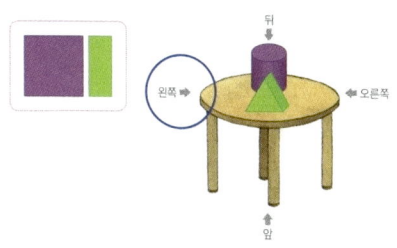

뒤

왼쪽 → ← 오른쪽

앞

창의적 문제해결력

1 왼쪽 입체 모양을 여러 방향으로 본뜰 때 나올 수 없는 모양을 찾아 ✕표 하시오.

윗면 옆면 아랫면

2 햇빛에 비친 막대의 그림자로 가장 알맞은 것을 찾아 ◯표 하시오.

긴 막대의 그림자는 짧은 막대의 그림자보다 더 깁니다.

▶ 동영상 특강
QR 코드를 찍어 보세요오른

3 다음 입체 모양의 발자국과 옆에서 본 그림자를 각각 그려 보시오.

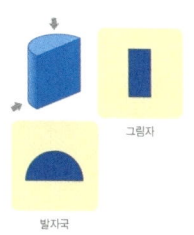

그림자

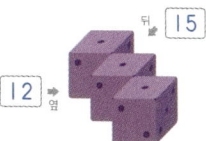

발자국

4 주사위의 마주 보는 눈의 합은 7입니다. 다음과 같이 위쪽에 1, 오른쪽에 3, 앞쪽에 2가 오도록 주사위 3개를 놓았을 때, 화살표 방향에서 본 주사위의 눈의 합을 구하여 ☐ 안에 써넣으시오.

뒤 15

12 → 옆

정답 및 해설 **21**

MEMO

MEMO

MEMO